古典文獻研究輯刊

三 編

潘美月・杜潔祥 主編

第 30 冊

《上海博物館藏戰國楚竹書（二）校釋》（下）

蘇 建 洲 著

國家圖書館出版品預行編目資料

《上海博物館藏戰國楚竹書（二）校釋》（下）／蘇建洲著 ─
初版 ─ 台北縣永和市：花木蘭文化出版社，2006〔民95〕

目 1+272 面；19×26 公分（古典文獻研究輯刊 三編；第 30 冊）

ISBN：978-986-7128-59-1（精裝）
ISBN：986-7128-59-1（精裝）
1. 簡牘－研究與考訂
796.8   95015499

ISBN 986712859-1

古典文獻研究輯刊   ISBN：978-986-7128-59-1
三 編 第三十冊   ISBN：986-7128-59-1

《上海博物館藏戰國楚竹書（二）校釋》（下）

作　　者　蘇建洲
主　　編　潘美月　杜潔祥
企劃出版　北京大學文化資源研究中心
出　　版　花木蘭文化出版社
發 行 所　花木蘭文化出版社
發 行 人　高小娟
聯絡地址　台北縣永和市中正路五九五號七樓之三
　　　　　電話：02-2923-1455／傳真：02-2923-1452
電子信箱　sut81518@ms59.hinet.net
初　　版　2006 年 9 月
定　　價　三編 30 冊（精裝）新台幣 46,500 元
版權所有·請勿翻印

《上海博物館藏戰國楚竹書（二）校釋》（下）

蘇建洲　著

第三章 〈民之父母〉校釋

第一節 前 言

　　本篇是《上海博物館藏戰國楚竹書（二）》的第一篇，共十四簡，三百九十七字，其中重文三、合文六。內容見於今本《禮記・孔子閒居》及《孔子家語・論禮》，但是今本《禮記・孔子閒居》以「孔子閒居，子夏侍」起篇，而簡本無此句；《孔子家語・論禮》則包含今本《禮記》中的〈仲尼燕居〉和〈孔子閒居〉的內容，以「孔子閒居，子張、子貢、言游侍，論及於禮」起篇，並名爲〈論禮〉。整理者濮茅左先生指出本篇竹書既無「孔子閒居」句，也無〈仲尼燕居〉篇，故不宜借用兩者篇題，而是根據本篇主題，命名爲〈民之父母〉。〔註1〕

　　全文大意是子夏向孔子請教「何如而可謂民之父母？」，孔子答以「必達於禮樂之原，以致五至，以行三無」。據簡文內容，可以糾正今本《禮記・孔子閒居》及《孔子家語・論禮》的錯簡及「五至」原文的訛誤，另外，簡文所記「五起」與《禮記・孔子閒居》與《孔子家語・論禮》均有所不同，可以互相參看。當然竹簡中也有某些字句不見於今本中，如「君子以正」、「善才（哉）！商也，旹（將）可𣁭（教）訏（詩）矣，城（成）王不敢康」等等。或是彼此使用的句子不相同，如簡11「日逑月將」，今本作「日就月將」；簡12「純德同明」，今本作「純德孔明」，但不能將之視爲通假的現象。尤其本簡字形常有一些特別的寫法，如常出現的「樂」、「寴」、「母」、「亡」；簡1「幾」；簡2、9「敗」；簡2「天」、「茝」、「虎」；簡6「不」；簡6「奚」的「爪」旁；簡8「商」；簡8、11、13的「禮」的「示」旁；簡10「𬒶」。亦有誤抄的情形，

〔註1〕馬承源主編《上海博物館藏戰國楚竹書（二）》（上海：上海古籍出版社，2002.12），頁151。

如簡 11「亡膿之【喪】」應爲「亡服之【喪】」。幸好有今本《禮記・孔子閒居》及《孔子家語・論禮》可供比對，否則本篇可能會有一些待考字出現。

第二節　竹簡形制及編連

　　〈民之父母〉竹簡簡頭平齊。據簡 5 完簡，簡長約 45.8 厘米。每簡約抄寫三十四字左右，亦屬胡平生先生所說「楚國書籍的一種常制」。其中簡 13 簡首殘缺，長42.3 厘米，共抄寫了三十五字，是全部竹簡中字數最多者。根據今本來看，竹簡完全可以連續編連。另外，由彩版來看，竹簡應是先寫後編，參簡 1「胃」字。

第三節　簡文校釋

【釋　文】

　　【子】皂（夏）〔一〕寙（問）於〔二〕孔子：「《詩》曰：『幾（凱）俤（弟）君子，民之父母。』〔三〕敢聞（問）可（何）女（如）而可胃（謂）民之父母？」孔＝（孔子）㑼（答）曰〔四〕：「民 1【之】父母虎（乎）〔五〕，必達於豊（禮）樂之茝〔六〕，吕至（致）『五至』、吕行『三亡（無）』〔七〕，吕皇于天下〔八〕。四方又（有）敗〔九〕，必先智（知）之，亓（其）2【可】胃（謂）民之父母矣。」〔十〕

　　子皂（夏）曰：「敢聞（問）可（何）胃（謂）『五至』？」孔＝（孔子）曰：「『五至』虎（乎），勿（物）之所至者，志亦至叁（焉）〔十一〕；志之 3【所】至者，豊（禮）亦至叁（焉）；豊（禮）之所至者，樂亦至叁（焉）；樂之所至者，㤅（哀）亦至叁（焉）。㤅（哀）樂相生〔十二〕，君子 4 吕正〔十三〕，此之胃（謂）『五至』。」

　　子皂（夏）曰：「『五至』既聞之矣，敢聞（問）可（何）胃（謂）『三亡（無）』？」孔＝（孔子）曰：「『三亡（無）』虎（乎），亡（無）聖（聲）之樂，亡（無）膿（體）5【之】豊（禮）〔十四〕，亡（無）備（服）之喪〔十五〕。君子吕此皇于天下，奚（傾）耳〔十六〕而聖（聽）之，不可㫃（得）而聞也〔十七〕；明目而視之，不可 6㫃（得）而視也〔十八〕，而㫃（德）既塞於四海（海）矣〔十九〕，此之謂『三亡（無）』」。子皂（夏）曰：「亡（無）聖（聲）之樂，亡（無）膿（體）之豊（禮），亡（無）備（服）之喪，可（何）志（詩）7 是迉（迡）？〔二十〕」孔＝（孔子）曰：「善才（哉）！商也，牆（將）可㛮（教）時（詩）矣〔二一〕，『城

（成）王不敢康，迺（夙）夜晉（基）命又（宥）簹（密）』，亡（無）聖（聲）之樂〔二二〕；『禮（威）我（儀）尸＝（遲遲），**8**【不可選也』，無體之禮；〔二三〕『凡民有喪，匍匐救之』，無服】之㦮（喪）也〔二四〕。」

子邑（夏）曰：「亓才該（語）也〔二五〕，敗（美）矣！広（宏）矣！大矣！〔二六〕聿（盡）**9**【於此而已乎？孔＝（孔子）曰：「猶有五起焉。」子邑（夏）曰：「所謂五起」】〔二七〕，可旻（得）而聞歟（歟）？孔＝（孔子）（曰）〔二八〕：「亡（無）聖（聲）之樂，㤅（氣）志不𢡃（違）；**10**【亡】（無）膿（體）之豊（禮），禮（威）我（儀）尸＝（遲遲）；亡（無）備（服）之喪，內虗（恕？）巽（洵）悲〔二九〕。亡（無）聖（聲）之樂，塞于四方；亡（無）膿（體）之豊（禮），日逑月相〔三十〕；亡（無）膿〈服〉之 **11**【喪】，屯（純）德同明〔三一〕。亡（無）聖（聲）之樂，它（施）返（及）孫＝（子孫）；亡（無）膿（體）之豊（禮），塞于四海；亡（無）備（服）之喪，爲民父母；亡（無）聖（聲）之樂，㤅（氣）**12**【志】既旻（得）；亡（無）膿（體）之豊（禮），禮（威）我（儀）異＝（異異）；亡（無）備（服）喪，它（施）返（及）四或（國）〔三二〕。亡（無）聖（聲）之樂，㤅（氣）志既從〔三三〕；亡（無）膿（體）之豊（禮），上下禾（和）同；亡（無）備（服）**13**【之】喪，㠯畜萬邦。〔三四〕」〔三五〕**14**

【校　釋】

〔一〕【子】邑

濮茅左先生：「子」，殘無，據下文可補。「邑」，即子夏。（頁 154）

建洲按：簡文之前少一字，據文意補出。我們在〈容成氏〉47「虽臺」注釋下已討論〈容成氏〉47「虽」、《包山》240 作、《包山》115 作形體的由來。黃錫全先生將「邑」與「虽」歸於同一類字形中。〔註 2〕魏宜輝先生也認爲「它」、「虫」形義皆近，所以推測「邑」是「虽」的進一步訛變。〔註 3〕林清源師亦以爲「邑」是以「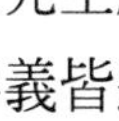」爲基礎，省略「頁」旁的結果。〔註 4〕季旭昇師亦以爲是「偏旁互用」的結果。〔註 5〕**建洲按：**李家浩先生在考釋楚簡的「昆」時說，「『黽』是蛙類，所

〔註 2〕黃錫全〈楚簡續貂〉《簡帛研究》第三輯（南寧：廣西教育出版社，1998.12），頁 80。
〔註 3〕魏宜輝〈試析楚簡文字中的「顋」「宀」字〉《江漢考古》2002.2，頁 76。
〔註 4〕林清源師〈構形類化與同形異字——以楚國簡帛文字爲例〉《中區文字學座談會》（台中：逢甲大學，2002.11.29），頁 2。
〔註 5〕季旭昇師〈〈民之父母〉譯釋〉《《上海博物館藏戰國楚竹書（二）》讀本》（台北：萬

從『它』象其身，『臼』象其足。頗疑古文『昆』即昆蟲之『昆』的象形。昆是小蟲，故古文『昆』的頭比『黽』的頭小。」〔註6〕此說已透露出「它」、「虫」的確義近。其它文字「它」、「虫」偏旁互換之例，如「禹」作 <img>（禹鼎）<img>（秦公簋），從「虫」；《說文》古文作 <img>、〈容成氏〉17 作 <img>，從「它」即爲一例。

〔二〕寷（問）〔<img>〕於

黃錫全先生：黃氏將「△」誤摹，以爲「昏」及「耳」上的筆劃是連接一起的，所以字形上部是由 <img>（盂鼎）、<img>（鄦王子鐘） <img>（王孫鼻鐘）的上部發展而來的。遂反過來說《包山》原釋是錯的，字不從「宀」。〔註7〕

廖名春先生：說同上。〔註8〕

建洲按：「寷」，從「聞」。除解作「請問」外，亦有「聽聞」之意，如〈從政〉常見的「聞之曰」，即「聞之曰」。「寷」字作 <img>，字亦見《包山》157 作 <img>，《包山》整理者亦隸作「寷」。學者多無異議。〔註9〕黃錫全先生所根據的圖版示當初上海博物館書法館的宣傳圖冊，其中有關〈民之父母〉者僅一簡，據此推論，似不恰當。今由《上博（二）》圖版來看，「昏」上一筆屬於「氏」的筆劃；「耳」上加一筆，在簡6「耳」作 <img>、「聖（聽）」作 <img>；〈昔者君老〉4 號簡「聞」字作 <img> 均爲其證。可見「△」字仍應分析爲從「宀」從「聞」。

〔三〕《詩》〔<img>〕曰：『幾（凱）〔<img>〕俤（弟）君子，民之父母。』

劉樂賢先生〈民箚〉：釋文中的「詩」字左邊從「言」，其右邊，整理者隸定爲上面兩撇下面一個「日」字。按，從照片看，此字右邊的聲旁實爲「頤」的篆文（據《說文》）。該字古音是之部喻紐，而詩字古音是之部書紐，音近可通。古書茝字或作「芷」、「芝」（參看高享《古字通假會典》第397頁），可以爲證。

楊澤生先生〈補釋〉：有二種可能：其一上海博物館所藏竹書《紂衣》簡中「矣」字作 <img>，它們的上部相當於「厶（以）」。因此，上引「詩」字右旁上部的 <img> 可能也與「厶（以）」相當，而下部是「口」，所以該字或可釋作「詒」，以音近而讀作「詩」。

卷樓，2003.7），頁4注1。
〔註6〕李家浩〈楚墓竹簡中的「昆」字及從「昆」之字〉《中國文字》新25期，頁141。
〔註7〕黃錫全〈楚簡續貂〉《簡帛研究》第三輯（南寧：廣西教育出版社，1998.12），頁80。
〔註8〕廖名春《新出楚簡試論》（台北：台灣古籍出版社，2001.5），頁272。
〔註9〕何琳儀《戰國古文字典》，頁1312、《戰國文字編》，頁513、劉信芳《包山楚簡解詁》（台北：藝文印書館，2003.1），頁164。

其二是《昔者君老》4號簡「聞」字作，所從「昏」旁與上引「詩」字右旁相近。然則上引所謂「詩」字異體可能從「言」、從「昏」得聲，可以讀作「文」，與「詩」義近。

　　建洲按：《詩》見〈大雅‧泂酌〉：「泂酌彼行潦，挹彼注茲，可以饙饎。豈弟君子，民之父母。」「詩」字作，對照今本應釋為「詩」。上述劉樂賢先生所說「頤」字篆文作頤，與「△」字形不類，說恐不可信。而筆者受楊先生啓發，擬提出另一看法，請述如下：

　　楚系文字有種「帀（師）」字的寫法很有特色，如《包山》4作、《包山》226作、《包山》230作、《包山》232作、《郭店》5.5作、楚系的燕客銅量（《集成》16.10373）作，〔註10〕這種寫法的左上與《民之父母》「詩」字的右上同作形。而且楚系文字的「曰」旁（或「甘」）〔註11〕有時可視為飾符，無實質意義。如「合」作（《包山》166）、（《郭店》1.1.34）、（《郭店》1.1.9）；「僉」作〔註12〕（《包山》121）、（《郭店》1.1.5）、（鑰，《仰天湖》10）〔註13〕、《包山》木牘的「繻」作〔註14〕、《上博二‧民之父母》簡11「異」作，其下皆加「曰」（或「甘」）為飾符。〔註15〕筆者懷疑上博該字的右上截取楚系「帀」字最有特色的部分，所以應該隸定作「語」，分析作從言帀聲，「帀」在古文字多作為「師」用。而「師」，古音山紐脂部，「詩」，書紐之部，聲紐屬於舌齒鄰紐，例可相通。韻部若依段玉裁將上古音支、脂、之三分，則似不可通。但學者有不贊同其說者，如黃綺先生就主張支、脂、之三者不可分。〔註16〕我們由文獻資料可見三者有互通的現象，如《郭店‧窮達以時》簡6「管寺（之）吾」，即「管夷（脂）

〔註10〕何琳儀〈長沙銅量銘文補釋〉《江漢考古》1988.4，頁99、黃錫全《湖北出土商周文字輯證》，頁192注10、劉彬徽《楚國青銅器研究》，頁349（七十二）。

〔註11〕「曰」形或訛成「甘」形。

〔註12〕何琳儀《戰國古文字典》，頁1460。

〔註13〕史樹青《長沙仰天湖出土楚簡研究》（群聯出版社，1955.6），頁26、郭若愚《戰國楚簡文字編》（上海：上海書畫出版社，1992），頁107。

〔註14〕蘇建洲〈說包山木牘的「𪠲」〉，簡帛網站——網上首發（2003.1.1）http://www.bamboosilk.org/Wssf/2003/sujianzhou01.htm。亦見於〈楚簡文字考釋九則〉《輔大國文學報》2003.8。

〔註15〕李家浩〈包山二六六號簡所記木器研究〉《國學研究》第二卷，頁544、何琳儀《戰國古文字典》，頁1460。

〔註16〕黃綺〈論古韻分布及支、脂、之是否應分為三〉《河北大學學報》1980.2，頁74。方孝岳先生亦有相同意見，〈論諧聲音系的研究和「之」部韻讀〉《中山大學學報》1957.3，頁85。亦見顏世鉉先生〈郭店楚簡散論（一）〉《郭店楚簡國際學術研討會論文集》，頁107。

吾」；《馬王堆・五十二病方》的「治痂方」中有「蛇床實（質）」，《注釋》說即「蛇床子（之）」，〔註17〕「質」爲「脂」的入聲字。又如《詩・小雅・青蠅》：「營營青蠅，止於樊」，《漢書・昌邑王傳》引「止」（之）作「至」（質）。〔註18〕至於「脂」、「支」相通的例證如：視從「示」聲，屬脂部；「是」、「氏」是「支」部字。《左傳・宣公六年》：「提（從「是」）彌明」，《史記・晉世家》作「示眯明」，《公羊・宣公六年》作「祁（從「示」）彌明」。《周禮》一書「地祇」的「祇」（從氏）都作「示」。戰國文字「視」的異體，作從目從氏。〔註19〕又如《山海經・北山經》：「隸虢之水……其中有師魚」，《郭注》：「師（脂）或作鮷（支）」。〔註20〕以上均可證支、脂、之確有音近的關係。換言之，簡文「詩」寫作從「師」得聲應可接受。另外，典籍中亦有「師」、「詩」二聲相通的蛛絲馬跡。《易・繫辭上》：「而行其典禮」，《釋文》「典禮，京作等禮」。〔註21〕「等」與「詩」一樣，均從「寺」聲。而《篆隸萬象名義》卷第十七曰：「殿，典也」。「琠」，《宋本玉篇・玉部》〔註22〕、《篆隸萬象名義・玉部》〔註23〕、《龍龕手鏡・玉部》〔註24〕、《六書通摭遺》引《希裕略古》〔註25〕均作「𤩰」。加上裘錫圭先生指出「𠂤」與「殿」是同源詞，而「𠂤」（即「堆」之古字）〔註26〕與「師」古音還算相近，〔註27〕所以「師」聲與「詩」聲可通應該可信。（**【洲再按】**：字偏旁亦見於《滕編》頁 1137「秦家嘴」1.2。又上文的「詩」的討論可能不可信。）

「幾悌」，今本《禮記・孔子閒居》作「凱弟」；《民之父母・論禮》作「愷悌」；《詩》多作「豈弟」，如〈齊風・載驅〉：「魯道有蕩，齊子豈弟。」〈小雅・湛露〉：「豈弟君子，莫不令儀。」〈大雅・旱麓〉：「瞻彼旱麓，榛楛濟濟。豈弟君子，干祿豈弟。」〈小雅・蓼蕭〉：「既見君子，孔燕豈弟。」毛《傳》曰：「豈，樂。弟，易

〔註17〕馬王堆漢墓帛書整理小組編：《馬王堆漢墓帛書》（肆），頁 66。

〔註18〕王志平〈簡帛叢札二則〉《簡帛研究》第三輯，頁 130。

〔註19〕《朱德熙古文字論集》，頁 31～32。

〔註20〕高亨、董治安編《古字通假會典》，頁 473。

〔註21〕高亨、董治安編《古字通假會典》，頁 407。

〔註22〕〔宋〕陳彭年等《宋本玉篇》（北京：中國書店，1983），頁 16。

〔註23〕釋空海《篆隸萬象名義》（北京：中華書局，1995）卷 3 下。

〔註24〕〔遼〕釋行均《龍龕手鏡》（北京：中華書局，1985），頁 436。

〔註25〕〔清〕畢星海《六書通摭遺》收錄於《訂正六書通》（上海：上海書店，1996 四刷），頁 463。

〔註26〕朱德熙、裘錫圭〈戰國銅器銘文中的食官〉《朱德熙古文字論集》，頁 87 注 6、裘錫圭〈釋殷墟卜辭中與建築有關的兩個詞——「門塾」與「𠂤」〉《古文字論集》，頁 192。

〔註27〕裘錫圭〈釋殷墟卜辭中與建築有關的兩個詞——「門塾」與「𠂤」〉《古文字論集》，頁 192～193。

也。」〔註28〕所謂「和樂平易」。〔註29〕而「幾」（見微）；「豈」（溪微），聲同爲見系，疊韻，可以通假。又楚系文字「幾」字形體變化不大，如《郭店・老子甲》25作🔳，本簡「幾」作🔳，其「戈」旁有分筆書寫的現象，但形體終究不差。此附帶討論《上博一・紂衣》簡17「幾」作🔳（△1），其形體頗怪，裘錫圭先生以爲「《上博》釋『幾』，但其下部與『幾』字寫法不合，疑亦誤摹之字，或許竟是誤摹與『緝熙』相當之兩字爲一字（**引按：《上博・ 衣》簡17**）作「於△1義之」，《郭店・緇衣》34相應簡文作「於緝熙敬止」，待考」〔註30〕。若不採裘先生之說，勉強爲之說解，則右下似從「人」形，左下可能從「勿」形，如《郭店・緇衣》37「勿」作🔳；亦可能從「刀」，如《包山》128「利」作🔳。但「刀」、「勿」形或可互用，如《包山》164🔳、《包山》122🔳，字與《說文》古文作「🔳」同形。「刀」與「戈」形都可作兵器解，作義符或可通用，△1下部偏旁位置左右互換。其次，△1左邊加一飾筆，如同《上博一・性情論》簡31「枉」作🔳、《上博一・紂衣》簡9「瞻」（瞻）作🔳、《望山》2.49「餵」作🔳（參〈子羔〉「又吳是」注釋）。

「民」，〈民之父母〉多作🔳，字形頗有特色。而且中間「◯」部件有所離析，如同〈從政〉的「民」字多作🔳，何琳儀先生稱爲「解散形體」，如楚文字常見的「糸」旁，縞作「🔳」（《包山》261）又作「🔳」（《包山》269）即是最明顯的證據。另外，本簡的「母」大約都寫作🔳，結合了「母」、「毋」二種特徵，本文不予嚴格區別，原則上皆釋寫作「母」。

〔四〕孔＝（孔子）畣（答）曰

陳偉先生〈魯邦箚記〉：1號簡原釋文作「孔子答曰」。圍繞這個讀爲「對」的字，原注釋云：「從曰，合聲，讀爲『答』。《集韻・入合》：『答、畣、畗，德合切，當也。古作畣、畗，通作荅。』簡文從曰。從曰、從田常通用。」這種寫法的字在先前發表的戰國文字資料中已有所見。望山2號墓47號簡云：「雕杯二十畣。」朱德熙、裘錫圭、李家浩先生所作考釋說：「『畣』從『曰』『合』聲，『答』之古文作『畣』，應即由『畣』訛變。信陽109號簡『……爲之如何？畣曰……』，『畣曰』即『答曰』。字在此當讀爲『合』。『合』字古訓『配』，訓『對』。二十合即二十對。」傳出洛陽金村的一件玉璜銘云：「上變下動，相畣和同。」「相」下一字裘錫圭、李

〔註28〕《十三經注疏──詩經》，頁349。
〔註29〕余師培林《詩經正詁》（上），頁284。
〔註30〕裘錫圭〈談談上博簡和郭店簡中的錯別字〉《新出楚簡與儒學思想國際學術研討會論文集》，頁16

─273─

學勤先生都讀為「合」（原注曰：「裘錫圭：《戰國文字釋讀二則·玉瓚銘》；李學勤：《釋戰國玉瓚箴銘》。並載吉林大學古文字研究室編《于省吾教授百年誕辰紀念文集》，吉林大學出版社 1996 年 9 月。銘文"合"形少口上一橫，裘錫圭先生認為是"厶"旁下面和"口"旁上面的橫畫並成一筆。李學勤先生認為是"從合省"。」）。又郭店《老子》甲組 26 號簡「治之於其未亂」句下有此字，原釋文釋為「合」，原注釋對其下缺文說：「簡文所缺之字，據帛書本和今本可補作『抱之木生於毫』。」黃錫全先生《汗簡注釋》「㪉」字條認為：「㪉蓋合字別體，由㑹而變。」（頁 212）從上揭諸例看，戰國文字中的此字，似當如黃先生所云，看作「合」字別體。在多數場合，逕讀為「合」。「合」用作對答之字，按後世的用字習慣，有兩種可能。一是用作「答」。唐張參《五經文字》卷中艸部「荅」字條云：「此荅本小豆之一名。對荅之荅，本作㑹，經典及人間行此荅已久，故不可改變。」按照前引黃錫全先生的推測，「㑹」即「合」字別體。又如長沙馬王堆帛書《戰國縱橫家書》蘇秦自趙獻書于齊王章（二）：「奉陽君合臣曰」，《十問》「容成氏合曰」、「彭百合曰」，「合」均讀為「答」。二是用作「對」。《汗簡》有如「合」之「對」字。黃錫全先生指出：「即『合』字。……合古義同荅，與對字互訓。陳侯因次敦『合揚氒德』即金文習見之『對揚』。」（頁 505）在先秦古書，習見「對曰」，而少見「答曰」。在《論語》、《禮記》中，屢見「孔子對曰」（原注：《論語》見〈為政〉、〈八佾〉、〈雍也〉、〈先進〉、〈顏淵〉、〈子路〉、〈衛靈公〉等篇，《禮記》見〈哀公問〉、〈儒行〉二篇。），「孔子答曰」則無一見。有鑒於此，簡文恐當讀為「對」。3 號簡的「毋乃謂丘之合非與」的「合」亦然。

建洲按：相同句式亦見於〈魯邦大旱〉簡 1「孔=㑹曰」，一般都讀作「孔子答曰」，陳偉先生認為應讀作「孔子對曰」，筆者以為此說可商。首先，由字形來說，「㑹」當為「合」，字形與「答」字古文作「㑹」相近，學者已指出乃一字之訛誤。楊樹達先生就說：「經傳皆用荅為荅對字，然荅字從艸，《說文》訓小尗，與荅對義無涉，明是假字。方氏以字見彝銘，義作荅字用，遂謂㑹為荅之古文，非也。荅對本字不見於《說文》，此銘㑹從曰合聲，乃荅對之荅本字也。」〔註31〕李家浩先生也認為：「對答之『答』，古文字作『合』、『㑹』二形」。〔註32〕陳侯因齊錞「㑹揚氒德」，讀作「答揚氒德」，如同《尚書·顧命》：「用答揚文武之光訓」。至於上述黃錫全先生是說「合揚」意思上相當於「對揚」，並無說直接可釋為「對揚」。況且金文中自有「對」字。其次，的確不能否認，古籍有「孔子對曰」，但並不表示不能用「答」，如《論語·憲

〔註31〕楊樹達《積微居金文說》（北京：中華書局，1997.12），頁 56。
〔註32〕李家浩〈包山二六六號簡所記木器研究〉《國學研究》第二卷，頁 544。

問》:「南宮适問於孔子曰:『羿善射,奡盪舟,俱不得其死然。禹稷躬稼而有天下。』夫子不答。」〔註 33〕《孟子・盡心上》:「公都子曰:『滕更之在門也,若在所禮。而不答,何也?』孟子曰:『挾貴而問,挾賢而問,挾長而問,挾有勳勞而問,挾故而問,皆所不答也。』〔註34〕〈小雅・雨無正〉:「聽言則答」、《尚書・顧命》:「王再拜,興,荅(答)曰:眇眇予末小子……」。新出《上博》簡有「夫子答史蒥問」〔註35〕。表示問答之義,古書尙有其他用法,如《墨子》就用「言」、「應」、「對」、「曰」,如〈兼愛中〉:「既而非之,何以易之?子墨子言曰:『以兼相愛、交相利之易之……』」;〈非儒下〉:「儒者曰:『君子必服古言然後仁。』應之曰:『所謂古之言服者,皆嘗新矣,而古人言之,服之,則非君子也。』」〈非儒下〉:「今寡人問之,而子不對,何也?」晏子對曰:「嬰不肖,不足以知賢人。」〈耕柱〉:「子夏之徒曰:『狗豨猶有鬥,惡有士而無鬥矣?』子墨子曰:『傷矣哉!言則稱於湯、文,行則譬於狗豨,傷矣哉!』」〔註36〕但是我們可以因此認爲「㑹」可釋爲「言」、「應」、「曰」嗎?這顯然是不行的。總之,綜合字形、古籍用法來看,簡文仍應讀作「孔子答曰」。

〔五〕民【之】父母虎(乎)〔〕

濮茅左先生:以爲「虖」省形,與簡文「虎」似有別,通「乎」。或釋作「虎」,讀爲「乎」。(頁 157)

建洲按:字形釋爲「虎」應無問題。此形的出現,正可說明楚簡釋作「乎」或「吾」的(虗,《郭店・魯穆公問子思》3),其下的「壬」是由「人」演變而來。〔註 37〕換言之,「虗」本來亦是「虎」字。〔註 38〕

〔六〕必達〔〕於豊(禮)樂之茝〔〕

濮茅左先生:於釋文隸作「茝」,讀作「洍」,簡文「禮樂之茝」當指「仁」。並

〔註 33〕〔宋〕朱熹《四書集註》(台北:學海出版社,1991.3),頁 149。
〔註 34〕〔宋〕朱熹《四書集註》(台北:學海出版社,1991.3),頁 362。
〔註 35〕駢宇騫、段書安《本世紀以來出土簡帛概述》(台北:萬卷樓出版社,1999.4),頁 119。
〔註 36〕詳見楊澤生〈長臺關竹書的學派性質新探〉《文史》2001.4 (北京:中華書局,2001.12),頁 36。
〔註 37〕湯餘惠〈略論戰國文字形體研究中的幾個問題〉《古文字研究》第 15 輯(北京:中華書局,1986.6),頁 37。
〔註 38〕黃德寬〈曾姬无卹壺銘文新釋〉《古文字研究》第 23 輯(北京:中華書局,2002.6),頁 102。

在考釋中提出另一說或釋爲「簹」，讀作「原」，今本作「原」、「源」。（頁157）

　　李銳先生〈初箚〉：案此字引或說隸定爲「簹」，釋爲「原」是。包山簡86「泉」字近此字下半。

　　何琳儀先生〈滬二〉：△，原篆作【字】，《考釋》【1】釋「宧，宀作艸」，或釋「竹+原」。按，當以後說爲是，其字從「竹」，從「廠」，從「泉」。「厂」與「泉」借用一筆，所以容易誤釋爲「宧，宀作艸」。「泉」旁參見《金文編》1621字所從，包山竹簡86「泉」等。《禮記‧孔子閒居》作「必達於禮樂之原」，《孔子家法‧論禮》「原」作「源」。與簡文相較，可知「原」，「源」，「△」均爲一字之變。

　　林素清先生〈疑釋〉：濮茅左先生對於此字有二說，其第二說分析字形爲竹下原或竹下淵（省水），正確可從。此字見郭店《性自命出》簡47：「有其爲人之淵如也」，從艸下淵（省水）。按：古文字竹、艸可通，淵、泉無別。《成之聞之》「窮源反本」一詞兩見，簡11作艸下淵、簡14作淵，都讀爲「源」。另外《包山楚簡》簡三有地名「淵邑」，案：與此字所從相同。簡文是把淵（省水）字橫斷成上下兩半，比較少見。這裡讀作「必達乎禮樂之源」，與《禮記》、《孔子家語》完全相同。

　　建洲按：「達」字作【字】。關於「達」字有幾位學者討論過，如《九店》56.30【字】，徐在國先生已指出九店楚簡字應釋爲「達」：

> 《古文四聲韻》5‧曷‧11上引《古老子》「達」字作【字】，《集篆古文韻》5‧曷‧16上「達」字或作【字】、【字】二形。很明顯，等形是源於楚簡中的「【字】」字。〔註39〕

李家浩先生說得最清楚：

> 「達」字原文作【字】，包山楚簡一一一號、一一三號有人名【字】，一一三號有人名【字】，一一九號有人名【字】。第二個字跟第一個字比較，唯「坐」旁中間一豎與其下二橫相連。第三個字跟第一個字比較，唯「坐」旁下多一「口」。戰國文字從「口」與不從「口」往往無別，本墓竹簡的「丙」作「啻」即其例。因此，這三個字當是同一個字的不同寫法。《古文四聲韻》卷五曷韻「達」字引《古老子》作【字】，【字】與之十分相似，可見上引包山竹簡文字都應當是古文「達」。本簡【字】與包山竹簡【字】的寫法十分相似，唯「坐」旁下多一短橫，它們顯然是同一個字，也應當是古文「達」。本簡日名之字，秦簡《日書》甲、乙種楚除皆作「達」，也可以證明把【字】釋爲「達」是可信的。戰國文字有【字】（《古陶文字徵》237頁）、【字】（《古

〔註39〕徐在國〈楚簡文字拾零〉《江漢考古》1997.2，頁83。

《璽文編》425 頁）。字與上引《古老子》「達」相近，大概也是古文「達」。

字所从「字」與上引包山楚墓竹簡 111 號、112 號「達」所从「字」

旁相似，當是一個从「广」从古文「達」省聲的字。〔註40〕

最近，何琳儀先生指出「達」字从「＝」形和从「口」形是裝飾部件，可以互換。「達」的主體部分應由「辶」旁和「午」形所構成。〔註41〕還有一種形體值得注意，《郭店·性自命出》54「達」作字亦見於《包山》121 作字。趙平安先生分析作下加「月」聲。「達」、「月」同為「月」部。〔註42〕另外，《上博（一）·性情論》24 相應〈性自命出〉「達」字作字，原釋為從「胃」，學者已指出亦應釋為「達」。〔註43〕本簡「△」分析起來，它的偏旁有「辶」、「午」、「月（肉）」。即在主體「辶」旁和「午」形之外，疊加聲符「月」。不過，本簡的字及〈性自命出〉字其下的「月」均訛成「肉」。

其次，〈民之父母〉之「樂」大多作字，與《郭店》常見的「樂」作字相較，可見右上的「幺」省掉了，左邊的「幺」則繁化作「糸」。〔註44〕

第三，「必達乎禮樂之字（△1）」，濮茅左先生於釋文隸作「莅」，讀作「涖」，簡文「禮樂之莅」當指「仁」。並在考釋中提出另一說或釋為「字」，讀作「原」，今本作「原」、「源」。學者多贊成△1 應釋為「字」，如李銳〈初箚〉、何琳儀〈滬二〉、林素清〈疑釋〉。**建洲按：**拙見以為就字形而言，隸作「莅」是比較好的選擇。李銳及何琳儀先生所舉的例子是《包山》簡 86 的「泉」字作字，林素清先生所舉例子是《郭店·性自命出》簡 47 作字，這些字形實際說來與△1 並不類。我們知道兩周金文「泉」多作字，其外廓是封閉形的，上述楚系文字及其他戰國文字皆是如此，

〔註40〕湖北省文物考古研究所、北京大學中文系編《九店楚簡》（北京：中華書局，2000.5），頁 87 注 100。

〔註41〕何琳儀〈郭店簡古文二考〉《古籍整理研究學刊》2002 年 9 月第 5 期，頁 1～2。此說又見於何琳儀〈淺談楚簡文字考釋方法〉，中央研究院歷史語言研究所專題演講，2002.11.28。當時周鳳五先生曾發言認為何先生此說很好。亦見於何琳儀《戰國文字通論訂補》（南京：江蘇教育出版社，2003.1），頁 262。

〔註42〕趙平安〈「達」字兩系說〉《中國文字》新 27 期（台北：藝文印書館，2001.12），頁 55。李天虹《郭店竹簡《性自命出》研究》（武漢：湖北教育出版社，2003.1），頁 187（42）亦主此說。

〔註43〕劉樂賢〈讀上博簡箚記〉《上博館藏戰國楚竹書研究》（上海：上海書店出版社，2002.3），頁 387、白於藍〈上博簡釋注商榷〉，簡帛研究網，（02/01/11）、李天虹《郭店竹簡《性自命出》研究》（武漢：湖北教育出版社，2003.1），頁 218（90）意見相同。

〔註44〕廖名春〈上海博物館藏《孔子閒居》和《緇衣》楚簡管窺〉《新出楚簡試論》，頁 274。

〔註45〕而△1的構形如同林素清先生所說「橫斷成上下兩半，比較少見」，〔註46〕所以是否一定釋爲從「泉」是可以保留的。

《郭店・老子甲》簡14「惕（易）」作🀲（△2），其「易」旁作「橫斷成上下兩半」形，而且上作二直筆，下與心旁共一筆，作三直筆，皆與△1形體相近。簡文作「大小之多惕（易）必多難」，《帛書甲本》作「大小，多少，……□□必多難」、《帛書乙本》作「多易必多難」、《王弼本老子》六十三章作「大小多小……多易必多難」〔註47〕，經由比對，《郭店・老子甲》釋爲「易」應無問題。△2與一般的「易」字形不同，〔註48〕如〈老子甲〉簡15「惕（易）」作🀲。而《郭店・緇衣》34「鳲（熙）」作🀲，偏旁字形與△2相近。「易」古音余紐錫部；「臣」古音「余紐之部」，聲紐雙聲，韻部「之」、「支」古籍常見通假，而「錫」是「支」的入聲，例可相通。筆者懷疑△2是用音近字「臣」來替代「易」。但由於「臣」、「易」形體還算相近，也不能排除有「變形音化」的現象。換言之，△1應該隸作「茞」。濮茅左先生以爲「茞」可讀爲「洍」。他說：

> 《說文・水部》：「洍，水也。從水，臣聲。《詩》曰：『江有洍。』」
> 《說文》又云：「汜，水別復入水中也。一曰汜，窮瀆也。」徐鍇說：「汜」，與「洍字音義同，蓋或體也。」《爾雅・釋水》：邢昺疏曰：「凡水流之岐流，復還本水者曰汜。」《詩・周南・江有汜》鄭玄箋：「喻江水大，汜水小然而並流。」水有大，必有細，而出同源，以喻一視同仁，施愛天下，人心齊歸。

其說可參。

〔七〕三亡（無）〔🀲〕

楊澤生先生：《民之父母》中「亡」字見於2、5、6、7、8、10、11、12、13號簡，共出現25次，是個出現頻率很高的字。根據《孔子閒居》和《論禮》，「亡」在文中都讀作「無」。這些「亡」字幾乎都作🀲形。上面所從的「L」當是由戰國文字常見「亡」字所從兩筆寫成的「人」字形簡化爲一筆書寫而成。根據這個特殊的寫法，認爲《楚帛書》乙2.26「有淵其🀲」亦從「亡」，字應釋爲

〔註45〕吳振武〈燕國銘刻中的「泉」字〉《華學》第二輯（廣州：中山大學出版社，1996.12），頁48。

〔註46〕林素清〈上博（二）《民之父母》幾個疑難字的釋讀〉，簡帛研究網，03/01/17。

〔註47〕參見丁原植《郭店竹簡老子釋析與研究》（台北：萬卷樓，1998.9），頁91

〔註48〕何琳儀《戰國古文字典》，頁759～761

「茫」。〔註49〕

陳麗桂師〈句法〉：所謂「三亡」，指的是禮、樂、喪三者超越形式而上之本原。這個「亡」，是無形式，非形式，超越形式之意。因為無形式、非形式，故不可得而聞、見、它是一種「旻」（德），一種能「塞於四海」的「德」；「德」是抽象的、內在的、超越形式的，故曰「亡」。（頁5）

　　建洲按：「亡」作 ⿰ （《包山》171）、⿰（《郭店・老子甲》1），將上面的「人」作一筆劃就成 ⿰ 形，楊說應可信。這種寫法亦見於 ⿰ （〈尊德義〉33）。清孫希旦說：「三者存乎心，由是而之焉則為志，發焉則為《詩》，行之則為禮、為樂、為哀，而無所不至。蓋五至者禮樂之實，而三無主禮樂之原也。」〔註50〕說可與陳師之說相互發明極是。

〔八〕皇于天下

濮茅左先生：參考《禮記》讀為「橫」，引鄭注：「橫，充也。」並謂：「『橫于天下』是道廣被於天下，橫于天下所以養其善，與『塞乎天地』意同。」（頁157）

季師旭昇〈譯釋1〉：以為「皇」的本義是征伐，〔註51〕「皇」在先秦本來就有「大」的意項，不必假借「橫」。本簡「皇」做動詞用，光大也。（頁7注4）

　　建洲按：今本〈孔子閒居〉、〈論禮〉皆曰「橫於天下」。對於「皇」的本義，目前尚無定論。除季師認為是「征伐」之義。一說「皇」字即孔雀帶有美麗彩斑的羽毛，〔註52〕學者或從之。〔註53〕如同季師所說，「皇」有「大」之義，如《說文》：「皇，大也。……始王者，三皇。大君也。」（一上七）。段《注》曰：「始王天下是大君也，故號之曰皇。因以為凡大之稱。……皇本大君，因之凡大皆曰皇，假借之法準此矣。」〔註54〕《尚書・洪範》：「建用皇極」，孔《傳》：「皇，大。極，中。凡立事當用大中之道。」〔註55〕以此觀之，雖然「皇」（匣陽）；「橫」（匣陽），雙聲疊韻，可以通假。但因「皇」典籍用法亦有「大」之義，則不妨依原字讀作「皇

〔註49〕楊澤生〈援簡釋帛新例〉，簡帛研究網，
　　　　http://www.bamboosilk.org/Wssf/2003/yangzesheng01.htm。
〔註50〕〔清〕孫希旦《禮記集解》（北京：中華書局，1998.12 三刷），頁1276。
〔註51〕季師旭昇〈說皇〉《第六屆中國文字學全國學術研討會論文集》（台中：中興大學中國文學系，1995.9），頁117～127。
〔註52〕秦建明〈釋皇〉，《考古》1995.5，頁85。
〔註53〕趙平安《說文小篆研究》，頁141、曾憲通〈古文字資料的釋讀與訓詁問題〉《古文字與漢語史論集》，頁36。
〔註54〕〔清〕段玉裁注《說文解字注》（台北：漢京文化，1985.10），頁9～10。
〔註55〕《十三經注疏──尚書》，頁168。

於天下」。

其次，「天」作 ，與一般作 不同，其下訛從「刀」形。

〔九〕四方又（有）敗〔〕

建洲按：「敗」字作 。「敗」一般作 （《包山》46），「△」所從「攴」旁寫法頗怪，亦見於簡9作 ，寫法不知所承？存此備考。

〔十〕亓（其）【可】胃（謂）民之父母矣。

濮茅左先生：「之」，殘無，據今本可補。簡文「亓<u>之</u>胃（謂）民之父母矣」句，《禮記·孔子閒居》「此之謂民之父母矣。」，《孔子家語·論禮》作「此之謂民之父母」。（頁159）

季師旭昇〈譯釋1〉：今本《禮記·孔子閒居》、《孔子家語·論禮》此處都作「此之謂民之父母。」看起來濮茅左原考釋補「之」字似乎可從。但是，《上博二·民之父母》此處是「其□謂民之父母矣」，「其」是領格字，與「此」（**建洲按：**疑爲「之」的誤字）字不同，先秦似乎找不到「其之謂」這樣的句法，補成「其可謂民之父母矣」，似乎好一點。《論語·泰伯篇》：「泰伯，其可謂至德也已矣！」（頁7注9）

建洲按：季師之說可信。「其」，作小句的主語，等於「名詞+之」。「之」取消小句的獨立性。〔註56〕本句「其……」承上而言，正是這一小句的主語。若後再加「之」，則文意重複，可見濮茅左先生所補不可從。陳麗桂師亦主此說。〔註57〕

〔十一〕勿（物）之所至者，志亦至安（焉）

濮茅左先生說：「勿」疑「志」之誤寫，但「勿」讀作「物」，似亦通。「志」，恩意。……「志亦至」之「志」讀爲「詩」。（頁159）

季師旭昇〈小議二〉：這樣解釋，事實上是有問題的。原簡的「五至」是「物——志——禮——樂——哀」，而《禮記·孔子閒居》、《孔子家語·論禮》的「五至」是「志——詩——禮——樂——哀」，三者並不相同。我認爲《民之父母》的原文是

〔註56〕中國社會科學院語言研究所古代漢語研究室編《古代漢語虛詞詞典》（北京：商務印書館，2000.1二刷），頁406。

〔註57〕陳麗桂師〈由上博簡〈民之父母〉的句法形式與義理結構論《禮記·孔子閒居》與《孔子家語·論禮》之誤〉《第一屆應用出土資料國際學術研討會》（竹南：育達商業技術學院，2003.4.23），頁1注3。

對的，而《禮記‧孔子閒居》、《孔子家語‧論禮》的文字則是錯的。因爲「志」和「詩」同音，在《郭店楚簡》中「詩」也寫作「寺」、「時」、「詩」等，都從「之」得聲，所以《禮記‧孔子閒居》、《孔子家語‧論禮》很容易把原簡的第二至「志」錯成「詩」；「詩言志」，所以進一步把原簡的第一至「物」改成「志」（？）。表面上看起來，「詩」、「禮」、「樂」是六經中的三經，讀者很容易由這裡引出「志」領導「詩」、「禮」、「樂」、「哀」四者（如杭世駿《續禮記集說》4867-8 頁引明代學者姚舜牧說）。而不思〈民之父母〉這「五至」是有次序的，原文明明白白地說：「物之所至者，志亦至焉；志之所至者，禮亦至焉；禮之所至者，樂亦至焉；樂之所至者，哀亦至焉。」因此，我認爲〈民之父母〉的「勿」就是「物」。物，應該是「萬物」，《郭店‧性自命出》簡 12：「凡見者之謂物。」……五至，「物至」指徹底瞭解天地萬物之理、當然包括人民之所欲，「志」（心之所之爲志，這裡指執政者的心之所之）也要跟著知道；完全了解天地萬物之理及人民的好惡之情就是「志至」，《孟子‧離婁下》：「舜明於庶物，察於人倫。」與本簡所說相近。能完全了解天地萬物之理及人民的好惡之情，就能制定各種政策、規定來導正人民，使之趨吉避凶、各遂所生，這就是「禮至」。禮是外在的規範，要以樂來調和，才能恭敬和樂，《禮記‧文王世子》說：「樂所以脩內也，禮所以脩外也。禮樂交錯於中，發形於外，是故其成也懌，恭敬而溫文。」這就是「樂至」（「樂」音岳）。音樂能夠傳達人民最直接的情感，人民苦多樂少，要由此了解他們心中的哀痛，「三亡」中說「無服之喪」，《孔子家語‧六本》：「喪紀有禮矣，而哀爲本。……無服之喪，哀也。」這就是「哀至」。五至，都是「極致」於民，這就是鄭注說的「凡言至者至於民也」。能「至」於民，當然就能成爲「民之父母」了。能眞正瞭解人民的哀痛，爲人民解決，人民才能得到快樂；如果不能瞭解人民所樂何樂，施政不能眞正照顧到人民的需求，那麼人民就會陷入哀痛之中了，這就是「哀樂相生」。

陳麗桂師〈句法〉：然而，簡文之「物至」而後「志至」、「禮至」、「樂至」當作何說？《禮記‧樂記》：「人心之動，物使然也。」可以解釋解釋簡文「勿之所至者，志亦至安（焉）。」（頁 4）

李天虹先生：今按，「勿」與「志」字形差別較大，竹書上下文也沒有「勿」或與「勿」相關之字，「志」誤寫爲「勿」的可能性應該是很小的。在古書裏，志與「詩」常常相聯，詩由志而引發，是對志的抒發和表達，如大家都熟知的「詩言志」（《尚書‧舜典》）、「詩者，志之所之也。在心爲志，發言爲詩」（《詩大序》），又出土竹簡云「《詩》，所以會古今之志也者」（郭店《語叢一》簡三九）、「詩無隱志」（上博《孔子詩論》簡一）等等；但不見將「物」與「詩」直接聯繫起來的記載。然而在郭店

竹簡《性自命出》篇裏，「物」與「志」之間有著非常密切的關係。其開篇云：「凡人雖有性，心亡奠志，待勿（物）而後作。」（原注：「竹書此句與《禮記·樂記》「人心之動，物使之然也」相近。」）就是說：凡人雖然有性，但是心沒有固定之志向，心之志待心性與客觀事物交接而後起；認為志是心對外物的感應、體認，心志的產生依賴於客觀事物，離不開客觀事物，物是心志產生的外在要素。那麼，由於物、志關係密切，竹書此處又是「勿」、「志」相連，所以我認為「勿」應該讀為「物」，「志」則讀作本字。竹書所云「五至」的首句，講的是物與志之間的關係；所謂「物之所至者，志亦至焉」，與《性自命出》的「（心志）待物而後作」類同。這樣，竹書所述「五至」當是：物之所至者，志亦至焉；志之所至者，禮亦至焉；禮之所至者，樂亦至焉；樂之所至者，哀亦至焉，哀樂相生。前文已經提到，古書裏常常將志與詩相聯；而《孔子閒居》和《論禮》所記「五至」，都是由志至詩，由詩至禮。對比來看，竹書「五至」的「志」和「禮」之間缺少了「詩」這個環節。因此，我曾懷疑竹書此段書寫有訛誤：「志亦至安；志之所至者」下本有重文符，被抄寫者訛脫，此段簡文本或作：

　　　勿之所至者，志＝亦至＝安＝；志＝之＝所＝至＝者＝，豊亦至安……

將重文分解開作：

　　　勿之所至者，志亦至安；志之所至者，志亦至安；志之所至者，豊亦至安……

第一個「志」讀為本字，重文的「志」通假為「詩」（七號簡「詩」字亦假「志」為之）。郭店《老子》乙本一五號簡「清」字下有重文符，第一個「清」讀作本字，第二個「清」通假為「靜」，與此類同。如此，這段文字可通讀作：

　　　勿（物）之所至者，志亦至安（焉）；志之所至者，志（詩）亦至安（焉）；

　　　志（詩）之所至者，豊（禮）亦至安（焉）……

語意非常通順。高華平先生也有類似的認識，不過他認為竹書「詩」這一環節的缺乏可能是出自脫文。不過如果這樣，按照通常的理解，所謂「五至」就變成了「六至」，即：物 → 志 → 詩→ 禮 → 樂 → 哀。對此，高華平先生解釋說：「五至」之「至」的意思為「至於」，即「至焉」，而《孔子閒居》和《論禮》中作為「志之所至」的「所至」，是不能算作「五至」之一的；只有後面的「詩亦至焉」、「禮亦至焉」、「樂亦至焉」、「哀亦至焉」才是「五至」的組成部分。換言之，《孔子閒居》和《論禮》中的「五至」，實際只有「四至」。那麼，竹書由「物」至「哀」，正好是「五至」。今按，志、詩、禮、樂、哀都出自人的思維、行為，物與它們有本質的區別，這點有助於證成高先生的觀點。但何以竹書和《孔子閒居》、《論禮》「五至」說法不同，卻都只有五個支點，即物、志、禮、樂、哀或志、詩、禮、樂、哀，卻是很難

回答的問題。那麼，在現有條件下，遵從竹書的原貌，恐怕是最好的選擇（原注：本文系參加華師研討會的論文，此條會後有刪改。在研討會上，有數位學者指出不能根據傳世文獻或我們的現有認識擅改竹書文本。）〔註58〕

　　建洲按：由以上學者所述，我們已清楚了解本簡首二句的讀法及意義。近有張桂光先生亦認為原簡順序是合理的。〔註59〕至於二個「志」字是否抄寫者漏了重文號，這似乎不好證明。所以清孫希旦說：「愚謂在心為志，發言為詩，既有憂民之心存於內，則必有憂民之言形於外，故《詩》亦至焉。既有憂民之言，則必有以踐之，而有治民之禮，故禮亦至焉。既有禮以節之，則必有樂以和之，故樂亦至焉。樂者樂也。既與民同其樂，則必與民同其哀，故哀亦至焉。五者本乎一心，初非見聞之所能及，而其志氣之發，充滿乎天地而無所不至，故謂之五至。」〔註60〕此說前面可參，後面則因錯簡之故，曲為之彌縫。依此說，則「志——詩——禮——樂——哀」似乎說得通。李天虹之說暫存備考。最後，李天虹先生的文章提到參加華中師範大學論文研討會時，有數位學者指出不能根據傳世文獻或我們的現有認識擅改竹書文本，這也與我們在〈緒論〉中所提及的古今「閱讀習慣」不同有關。

〔十二〕慼（哀）〔🔲〕樂相生

　　建洲按：「慼」作△，字亦見《郭店・語叢（二）》31 作🔲，二者之別在一從「衣」，一從「卒」，二者本一字之分化。《郭店・性自命出》29-30：「凡至樂必悲，哭亦悲，皆至其情也。依（哀）、樂，其眚（性）相近也，是古（故）其心不遠」可為本句之註腳。

〔十三〕君子🔲正

　　陳劍先生〈四海〉：簡本作「哀樂相生，君子以正，此之謂五至」。今本《禮記・孔子閒居》作「哀樂相生，<u>是故</u>正明目而視之，不可得而見也；傾耳而聽之，不可得而聞也。志氣塞乎天地，此之謂五至」；《孔子家語・論禮》則作「哀樂相生，<u>是以</u>正明目而視之，不可得而見，傾耳而聽之，不可得而聞，志氣塞于天地，行之克於四海，此之謂五至矣」。這兩種不同位置，到底哪種更為合理呢？顯然是簡本。今

〔註58〕李天虹〈上博館藏竹書（二）雜識〉，簡帛研究網，03/09/18。
〔註59〕張桂光〈新世紀古文字研究的若干思考〉《第四屆國際中國古文字學研討會論文》（香港：香港中文大學，2003.10.15），頁 385～386。
〔註60〕〔清〕孫希旦《禮記集解》（北京：中華書局，1998.12 三刷），頁 1275。

本《禮記‧孔子閒居》和《孔子家語‧論禮》跟簡本的不同，則是由於錯簡而造成的。……傳本「正明目而視之」中這個莫名其妙的「正」字，顯然正是來源於簡文「君子以正」的「正」。簡文「君子以正」跟「傾耳而聽之，不可得而聞也；明目而視之，不可得而見也，而得（德）既塞於四海矣」本來位於前後兩處，而傳本「正明目」相連，正是傳本將「明目而視之，不可得而見也；傾耳而聽之，不可得而聞也；志氣（本作「得〔德〕既」）塞乎天地」錯簡於上文的結果。

陳麗桂師〈句法〉：甚至兩篇一致地多出了語意與上下文不相銜接、突兀不明的「是故正」，應該是「君子吕正」的對應訛誤。（頁 2）

建洲按：上述諸說可信從。

〔十四〕亡（無）聖（聲）之樂，亡（無）膿（體）〔🔣〕【之】豊（禮）

季師旭昇〈釋譯 1〉：無體之禮是沒有揖讓進退等肢體形式的『禮』。指把握並擴大禮的精神，而超越禮的形式。（頁 9 注 15）

建洲按：讀作「無聲之樂，無體之禮」。清孫希旦說：「謂心之和而無待於聲也。謂心之敬而無待於事也。」〔註 61〕「膿」作△，原簡右邊殘缺，季師摹作🔣應可從。〔註 62〕「△」今本作「體」，則反映的是偏旁「肉」、「骨」義近互換。如「體」，除作🔣（〈緇衣〉8）又作🔣（膿，〈窮達以時〉10）。「膀」，《說文》小篆作𦙫，或體作𩪡（四下九）。〔註 63〕前引陳麗桂師已指出「三亡」是抽象的、內在的、超越形式的，此正與《論語‧陽貨》：子曰「禮云禮云，玉帛云乎哉？樂云樂云，鍾鼓云乎哉？」皇《疏》引繆播曰：「玉帛，禮之用，非禮之本。鍾鼓者，樂之器，非樂之主。假玉帛以達禮，禮達則玉帛可忘；假鍾鼓以顯樂，樂顯則鍾鼓可遺。以禮假玉帛於求禮，非深乎禮者也；以樂託鍾鼓於求樂，非通乎樂者也。」〔註 64〕劉寶楠說：「此謂敬為禮本，和為樂本。」與孫希旦所說相同。〔註 65〕《荀子‧大略》亦曰：「〈聘禮〉志曰：『幣厚則傷德，財侈則殄禮。』禮云禮云，玉帛云乎哉！《詩》曰：『物其指矣，唯其偕矣。』不時宜，不敬文，不驩欣，雖指，非禮也。」

〔註 61〕 〔清〕孫希旦《禮記集解》（北京：中華書局，1998.12 三刷），頁 1276。

〔註 62〕 季旭昇師〈〈民之父母〉譯釋〉《《上海博物館藏戰國楚竹書（二）》讀本》（台北：萬卷樓，2003.7），頁 185。

〔註 63〕 高明《中國古文字學導論》（北京：北京大學出版社，1997.6 二刷），頁 137。

〔註 64〕 見〔清〕劉寶楠《論語正義》（北京：中華書局，1998.12 三刷），頁 692。

〔註 65〕 〔清〕劉寶楠《論語正義》（北京：中華書局，1998.12 三刷），頁 692。

〔註66〕所謂「指」與「旨」同，美也。即《禮記・坊記》所說：「不以美沒禮。」《禮記・仲尼燕居》：「師，爾以爲必鋪几筵，升降酌獻酬酢，然後謂之禮乎？爾以爲必行綴兆，興羽籥，作鐘鼓，然後謂之樂乎？言而履之，禮也。行而樂之，樂也。」皆可與本簡互參。

〔十五〕亡（無）備（服）之喪

季師旭昇〈譯釋1〉：沒有五服親等這些形式的「喪」。（頁9注16）

建洲按：讀作「無服之喪」。清孫希旦說：「謂心之至誠惻怛而無待於服也。」〔註67〕《論語・八佾》：「林放問禮之本。子曰：「大哉問！禮，與其奢也，寧儉。喪，與其易也，寧戚。」《注》曰：「喪失於和易，不如哀戚。」五河君《經義說略》：「《爾雅》：『弛，易也。』展轉相訓，則易亦訓弛。言喪禮徒守儀文之節，而哀戚之心浸以怠弛，則禮之本失矣。」〔註68〕《禮記・檀弓上》：「子路曰：『吾聞諸夫子：喪禮，與其哀不足而禮有餘也，不若禮不足而哀有餘也。』《淮南子・本經》：「處喪有禮矣，而哀爲主。」〔註69〕可與本簡互參。

〔十六〕奚（傾）〔🐦〕耳

濮茅左先生：「奚」，字形也見《包山楚簡》第一七九簡，讀作「繫」。「奚（繫）耳而聖（聽）」意與《漢書・賈山傳》「使天下之人戴耳而視，傾耳而聽」。（頁164）

劉樂賢先生〈民簡〉：該字仍當以按傳世本讀「傾」爲佳。「奚」字古音是支部匣紐，「傾」字古音是耕部溪紐，二者讀音接近，存在通假的可能。

何琳儀先生〈滬二〉：「奚」，《考釋》讀「系」。按，當讀「傾」。「奚」，匣紐支部；「傾」溪紐耕部。匣，溪爲深喉、淺喉之別，支、耕陰陽對轉。《禮記・孔子閒居》、《孔子家語・論禮》均作「傾耳而聽之」。

季師旭昇〈譯釋1〉：我們可以加一些文獻的證據：《禮記・祭義》「君子頃步而弗敢忘」，鄭注：「頃當爲跬，聲之誤也。」「跬」字所從的「圭」聲與本簡的「奚」聲上古同屬牙音支部字，而「頃」聲則屬牙音耕部字，三字爲陰陽對轉的關係。（頁10注17）

黃德寬先生〈補正〉：《說文解字・言部》：「謑」或作「諬」，從 **叀**【下作A】

〔註66〕〔清〕王先謙《荀子集解》（北京：中華書局，1997.10 四刷），頁488。
〔註67〕〔清〕孫希旦《禮記集解》（北京：中華書局，1998.12 三刷），頁1276。
〔註68〕見〔清〕劉寶楠《論語正義》（北京：中華書局，1998.12 三刷），頁83。
〔註69〕劉文典《淮南鴻烈集解》（北京：中華書局，1997.1 二刷），頁268。

聲。「A」：《說文》謂「從圭聲」，「圭」屬見紐支部。凡此均可證「奚」讀爲「傾」。

林素清先生〈疑難〉：以爲此字下半從「糸」，字形不成問題。但上半「爪」的起筆略直，不像一般「爪」的起筆稍斜，且右下似乎又多出一筆，整體看來很像「日」字。如果簡文有寫錯或形訛的可能，似不妨改釋作「戾」。「戾耳而聽」即「側耳而聽」，與「傾耳而聽」的意思相同。

建洲按：《禮記·孔子閒居》、《孔子家語·論禮》均作「傾耳而聽之」。「奚」作 🔸，其上部作 🔸,的確與一般作 🔸（受，《包山》49）稍有不同，但還不至於訛成「日」形。如本簡常見的「豊」字其上訛成的「爪」形，如簡7「豊」作 🔸，其「爪」旁作 🔸；簡6「明」作 🔸，其所從「日」旁作 🔸可知二者筆順是完全不同的。況且本簡文字寫法具書手特色，如常見的「樂」、「審」、「母」、「亡」；簡1「幾」；簡2、9「敗」；簡2「天」、「茝」、「虎」；簡6「不」；簡8「商」；簡8、11、13的「禔」，「示」旁寫作 🔸；簡10「 🔸」（日？）等等，所以「△」所從「爪」形寫法應不足爲奇，況解爲「戾」，「糸」旁要訛成「矢」有所困難，茲不取其說。

〔十七〕不〔 🔸 〕可旻（得）而窜（聞）也〔 🔸 〕

建洲按：「不」作△，字形與一般作 🔸（《郭店·老子甲》2）、🔸（〈老子甲〉5）、🔸（〈五行〉10）筆法不甚相同。[註70]比較接近 🔸（〈語叢二〉45）而稍有變化，遂近於「辛」作 🔸（《包山》33）。「不」，幫之；「辛」，心眞，聲韻俱遠，可知不能歸於通假字。

其次，「旻」，其上「貝」字有所省簡，[註71]楚文字常見。整理者隸作「旻」，從「目」形。但楚文字「目（見）」、「貝」區別明顯，李守奎先生指出楚文字「目」字上尖，「貝」字上圓平，從無「貝」字寫作尖首狀，二者區別甚嚴，如望山楚簡7號「 🔸 」有關，又見於包山楚簡149號「 🔸 」，皆是「相」字。[註72]總之爲避免混淆，應隸作「旻」較好。

其三，「也」作 🔸，其下筆法與一般不類，如 🔸（〈尊德義〉31），比較接近 🔸

〔註70〕參張光裕、袁國華《郭店楚簡研究——第一卷——文字編》（台北：藝文印書館，1999.1），頁5～14。

〔註71〕參何琳儀〈貝地布幣考〉《古幣叢考》（合肥：安徽大學出版社，2002.6），頁135。

〔註72〕李守奎〈九店楚簡相宅篇殘簡補釋〉《新出土文獻與古代文明研究國際學術研討會會議論文》，頁5。李守奎〈江陵九店56號墓竹簡考釋四則〉《江漢考古》1997.4，頁67～68。李零、李家浩皆贊成其說，李零〈讀九店楚簡〉《考古學報》1999年第2期，頁149。《九店楚簡》，頁139～140，補正6。

（〈成之聞之〉10），但在《郭店》諸多「也」字中，後者僅見於〈成之聞之〉，是非常少數的。〔註73〕而這種寫法的互換如「見」作 （《郭店·老子丙》5），亦作 （「親」，《包山》271）。又如「夏」字所從「頁」旁下的「入」形，作 （《包山》67）、（《包山》128）、（《郭店》3.36）；亦作《包山》木牘「頁」作 、《包山》155「頡」作 、《郭店》11.28「夏」作 、《上博（一）·孔子詩論》2 大「夏（雅）」作 。又本篇「既」所從的「𠈉」旁筆法亦與一般稍有不同，如 （《郭店·老子丙》5），而本簡簡 7 作 。

〔十八〕明目而視（）之，不可昮（得）而視（）也

黃德寬先生〈補正〉：這種寫法由郭店簡與上海博物館所公佈的簡文看，均應讀作「視」。《孔子閒居》、《論禮》作「正明目而視之，不可得而見也」表明第一字應釋作「視」，第二個「見」當承上字「視」之形而訛寫。

建洲按：今本《禮記·孔子閒居》作「是故正明目而視之，不可得而見也」；《孔子家語·論禮》作「是以正明目而視之，不可得而見」。但是相應文獻的兩「見」字，原簡均寫作從目從人，今依字形，將兩個字皆讀作「視」。

〔十九〕昮（德）既塞〔〕於四海（海）矣

濮茅左先生：今本《禮記·孔子閒居》作「志氣塞乎天地」、《孔子家語·論禮》作「志氣塞乎天地，行之充於四海。」對照今本《禮記·孔子閒居》、《孔子家語·論禮》謂「昮既」即「志氣」。（頁165）

何琳儀先生〈滬二〉：《禮記·孔子閒居》、《孔子家語·論禮》均作「志氣塞乎天地」。按，「得」與「志」聲韻均合。典籍往往可以通假。

龐樸先生：本篇簡文談五至、三無、五起時，所孕含的志氣說，正是孟子浩然之氣說的先聲，……簡文中這些個「志」字和「氣」字，特別是它們能「塞」於四海和四方的提法，若對照著孟子談浩然之氣的話題來讀，便顯得十分清楚而明白，順理又成章；二者的源流關係，也一目了然，無所隱藏。〔註74〕

劉信芳先生〈試讀〉：將「昮既」釋爲「德氣」。《民之父母》簡7「而得氣塞於

〔註73〕參張光裕、袁國華《郭店楚簡研究──第一卷──文字編》（台北：藝文印書館，1999.1），頁28～41。

〔註74〕龐樸〈喜讀「五至三無」──初讀〈上博藏簡（二）〉〉，簡帛研究網，（03/01/12），http://www.bamboosilk.org/Wssf/2003/pangpu01.htm。

四海矣」，《孔子閒居》作「志氣塞乎天地」，《孔子家語・論禮》作「志氣塞於天地，行之充於四海」。鄭玄注「志氣」云：「志謂恩義也。（建洲按：由原文來看，應爲「恩意」。〔註75〕）」。按「恩義」猶「德」也。《左傳》襄公七年：「恤民爲德」，《論語・憲問》：「何以報德」，何晏《集解》：「德，恩惠之德。」《孟子・告子上》：「所識窮乏者，得我與。」「得我」謂感恩於我也（參焦循《正義》）。「德」與「得」例可通假，《易・剝》「君子得輿」，京本作「德」，《民之父母》簡 12「屯得同明」，《孔子閒居》作『純德孔明』。鄭注既釋「志」爲「恩義」，則簡文「得氣」即「德氣」，是順理成章的事情。「得氣」與「志氣」之異，乃傳本不同。先秦儒家既重視「德」的內修，此所謂「內得於己」，同時又重視「德」施行於外而得於人，此所謂「成德」。成德的最高境界有如郭店簡《五行》簡 29 所云：「五行之所和也，和則樂，樂則有德，有德則邦家與。文王之見也如此，『文王在上，於昭於天』，此之謂也。」此乃「有天德者」（帛書《五行》第 344 行），其德昭於天而遍于人寰，猶氣之充於天地之間。《潛夫論・本訓》：「道德之用，莫大與氣。」可知「得氣」乃「德」之行於外也。《家語》「行之充於四海」句，義猶顯赫，蓋「志氣」非鄭注不能明晰，故以「行之」句足其義也。」

陳劍先生〈四海〉：劉信芳先生已指出「得」應讀爲「德」。「得」、「德」相通古書習見，就以本篇爲例，整理者已經指出，第 12 簡「屯得同明」，傳本作「純德孔明」，簡文「得」就應讀爲「德」。「既」則應訓爲「已」，古書習見。本篇屢見的用來表示「氣」的作上從「既」下從「火」之形，跟本篇同樣屢見的訓爲「已」的「既」（如「五至既聞之矣」等）字字形並不相同。簡文「傾耳而聽之，不可得而聞也；明目而視之，不可得而見也，而得（德）既塞於四海矣」承「三無」而非「五至」而言，結合上下文看，其大意謂：君子以行「三無」而橫於天下，其行無聲之樂，不可得而聞；其行無體之禮、無服之喪，不可得而見。在他人之未聞、未見之中，而行此「三無」之君子，其德已經充塞於四海了。

季師旭昇〈譯釋1〉：「得既」照字面解釋即可，「得既」即「能夠已經」。（頁 12 注 19）

建洲按：應該如陳劍所說讀作「德既」。今本順序的確不合理。因爲所謂「五至」是表現於外的，與「三無」屬於內在的、超越的、形而上的，正好相反。所以「五至」怎麼會「不可得而聞」、「不可得而見」呢？

其次，就目前所見楚簡資料來看，「既」與「燹」的確有所不同，前者未見作「氣」

用。〔註76〕所以本簡的「既」作，與見於簡 10（還加了一「心」旁）、12、13 釋
為「氣」的「嘗」有所不同。尤其簡 13「嘗（氣）志既從」正可見二字的確有所區
分，「△」無疑應讀作「既」。這種所謂「大同小異」的構造，大概是對字義造成區
別作用。〔註77〕

第三，「旻」的釋讀。將「旻」讀為「志」由音理來說自無問題。如《郭店・老
子甲》36「得」字作，陳斯鵬先生以為「之」是「得（端職）」的累增聲符，之
部字作職部字的聲符。〔註78〕而「志」亦從「之」聲。但是釋為「志」文意是說不
通的。至於「旻既」讀作「得既」，這種用法古籍似未見，只有《禮記・孔子閒居》
有「民之父母，『既得』而聞之矣，敢問何謂五至？」筆者以為「旻」恐應如劉信芳、
陳劍二先生讀作「德」。

第四，「塞」作，字形上部如同《郭店・老子甲》27「賽」作，從雙玉。
〔註79〕上博字「塞」字所從「玉」旁用勾廓的寫法。

〔二十〕可（何）志（詩）是〔〕迡（迡）〔〕

濮茅左先生：隸定為「（從辶）」，以為字亦見於《郭店楚墓竹簡・尊德義》
17 作「」。上博楚竹書「迡」作，仲尼之「尼」作均從此而來。濮先生
分析「△」為從辶、從，亡聲，不見於字書，「亡」字作或，內增小黑點
指事。《說文・亡部》之「亡」，讀與俟同，與「尼」、「迡」音可通假。或以為「△」
即上博楚竹書「迡」作之省。（頁 165）

李銳先生〈初箚〉：《古文四聲韻》以「亡」為「俟」之古文，疑因「亡」讀與
俟同（據段玉裁說）而讀為「俟」（俟、溪古通）。「亡」讀與俟同，「溪」從「奚」
得聲，而從奚得聲之「谿」與「稽」古通，《尊德義》疑讀為「稽」。《廣雅・釋
言》：「稽，考也。」「避」與「僻」音近（皆从「辟」得聲），古通，此處疑當釋為
「僻」，《廣韻・昔韻》：「僻，誤也」。《民之父母》此處簡文疑亦當讀為「稽」，「何
詩可稽」與「何詩近之」義近。簡文中尼、迡、皆以亡為聲，「稽」為見紐脂部

〔註76〕何琳儀《戰國古文字典》，頁 1196、張光裕、袁國華《郭店楚簡研究——第一卷——
　　　文字編》（台北：藝文印書館，1999.1），頁 232。
〔註77〕周鳳五〈子犯編鐘銘文「諸楚荊」的釋讀問題〉《故宮博物院月刊》16 卷 3 期　總 183
　　　號　1998.6 頁 62。
〔註78〕陳斯鵬〈郭店楚簡解讀四則〉《古文字研究》24 輯，頁 412。
〔註79〕何琳儀、徐在國〈釋塞〉《中國錢幣》2002.2，頁 10～12。又見於《古幣叢考》（合
　　　肥：安徽大學出版社，2002.6），頁 51～56。

字（稽首之稽爲溪紐），尼爲泥紐脂部字，聲紐似不同。但由上舉「谿」（溪紐支部）
與「稽」古通來看，古音當有密切關係。

張光裕先生：字亦見於〈從政‧甲 13〉「君子相就也，不必才（在）近 徑 藥
（樂）」作。張光裕先生認爲 匚 當「耳」形之訛，所以隸定 徑 爲「遲」；尼（仲
尼之「尼」）爲「屔」；徑 爲「迡」。並以爲秦陶文「尼」作 尼，所從「人」形（**建
洲按**：疑指右下的「匕」形），亦是「匚」訛變而來。他的結論是「尼」實原作「屔」，
並讀此簡「△」爲「昵」或「邇」，均有「近」義。〔註80〕

黃德寬先生〈補正〉：同意張光裕先生的釋讀，但認爲字形可商。他說：「我
們以爲『匚』與『耳』字形分別明確，而『尼』之淵源有自。（原注：于省吾：《甲
骨文字釋林‧釋尼》，中華書局 1979 年版，第 303 頁。）由『耳』訛爲『匕』似
不大可能。濮注分析其字從『匚』聲比較接近。進而言之，我們認爲『匚』很可
是『匿』的省寫（加點以標示）。《說文》：『匿，亡也，從匚若聲』，段玉裁謂『讀
尼質切』；又『匽 ，匿也』，段注：『匽之言隱也』。郭店楚簡《緇衣》三十四號簡：
『言從行之，則行不可匿』，上博楚竹書《緇衣》與此同，『匿』，《廣雅‧釋詁》『藏
也』，字從匚。《說文》：『匚，……有所俠藏也，從匚上有一覆之……讀與傒同』。
匿、匚音義皆近，故可省匿爲匚。如此，則 徑、北、徑 可分別隸定爲 遲、偃、
邇 。簡文『可（何）志（詩）是 徑』，徑 通暱。《說文》：『暱，日近也』。《爾雅‧
釋詁》：『暱，近也』。『暱』與『昵』每互作，《說文》引『春秋傳曰：私降暱燕』，
昭公二十五年左傳文作『昵』。《說文》以『昵』爲『暱』之異體。《從政》甲『君
子之相就也，不必才（在）近徑樂』，『樂』應屬下讀。『相就』而『不必在近暱』
文義順暢。《左傳‧僖公二十四年》：『庸勳、親親、暱近、尊賢，德之大者也。』
《從政》之『近暱』，與《左傳》『暱近』同。《左傳‧成公十三年》：『諸侯備聞此
言，斯是用痛心疾首，暱就寡人。』『暱就』連用與《從政》之『君子之相就也，
不必才（在）近暱』可相印證。《郭店楚墓竹簡‧尊德義》第十七簡：『察徑則亡
避，不黨則亡怨』。『察徑』 疑讀爲『察暱』，尚待進一步證實。」

建洲按：黃德寬先生的批評有理。「耳」，〈民之父母〉簡6作 匚、《包山》34
作 巨、《郭店‧唐虞之道》26 作 耳；〈民之父母〉簡6「聖（聽）」作 聖；〈昔者君
老〉4 號簡「聞」字作 聞，這些「耳」字或偏旁之字皆與 徑 所從的 匚 旁不甚相
近，似無由視爲一字。況且目前未見 巨→匚 的例證。但是黃先生以爲「匚」很可

〔註80〕馬承源主編《上海博物館藏戰國楚竹書（二）》（上海：上海古籍出版社，2002.12），
頁 226。

能是「匿」的省寫，可能性亦不高。因為「匿」作 （《郭店・緇衣》34），字從「若」聲，若省作「亡」，未見省簡太過，而且聲符也將不見。這種現象畢竟少數，況且連續有 、、 三字。至於「尼」字，《說文》曰：「尼，從後近之，從尸匕聲。」林義光《文源》：「按匕尼不同音。匕，人之反文，尸亦人字，象二人相昵形，實昵之本字。」于省吾先生以為「尼」字構形象人坐于另一人背上，故爾雅釋詁訓尼為止為定；人坐于另一人背上，則上下二人相接近，故典籍多訓尼為近。爾雅釋詁訓即為尼，郭注謂「尼者近也」（按尼後世作昵或昵）。〔註81〕就偏旁來說，不論是「匕」或「人」皆與「耳」字形相去甚遠，所以將「尼」隸作「屖」恐亦不可信。筆者以為「△」恐怕仍應釋為從「亡」字形較合理，由「尼」字偏旁可作 或 ，所添加筆劃位置不固定，亦可證明所加筆劃應是飾筆，而非特定的某個字。上述〈尊德義〉的「察則亡避」，劉釗先生亦以為字從匸，字有隱藏義。簡文義為「究察隱匿就沒有邪辟」。〔註82〕顏世鉉先生亦以為從匸。並說《古文四聲韻》「侯」字之形同《說文》之「匸」。所以釋作「遝」，讀作「徯」或體作「蹊」。避，讀作辟，偏遠之意。簡文「察徯則亡僻」，謂明識路徑就不會因偏離正途而行至偏遠之處。〔註83〕「△」分析為從「辶」，「亡」聲。「亡」、「蹊」，（匣支）；「尼」，（尼脂）。聲紐相通之例如「能」（泥之）或說讀作「熊」（匣蒸）。《左傳・昭公七年》：「其神化為黃熊，以入於羽淵」《論衡・無形》黃熊作黃能。《楚辭・天問》：「化為黃熊」，《此注》：「《國語》作黃能。」〔註84〕。至於韻部「支」、「脂」常見通假，如視從「示」聲，屬脂部；「是」、「氏」是「支」部字。《左傳・宣公六年》：「提（從「是」）彌明」，《史記・晉世家》作「示眯明」，《公羊・宣公六年》作「祁（從「示」）彌明」。《周禮》一書「地祇」的「祇」（從氏）都作「示」。戰國文字「視」的異體，作從目從氏。〔註85〕又如《山海經・北山經》：「隸虢之水……其中有師魚」，《郭注》：「師（脂）或作鯢（支）」。〔註86〕【洲再按】：（《周易》2）（《周易》40）（《仲弓》8），前兩字分別對應於今本的「泥」、

〔註81〕于省吾《甲骨文字釋林・釋尼》，（北京：中華書局，1993.4 三刷），頁 304。

〔註82〕劉釗〈讀郭店楚簡字詞札記〉《郭店楚簡國際學術研討會》（武漢：武漢大學出版社，2000.5），頁 87（十六）。

〔註83〕顏世鉉〈郭店楚墓竹簡儒家典籍文字考釋〉《經學研究論叢》第六輯　（台北：台灣學生書局，1999.3），頁 181

〔註84〕高亨、董治安編纂《古字通假會典》（濟南：齊魯書社，1997.7 二刷），頁 34、曾憲通《長沙楚帛書文字編》（北京：中華書局，1993.2），頁 87。

〔註85〕朱德熙《朱德熙古文字論集》，頁 31～32。

〔註86〕高亨、董治安編《古字通假會典》，頁 473。

「柅」，第三字是仲尼之「尼」。黃錫全先生在討論《周易》2號簡的時候認爲：《周易》簡二的「⚌於凪」今本作「需於泥」。整理者認爲凪即「坭」字，通作「泥」。⺄形與我們目前見到的獨體的「尼」不同，其形似從《說文》「衺徯有所俠藏也，讀與傒同」的「匸」，內中似有「物點」，但傒與尼讀音有別。根據字形，我們曾懷疑⺄當是藏匿之「匿」的專字或者古體，然楚簡《周易》簡40的「柅」字所從「尼」之下部與此相同，故知「⺄」爲「尼」省形，整理者直接釋爲「坭」不誤。准此，楚簡從⺄的字，均應釋從「尼」。如《郭店楚簡‧尊德義》簡17的泥，應釋爲「泥」，假爲匿，意爲藏匿、隱匿。匿，泥母職部（若，日母鐸部。古娘日二紐歸泥紐）。泥，泥母脂部。二字音近假借。如《說文》「昵或作昵」。《左傳‧隱公元年》：「不義不暱。」《周禮‧考工記‧弓人》鄭注及《正義》、《文選‧爲幽州牧與彭寵書》李注并引昵或作昵。爲什麼尼可簡省作⺄，尼字的構形是否與甲骨、金文無異，還有探討的空間。《說文》：「尼，從後近之，從尸，匕聲。」匕，幫母脂部，尼，泥母脂部。匕與所從的⺄形體有別。以上見黃錫全〈讀上博《戰國楚竹書（三）》札記六則〉，簡帛研究網，2004.4.29。）

　　另外，本簡的「志」讀作「詩」應無問題，所以底下孔子才說「善才（哉）！商也，酒（將）可㚇（教）『時（詩）』矣」，否則孔子大可教子夏《書》、《樂》等其他典籍。這樣的句式及人物亦見於《論語‧八佾》：子夏問曰：「『巧笑倩兮，美目盼兮，素以爲絢兮。』何謂也？」子曰：「繪事後素。」曰：「禮後乎？」子曰：「起予者商也！始可與言詩已矣。」可見亦是子夏起頭先說《詩》（衛風‧碩人），其後孔子才說可與言詩。則本簡「詩」字計有三種不同寫法，見於簡1、7、8，這在楚簡中並非罕見，況且本簡異體字本就偏多，所以這種情形應該是可以理解的。其次，「是」，字形作𥄢，如同《包山》4作𥄢。這種字形變化，如同「禹」字。

〔二一〕商〔𠆥〕也，酒（將）可㚇（教）時（詩）矣

　　建洲按：「商」字作𠆥。「商」甲骨文作𠆥（《甲》2365）、𠆥（甲727）從辛從丙。𠆥（商婦甗）、𠆥（𠆥作父辛卣）、𠆥（曾侯乙鐘）、𠆥（曾侯乙鐘）則於其下加「口」形。至於𠆥（商叔簋）、𠆥（蔡侯申盤）、𠆥（秦公鎛），「辛」兩側加圓圈，可能是商星之「商」的本字。〔註87〕則「△」由偏旁分析，上所從三「○」可能是類似商星的寫法，最下面則是「口」形。剩下的部件作𠆥形，可

<hr>

〔註87〕朱芳圃《殷周文字釋叢》（台北：學生書局，1972.8），頁36～37。

離析爲兩形，其一是 ，即「丙」旁，與 （《包山》50）還算類似。其二是 應爲「辛」，與「丙」旁有共筆的現象。與一般作 （《包山》33）相較，字形稍有訛變。

〔二二〕「城（成）王不敢康〔〕，迺（夙）〔〕夜晉（基）命又（宥）窨（密）」，亡（無）聖（聲）之樂

　　季師旭昇〈譯釋1〉：但是綜合全詩來看，本詩一開始說「昊天有成命，二后（文王、武王）受之」，接著說成王繼承二后，不敢逸樂，夙夜經營天命，寬和愼密。各家解此詩所以不夠爽朗，主要是句中缺少動詞，只有鄭玄把本句的「其（基）」解爲動詞，全句才說得很清楚。據朱駿聲《說文通訓定聲》：「基」的本義是築牆之始，假借（其實都是引伸）爲「謀」，《爾雅‧釋詁》：「基，謀也。」《釋文》：「本作謀。」《書‧康誥》：「周公初基。」鄭注：「謀也。」《禮記‧孔子閒居》：「夙夜基（旭昇案：《禮記》實作「其」）命宥密。」鄭注：「謀也。」又爲「紀」，《爾雅‧釋言》：「基，經也。」注：「基業所以自經營。」失之。（宏業書局《說文通訓定聲》148頁）「基命」，就是經營文武傳下的天命。宥，寬也。密，以屈萬里釋「悈」最好，愼也。宥密，即寬和謹愼。（頁15）

　　建洲按：讀作「『成王不敢康，夙夜基命宥密』，無聲之樂」，原詩見《詩‧周頌‧昊天有成命》：「昊天有成命，二后受之。成王不敢康，夙夜基命宥密。於緝熙，單厥心，肆其靖之。」巧得是，（上博（一）‧孔子詩論）6正有「『昊天又城（成）命，二后受之』，貴且顯矣。」本句句義，季師已羅列各家之說，而且提出精義，說可信。

　　「康」作 ，字形與《郭店‧成之聞之》38作 同形。

　　「迺」作 ，字偏旁又見〈容成氏〉28「句（后）禝（稷）既已受命，乃飤（食）於埜（野），佰（宿）於埜（野），」字作 。這個字舊釋爲「弼」，〔註88〕現在多改釋爲「夙」。〔註89〕「佰」在《說文》中是「夙」的古文，《說文‧宀部》：「宿，

〔註88〕白於藍〈郭店楚墓竹簡考釋（四篇）〉《簡帛研究二〇〇一》，頁193、李守奎〈釋楚簡中的「惡」字——兼釋楚璽中的「弼」〉《簡帛研究》二〇〇一（上）（桂林：廣西師範大學出版社，2001.9），頁215～217。

〔註89〕參湖北省文物考古研究所、北京大學中文系編《九店楚簡》，頁117注釋209、李運富《楚系簡帛文字構形系統研究》（長沙：岳麓書社，1997.10），頁122～124、施謝捷〈楚簡文字中的「悚」字〉《古文字研究》24輯，頁379～382、李守奎〈九店楚簡相宅篇殘簡補釋〉《新出土文獻與古代文明研究國際學術研討會會議論文》，頁2。只是「卜筮祭禱簡」中「少有△於某某」，對於「△」，施謝捷先生讀作「悚」；李守奎先生從陳劍先生讀作「感」。

止也。從宀佀聲。佀，古文夙。」（七下五）；《說文‧夕部》：「夙，早敬也。……佀，古文夙，從人丙。佀，亦古文夙，從人丙，宿從此。」（七上十）；《說文‧丙部》：「丙，舌貌。……丙，古文丙」（三上二）。大家知道「丙」是簟席之「簟」的初文，則「佀」象人躺在簟席上會人過夜止息之意，是「宿」的本字，同時也可表達人躺在簟席上的時間－夙夕之義，所以《說文》說「佀」是夙夕之「夙」的本字也是可以的。〔註90〕字亦與《包山》35 、《楚帛書》甲 1.26 ，《璽彙》5671 、《望山》1.24 （取其上部）形近，惟本簡的「丙」旁筆劃有所省簡，均當釋爲「宿」。本簡的「迺」偏旁與「佀」相同，讀爲「夙」當無問題。

「命」作 ，字下部從「又」，與一般下從「卩」並不相同。程燕〈研讀〉紀錄引徐在國說法認爲受到下面「又」的影響。由字形來看，與下一字「又」幾乎同形，可見徐說的確有其可能。這種現象劉釗先生「隨文類化」，〔註91〕如〈容成氏〉29「支（辨）會（陰）易（陽）之𩅢（氣）」，「𩅢」，李零先生說：「『氣』字，簡文多從既從火，這裏從而，蓋涉下文『而』字而誤。」《韓詩外傳‧卷三》：「太平之時，無痑、癃、跛、眇、尫、蹇、侏儒、折短。」「癃」字乃「聾」字異體，或是受上一「痑」字影響類化而成。〔註92〕〈容成氏〉38「玉閨」，即「玉門」，「閨」或受「玉」字影響而來。不過，要特別注意的是，《上博（三）‧周易》5「命」亦作 ，其下亦從「又」旁，但是「命」下並無「又」字。筆者懷疑可能是《包山》161「命」作 訛變而來。

「𣈴」下有「墨點」，非標點符號，楚簡並不少見，如〈魯邦大旱〉簡1「含」下、簡5「丌」下、〈民之父母〉簡12「之」左邊、簡13「禾」左邊的「墨點」。

「窢」讀作「密」。《包山》255 作 、257 作 ，讀作「蜜」，從宀、甘，必聲。本簡從「戈」應是與「必」作 （《包山》127）形近而誤。〔註93〕至於簡文說「成王不敢康，夙夜基命宥密，無聲之樂」，孫希旦以爲「言成王夙夜積德，以承藉乎天命者甚宏深而靜謐，無聲之樂之意也。」〔註94〕

〔註90〕李守奎〈九店楚簡相宅篇殘簡補釋〉《新出土文獻與古代文明研究國際學術研討會會議論文》。

〔註91〕劉釗《古文字構形研究》（長春：吉林大學博士論文，1991），頁 92、162。

〔註92〕劉釗〈容二〉。

〔註93〕劉釗《古文字構形研究》（長春：吉林大學博士論文，1991），頁 150、179～180；何琳儀《戰國古文字典》，頁 1101。

〔註94〕〔清〕孫希旦《禮記集解》（北京：中華書局，1998.12 三刷），頁 1276。

〔二三〕�（威）〔 🔲 〕我（儀）尸＝（遲遲），【不可選也，無體之
　　　禮；】

季師旭昇〈譯釋 1〉：引《左傳·襄公三十年》認為：「這一段話把『威儀』的
內涵說得詳細深入，極為貼切。放在〈民之父母〉的架構來看，『在位可畏，施舍可
愛，進退可度，周旋可則，容止可觀』應該屬於有體之禮，『德行可象，聲氣可樂，
動作有文，言語有章，以臨其下』則接近無體之禮。」（頁 16 注 23）

建洲按：讀作「『威儀遲遲，不可選也』，無體之禮」。其中「不可選也，無體之
禮」簡文殘缺，今據文意補。原詩見於《詩·邶風·柏舟》，詩作「我心匪席，不可
卷也，威儀棣棣，不可選也。」毛《傳》：「君子望之儼然可畏，禮容俯仰各有威儀
耳。棣棣，富而閑習也。物有其容，不可數也。」孫希旦以為「言仁人之威儀無不
閑習，而不可選擇，無體之禮也。」〔註95〕至於上述季師的說法，亦見於如同《晏
子春秋·仲尼見景公欲封之晏子以為不可第一》：「自大賢之滅，周室之卑也，威儀
加多，而民行滋薄，聲樂繁充，而世德滋衰。」〔註96〕《墨子·節用中》：「俛仰周
旋威儀之禮，聖王弗為。」〔註97〕可與簡文互參。

「禔」，字作 🔲 ，構形如同〈魯邦大旱〉簡 1「鬼」作 🔲 。劉釗先生指出「在
戰國楚系文字中，凡涉及鬼神的字，大都有加『示』字旁造成專字的習慣」，〔註98〕
說極是。「△」，還見於簡 11、13，「示」旁寫作 🔲 比較特別。「鬼」（見微）；「威」
（影微），故得通假。

「尸」，《說文》：「尸，古文仁」、《玉篇》：「尸，古文夷字。」〔註99〕又《說文》：
「遲或從尸」（二下四），亦見《集韻》曰：「遲，或作迉」，《包山》202「遲」作 🔲 ，
楚國卜筮祭禱簡常見「少迡（得）」一詞，即「少遲（得）」，如《包山》198「志事
少遲得」。所以本簡「尸」讀作「遲」並無問題。今本《禮記》、《孔子家語》作「威
儀逮逮」；《詩·邶風·柏舟》作「威儀棣棣」。逮、棣、遲音可通。遲，定脂；逮，
定質；棣，定質，雙聲對轉，故得通假。

又簡 9「之喪也」以前，濮茅左先生據《禮記》、《孔子家語》補「不可選也，
無體之禮也。凡民有喪，匍匐救之，無服」等十九字。（頁 167）季師旭昇指出據〈民

〔註95〕〔清〕孫希旦《禮記集解》（北京：中華書局，1998.12 三刷），頁 1276。
〔註96〕張純一《晏子春秋校注》《新增諸子集成》六（台北：世界書局，1983.4 新四版），頁
　　　205。
〔註97〕〔清〕孫詒讓《墨子閒詁》（台北：華正書局，1995.9），頁 151。
〔註98〕劉釗〈馬王堆漢墓簡帛文字考釋〉《語言學論叢》第二十八輯（北京：商務印書館，
　　　2003.10），頁 86。
〔註99〕〔宋〕陳彭年《大廣益會玉篇》（台北：國立中央圖書館，1992），頁 173。

之父母〉其它各簡字數都在三十一至三十五字之間，濮茅左補十九字，使得第九簡共有三十六字，似乎是多了一點。比照上簡「亡聖之樂」沒有「也」字，那麼本簡所補字「無體之禮也」的「也」字應該可以刪掉，這麼一來，本簡也是三十五字，比較合理。**建洲按**：簡13簡首殘缺，長42.3厘米，原存三十五字，但這是包含合文一字，所以實際字數應當是三十四字。若與簡5完簡長45.8厘米相較，則至少可據今本補出一字，則共抄寫了三十五字，是竹簡中字數最多者。所以濮茅左先生雖然根據簡9「【無服】之兓（喪）『也』」將此處補作「無體之禮『也』」，但是這樣的確會多出一字，所以應該依照簡8「亡聖之樂」無「也」字，將簡9「無體之禮」的「也」字去掉。

〔二四〕【『凡民有喪，匍匐救之』，無服】之兓（喪）也。

建洲按：據今本補出缺字。所引「凡民有喪，匍匐救之」，見於《詩・邶風・谷風》第四章：「就其深矣，方之舟之；就其淺矣，泳之游之。何有何亡，黽勉求之，凡民有喪，匍匐救之。」孫希旦說：「言凡民非於己有親屬，然聞其喪則匍匐而往救，無服之喪之意也。」〔註100〕

「喪」作 ，從九從死，濮茅左先生以為「葬」字異體，不確。楚文字自有「葬」作「牆」（〈容成氏〉33）、 （《郭店・六德》16），〔註101〕或於其下加「死」為義符作 （《包山》91）。〔註102〕〈容成氏〉41喪作 、《包山》92作 、113作 、167作 、〈郭店・老子丙〉8作 、〈老子丙〉9作 、〈語叢一〉98作 。字皆從「口」，從「木」，從「九」形，「△」只不過省掉「口」形罷了。

〔二五〕亓才詨（語）也

濮茅左先生：疑為「許」之繁文，釋為「聽」。一說或為「設」。（頁168）

李銳先生〈初箚〉：分析為許字加繁飾，許從午聲，「午」、「忤」

古與「悟」通，此疑讀為「語」，即是讀為「其在語也，快（？）矣，宏矣，大矣！」。《禮記》作「言則大矣，美矣，盛矣！」。

林素清先生〈疑釋〉：疑「△」是「詩」的異構。簡九此句不見於二書，但與下

〔註100〕〔清〕孫希旦《禮記集解》（北京：中華書局，1998.12三刷），頁1276。
〔註101〕黃德寬、徐在國〈郭店楚簡文字續考〉，《江漢考古》1999.2 第8條、陳斯鵬〈郭店楚簡解讀四則〉《古文字研究》24輯，頁410。字亦見於《容成》簡33。
〔註102〕林素清〈楚簡文字綜論〉《第三屆國際漢學會議論文集——古文字與商周文明》（台北：中央研究院歷史語言研究所，2002.6），頁146。

文連讀作「其在《詩》也，敗矣！宏矣！盡矣！」似也文從字順。本簡文此三句分別指《詩・周頌・昊天有成命》所論「無聲之樂」、《詩・邶風・柏舟》所論「無體之禮」以及《詩・邶風・谷風》所論「無服之喪」。

劉信芳先生〈試讀〉：以爲可讀爲「語」：「按此句《孔子閒居》作『言則大矣！美矣！盛矣！』《孔子家語・論禮》作『言則美矣！大矣！』簡文『其在許也』句對應於『言則』，看來不能簡單地說傳本無『其在許也』句，只是傳本表達得更簡潔一些罷了。尤其值得重視的是，簡文『許』對應於傳本『言』，應無疑問。這對於『許』字的釋讀是有幫助的。疑『許』讀爲『語』，有如『論語』之『語』例。郭店簡《五行》簡34『強語』即『強御』，又『金卸』或作『鋙』，是『許』、『語』音通之證。」

黃錫全〈箚記一〉：「許」字右下從又，與戰國文字「作」字從又類似，釋爲「許」是正確的。與今本對應讀爲「語」，指的是孔子所說的言語，不無道理。揣摩文義，我們以爲「其在許也」，也可能相當於今本《孔子閒居》中記述子夏幾次提問孔子回答後的轉折語「既得而聞之矣」句，表示聽信、明瞭。「其」字也許代表了孔子的言語，爲代詞。這一句式，如同《禮記・禮器》：「其在人也，如竹箭之有筠也，如松柏之有心也。」「其」代表的是陳述的「禮」。《孟子・梁惠王上》：「則王許之乎。」趙氏注：「許，信也。」……此句似可譯爲，子夏說：「您說的這些道理令人信服，眞是完美、充分、偉大呀！」

李天虹先生說：今按，從文義上看，將該字讀作「語」比整理者的解釋更能讓人信服，但對該字的形體結構，可以作別樣考慮。古文字馭（《說文》以「馭」爲「御」字古文）本會意字，作以手執鞭策馬形，戰國文字或將鞭形聲化爲「午」（**建洲按**：「馭」、「午」同爲疑紐魚部），作：🐎（曾67）🐎（天摹）右旁寫法與該字完全一致。古午、五音通，馭又或聲化從「五」，作：🐎（曾12）、🐎（曾71）「語」也是以「五」爲基本聲符的字，故與「馭」音通。劉信芳先生已經指出郭店簡《五行》三四號簡的「強語」即「強御」。傳世文獻裏還有「語」與從御之字通用的例子，如《春秋》桓公十四年「鄭伯使其弟語來盟」，《穀梁傳》「語」作「御」；《漢書・西南夷兩粵朝鮮傳》「爲語兒侯」，顏師古注：「語字或作御，或作禦，其音同。」頗疑「詻」字可分析爲從言馭省聲，乃「語」字異體。〔註103〕

李家浩先生：從表面上看，把△釋爲「許」，讀爲「語」，似乎有一定的道理，但是把它放子句子裡，於文義並不順適。黃氏的譯文沒有把「在」字譯出來，就是很好的說明。……其實△既不是「許」字，又不是「詩」字，而是「辯」字的異體。……

〔註103〕李天虹〈上博館藏竹書（二）雜識〉，簡帛研究網，03/09/18。

大家不難看出〈民之父母〉△所從右旁，跟上揭曾侯乙墓竹簡「馭」和信陽楚墓竹簡「綆」（洲案：指 2.4）所從「午」下「又」的古文「鞭」相同，△與 （建洲按：字見《郭店・五行》33-34「鄞（中）心汩（辯）髐（然）而正行之」）當是同一個字。也就是說，△也是從「言」從古文「鞭」聲，即「辯」字異體。現在可以談「其才辯也」之「才」是否應該讀爲「在」。在傳世文獻中「才辯」一詞，是才智辭辯的意思。……「其才辯也」之語，是子貢對其前孔子所說「五至」、「三無」而言的，指孔子言論。「其才辯也，美矣，宏也，大矣」的意思是說：孔子的才智辭辯，太完美了，太廣博了，太偉大了！〔註104〕

　　建洲按：學者指出字是「許」，或以爲其下的「又」是飾符，這樣的分析不能說一定不對，如「僕」作 （《郭店・老子甲》2），又作 （〈老子甲〉13）；「相」作 （〈老子甲〉16），又作 （〈窮達以時〉6），其下均加了「又」爲飾符。〔註105〕但是這樣的理解方法，有時隨著新證據出現會發現問題，如《璽彙》1546 有字作 ，劉釗先生以爲「心」旁可視爲一種繁飾或是累加的意符，所以可釋爲「許」。〔註106〕吳良寶先生則依〈唐虞之道〉的「聰」字，以爲右旁可能是「聰」省聲。〔註107〕所以釋爲「許」的字形證據上稍微薄弱。

　　筆者以爲字形上的分析，李天虹先生的說法似乎較爲合理。李守奎先生亦提到相同觀點，並認爲「亓才設也」應讀作「斯哉語也」，可參。〔註108〕李家浩先生的所說古文「鞭」與「△」字形似乎不近，而且釋爲「才辯」亦可商。首先，「才辯」一詞先秦典籍似未見；其次，李家浩先生所引文《史記・仲尼弟子列傳》：「宰予……利口辯辭……子貢利口巧辭，孔子常黜其辯」，已見孔子對子貢的「好辯」並不認同，不知爲何李家浩先生會認爲「孔子是很重視人的才智辭辯的」？第三，如同李家浩先生所說，本簡是針對前面提到的「五至」、「三無」而言的，既如此，則應是一種言論的表達，不知與「才智辭辯」何關？況《孟子・滕文公下》亦記載孟子說：「我豈好辯哉，予不得已也。」〔註109〕可見即使雄辯如孟子，亦是不太贊同「辯說」的。又《晏子春秋・景公問古者離散其民如何晏子對以今聞公令如寇讎第二十五》：「景公問晏子曰：『古者離散其民，而隕失其國者，其常行何如？』晏子對曰：『……好

〔註104〕李家浩〈戰國竹簡〈民之父母〉中的「才辯」〉《第四屆國際中國古文字學研討會論文》（香港：香港中文大學，2003.10.15），頁 583～588。
〔註105〕可參何琳儀《戰國文字通論訂補》（南京：江蘇教育出版社，2003.1），頁 218。
〔註106〕劉釗《古文字構形研究》（長春：吉林大學博士論文，1991），頁 554～555。
〔註107〕吳良寶〈讀郭店楚簡箚記（三則）〉《古籍整理研究學刊》2001.5，頁 9。
〔註108〕李守奎《上博二續編》，頁 478。
〔註109〕〔清〕焦循《孟子正義》（北京：中華書局，1998.12 四刷），頁 446。

辯以爲智，刻民以爲忠，……』」〔註110〕意思是說那些隕失其國的昏君，將好辯的行爲以爲是有智慧的。亦可見「好辯」的確不是值得稱許的。今仍釋爲「語」，相當於今本「言則大矣………」的「言」。（【洲再按】：字亦見於《信陽》2.04，見《古研》25 頁 365））

〔二六〕敗（美）矣！厷（宏）矣！大矣！

濮茅左先生：今本《禮記・孔子閒居》作「大矣！美矣！盛矣！言盡於此而已乎？」《孔子家語》作「言則美矣！大矣！言盡於此已乎？」讀「敗」爲「快」或疑「敥」之誤寫。（頁 168）

何琳儀先生〈滬二〉：「敗」，《考釋》讀「快」，然無法與今本對應。按，「敗」可讀「美」，二字雙聲可通。簡文與《禮記・孔子閒居》「言則大矣，美矣，盛矣」似可相互對應。具體而言，「敗」與「美」屬音近通假，「宏」與「盛」屬義近互換。

楊澤生先生〈箚記〉：不同意何琳儀說，他認爲：所謂「敗」讀「快」或「美」，在語音上都不可取。同篇 2 號簡「敗」字作 𣀓，與 9 號簡此字在形體上的確只是繁簡的不同，但 𣀓 以看作是「敥」字受 𣀓 影響的變體，在簡文中讀作「美」。

黃錫全先生〈箚記一〉：敗字右旁上部與一般的攴形上部有別，但也不是「敥」字所從，值得注意，然據今本釋爲「敗」，義爲「美」，文義順暢。此句似可譯爲，子夏說：「您說的這些道理令人信服，真是完美、充分、偉大呀！」

建洲按：所謂「𣀓」是「敥」的誤寫的可能性似乎不能完全排除。因爲〈民之父母〉「攴」旁寫法特殊，加上「𣀓」右旁的確類似「敥」旁，如《郭店・老子甲》15 作 𣀓。但經與「敗」作 𣀓 相比較，則「𣀓」明顯是簡省一「貝」字而來，仍應釋爲「敗」較好。目前來看，應以何先生的解釋比較可以接受。「敗」（並月）；「美」（明脂），聲紐同爲脣音。韻部則有旁對轉關係。附帶一提，李家浩先生亦贊同何琳儀先生的看法。〔註111〕

〔二七〕聿（盡）【於此而已乎？孔＝（孔子）曰：「猶有五起焉。」子戠（夏）曰：「所謂五起」】

建洲按：簡文於「盡」下殘缺。濮茅左先生依照今本原文，並考慮竹簡的長短

〔註110〕張純一《晏子春秋校注》《新增諸子集成》六（台北：世界書局，1983.4 新四版），頁 95。
〔註111〕李家浩〈戰國竹簡〈民之父母〉中的「才辯」〉《第四屆國際中國古文字學研討會論文》（香港：香港中文大學，2003.10.15），頁 583。

字數，在這裡補了「於此而已乎孔子曰何爲其然猶有五起焉子夏曰□」這二十個字及一個空白，使得簡10本來是十六字，遂成三十七字。季師旭昇指出：「這樣補，字數似乎太多了一點。〈民之父母〉每簡所寫的字數都是在三十一至三十五字之間，《禮記・孔子閒居》此處作「『言盡於此而已乎？』孔子曰：『何爲其然也！君子之服之也，猶有五起焉。』子夏曰：『何如？』」《孔子家語・論禮》則作「『言盡於此而已？』孔子曰：『何謂其然？吾語汝，其義猶有五起焉。』子貢曰：『何如？』」比照其它簡最高的字數——三十五字，此處只能補十九個字，試補如下：「『於此而已乎？』孔＝（孔子）曰：『猶有五起焉。』子夏曰：『所謂五起』」，似乎比較通順。」

建洲按：其中簡13簡首殘缺，長42.3厘米，據今本可補出一字，共抄寫了三十六字，是全部竹簡中字數最多者。依濮先生所補的確稍多，而且季師所補的確較爲精練，今從之。

〔二八〕孔＝（孔子）⌐⌐（曰）

　　濮茅左先生：由文意來看應爲「曰」。（頁170）

　　黃錫全先生〈箚記一〉：此字是「於」字，對照後面的簡11「⌐⌐」就清楚了，只是下部豎丿墨迹脫落。曰，匣母月部。於，匣母魚部。以『於』爲『曰』，典籍似未見。此當類似於典籍『曰』或作『粵』。」

　　建洲按：仔細比對，「△」與「于」字形、筆勢皆不類，此存疑。

〔二九〕內虗（恕？）巺（洵）〔💢〕悲

　　濮茅左先生：今本作「內恕孔悲」。「虗」，從虍聲，從壬，與「吾」、「恕」同屬魚部，故可讀爲「吾」，又可讀爲「恕」。整句讀作「內恕巺悲」。（頁171）

　　楊澤生先生〈補釋〉：△，我們認爲此字釋「巺」是對的，但解作「具」則不妥。《禮記・孔子閒居》與簡文「無服之喪，內恕巺悲」的「巺」對應的字是「孔」，鄭玄《注》：「孔，甚也。」「孔」是副詞，與其對應的「巺」也應該是副詞。我們懷疑「巺」應該讀作「洵」。「洵」和「巺」的古音分屬心母眞部和心母文部，聲母相同而韻母相近，故可相通。古書中有不少從「旬」之字與從「巺」之字相通的例子，可以佐證。楊樹達先生說「洵」爲表態副詞，並引書證說明「洵」的意義和用例，如《爾雅・釋詁》云：「信也。」《詩・鄭風・叔于田》：「洵美且都。」《溱洧》：「洧之外，洵訏且樂。」「洵」這個副詞用於謂詞前，表示對動作行爲或事實的肯定。這樣，同樣作爲副詞的「洵」與「孔」意義相近。

　　黃錫全先生〈劄記一〉：此字上部雖與「異」字類似，但下部不同。我們懷疑是「皆」字異體。其形與皆下部相同，上部只是並列的人形變爲並列的卪形，其義相近。皆字上部人下加飾筆，見包山楚簡 270、273 等。皆，見母脂部。孔，溪母東部。

　　建洲按：「異」作〓，與《說文》篆文「異」作〓、《包山》103「〓（冀）陵公」、《說文》古文「異」作〓、曾侯編磬「異」作〓〔註112〕、《璽彙》2167「選」作〓〔註113〕、《包山》牘一「〓」作〓，〔註114〕形體相近，可知釋爲「異」自無問題。附帶一提，有學者將《包山》214「〓」隸作「垭」，但卻認爲字的右旁是上述「異」的省體，或更省作「〓」（指右旁，《郭店・忠信之道》簡 5），楚文字有「一字歧讀」的現象，所以「異」又讀「坐」。〔註115〕**建洲按**：此釋有誤，由以上「異」字，其上從「〓」聲未見省作。〔註116〕尤其「異」下部未見從「土」，與「〓」並不相同。至於〈忠信之道〉的「〓」亦非從「異」，陳劍先生已指出此釋不可信。〔註117〕裘錫圭先生曾根據馬王堆雜占書「〓（坐）易（陽）」又作「〓易」，認爲「〓」是「坐」，〔註118〕並非是「異」的省體。所以《信陽》2.021「一錦〓茵」，可釋爲「佐」、《包山》177「妾婦〓」，可釋爲「婼」、《包山》214「〓山」，可釋爲「坐」、《璽彙》2483 作「〓」，广外所從偏旁與△同形，與上述楚簡文字形近，故可釋爲「痤」。〔註119〕至於黃錫全先生認爲「△」下從「曰」與「異」不同，所以改釋爲「皆」，此說恐不可從。「皆」作〓，上從「人」形，與「△」從「〓」形實不相同，況且「皆」、「孔」韻部遠隔，此說恐不可信。前面已提及，楚文字下加「曰」爲飾並非特例，所以本字釋爲「異」可從。「孔」當作副詞用，置於形容詞或動詞之前，表示程度之深。《爾雅・釋言》：「孔，甚也。」《尚書・伊訓》：「聖謨洋洋，嘉言孔彰。」

〔註112〕黃錫全《湖北出土商周文字輯證》圖版 134.1。

〔註113〕吳振武《古璽文編校訂》466 條。

〔註114〕參見《望山楚簡》，頁 120 注 52。

〔註115〕周鳳五〈郭店楚簡〈忠信之道〉考釋〉《中國文字》新 24 期（台北：藝文印書館，民 87.12），頁 125、周鳳五〈郭店楚墓竹簡〈唐虞之道〉新釋〉《史語所集刊》70：3 （民 88.9），頁 754。

〔註116〕吳振武《古璽文編校訂》466 條、何琳儀《戰國古文字典》，頁 1355。

〔註117〕陳劍〈釋《忠信之道》的「配」字〉，《國際簡帛研究通訊》第二卷第六期（2002 年 12 月），頁 5。

〔註118〕朱德熙、裘錫圭、李家浩〈望山楚簡一號墓竹簡釋文與考釋〉《望山楚簡》，頁 89 注 19、李家浩〈九店楚簡五六號墓竹簡釋文與考釋〉《九店楚簡》，頁 58～59 注 5、劉釗〈璽印文字釋叢（二）〉《考古與文物》，頁 79 第十條、何琳儀《戰國古文字典》，頁 881。

〔註119〕何琳儀《戰國古文字典》，頁 881。

《詩‧小雅‧小旻》：「謀夫孔多，是用不集」。〔註120〕楊澤生將「巽」釋爲「洵」，與「孔」詞性相近，說可從。由於「巽」所從「🔲」與「孔」作🔲（簡8）所從「子」旁相近，似也不能排除二者有相混的情況。又如《尹灣漢簡‧神烏傳》「仁恩孔隆」，句式如同本簡，其「孔」亦有「甚」義。〔註121〕

另外，對於本簡「虖」，對應今本讀作「恕」，我們在〈容成氏〉中已討論過楚簡諸多「虖」的寫法，其實皆從「虎」聲，本簡「虖」亦不例外，如〈六德〉38「君子不帝（啻）明虖（乎）民敝（微）而已」。而「虎」（曉魚）；「恕」（疏魚），疊韻，聲紐則有距離。今暫從今本之說。

〔三十〕日述月相

濮茅左先生：「日述月相」意爲「日聚月扶」。（頁171）

黃德寬先生〈補正〉：釋「述」爲「格」。

季師旭昇〈譯釋1〉：本簡「日述月相」看起來跟《詩經》「日就月將」很像，但個別字詞的解釋還是不太一樣。述，《說文》：「斂聚也。從辵、求聲。〈虞書〉曰：『旁述屛功。』」引伸也可以有「進益」的意思，與《毛詩》作「就」意近。《說文》：「就，就高也。」在某個建物上增加建物爲「就」，因此「就」有「增益」的意思。「就」（疾僦切）上古音屬從紐幽部，「述」（巨鳩切）上古音屬群紐幽部，韻部相同，聲母雖有從、群之異，但是上古音應該很有關係，如從「今」聲有「黔」（巨淹切，群紐侵部），又有「鹷」（俎慘切，從紐侵部）。是「述」、「就」應該是意義俱近的異文。相，本義是「省視」，但是經典多釋爲「助」，如《詩經‧大雅‧生民》：「有相之道。」毛傳：「相，助也。」「月相」就是每個月都有助益。「相」（息良切，心紐陽部）、「將」（即良切，精紐陽部），二字韻部相同，聲爲旁紐，聲義俱近。據此，「日述月相」，字面也很有意義，與「日就月將」同義，但是未必要用通假讀爲「日就月將」。（頁20注33）

建洲按：今本作「日就月將」。見於《毛詩‧周頌‧敬之》：「敬之敬之，天維顯思，命不易哉，無曰高高在上。陟降厥士，日監在茲。維予小子，不聰敬止。日就月將，學有緝熙于光明。佛時仔肩，示我顯德行。」意思是日有所成，月有所進。

至於上述濮茅左先生之說已有視簡文的「述」、「相」與今本的「就」、「將」爲

〔註120〕中國社會科學院語言研究所古代漢語研究室編《古代漢語虛詞詞典》（北京：商務印書館，2000.1 二刷），頁330。

〔註121〕裘錫圭〈神烏傳（賦）初探〉《文物》1997.1，頁52。又見於《尹灣漢墓簡牘綜論》（北京：科學出版社，1999.2），頁2。

同義字關係的味道，季師旭昇進一步詮釋當可信。今稍作補證：「述」（群幽）；「就」（從幽），疊韻。聲紐則精系與見系字是頗有關係的，王志平先生說「但是不光照系三等字與見系字諧聲，而且精系字也與見系字諧聲。如『斯』從『其』得聲，而『其』爲群母之部字；從『此』得聲的『掌』在《切韻》中音『奇寄切』，古音群母歌部字。可見清系字與見系字也頗有淵源。」〔註122〕《詩・大雅・民勞》：「惠此中國，以爲民述」，毛《傳》：「述，合也」，鄭《箋》：「合，聚也。」〔註123〕有聚合自然會增加、增益。而「相」（心陽）；「將」（精陽），聲韻皆近，故得通假。林素清則說：「述」可以訓「聚」，但不能引申爲進益，因兩者並無語意或邏輯上關係。也缺乏有效的書證。即使上述可成立，但《毛詩》以行走譬喻進德修業的用心卻已湮沒不彰。〔註124〕

對於「求」字，上述黃德寬先生之說不可信。「求」字楚簡並不少見，如《郭店・緇衣》18作𠂔、〈成之聞之〉37作𠂔、〈容成氏〉簡31作𠂔。而黃氏所舉《郭店・緇衣》38「迖」作𨒀，差別在「求」呈現曲筆的寫法，與「格」並不相同。

〔三一〕亡（無）膣〈服〉之【喪】，屯（純）德同明。

濮茅左先生：「服」誤鈔成「膣」。又據今本《禮記・孔子閒居》讀「同」爲「孔」，解說此句文義爲「純美之德，與天同體，與日月同明」。（頁172）

劉信芳先生〈試讀〉則以爲：按「同」古音在東部定紐，「孔」古音在東部溪紐，聲紐不近。「同」、「孔」之異，乃傳本不同，此處似不宜看作通假。「同明」帶有理想色彩，而「孔明」則是讚美用語。所謂「亡服之喪」，是指「凡民有喪，匍匐救之」（《孔子閒居》），其政治意義是「爲民父母」，既爲「父母」矣，在道義上自與子女同德同尊卑，此所謂「同明」。可見「同明」與「孔明」是有差別的。簡13：「亡體之禮，上下和同。」凡「無聲之樂」、「無體之禮」、「無服之喪」，皆具有超越具體禮儀的意義。孔疏「三無」云：「此三者皆謂行之在心，外無形狀，故稱無也。」具體禮儀是有差別的，而「三無」則已昇華爲「同」。大凡哲學皆由具體達至抽象，文學皆由生活提煉爲形象，史學則由史實而提升爲對社會發展規律的認識，「無聲之樂」、「無體之禮」、「無服之喪」與之類。是簡文「同明」，其義大乎哉。

黃德寬先生〈補正〉：《孔子閒居》此句作「純德孔明」。「同」與「孔」是近義之詞，讀作「通」，而非「共同」之「同」。本書《容成氏》簡二十六「禹乃通三江五沽（湖），東注之海」，「通」，以「同」爲聲符，故「同」可讀作「通」。「同明」

〔註122〕王志平〈《詩論》發微〉《華學》第六輯（北京：紫禁城出版社，2003.6），頁64。
〔註123〕《十三經注疏──詩經》，頁631。
〔註124〕林素清《上博二研究續編》，頁235。

即「通明」，也即「孔明」，《說文》：「孔，通也」可證。

李天虹先生：今按，古音同、孔均屬東部，但一為舌音，一為牙音，聲母較難通轉。黃說可從。但這裏的「同」，亦可讀作「洞」， 洞與通、孔也是同義詞，《集韻》送韻：「洞，通也。」《閒居》之「孔」， 注、疏皆謂「甚也」，根據《民之父母》的用字，注、疏謂「孔」為「甚」義可能有誤。」〔註125〕

建洲按：「純德同明」，濮茅左讀「同」（定東）為「孔」（溪東），疊韻，聲紐稍有距離，可見未必要解為通假字。其次，筆者以為黃德寬、李天虹二先生之說恐不可從。其一是依此讀法，本來應該如與天同體、與日月同明的純美之德，現在只剩下「孔明」或「洞明」，即小孔般的光明。若「純德」可用「洞明」來形容，則所謂「文王之德之純」對文王可能不是褒而是貶了。其二，李天虹先生反推注、疏謂「孔」為「甚」義可能有誤，則簡11「內聖（恕）異（洵）悲」的「異」要如何解釋呢？簡文用「異」讀作「洵」，義同「孔」，皆有「甚」義。由此亦可知黃、李二說不可從。筆者贊成劉信芳先生的說法，「同」作為副詞，用於形容詞前，表示不同主體都處在相同情態，如《韓非子·外儲說右上》：「人主所甚親愛也者，是同堅白也。」〔註126〕

〔三二〕四或（國）〔🔳〕

建洲按：四國，義同「四方」。「或（國）」，李家浩先生曾有詳細的分析，可供參考：

> 「或」原文作🔳，其字形結構可以有兩種分析。🔳所從的「乚」，可能是「或」字下部一橫的變形。此是一種分析。古文字「國」或作🔳、🔳、🔳等形（《金文編》四二六頁），第一、二兩體是把「□」旁右邊一豎省去作「匚」字形的一種寫法，第三體是第一、二兩體的進一步簡寫，是「匚」旁上邊一橫與「戈」旁上邊一橫公用的一種寫法。簡文🔳可能是屬於上引第三種寫法的「國」。此是又一種分析。按包山楚墓竹簡「國」作🔳（四五號簡），「或」作🔳（一二0號簡）、🔳（一三五號簡背），從「或」之「惑」作🔳（五七號簡），「郷」作🔳（三號簡），「宲」作🔳（一二四號簡）、🔳（一五一號簡）等。把他們進行比較，不難發現「或」與「國」之間的微妙區別。「或」字所從「乚」的豎畫一般不超過「戈」的

〔註125〕李天虹〈上博館藏竹書（二）雜識〉，簡帛研究網，03/09/18。
〔註126〕中國社會科學院語言研究所古代漢語研究室編《古代漢語虛詞詞典》（北京：商務印書館，2000.1 二刷），頁 578。

橫畫，而省寫的「國」字所从「レ」的豎畫一般超過「戈」的橫畫。根據這一情況，所以釋文把 ![字] 釋爲「或」。《禮記‧祭義》「庶或饗之」，鄭玄注：「或，猶有也。」〔註127〕

不過，李先生所說的標準似乎也不是置之四海皆準的，如《葛陵》甲三：318「或（國）」作 ![字]，〔註128〕其「レ」的豎畫就不超過「戈」的橫畫。惟本簡「或」作 ![字]，依文意讀爲「國」，還是適用於李家浩先生所提的差別。

〔三三〕燹（氣）志既從〔![字]〕

建洲按：「從」作 ![字]，所從「人」旁較一般作 ![字]（《郭店‧太一生水》11）、![字]（〈成之聞之〉2）有所訛變，遂類似「七」作 ![字]（〈老子甲〉33）。亦見於（《郭店‧六德》8）作 ![字]。至於李銳〈初箚〉以爲字亦見於《上博（一）‧紂衣》8「下之事上也，不從其所以命，而從其所行」，兩個「從」字分別作 ![字]、![字]，關於這兩個字的形構如何解釋尙無定論，遑論拿來當作比較的範本，況且二者之間字形並不相似，所以這樣的比較實在是不必要。

〔三四〕呂畜萬邦〔![字]〕

建洲按：「邦」作邦作 ![字]。「邦」，本從邑「丰」聲。但本簡的「邦」字，其右旁與「丰」字不似，如《郭店‧語叢一》103「夆（奉）」作 ![字]、〈老子乙〉17「奉」作 ![字]、《包山》7「邦」作 ![字]、《包山》211 作 ![字]、《包山》67「伟」作 ![字]的「丰」旁。反與「氂」作 ![字]（《包山》95）、「筀」作 ![字]（《包山》269）、「毫」作 ![字]（《包山》273）的「毛」旁同形。這種情形亦見於〈昔者君老〉簡4「邦」作 ![字]，右旁與《隨縣》13「迄」作 ![字]形似。可見「丰」、「毛」二字有形近訛混的現象。又如〈容成氏〉13「邦」作 ![字]，右旁既與「邦」作 ![字]（《郭店‧老子乙》17）、![字]（《郭店‧老子甲》29）、![字]（老子甲29）形似；又與〈容成氏〉簡24「毛」作 ![字]、〈容成氏〉49「毳」作 ![字]完全同形，亦反應出形近混用的現象。楚簡文字「毛」、「丰」、「屯」、「乇」形體相近，李運富先生曾加以列出，可參。〔註129〕

〔註127〕湖北省文物考古研究所、北京大學中文系編《九店楚簡》（北京：中華書局，2000.5），頁85注釋92。

〔註128〕賈連敏《新蔡葛陵楚墓出土竹簡釋文》，河南省文物考古研究所編著：《新蔡葛陵楚墓》（河南：大象出版社，2003.10），頁198，照片見圖版一一三。

〔註129〕李運富〈楚國簡帛文字叢考（二）〉《古漢語研究》1997.1，頁87，亦見氏著《楚國

〔三五〕

建洲按：亦見於《郭店・成之聞之》簡 40、〈六德〉簡 49，皆作爲篇末結束符號。

第四章 〈子羔〉校釋

第一節 前 言

　　本篇是《上海博物館藏戰國楚竹書（二）》的第二篇。本篇共十四簡，沒有完簡。據馬承源先生統計，簡文計三百九十五字，其中合文六，重文一。簡文是孔子、子羔師徒之間問答的內容，大別有二：其一是第一至第八簡，所提疑問是舜何以能由一嗇於童土之田的黎民，登而爲帝？其二是第九至第十四簡，內容是關於三王－禹、契、后稷誕生的傳說及他們的爲王，究竟是出身卑賤，得自禪讓，還是由父親傳位於子。〔註1〕

　　其次，對於竹簡形制相同的三篇——〈子羔〉、〈孔子詩論〉、〈魯邦大旱〉彼此的關係如何？根據《上博竹書》最早整理者李零先生的說法：

　　　　我的看法是，現在題名爲《孔子詩論》的簡文，其實是《子羔》篇的
　　　　一部分。這是按剪貼本初稿提出的想法。我一直是這麼看，現在並沒有變。
　　　　所以本文副標題是作「《子羔》篇『孔子詩論』部分」。我説的《子羔》篇，
　　　　既包括這裏稱爲「孔子詩論」的部分，也包括與此抄在同一卷上的其他兩
　　　　部分（尚未發表）。其中一部分抄在這一部分前面，現存十五簡（據剪貼本
　　　　初稿），多已殘斷；另一部分抄在這一部分後面，現存六簡（據剪貼本初稿），
　　　　也不完整，但我們從簡長、簡形，還有字體和書寫風格看，它們與這一部
　　　　分是連寫接抄，章與章之間並不留白提行。前面的部分是子羔向孔子請教，
　　　　討論「三王之作」，即禹、契、后稷，他們的爲王，究竟是出身卑賤，得自

〔註1〕陳劍〈上博楚簡《容成氏》與古史傳說〉《中國南方文明學術研討會論文》（台北：中央研究院歷史語言研究所，2003.12.19），頁16。

禪讓，還是由已經成爲天子的帝王傳位於子。簡文殘缺，但還保存著兩個章號，（**建洲按**：第一個章號位於〈子羔〉簡14，「三天子事之▆」）其中第二個章號，也就是這一部分的結尾，即「孔子詩論」部分第一簡上的章號（詳下）。後面的部分，則是講「魯邦大旱」，魯哀公向孔子請教該怎麼辦，簡文也保存著一個章號。〔註2〕……我們討論的這部分簡文，它們只是上博楚簡中自題爲《子羔》篇的一部分。《子羔》篇雖題名《子羔》，但實際內容是圍繞孔子。它的「三王之作」部分（這一部分最好叫「三王之作」，而不要叫「子羔」，以免與篇名重復）也好，「孔子詩論」部分也好，「魯邦大旱」部分也好，都是孔門後學追記的孔子之言。它的一頭一尾還沒有發表。現在整理簡帛古書，一般原則是，凡原來有篇名就採用原來的篇名，沒有篇名，才根據內容，參照古書命名的習慣給它加題篇名。按照這一原則，我們最好把全部簡文合在一起，稱爲《子羔》篇，下面不再另立細目。只是在分析其內容時，我們才說它有上述三部分內容。

依照李零先生的意思，三竹書的順序是〈子羔〉、〈孔子詩論〉、〈魯邦大旱〉，實際上是一篇中分爲三章，〈子羔〉是整個的篇題。而我們所討論的〈子羔〉一章最好改稱爲〈三王之作〉。〔註3〕但馬承源先生並不如此認爲，他說：

> 本篇（**建洲按**：指〈孔子詩論〉）與〈子羔〉篇及〈魯邦大旱〉篇的字形、簡之長度、兩端形狀，都是一致的，一個可以選擇的整理方案是列爲同一卷。我們發現在〈子羔〉篇第三簡的背面有<u>卷題</u>爲〈子羔〉。其後可順序排列的尚存七支簡。從內容來看，〈子羔〉篇純屬子羔問孔子「三王者之乍（作）」。殘存的最後一簡在孔子回答了三王者之作問題後，子羔又提出了其他問題，但孔子作答的內容已殘失，而殘失的數量未可估計。……〈詩論〉的第一篇接抄在另一篇的文末：「……行此者其有不王虖？」此辭的語氣既非對子羔、子貢，也非對魯哀公的答問，因此，恐怕還有其他關聯內容。而〈詩論〉則純粹是評論《詩》，三者區別很是清楚。〈子羔〉篇中孔子對子羔的答問，不可能包括這許多內容，因此有兩種可能性：同一卷內有三篇或三篇以上的內容；也可能用形制相同的簡，爲同一人所書，屬於不同卷別。〔註4〕

〔註2〕李零〈上博楚簡校讀記（之一）——《子羔》篇「孔子詩論」部分〉，簡帛研究網，02/01/04。

〔註3〕此說有理，但因爲章名〈子羔〉已是學界慣用，爲免困擾，本文仍沿舊說。

〔註4〕馬承源主編《上海博物館藏戰國楚竹書（一）》（上海：上海古籍出版社，2001.11），

又說：

> 〈子羔〉是篇題，書於第五簡之背，也可以看作與〈魯邦大旱〉和〈孔子詩論〉合爲一冊的書題。〔註5〕

對〈魯邦大旱〉竹簡形制，他以爲：

> 簡上下端均爲弧形，編線契口三道。長度和文字書法與上博竹書〈孔子詩論〉、〈子羔〉完全一致，可能屬於同一編的不同內容。第六簡辭末有墨節，爲該篇的終結記號。墨節之後有一與文字幾乎等長的空白段，而《子羔》末簡也有此情況，說明其後相續的各篇都是在左鄰的白簡上重新書寫的，三文內容除了出現「孔子」之外，看不出有其他的必然聯繫。〔註6〕

對上述馬先生之說，李零先生提出不同的意見：

> 這三部分簡文，現在被分成三篇，原因可能主要是，它的篇題是寫在卷首的第三簡背面，即簡文第一部分的第三簡背面。注釋者認爲這只是簡文第一部分的篇題，即子羔問「三王之作」部分的篇題，後面兩部分，在內容上不同，不能用這個篇題去概括。這一看法好像很合理，但從古書體例的一般情況看，從上博楚簡其他各篇的題篇規律看，其實是值得商榷的。因爲問題牽涉廣泛，我想稍微多說幾句。

第一，古書內容結構的最小單位是句（句子），再大一點是章（段落），再大一點是篇。句有句讀（在上博簡中，情況同于郭店簡，是作各種不同形狀的小點，作用不盡同於現代標點，有時點，有時不點，點多半是在容易混淆的詞、句之間，以及需要強調或說解的地方，如果是韻文，則往往點在韻腳），章有章號（在上博簡中，情況同于郭店簡，是作墨釘或寬黑杠），篇有篇號（在上博簡中，情況同于郭店簡，是作鉤識號），可供識別。一般情況下，其分篇都是留白提行，分章則是連寫接抄。現在我們討論的這一篇，因爲簡文殘缺，沒有發現篇號，但它有五個章號保存下來（「三王之作」部分兩個，「孔子詩論」部分兩個，「魯邦大旱」部分一個），章與章明顯是連寫接抄。特別其第二個章號之前有一段話，是作「……行此者，其有不王乎」，這段話，注釋者以爲是「孔子詩論」部分開頭部分殘存的簡文，前面還另有文字，但我理解，它是「三王之作」部分的結尾，而不屬於「孔子論詩」部分。簡文

頁121。

〔註5〕馬承源主編《上海博物館藏戰國楚竹書（二）》（上海：上海古籍出版社，2002.12），頁183。

〔註6〕馬承源主編《上海博物館藏戰國楚竹書（二）》（上海：上海古籍出版社，2002.12），頁203。

雖包含三類不同內容，但實際上是一章挨著一章抄，其實是不可分割的整體。

第二，古書的篇題，從出土發現看，多在卷首第二簡或第三簡，或卷尾第二簡或第三簡。前者是從後往前卷，把卷首露在外面，卷尾收在裏面；後者是從前往後卷，把卷首收在裏面，卷尾露在外面。其題篇方式也有兩種，一種是拈篇首之語（情況同於現在電腦存盤自動題名的方式），一種是撮內容大義，前者更普遍。它們不一定都能概括全書內容。比如我負責注釋的上博楚簡《曹沫之陳》（尚未公佈），它分上下兩篇（各有篇號），上篇是一個內容，下篇是一個內容，篇題寫在卷首第二簡的背面，就是隱括下篇的內容，但位置反而在上篇第二簡的背面。注釋者說，上述三部分是抄在同一卷上的三篇，第一篇有篇題「子羔」，第二篇和第三篇把篇題丟了，卷題也丟了，這恐怕值得商榷。因爲「卷」是古書自然成束的單位，與內容無關，古書有章題，有篇題，有書題，但沒有卷題。（原注〔6〕：就目前的發現看，簡帛古書多以單篇流行，少數是合若干篇爲一卷，而且性質多屬雜抄，不同于向、歆整理的官藏典籍。它們一般都沒有書名，而只有篇名，甚至就連篇名也沒有，章題則絕少發現。）〔註7〕

建洲按：如同李零先生所說「卷」是古書保存的一種方式，如《尹灣漢簡・東海郡郡吏巡行起居記》、〈刑德行時〉、〈行道吉凶〉、〈神烏傳（賦）〉出土時，均保持原來卷簡成卷的形式，這麼做的原因只是爲了不占地方，又不致遺失，方便庋藏。〔註8〕如果以首爲心，則卷首收在裡面，卷尾露在外面，用尾題；如果以尾爲心，則卷尾收在裡面，卷首露在外面，用首題。〔註9〕而「篇」是按內容起迄自爲長短，而「卷」則是竹簡編聯成冊的一種長度規格。可見所謂「首題」、「尾題」仍是歸於篇題的範圍，與「卷題」無涉。最近李學勤先生亦提出「上博簡中的《詩論》、《子羔》、《魯邦大旱》三篇應非合編一卷」，他的理由是「經過整理排比，容易看出《詩論》大多數簡是在簡上爲編繩刻出的契口處折斷的，《子羔》簡的折斷多在上端契口下面兩三字處，《魯邦大旱》簡的折斷都在中腰契口之下四字處，這說明他們不曾編連在一起，所承受的壓力並不一致。」〔註10〕另外，錢存訓先生亦指出：

〔註7〕李零〈上博楚簡校讀記（之一）——《子羔》篇「孔子詩論」部分〉，簡帛研究網，02/01/04。

〔註8〕參劉洪〈從東海尹灣漢墓新出土簡牘看我國古代書籍制度〉《尹灣漢墓簡牘綜論》（北京：科學出版社，1999.2），頁167～168、簡帛書法選編輯組《尹灣漢簡・神烏傳》（北京：文物出版社，2000.12）。

〔註9〕李零〈簡帛的形制與使用〉《中國典籍與文化》2003.3，頁6。

〔註10〕本文爲李學勤先生爲黃懷信《上海博物館藏戰國楚竹書《詩論》解義》（北京：社會科學文獻出版社，2004.8）一書所寫的序文。

　　至于「卷」，通常認爲是指縑帛和紙卷的單位而言，是否可用爲簡牘書籍的單位，意見不一。勞榦謂居延「兵物冊」77簡，以麻繩二道編之，如竹簾狀，可以舒卷，故「簡編則爲冊，卷則爲卷」。陳槃于其《先秦兩漢簡牘考》一文中，曾試圖證明這一理論，不過所提出之例證，均無一在漢代之前，而漢時「卷」已被廣泛應用爲紙及縑帛的單位。陳氏並指出，《漢書‧藝文志》書序稱今文《尚書》二十九「篇」，而其目錄則曰經二十九「卷」。孔安國古文《尚書》序中有云：「並序凡五十九篇，爲四十六卷。」陳氏以爲此處既曰篇，復曰卷，據此可以證明一「篇」或數「篇」可以卷而爲「卷」。　按《漢志》既有「篇」，復曰「卷」，反足證明陳說之非。若「卷而爲卷」，則不必用「篇」字。我對此二例證的意見是：「篇」和「卷」既然分列，當系材料和單位不同。按應劭謂：「劉向爲孝成皇帝典校書籍二十餘年，皆先書竹，改易刊定，可繕寫者以上素也。」以書序所稱之古文和今文《尚書》，原分別是五十九「篇」及二十九「篇」，經抄錄于縑帛後，乃爲四十六「卷」及二十九「卷」，因此列於目錄中的「卷」，是皇家圖書館中的帛書，爲卷軸的單位，而見于書序中之「篇」，則爲原本簡牘的單位。實際説來，卷簡原較編簡爲易。故居延「兵物冊」的數捆簡冊，即使卷起，相信仍應稱「篇」，而不應稱「卷」。〔註11〕

由錢氏之說，足以說明「卷題」在先秦古書應不存在。

　　其次，馬先生認爲「子羔」可能是「書題」，此恐亦不能成立。筆者在〈容成氏〉一章之「前言」中已提到余嘉錫先生認爲先秦之書大多無書名篇題，而是由編輯論纂而定。李零先生補充說：

　　　　古書有書題（大題）和篇題（小題）。……我們現在發現的簡帛古書，差不多都是單篇，當然沒有大題。但這是民間傳本，不是所有的本子都如此。當時的官方藏書，其實還是有大題。比如向、歆校定的古書，它們都是大部頭。大部頭的書，篇與書要區別，書與書也要區別，沒有「大題」怎麼行？所以《漢志》還是保留了它們的大題。我們今天的古書，固有裁篇別行，非《漢志》之舊者，但比起出土的古書，部頭還是大得多（如《管子》、《墨子》、《莊子》、《韓非子》和《呂氏春秋》），這樣的古書當然也得有大題。〔註12〕

〔註11〕錢存訓《書於竹帛》（上海：上海書店，2002.4），頁86。
〔註12〕李零〈從簡帛發現看古書的體例和分類〉《中國典籍與文化》第36期 2001.1，頁27。

可見「書題」的出現原因有二，其一是後人所取，斷非「撰人」〔註13〕自為之。其二是古書的部頭夠大。〈孔子詩論〉等三竹書不合上述二條件。

其三，李零先生認為此三竹書共有五個「章號」，章與章是連寫接抄。筆者以為這是對的。這五個章號分別見於〈子羔〉簡 14；「……行此者，其有不王乎▄」下接〈孔子詩論〉；〈孔子詩論〉簡 5；〈孔子詩論〉簡 18；〈魯邦大旱〉簡 6。其中第二、三、四個章號之下，文字接序書寫。第一、五個章號下則留下與文字等長的空白段。馬承源先生既認定此三竹書為獨立的三篇，所以對第一、五個章號的解釋是「其後相續的各篇都是在左鄰的白簡上重新書寫的」。首先，要確定的是其他楚簡竹書上橫簡簡面的寬黑杠「▄」是否有作「章號」用者？《郭店·六德》簡 26、49下均有「▄」，裘錫圭先生「按語」以為：「疑『道宋』即以上一篇的篇名，『止』即此篇至此完了之意。」對此，廖名春先生認為：「裘錫圭認為第二十六簡的『道世止』處為一篇的結束，從上下文的聯繫來看，恐不可能。因為下文所討論的問題與上文密不可分。從書寫形式來看，一篇的結尾與另一篇的開頭都書寫在同一支簡上，可能性也不大。」〔註14〕所以有學者以為此「▄」當作「章號」用。〔註15〕退一步想，我們知道〈孔子詩論〉上的兩個「▄」絕對不可能作「篇號」用，作為同一作者手筆下的標點，其他三個「▄」的作用恐怕應作相同的理解較為恰當，也就是「章號」。〔註16〕其次，我們看《郭店·語叢四》，全文共計四個章號，分別位於簡 3、4、7、9，可分為五章，本來最末簡第 27 簡應亦有「章號」，學者推測「這是因為本篇的字數超出原先的估計，以致抄寫者預編的竹簡已經用盡而文章仍未抄完，必須轉抄于第二十七簡背面上端。」〔註17〕值得注意的是，〈語叢四〉簡 7、9 章號之下也留下一大段空白，此可證明〈子羔〉等三竹書雖包含三類不同內容，但實際上是一章挨著一章抄，其實是不可分割的整體。

〔註13〕依余嘉錫「古書不題撰人」一條，「撰人」相當於我們現在的作者。見余嘉錫《古書通例》卷一，載於《余嘉錫說文獻學》（上海：上海古籍出版社，2001.3），頁 178～187。

〔註14〕廖名春〈荊門郭店楚簡與先秦儒學〉《中國哲學》20 輯（瀋陽：遼寧教育出版社，1999.1），頁 62。

〔註15〕見顏世鉉〈郭店楚簡〈六德〉箋釋〉《中央研究院歷史語言研究所集刊》72：2（台北：中央研究院歷史語言研究所，2001.6），頁 472 所載諸家之說、林清源師《簡牘帛書標題格式研究》（台北：藝文印書館，2004.2），頁 96。

〔註16〕林清源師對此有詳細論述，參林清源師《簡牘帛書標題格式研究》（台北：藝文印書館，2004.2），頁 187～188。

〔註17〕周鳳五〈郭店竹簡的形式特徵及其分類意義〉《郭店楚簡國際學術研討會論文集》（武漢：武漢大學出版社，2000.5），頁 56。

其四，關於目前所見三竹書內容不同，是否能以「子羔」一題來概括？以目前所公佈之資料，並無法給我們一確定的答案。這牽涉到此三竹書出土時已殘，殘失多少內容無從得知，所以反過來想，未必不能以「子羔」作整個的篇題。其次，如李零先生所說，尚未公布的諸多上博楚簡竹書中，是否有證據可以說明〈子羔〉爲篇名的體例，很值得我們期待。但是就筆者以上所討論的幾點古書通例來看，恐怕將〈子羔〉、〈孔子詩論〉、〈魯邦大旱〉視爲一個整體的可能性大一些。

林清源師由標題格式的角度出發，他也認爲「『子羔』這個標題語，在現行編次中，位於《三王之作》簡 5 的背面，它既是《三王之作》的章題，又是全篇各章共同的篇題，亦即是以某一章題爲全篇篇題。」〔註18〕附帶一提，劉樂賢先生亦同意李零先生的看法。〔註19〕

最後，對於年代的問題，最近陳劍先生撰文贊成姜廣輝之說，以爲〈容成氏〉、〈子羔〉、〈唐虞之道〉寫成時間都在燕王噲禪讓失敗的事件之前，說可參。

第二節 竹簡形制及編連

目前所發現的〈子羔〉簡，皆無完簡。據〈孔子詩論〉完簡 55.5 釐米，〔註20〕〈魯邦大旱〉55.4 釐米，〔註21〕則〈子羔〉簡大約也是這樣的長度。漢王充《論衡‧謝短》曰：「二尺四寸，聖人文語，朝夕講習，義類所及，故可務知。」〔註22〕《論衡‧宣漢》：「唐、虞、夏、殷，同載在二尺四寸，儒者推讀，朝夕講習。」〔註23〕《儀禮》賈《疏》引鄭玄《論語序》曰：「《易》、《詩》、《書》、《禮》、《樂》、《春秋》，策皆二尺四寸；《孝經》謙，半之；《論語》八寸策者，三分居一，又謙焉。」〔註24〕《郭店》儒家簡，如〈六德〉、〈性自命出〉、〈尊德義〉約長 32.5 釐米；《上博（二）》所出竹書扣除〈子羔〉、〈魯邦大旱〉外，餘爲 42～45 釐米之間，符合胡平生先生所

〔註18〕林清源師《簡牘帛書標題格式研究》（台北：藝文印書館，2004.2），頁 188。

〔註19〕劉樂賢〈上博簡《魯邦大旱》簡論〉《文物》2003.5，頁 60。

〔註20〕馬承源主編《上海博物館藏戰國楚竹書（一）》（上海：上海古籍出版社，2001.11），頁 121。

〔註21〕馬承源主編《上海博物館藏戰國楚竹書（二）》（上海：上海古籍出版社，2002.12），頁 203。

〔註22〕黃暉《論衡校釋》（北京：中華書局，1996.11 三刷），頁 557。

〔註23〕黃暉《論衡校釋》（北京：中華書局，1996.11 三刷），頁 821。

〔註24〕《十三經注疏——儀禮》，頁 283。又「二尺四寸」原作「尺二寸」，據阮元《校勘記》改（頁 292）。又清人金鶚、日人島田翰均有相同意見，見黃暉《論衡校釋》，頁 557。

歸納楚國書籍以「長二尺」約 45 厘米，爲一種常制。〔註 25〕而〈子羔〉、〈孔子詩論〉、〈魯邦大旱〉則明顯較前二者長出許多，接近武威漢簡所出《儀禮》，甲本平均長度 55.5-56 釐米，〔註 26〕即所謂「二尺四寸，聖人文語」。周鳳五先生曾提出：《郭店》簡中〈緇衣〉、〈五行〉相傳出自子思之手，在儒家子思學派享有經典地位，所以長度較長。而〈魯穆公問子思〉則記述子思與魯穆公的問答，屬於子思學派有關宗師的嘉言懿行的記錄與闡述，估計出於子思的弟子或門人後學之手，其重要性似較前述子思手著各篇略遜一籌，簡長只有 26.4 公分，清楚反映了這個事實。〔註 27〕筆者以爲〈孔子詩論〉中所記是孔子對《詩》的看法，依周先生的歸類，在儒家學派中應屬於經典。但是接連傳抄的下一章〈魯邦大旱〉，內容記載的是魯哀公與孔子的問答，依周先生的分類，屬於〈魯穆公問子思〉一類，但〈魯邦大旱〉簡長並未較短？暫不論這三篇竹書是否爲一篇，倘若書手已有所謂「大者爲經，小者爲傳記」的觀念，則〈魯邦大旱〉不應與〈孔子詩論〉出現在同樣形制的竹簡上。要進一步說明的是，李學勤先生說：「《詩論》非出孔子之手，也不像《論語》那樣直記孔子言行，而是孔門儒者所撰，內中多引孔子親說。」〔註 28〕如此當然不能排除有孔子後學的看法夾雜其中，這樣看來或許不是屬於經典，則〈魯邦大旱〉可與之同列。但是這種想法的問題是這些竹書已經是「二尺四寸」了，若是還有比這更長的「經」，似乎有點難以想像。〔註 29〕況同樣有關孔子學說的〈民之父母〉，簡長約 46.2 公分，與〈容成氏〉相差不多。筆者以爲胡平生先生所說「春秋戰國之時，百家爭鳴，諸子無高下尊卑之分，因此冊之長短大小，除了便攜式外，大概主要取決於個人。」是較爲有理的。李零先生亦說「我的印象，戰國簡的尺寸似乎還很不固定」。〔註 30〕劉洪先生歸納整理《尹灣漢簡》所出 133 根竹簡的形制之後，他的結論是「所有這一切說明，古籍的記載以及王國維根據文獻所考證出來的並不確切，而從出土的實

〔註 25〕胡平生〈簡牘制度新探〉《文物》2000.3，頁 70。

〔註 26〕陳夢家《漢簡綴述》（北京：中華書局，1980.12），頁 294。

〔註 27〕周鳳五〈郭店竹簡的形式特徵及其分類意義〉《郭店楚簡國際學術研討會論文集》（武漢：武漢大學出版社，2000.5），頁 54。

〔註 28〕李學勤〈《詩論》的體裁和作者〉《上博館藏戰國楚竹書研究》（上海：上海書店出版社，2002.3），頁 54。

〔註 29〕1983 冬，湖南省常德市德山夕陽坡二號楚墓出土竹簡兩枚。一枚長 67.5 厘米；一枚完整長 68 厘米，長度比〈子羔〉等三簡爲長，但是前者內容屬於紀年記事的內容，與「竹書」的類別並不相同。見劉彬徽〈常德夕陽坡楚簡考釋〉《早期文明與楚文化研究》（長沙：岳麓書社，2001.7），頁 217；駢宇騫、段書安《本世紀以來出土簡帛概述》（台北：萬卷樓出版社，1999.4），頁 78。

〔註 30〕李零〈簡帛的形制與使用〉《中國典籍與文化》第 46 期 2003.3，頁 5。

物來看，簡牘長短、寬窄、厚薄不是絕對的，並沒有固定的制度。有時，同時間、同性質、同內容的簡牘，長短、寬窄、厚薄並不完全一樣。」〔註31〕

　　本文的編連參考了陳劍先生〈編連一〉的說法，〔註32〕順序如下：（一）1+6+2，3，4，5，7，8。（二）9，11上段+10+11下段+香港中文大學文物館藏戰國楚簡3+12+13，14。最後，由彩版來看，〈子羔〉簡的文字似乎未寫在編繩上，但是距離編繩相當近，如簡5正「卉」、「茅」；簡7「不」、「大」；簡11「參」、「也」。這與屬於「先編後寫」的《曾侯乙墓》，編繩痕上下兩字之間隔較大有所不同。〔註33〕再由同屬一篇的〈魯邦大旱〉簡3「兀」字寫在編繩上來看，〈子羔〉仍屬於先寫後編的編連方式。

第三節　簡文校釋

【釋　文】

　　【舜……】□〔一〕又（有）吳（虞）是（氏）之樂正瞽（瞽）宯（叟）之子〔二〕也。子羔〔三〕曰：「可（何）古（故）吕（以）旻（得）爲帝〔四〕？」孔＝（孔子）曰：「昔者〔五〕而弗殜（世）〔六〕也，善與善相受也〔七〕，古（故）能絔（治）天下，坪（平）萬邦〔八〕，叟（使）亡（無）又（有）小大、忌（肥）巑（磽）〔九〕，叟（使）膚〔十〕1旻（得）兀（其）社禋（稷）百眚（姓）而奉守之〔十一〕。林（堯）見埜（舜）〔十二〕之惪（德）臤（賢），古（故）詷（讓）之。」子羔曰：「堯之旻（得）埜（舜）也，埜（舜）之惪（德）則城（誠）善6墼？〔十三〕伊（抑）林（堯）〔十四〕之惪（德）則甚皿（或盥，明）〔十五〕墼？」孔＝（孔子）曰：「鈞（均）也〔十六〕。埜（舜）嗇於童土之田〔十七〕，則2

　　……之童土之莉（黎）民〔十八〕也。」孔＝（孔子）曰：「……3

　　……虘（吾）昏（聞）夫埜（舜）兀（其）幼也，每（敏）吕（以）□（學？）寺（詩）〔十九〕兀（其）言……4

　　……或吕（以）瞽（文）而遠〔二十〕。堯之取舜也，從者（諸）卉茅之中〔二一〕，與之言豐，敓（悅）【故】……〔二二〕5〔正〕子羔〔背〕〔二三〕

〔註31〕劉洪〈從東海尹灣漢墓新出土簡牘看我國古代書籍制度〉《尹灣漢墓簡牘綜論》（北京：科學出版社，1999.2），頁164。

〔註32〕文亦見《文物》2003.5，頁56～57。

〔註33〕錢存訓《書於竹帛》（上海：上海書店，2002.4），頁88。

亦紹〔二四〕。先王之遊〔二五〕，道不奉鼉（觶？）〔二六〕，王則亦不大淿（變？）〔二七〕。孔＝（孔子）曰：「坴（舜）丌（其）可胃（謂）受命之民〔二八〕矣。舜，人子也。……7

□（協？）而和〔二九〕，古（故）夫坴（舜）之惪（德）丌（其）城（誠）臤（賢）矣。采（招）者（諸）矵（甽）畬（畝）之中〔三十〕，而叟（使）君天下而夏（僎）〔三一〕。」子羔曰：「女（如）舜才（在）含（今）之殜（世），則可（何）若？」孔＝（孔子）曰：8

子羔昏（問）於〔三二〕孔＝（孔子）曰：「厽（三）王者之乍（作）〔三三〕也，膚（皆）人子也，而丌（其）父戔（賤）而不足夏（僎）也與（歟）？臤（抑）亦城（成）天子也與（歟）？〔三四〕」孔＝（孔子）曰：「善，而（爾）昏（問）之也，舊（久）矣丌（其）莫……〔三五〕9

【禹之母，又（有）莘是（氏）之女……】□也〔三六〕，觀於伊（西？）而旻（得）之〔三七〕，寏（懷）厽（三）11上念（年）〔三八〕而畫（劃）於伓（背）而生＝（生〔三九〕，生）而能言，是墅（禹）也。□（契）之母〔四十〕，又（有）酉（娀）是（氏）〔四一〕之女10也。遊於央（瑝）臺（臺）〔四二〕之上，又（有）騜（燕）〔四三〕監（銜）卵而階（措）者（諸）丌（其）前，取而軸（吞）之〔四四〕，寏（懷）11下三念（年）而畫（劃）於靥（膺）〔四五〕，生乃虖（呼）曰：（中文大學藏簡・戰國3）「……欽（？）！」是□（契）也。句（后）稷（稷）之母，又（有）訤（邵）是（氏）〔四六〕之女也，遊於玄咎（丘）之內〔四七〕，㝩見芙（芺）〔四八〕，孜而薦之〔四九〕，乃見人武頥（履）呂（以）悆（忻）〔五十〕，禱曰：「帝之武，尚叟（使）12……是句（后）稷〔五一〕之母也。厽（三）王者之乍（作）也女（如）是。」子羔曰：「然則厽（三）王者孰爲……13

……□厽（三）天子事之■〔五二〕。14〔洲再按：裘錫圭先生近有新編聯，見《上博二研究續編》頁9〕

【校　釋】

〔一〕【舜……】□

馬承源先生：讀作「【呂】又（有）吳（虞）是（氏）……」。（頁184）

陳劍先生〈編連二〉：此字原釋爲「呂」，從殘存字形和文意看，恐不可信。

建洲按：陳說爲是

〔二〕又（有）吳（虞）是（氏）之樂正呫（瞽）弄（叟）

馬承源先生：斷句作「有虞氏樂正呫，弄之子也」。堯設置的樂官，其名爲「呫」。（頁184）

陳劍先生〈編連二〉：「子羔曰：何故以得爲帝」承上文「有虞氏樂正呫弄之子」而來，「有虞氏樂正呫弄之子」應即「何故以得爲帝」的主語，從下文孔子的回答來看，此人當是「舜」。

曹建國先生〈子羔劄記 b〉：以爲簡文所從「宀」旁是無意增繁，所以『呫卉』即『質夒』，也就是舜的父親瞽叟。……呫，古音爲章母侵部；質，古音爲章母質部，二者雙聲，可通。卉，古音爲曉母微部；夒，古音爲群母微部，二者聲近疊韻，可通。所以『呫卉』通爲『質夒』是沒問題的。」又引《呂氏春秋·古樂》所載：「質」爲堯的樂正；「廷」（**建洲按**：應爲「延」）爲舜的樂正。而「夒」是樂正的通名，則質也可稱爲夒，延可以叫延夒，質可以叫質夒。而《周禮·春官·大師》下鄭玄《注》云：「凡樂質歌必使瞽矇爲焉，命其賢知者爲大師、小師。」鄭司農《注》云：「無目眹謂之瞽，有目眹而無見謂之矇，有目無眸子爲瞍。」所以「帝舜的父親『瞽叟』實即爲『瞽瞍』，『瞽』、『瞍』均與樂有關，則舜父當爲樂師。」最後又引《淮南子·泰族》、《孔子家語》卷六《論禮》來證明帝堯的樂正質夒（即舜父瞽叟）並非如史書記載十分愚昧狠毒，一心幫助後妻所生的兒子象，想方設法要謀害舜。總結是「行文至此，我們是否可以這樣總結呢？『夒』是上古樂正的通名，舜的樂正叫廷，堯的樂正叫質。其中『質夒』就是舜的父親『瞽叟』，其先『質夒』是個非常合格的樂正，後來被後妻迷惑，沈湎于淫康，陷害舜，欲置之於死地，因而遭人非議，於是，人們徑稱其謂『瞽叟』。如果我們的這種推測不錯的話，則不僅可以解釋上博簡《子羔》篇，而且還鈎稽出一段淹沒的歷史，把《淮南子》、《孔子家語》所記載的有關『夒』的評論與《尙書》的記載也協調起來。」

楊澤生先生〈補釋〉：我們認爲，把呫弄釋作「質夒」不僅根據不足，而且不能把簡文講通。〔註34〕「所謂『呫』字可能是『貴』字，並非從『占』得聲。楚地出土竹簡中的『貴』字多寫作從『占』從『貝』，如寫作 」（原注18作「參《楚系簡帛文字編》520頁；張光裕主編《郭店楚簡研究·文字編》380頁，臺北：藝文印書館，1999年；《上海博物館所藏竹書（一）》36頁、66頁、93頁圖版（即《孔子詩論》24號簡、《緇衣》22號簡、《性情論》23號簡）。」）所以將「呫」分析爲從「宀」從「貴」省聲，是「貴」字的異體，而「貴」可通讀爲「夒」或「質」，所以，簡文

〔註34〕以上這段話據楊澤生〈上博竹書考釋（三篇）〉《第四屆國際中國古文字學研討會論文》（香港：香港中文大學，2003.10.15），頁278。

「有虞氏之樂正貴（夔或質）」與古書記載是一致的。又說，從音理考慮，似乎將「貴」讀爲「質」、「卉」讀爲「夔」更爲順理成章。但是簡文「有虞氏之樂正質夔之子也」還是很難解釋。如果按照整理者的標點，說「質」的父親是「夔」，這在古書中找不到任何證據。曹建國先生說「質夔」是「舜」的父親瞽叟同樣沒有可靠證據，也不能進而解釋簡文「有虞氏之樂正質夔之子也」的意思。我們懷疑此字所從的「卉」應該讀作「艸（草，從「早」得聲）」。其下又通過繁複的通假，說明「早」、「叟」的關係，結論是「此字可能是『叟』字的異體」。最後將簡文的「之」解爲「用」或「取」。但是以上的解釋，最終的結果是楊文所說「有虞氏用樂正夔」與「叟（腴）之子也」似乎不是很連貫。此文又見於〈上博竹書考釋（三則）〉。〔註35〕

陳偉先生〈零釋〉：古人所謂「有虞氏」一類表述，大致有兩層含義。一是指某方國，一是指該方國成爲王國後所代表的王朝。竹書此處所說的「有虞氏」，當是指舜即位之前的虞國。相應地，「有虞氏之樂正」，也當是虞國之職，而不是王朝之官。用夔、質等古帝手下的樂正作解，其前提就不可靠。（原注V：循著原注釋思路求解的，還見於曹建國《讀上博簡〈子羔〉箚記》）。……原注釋所引《呂氏春秋·古樂》文之後，還有瞽叟司樂的記載。……瞽叟作十五弦之瑟與堯「命質爲樂」同時，隨後又有「舜立」云云，其事顯然在舜即帝位之前。由於同時有質的存在，瞽叟不可能是王朝樂正，但作爲唐國樂正，則不存在什麼障礙。舜之父，在郭店竹書《唐虞之道》中，被寫爲「ㄅ寞」。《子羔》中的「宐寀」，是舜父之名的又一寫法。宐、ㄅ形近。寀，也許從宀得聲，與寞爲明紐雙聲，或可通假。因而，《子羔》與《唐虞之道》所見舜父之名有可能字異而實同。

周鳳五先生〈楚零〉：簡文「之子」若是舜，則「宐寀」二字應當與「瞽叟」或「ㄅ寞」相應或至少相關。其次，「宐寀之子」若是「舜」，則「宐寀」不可能是「有虞氏之樂正」。因爲舜爲有虞氏，古史傳說舜的樂正是夔，不是瞽叟。對於文字分析，「宐」從宀，兔省聲，「瞽、兔二字古音皆見紐魚部，可以通假」；「寀」字也從宀，「但下面所從不是『卉』，而是『火』的變形。戰國文字往往在『火』上橫貫一畫，作『夾』，見於《楚帛書》與《盛季壺》等。稍訛作『屮』形，則與『卉』字頗覺神似。簡文從宀，從火，當是『叟』字省體。叟，小篆從宀，從火，從又，作臾。若下端『又』形省略，『火』字訛變作『屮』，即成爲簡文的『寀』，而遂不可辨識了。」（頁2）

陳劍先生：一般的理解是，所謂「有虞氏之樂正」，是說舜及其先人是屬於有虞

〔註35〕楊澤生〈上博竹書考釋（三則）〉《第四屆國際中國古文字學研討會論文》（香港：香港中文大學，2003.10.15），頁277～282。

氏一族的。有虞氏世守樂正，其始祖稱爲「虞幕」(《鄭語》「夫成天下之大功者，其子孫未嘗不章，虞、夏、商、周是也。虞幕能聽協風，以成樂物生者也。夏禹能單平水土，以品處庶類者也。商契能和合五教，以保於百姓者也。周棄能播殖百穀蔬，以衣食民人者也。其後皆爲王公侯伯。」)，這是沒有什麼問題的。不過按照古漢語的一般說法，「有虞氏之樂正」，說的應該是某帝王的樂官，「有虞氏」當是此「樂正」所在的朝代名、帝王名，而非其自身所屬的氏族。……一般說到「有虞氏」，大家的反應都是其帝王就是舜。實則先秦古書裏「有虞氏」的帝王還包括堯，如《周語下》：「其在有虞，有崇伯鯀，播其淫心，稱遂共工之過，堯用殛之於羽山。」參陳泳超《堯舜傳說研究》。〔註36〕

施謝捷先生：謂「占卉」即「質夒」，聲韻方面的問題似乎也沒有說清楚。且這個前提必須是「古宊」能被確定是「占卉」無意增繁了「宀」這一偏旁。這一前提本身就有點兒懸。實際上「卉」在楚簡帛文字中出現了多次，都是用作「艸」，如「卉木」、「卉備（服）」、「卉茅」等（文獻中多寫作「草」）。「卉」用作「艸」，與「屮」用作「艸」屬於同一現象。如此一來，即使「宊」能確認就是被加了個無意的「宀」旁「卉」字，那它更可能與「艸」同，跟「夒」也勾搭不上。……「質」自是「質」，「夒」自是「夒」，可以肯定「古宊」與「質夒」二者之間大概不會有甚麼瓜葛的。況且以「質夒」爲「舜」父「瞽叟」的「曾用名」，文獻中似乎沒有記載，在證據不足的情況下把他們揉到一塊，應該是沒有道理的。前面舉到「卉」用作「艸」（草），則「宊」與「瞽叟」的「叟」在形音方面可能都有關係（於此陳劍兄有說）。這兒想說說在簡文中與文獻裡「瞽叟」之「瞽」對應「古」字。若將「古」所從的「占」形看做是「占卜」的「占」，就沒有辦法進行溝通。若考慮戰國時代（犯諱了！）的文字裡往往有不少的「形混」實例，如「吏（使、史）」與「弁」，偏旁中的「來」與「求」、「朿」等，往往所從構件「十」可以寫作「卜」形，尤其是「貴」字，楚簡中常見寫法作「〔卜／日／貝〕形，上所從「〔卜／日〕」形在上博藏《緇衣》簡中被寫成「〔十／日〕」或「〔十／日／八〕」(加「八」形的寫法可以參看「使」或「弁」)……「古」很可能本是一個「從宀從古聲」的「吉」字之異寫。《說文·鼓部》謂「籀文鼓從古聲」作「鼓」形，則簡文中將從「古」聲的「吉」用爲「瞽叟」之「瞽」，也應該是可以的，二者聲韻並同。還有郭店簡《唐虞之道》中那個與「瞽」對應的字，也許是個「从宀从瓜聲」的字，「瓜」與「古」作爲聲符時也可替換的，如「罛」與「罟」(參看高亨先生《古字通假會典》858 頁)。文獻所載人名

出現不同寫法是很常見的，「瞽叟」的「瞽」就有寫作「鼓」的。在上博、郭店簡中分別寫作「吉」「宼」兩種不同形體不足爲怪。若不是「害」「周」、「滿」「蒲」之類形近而誤，往往都是音同或音近的所謂通借字，記音而已（不是說無所取意，而是沒有我們現在寫專字的死規定，這種情況在古代非常普遍）。〔註37〕

建洲按：「吳」作 ，字同《郭店・唐虞之道》9 作 。「吳」本從「矢」從「口」，如《包山》169 作 ，簡文「矢」旁演化爲從「大」。「是」作 ，其上部沒有例外作「口」形，與一般作 （《包山》89）、（《郭店・老子甲》3）上從「日」形有所不同。〔註38〕此外，「是」字左旁多一斜筆與（〈尊德義〉36）「是」作 不同，後者乃「止」形筆劃延長所致。這種現象亦見於〈魯邦大旱〉3「是」作 ，可見這是書手的特色之一。《望山》2.49「䰩」作 ，朱德熙先生在《釋文》中隸作從「妥」從「是」，但於《注釋》中說：「此字左旁可能是『色』字（看考釋〔五○〕），右從『是』聲，疑即『緹』之異體。」〔註39〕筆者以爲後說爲是，「是」旁左旁亦多一斜筆；「色」旁與《郭店・五行》13 作 、〈語叢一〉47「頤」作 同形。又《上博一・性情論》簡31「枉」作 、《上博一・紂衣》簡17「幾」作 （參〈民之父母〉簡1注釋），左側皆加一筆。

《尚書・堯典》：「有鰥在下，曰虞舜。」《正義》曰：「虞，氏。舜，名。」又曰「顓頊已來，地爲國號，而舜有天下號曰有虞氏，是地名也。王肅云：『虞，地名也。』皇甫謐云：『堯以二女妻舜，封之於虞。今河東太陽，山西虞地是也。』然則舜居虞地，以虞爲氏，堯封之虞爲諸侯，及王天下遂爲天子之號，故從微至著常稱虞氏。」〔註40〕《帝王世紀》曰：「初，舜既踐帝位，而父瞽瞍尚存，……嬪于虞，故因號有虞氏。」〔註41〕對上二說，金景芳先生認爲：「說虞是氏，是對的。說虞是地名，也不錯。部落或氏族的名稱常與所居地之名相聯繫。舜之部落稱虞，猶如『崇伯鯀』之崇，是地名也是部落名。虞是舜所屬的部落或氏族的名稱，非自舜始，其先人已然。皇甫謐以爲堯封舜于虞，舜才得虞爲氏，大誤。」〔註42〕此說與上述

〔註37〕施謝捷〈説《子羔》簡中「舜」父之名「吉㠯」之「吉」〉，國學研究網，2003.5.14，http://www.guoxue.com/bbs/dispbbs.asp?boardID=505&RootID=132557&ID=132557。

〔註38〕分別見於簡1、10、12、13。

〔註39〕湖北省文物考古研究所、北京大學中文系編《望山楚簡》（北京：中華書局，1995.6），頁128注125。

〔註40〕《十三經注疏——尚書》，頁29。

〔註41〕（晉）皇甫謐《帝王世紀》（瀋陽：遼寧教育出版社，1997.3），頁14～15。

〔註42〕金景芳、呂紹綱《尚書・虞夏書新解》（瀋陽：遼寧古籍出版社，1996.6），頁83～84。

陳偉先生所說相同，都把「有虞氏」當作是「氏族」或「方國」，這種說法當然是對的，但是簡文「樂正」是指「瞽叟」（詳下），則這「有虞」朝的帝王似乎指「堯」更爲合理。換言之，陳劍先生所引陳泳超先生之說比較可信。除《國語‧周語下》外，陳泳超先生也舉了其他例證，茲錄如下：

> 到《大戴禮記》中便明白稱「四代」了，非但專有〈四代〉篇名，且在〈少間〉篇中說：「子曰：『昔堯取人以狀，舜取人以色，禹取人以言，湯取人以聲，文王取人以度。此四代五王之取人，以治天下如此。』」〔註43〕「四代五王」說顯然將堯舜同列爲虞代之王了。至《管子》中的〈國准〉則云「黃帝之王……有虞之王……夏后之王……殷人之王……周人之王……」，合稱之爲「五代之王」；〈輕重戊〉中亦同，只是在黃帝前又添了伏戲、神農、燧人諸古帝王而已。這裡都僅載虞而不載唐堯，亦可證。《尸子》又曰：「黃帝曰合宮，有虞氏曰總章，殷人曰陽館，周人曰明堂。」此處脫夏代，若合之，則與《管子》五代論合，而堯亦入有虞一朝。《尸子》又言：「欲觀黃帝之行于合宮，觀帝堯之行于總章。」是爲明證。……從前文引證中可知，堯時常被歸入虞朝，可是，後世屢屢並稱的唐虞之世，「虞」既占了一代，那麼「唐」呢？這裡首先碰到一個十分棘手的問題，即後世與堯相聯的「唐」或「陶唐」，在先秦典籍中是否指堯，還是疑問。最明顯的例子是《呂氏春秋‧古樂》篇在記載諸上古帝王之樂舞時說：昔古朱襄氏之治天下也……昔陶唐氏之始，陰多滯伏而湛積……昔黃帝令伶倫作爲律。……帝顓頊生自若水……帝堯立，乃命質爲樂。這段話明白地將「陶唐氏」與「堯」分作二人。〔註44〕

其次，上述陳劍先生斷句可信。比較麻煩的是「占弅」應作何解？馬承源先生由於斷句有誤，所以得出「弅」是「占」之父的錯誤結論。底下分析上述諸家的說法：

（一）曹建國先生之說有表面看似合理，實則有待商榷。首先，「占」，古音爲章母侵部，而郭錫良先生標爲章紐談部〔註45〕；「質」，古音爲章母質部，二者雙聲，但韻部不論「侵」或「談」，皆與「質」部頗有距離。「卉」，古音爲曉母微部，郭錫良先生標爲曉紐物部〔註46〕；「燹」，古音爲群母微部，郭錫良先生標爲群紐脂部，〔註

〔註43〕〔清〕王聘珍撰，王文錦點校《大戴禮記解詁》（北京：中華書局，1998.12 四刷），頁 215。

〔註44〕陳泳超《堯舜傳說研究》（江蘇：南京師範大學出版社，2000.8），頁 7～8。

〔註45〕郭錫良《漢字古音手冊》（北京：北京大學出版社，1986），頁 187。

〔註46〕郭錫良《漢字古音手冊》（北京：北京大學出版社，1986），頁 144。

〔註47〕郭錫良《漢字古音手冊》（北京：北京大學出版社，1986），頁 141。

47）所以二者似也未必疊韻，況且聲紐的關係亦不密切。所以「占卉」通爲「質夔」未必是沒問題的。（上引施謝捷先生亦認爲曹說聲韻上有些問題）其次，曹說先認爲「夔」是樂正的通名，再引《淮南子·泰族》、《孔子家語》來證明「夔」本是非常合格的樂正，後來被後妻迷惑，沈湎于淫康⋯⋯。但是「夔」既然是樂正的通名，則這樣的徵引並無法聚焦到舜的父親。其三，他引《周禮·春官·大師》下鄭玄《注》及鄭司農《注》，認爲「帝舜的父親『瞽叟』實即爲『瞽瞍』，『瞽』、『瞍』均與樂有關，則舜父當爲樂師。」事實上，早於鄭玄的《韓非子·忠孝》：「舜見瞽瞍，其容造焉。」〔註48〕已說舜父又名「瞽瞍」，並不需徵引鄭《注》。況且，歷史上對於「瞽瞍」的解釋有三種說法：一說是瞎子，如《史記·五帝本紀》說舜是「盲者子」；〔註49〕另一說是舜父有眼卻不能分辨善惡，如《尙書·堯典》：「岳曰：瞽子」下，孔《傳》曰：「無目曰瞽。舜父有目不別分別好惡，故時人謂之瞽，配字曰『瞍』。瞍，無目之稱也。」〔註50〕本句在《史記·五帝本紀》「舜父瞽叟盲」，《正義》引孔安國云：「配字曰『叟』。叟，無目之稱也。」〔註51〕亦可說明「叟」即「瞍」。第三說是「樂官名」，乃清朝汪中《述學》補遺〈瞽瞍說〉所提出。〔註52〕王國維贊同其說，他說「《史記·五帝紀》以謂盲叟子，汪容甫考瞽爲古時官名，恐虞舜之祖先，世爲樂官也。王蘧常按：《呂覽》謂：『堯時瞽叟拌五弦之琴，作以十五弦之瑟，命之曰大章。』此亦瞽叟爲樂官之證。」〔註53〕雖別爲三說，實則互有聯繫。第二說顯然是第一說的引申義。第三說亦與第一說相關，因爲古代的樂官多由盲人擔任，如〈容成氏〉2「矇瞽鼓瑟」。曹說認爲瞽叟爲樂官是對的，但不見前人已論述過，則是小誤。而且這樣的論述與他的前提稱舜父爲「質夔」不知有何相關？我們亦認爲其說舜父爲「質夔」，後因做錯事被改稱爲「瞽叟」，是臆測之說，恐不足信。

（二）楊澤生先生之說亦有商榷之處：首先，查楊氏所舉字書，僅《郭店·語叢四》25 一例作 ，餘幾乎作「占」或「占」形，並無所謂多寫作從「占」。其次，他分析「貴」字從「占」從「貝」，不知何據。他所引李家浩先生文章亦未見這樣的說法。〔註54〕「占」、「占」二形偏旁鍾柏生先生以爲象盛物之編織器，是由金文「粵」

〔註48〕〔清〕王先愼撰《韓非子集解》（北京：中華書局，2003.4 二刷），頁466。

〔註49〕〔漢〕司馬遷《史記》一（北京：中華書局，1964.4 四刷），頁21。

〔註50〕《十三經注疏——尚書》，頁28。

〔註51〕〔漢〕司馬遷《史記》一（北京：中華書局，1964.4 四刷），頁32。

〔註52〕〔清〕汪中《述學》《四部叢刊》本。

〔註53〕王國維《古史新證》（北京：清華大學，1997.8 四刷），頁234。

〔註54〕李家浩〈貴將軍虎節與辟大夫虎節——戰國符節銘文研究之一〉《中國歷史博物館館刊》1993.2，頁50～51。

作 🅰（班簋）🅱（番生簋）的上部分演變而來。〔註55〕李守奎先生亦以為「占」是某種器物，即「有荷臾而過孔氏之門」之「臾」（即「蕢」）的本字。〔註56〕陳斯鵬先生則分析為從貝「出」聲，「出」象以器（蕢）盛土之形。〔註57〕換言之，他認為「㫐」是「貴」之省不一定對。況依其說，「有虞氏用樂正夔」與「叟（瞍）之子也」似乎不是很連貫。

（三）陳偉先生之說無文字學上的根據，可信度不高。

（四）周鳳五先生認為「㫐弇」不是「有虞氏之樂正」，恐怕是「陶唐氏之樂正」之誤。這樣的懷疑由《呂氏春秋・仲夏紀・古樂》：「帝堯立，⋯⋯瞽叟乃拌五弦之瑟」，而皇甫謐《帝王世紀》稱「堯」又名「陶唐氏」〔註58〕似可證明。但是我們在前面已討論過「堯」有可能是「虞國」之帝王，況且所謂「陶唐氏」是否一定與「堯」畫上等號，古書亦有不同記載，則周鳳五先生認為簡文此處是誤書似不必。其次，「㫐」字作 🅲，其「占」字「口」旁右邊的直筆似乎多了一筆，若將文字倒過來看作 🅳，則這種現象更為明顯。周先生以為即 🅴上部之省，不過，會議當天周先生並未說明所舉字例的來源。我們揣測由字形來看應該是金文鐘銘中常見「歔歔彙彙」或「彙彙歔歔」的「彙」，只是幾經檢索，似不見如此的字形，〔註59〕而且懷疑 🅲 的「占」旁右邊直筆多了一筆也是不必要的（詳下）。季旭昇師也指出「兔」字上古音屬透紐魚部，並不屬見紐，與「瞽」的通假也還有些困難。〔註60〕其次，「弇」字的演變，據筆者於會議現場的記錄是：夾 ➜ 🔥 ➜ 🔥 ➜ 屮。「叟」於甲骨文亦作從宀從又持火，〔註61〕如《前》4.29.1作 🅵。但是從「火」形演變為「屮（卉）」形尚待其他平行例證來說明。

上述施謝捷先生的說法有成立的可能，筆者在另文中亦提到此現象，如「每」作 🅶（杞伯鼎），也作 🅷（㚷壺）、🅸（「繁」，庚兒鼎）。「來」作 🅹（般甗）〔註

〔註55〕鍾柏生〈釋「🅰」「🅺」及其相關問題〉《中國文字》新24期，頁14

〔註56〕李守奎〈《說文》古文與楚文字互證三則〉《古文字研究》第廿四輯，頁471

〔註57〕陳斯鵬〈說「硷」及其相關諸字〉《中國文字》新28期，頁166。

〔註58〕（晉）皇甫謐《帝王世紀》（瀋陽：遼寧教育出版社，1997.3），頁10。

〔註59〕《金文編》1621號、曹錦炎〈釋兔〉《古文字研究》20輯（北京：中華書局，2000.3），頁189～190、曹錦炎〈楚簡文字中的「兔」及相關諸字〉《新出土文獻與古代文明研究國際學術研討會會議論文》2002.7

〔註60〕季旭昇師〈〈子羔〉譯釋〉《《上海博物館藏戰國楚竹書（二）》讀本》（台北：萬卷樓，2003.7），頁29。

〔註61〕季旭昇師《說文新證》，頁188。

〔註62〕與「般甗」相近字形的甲骨文，裘錫圭先生亦以為是「來」字，見〈甲骨文中所見的商代農業〉收於《古文字論集》（北京：中華書局，1992.8）頁156

62〕、⬛（上博簡 22 左旁），也作 ⬛（郭店 1.2.13）、⬛（趙鼎）。「差」作 ⬛（國差鐘）亦作 ⬛（龠忎鼎）。〔註 63〕依其說則「古」讀作「瞽」自然沒有問題。

筆者擬再提出一說。由文意來看，所謂的「宮弇」應該與「瞽叟」有關是沒問題的。上述周鳳五先生注意到 ⬛字「口」右旁並非僅有一筆，所以懷疑並非「占」字，這樣的懷疑自有其理。但是我們看《望山》2.21「絹」作 ⬛，由文例來看應釋作「絹」，而依《望山楚簡》所附摹本，其「口」右旁亦非一筆完成，顯然是書手當時未寫好，事後再補上的。〔註 64〕〈子羔〉的「古」亦應作如是觀。至於「口」旁的右豎筆連接到其上的橫筆，如同《望山》2.22「肎」作 ⬛、《郭店・緇衣》10「惆」作 ⬛、22 作 ⬛皆爲其證。則 ⬛ 應是上述二種情形的結合，隸作「古」應該是可以的。其上的「宀」旁依戰國文字的通例，多爲無義的飾符。所以「古」即「占」，而「占」即「肎」之省，如同《望山》2.08「生結」應即《包山》267「絓絹」。〔註 65〕《包簡》考釋 611 以爲「絓，似讀如牲，牛革。」〔註 66〕學者多認爲「絓」即「生」，「生絹」意爲「未練之帛絹」。〔註 67〕又如長沙五里牌簡 16「金和」，李家浩、何琳儀二先生釋爲「棞」。〔註 68〕再看「厭」，《郭店・緇衣》43 作「猒」，〈老子甲〉4 作「詀」，後者袁國華師分析爲從「言」從「肎」省，亦讀同「厭」。〔註 69〕「肎」即「冐」字，〔註 70〕在楚簡中讀作「宛」或「怨」。而「宛」或「怨」均爲影紐元部；瞽，見紐魚部，聲紐喉牙關係密切，如「景」是「見」紐；「影」是「影」紐。韻部元魚主要元音相同，可以通轉。如王力先生認爲「彎」（元）與「汙」（魚）爲

〔註 63〕蘇建洲〈上博（一）・緇衣「服」字再議〉，待刊。

〔註 64〕見湖北省文物考古研究所、北京大學中文系編《望山楚簡》（北京：中華書局，1995.6），頁 57 的摹本較爲清楚。

〔註 65〕李運富《楚國簡帛文字構形系統研究》（長沙：岳麓書社，1997.10），頁 114。

〔註 66〕湖北省荊沙鐵路考古隊《包山楚簡》（北京：文物出版社，1991.10），頁 64。

〔註 67〕李運富《楚國簡帛文字構形系統研究》（長沙：岳麓書社，1997.10），頁 114、何琳儀《戰國古文字典》，頁 826。

〔註 68〕李家浩〈盱眙銅壺旴舄議〉《古文字研究》12 輯（北京：文物出版社，1985.10），頁 358、何琳儀《戰國古文字典》，頁 1547。其他更多例證參蘇建洲〈論戰國燕系文字中的「棞」〉《中國學術年刊》22 期（台北：台灣師大國文研究所，2001.5），頁 95～115。

〔註 69〕袁國華師〈郭店楚簡文字考釋十一則〉《中國文字》新 24 期頁 138 第 2 條。顏世鉉亦有相同意見，見氏著〈郭店楚簡散論（一）〉《郭店楚簡國際學術研討會論文集》（武漢：武漢大學出版社，2000.5），頁 100、〈郭店竹書校勘與考釋問題舉隅〉《中央研究院歷史語言研究所集刊》74：4（台北：中央研究院歷史語言研究所，2003.12），頁 656。

〔註 70〕參季旭昇師〈由上博詩論「小宛」談楚簡中幾個特殊的從冐的字〉《漢學研究》第 20 卷第 2 期（2002.12），頁 377～397。何琳儀《戰國文字通論訂補》（南京：江蘇教育出版社，2003.1），頁 220 以爲其上所增添的「卜」是無義偏旁。

同源字。〔註71〕又如《楚辭・九章》:「鬱結紆軫兮。」《考異》:「《史記》紆（魚）作冤（元）。」〔註72〕又「於」（魚），而從「於」的「閼」與「安」（元）常見通假，如《左傳・定公十三年》:「董安于」,《韓非子・內儲說上》、《淮南子・道應》作「董閼于」。〔註73〕又如《爾雅・釋天》:「太歲在甲曰閼逢。」《史記・曆書》「閼逢」作「焉（元）逢」。〔註74〕以上皆可證「古（肯）」與「瞽」音近可通。其次,「弃」,即「卉」,恐怕不能釋爲《說文》:「艸之總名也」。李零先生說:「古文字偏旁重疊,往往與獨體無別,如屮、艸、卉、茻,《說文》分爲四字（許愼對這幾個字的解釋非常相似,特別是艸、卉、茻）,各有讀音,但在早期文字中,作爲偏旁,它們幾乎沒有區別。」〔註75〕此說可信,如同樣一句「艸（草）茅之中」,《郭店・六德》12「『屮』茅之中」〔註76〕;〈唐虞之道〉16「𦫼之中」,「艸茅」合文,即「『艸』茅之中」;〈子羔〉簡5作「『卉』茅之中」;〈容成氏〉16「卉木晉長」即「艸木晉長」。則本簡的「卉」可能應理解爲「艸」,「艸」,清紐幽部;「叟」,心紐幽部,聲紐同爲齒頭音,韻部疊韻。總之,簡文「古弃」讀作「瞽叟」,即舜之父親。至於文獻中「瞽叟」除寫作本簡的「古弃」,亦見於《郭店・唐虞之道》9、24 寫作「夰寞」。「夰」相當於「瞽」,李家浩先生釋爲「兆」,《說文》曰:「讀若瞽」。〔註77〕黃德寬、徐在國、黃錫全三先生則分析爲從宀「瓜」聲,所以可通讀作「瞽」。〔註78〕若從李家浩說,則爲表意字;若從黃德寬等說,則與「古」一樣皆屬通假字,但是「古」、「夰」二字在形體上似無關聯。其次,「寞」字李家浩先生認爲「疑應該讀爲『瞑』。《玉篇》目部:『瞑,《字統》云:目不明。』簡文的『兆瞑』當是瞽瞍的別名。」〔註79〕依此說,則爲同義換讀的現象,與本簡「弃」直接可通讀作「叟（瞍）」,在文字學上的關係不同。

〔註71〕王力《同源字典》,頁 545。

〔註72〕高亨、董治安編纂《古字通假會典》（濟南：齊魯書社,1997.7 二刷）,頁 162。

〔註73〕高亨、董治安編纂《古字通假會典》（濟南：齊魯書社,1997.7 二刷）,頁 173。

〔註74〕高亨、董治安編纂《古字通假會典》（濟南：齊魯書社,1997.7 二刷）,頁 176。

〔註75〕李零《郭店楚簡校讀記——增訂本》,頁 14。

〔註76〕馮勝君〈讀《郭店楚墓竹簡》札記（四則）〉《古文字研究》22 輯,頁 212。

〔註77〕李家浩〈讀《郭店楚墓竹簡》瑣議〉《中國哲學》20 輯（瀋陽：遼寧教育出版社,1999.1）,頁 341。

〔註78〕黃德寬、徐在國〈郭店楚簡文字考釋〉《吉林大學古籍整理研究所建所十五週年紀念文集》（長春：吉林大學出版社,1998.12）,頁 104 第 20 條;。黃錫全〈讀上博楚簡（二）札記（壹）〉,簡帛研究網,2003.02.25,
http://www.bamboosilk.org/Wssf/2003/huangxiquan01.htm。

〔註79〕李家浩〈讀《郭店楚墓竹簡》瑣議〉《中國哲學》20 輯（瀋陽：遼寧教育出版社,1999.1）,頁 342～343。

〔三〕子　羔

　　建洲按：孔子弟子，春秋時人。《史記・仲尼弟子列傳》：「高柴，字子羔。少孔子三十歲。」《集解》：「鄭玄曰：衛人。」《索隱》：「鄭玄云衛人。《家語》『齊人，高氏之別族。長不盈六尺，狀貌甚惡』。」〔註80〕孔子對子羔的評價之一是「愚」，如《史記・仲尼弟子列傳》：「柴也愚」，《集解》：「何晏曰：『愚直之愚。』」〔註81〕又「受業孔子，孔子以爲愚。」評價之二是《孔子家語・弟子行》：「自見孔子，出入于戶，未嘗越禮；往來過之，足不履影；啓蟄不殺，方長不折；執親之喪，未嘗見齒。是高柴之行也。孔子曰：『柴于親喪，則難能也；啓蟄不殺，則順人道；方長不折，則恕仁也。成湯恭而以恕，是以日隮。』」〔註82〕評價之三是《孔子家語・七十二弟子解》：「高柴，齊人……爲人篤孝有法正。」〔註83〕「子羔」，文獻上有其他異名：（一）「子皋」，如《說苑・至公》作：「子皋爲衛政……子皋走郭門」，〔註84〕相近文例《韓非子・外儲說左下》：「孔子相衛，弟子子皋爲獄吏……子皋從出門」。〔註85〕（二）「子高」，《論語・先進》：「子路使子羔爲費宰」，《釋文》曰：「《左傳》作子羔，《家語》作子高，《禮記》作子皋，三字不同，其實一也。」〔註86〕（三）「高子皋」，如《禮記・檀弓上》：「高子皋之執親之喪也，泣血三年，未嘗見齒，君子以爲難。」（四）「季子皋」，如《禮記・檀弓下》：「季子皋葬其妻」（五）「季羔」，如《左傳・哀公十七年》：「武伯問於高柴曰：『諸侯盟，誰執牛耳？』季羔曰：『鄶衍之役，吳公子姑曹；發陽之役，衛石魋。』」杜《注》曰：「季羔，高柴也。」

〔四〕可（何）古（故）㠯（以）旻（得）爲帝〔🔲〕？

　　季師旭昇〈譯釋 2〉：以爲此處的「以」字似應釋爲「而」，如《大戴禮記・曾子制言》「富以苟，不如分以譽；生以辱，不如死以榮」。（頁 29 注 5）

　　建洲按：簡文原文作「何故以得爲帝？」「何故」在動詞前作狀語。在「何故」和動詞前可加「而」。〔註87〕如《晏子春秋・景公夜聽新樂而不朝晏子諫第六》：「公

〔註80〕〔漢〕司馬遷《史記》七（北京：中華書局，1964.4 四刷），頁 2212。

〔註81〕〔漢〕司馬遷《史記》七（北京：中華書局，1964.4 四刷），頁 2185。

〔註82〕〔魏〕王肅注《孔子家語》《新編諸子集成》二（台北：世界書局，1972.10 新一版），頁 28。

〔註83〕〔魏〕王肅注《孔子家語》《新編諸子集成》二（台北：世界書局，1972.10 新一版），頁 88。

〔註84〕向宗魯《說苑校證》（北京：中華書局，2000.3 三刷），頁 363。

〔註85〕〔清〕王先慎撰《韓非子集解》（北京：中華書局，2003.4 二刷），頁 293。

〔註86〕程樹德《論語集釋》三（北京：中華書局，1997.10 四刷），頁 794。

〔註87〕參中國社會科學院語言研究所古代漢語研究室編《古代漢語虛詞詞典》（北京：商務

聞之而怒曰：「何故『而』拘虞？」《韓非子・外儲說右上》：「狗猛，則酒何故『而』不售？」《說苑・權謀》：「子何故『而』哭悲若此乎？」《史記・屈原賈生列傳》：「子非三閭大夫歟？何故『而』至此？」值得注意的是，相同句式亦見於《左傳・定公元年》：「若復舊職，將承王官，何故『以』役諸侯？」則簡文本句的「以」應可釋爲「而」。

「帝」，字作△。除去上面一橫之後，字形與《郭店・六德》4 同形。後者《郭店》整理者以爲不識字。張光裕、袁國華、劉信芳、顏世鉉、陳偉等先生釋爲「帝」〔註88〕；白於藍先生釋爲「束」〔註89〕；李家浩先生釋爲「央」。〔註90〕而諸家解釋簡文時，均言之成理，令人頗難以抉擇。不過，〈子羔〉11「央」作 ，〔註91〕字形與 相近，但細辨之，上部寫法仍有不同。筆者以爲由〈子羔〉的「帝」字，應可將〈六德〉4 該字釋爲「帝」。字形變化是： （《郭店・緇衣》37）→ （〈子羔〉1）→ （〈六德〉4）。又《包山》201「 著」，《包簡》整理者釋爲「央」。至於白於藍先生直接將 釋爲「束」，即由 （「束」，〈老子甲〉14）省簡而來，但是目前未見這種省簡的平行例證。若依上述省簡方式，則 似亦應釋爲「帝」，由 （〈唐虞之道〉9）省簡上部筆劃而來。而由文意來說，應讀作「策」，《戰國策・秦策》：「數策占兆」，高誘《注》：「策，著也。」「帝」，端錫；「策」，初錫，聲紐舌齒鄰紐，韻部疊韻，而且《說文》亦說「帝」從「束」聲，可見「帝」讀作「策」應是可以的。

〔五〕昔　者

建洲按：《上博簡・孔子詩論》、〈子羔〉、〈魯邦大旱〉三篇的「者」都作 （《孔子詩論》簡9）、（《魯邦大旱》簡1）、（《子羔》簡9），與其他楚文字不同，

印書館，2000.1 二刷），頁 202。

〔註88〕張光裕《郭店楚簡研究——第一卷——文字編・緒言》，頁 7、袁國華師〈郭店楚簡文字考釋十一則〉《中國文字》新 24 期（台北：藝文印書館，1998.12），頁 143、劉信芳〈郭店竹簡文字考釋拾遺〉《江漢考古》2000.1 頁 46、顏世鉉〈郭店楚簡〈六德〉箋釋〉《中央研究院歷史語言研究所集刊》72：2（台北：中央研究院歷史語言研究所，2001.6），頁 456、陳偉《郭店竹書別釋》（武漢：湖北教育出版社，2003.1），頁 112。

〔註89〕白於藍〈包山楚簡補釋〉《中國文字》新 27 期（台北：藝文印書館，2001.12），頁 158。

〔註90〕引自沈培〈郭店楚簡札記四則〉《簡帛語言文字研究》第一輯（成都：巴蜀書社，2002.11），頁 6。

〔註91〕相同字形亦見於《新蔡簡》甲一：3「大『央』」、甲二：22、23、24「小『央』」，參河南省文物考古研究所編著《新蔡葛陵楚墓》（河南：大象出版社，2003.10）圖版六九、七五。

〔註92〕這也是三篇文字的特殊寫法之一。對於「者」字，何琳儀先生認為是由 ![者字形] （《郭店・六德》47）、![者字形] （〈老子乙〉3）省掉下半的「曰」來的。〔註93〕但仔細觀察《郭店》諸多「者」字，其「曰」上部的筆劃作 ![筆劃] ，無作曲筆者，〔註94〕換言之，省掉「曰」旁之後，字是從「壬」，與本簡的「△」作 ![字形] 呈現曲筆，從「氏」旁並不相同。筆者曾提出〈子羔〉等三篇的「壬」常常寫作「氏」，〔註95〕若以上述觀察到的現象來看，「壬」、「氏」可互作，則何先生的看法不失為一說。但考慮到三篇全部的「△」字皆從曲筆，加上所謂的「省簡」實際上是省掉「曰」的「 ![部件] 」部分，仍保留上面的橫筆，這種省簡似乎未見平行例證。筆者以為應該分析為上部從「 ![部件] 」，字形類似「止」形，如《郭店》「前」作 ![前字形] ，與其他楚文字「者」作 ![者字形] 相差不多。下部則從「氏」。但是「氏」、「氐」本一字之分化，〔註96〕如〈容成氏〉的「氏」，簡53背即寫作「氐」。如此看來似乎也不能排除變形音化的可能。「氏」，禪紐支部，與「者」章紐魚部，章、禪同為舌面音，「氏」在《廣韻》中三個讀音，其一便是卷一「支韻」「支」字「章移切」下。其次，韻部魚、支旁轉，音近可通。如《史記・樂書》：「又嘗得神馬渥洼水中。」《索隱》：「洼，蘇林曰窐。窐即 ![字] 也。」《集韻》：「 ![字] ，同窊。」「洼」（影支）；「窊」（影魚）。〔註97〕以上皆可證明這三篇的「者」字是變形音化下部從「氏」後分化為「氐」。

〔六〕弗殜（世）〔 ![字形] 〕

馬承源先生：「弗殜」讀作「歿世」。（頁184）

劉信芳先生〈試讀〉：「弗世」謂不行父子相繼之禮。《禮記・禮運》：「大人世及以為禮。」孔《疏》：「世及，諸侯傳位自與家也。父子曰世，兄弟曰及。謂父傳與子；無子，則兄傳與弟也。」《漢書・賈誼傳》：「賈嘉最好學，世其家。」師古《注》：「言繼其家業。」

〔註92〕張光裕主編《郭店楚簡研究—第一卷—文字編》，頁327～332。
〔註93〕何琳儀〈上博簡《性情論》講疏〉台灣師範大學國文系專題演講 2002.12.13。
〔註94〕張光裕主編《郭店楚簡研究—第一卷—文字編》，頁327～332。
〔註95〕蘇建洲《上博楚竹書（二）》文字柬釋〉，《第一屆簡牘學術研討會》（民雄：國立嘉義大學中國文學研究所，2003.7.12），頁144～145。
〔註96〕李家浩〈戰國貨幣考〉（七篇）《著名中年語言學家自選集——李家浩卷》（合肥：安徽教育出版社，2002.12），頁174～175、何琳儀《戰國古文字典》，頁1210、劉釗《古文字構形研究》，頁495、王志平〈《詩論》發微〉《華學》第六輯（北京：紫禁城出版社，2003.6），頁61。
〔註97〕王力《同源字典》（北京：商務印書館，1999.9五刷），頁120。

　　孟蓬生先生〈字詞〉：世，謂世襲，繼承。《春秋公羊傳》：「大夫之義不得世。」《注》：《漢書‧賈誼傳》：「賈嘉最好學，世其家。」顏師古《注》：「言繼其家業。」簡文意謂古時帝王位不世襲，而是有德之人相互授受，即郭店簡《唐虞之道》「禪而不傳」之義。

　　建洲按：字作△。字常見於楚簡，讀作「世」，如《郭店‧窮達以時》2 ![字]，即殜，讀作「世」。其次，簡文下接「善與善相受也」，可知上述二先生之說可從。而且〈容成氏〉簡1「（昔者容成氏）……皆不受（授）亓（其）子而受（授）臤（賢）。」正可與簡文「昔者而弗殜（世）也，善與善相受也」相互參看。

〔七〕善與善相受〔![字]〕也

　　建洲按：字作△，透過偏旁分析，與「受」一般作 ![字]（《包山》21）相比較，其所從的「舟」旁作 ![字]，與尋常作 ![字]（《郭店‧成之聞之》35）有所不同。

〔八〕坪（平）〔![字]〕萬邦

　　馬承源先生：「坪萬邦」之「坪」和上博竹書《孔子詩論》「坪德」之「坪」形體完全一樣，故此是「坪」字無疑，讀爲「平」。（頁185）

　　建洲按：「坪」作 ![字]，字亦見於〈孔子詩論〉2「《頌》，△德也」，有學者釋爲「旁」或「聖」，[註98] 今由〈子羔〉的「坪」字可確定原整理者讀作「平」可從。字形上部除作 ![字]（《包山240》）、![字]（《包山83》），亦作 ![字]（《包山214》），再省掉最上面的橫筆，則與「△」形近。字形下部則由《郭店‧尊德義》12 ![字]、〈尊德義〉34 ![字]演變而來。

　　簡文所謂「萬邦」的時代背景，至少指「禹」之前。此亦見於〈容成氏〉10「堯以天下讓於賢者，天下之賢者莫之能受也。『萬邦』之君皆㠯亓邦讓於賢」、《尚書‧堯典》：「曰若稽古帝堯，曰放勳。……協和『萬邦』。」而《呂氏春秋‧離俗覽‧用民》：「當禹之時，天下萬國，至於湯而三千餘國，今無存者矣，皆不能用其民也。」[註99] 若此說可信，則商湯之後已無實質的「萬國」或「萬邦」。至於《詩‧小雅‧

〔註98〕裘錫圭先生以爲是「聖」，〈談談上博簡和郭店簡中的錯別字〉《新出楚簡與儒學思想國際學術研討會論文》（北京：清華大學，2002.3）。何琳儀先生釋爲「旁」，見〈滬簡《詩論》選釋〉《上博館藏戰國楚竹書研究》（上海：上海書店出版社，2002.3），頁245。亦見馮勝君〈讀上博簡《孔子詩論》札記〉《古籍整理研究學刊》2002.2 頁11。
〔註99〕〔漢〕高誘注《呂氏春秋》（台北：藝文印書館，1974.1三版），頁545～546。

六月》：「文武吉甫，萬邦爲憲。」《詩‧小雅‧桑扈》：「君子樂胥，萬邦之屛。」《詩‧周頌‧桓》：「綏萬邦，婁豐年，天命匪解。桓桓武王，保有厥士，于以四方，克定厥家。」《詩‧大雅‧文王》：「儀刑文王，萬邦作孚。」《詩‧大雅‧皇矣》：「萬邦之方，下民之王。」這些周朝時期的「萬邦」如同「萬民」（《詩‧魯頌‧閟宮》：「孔曼且碩，萬民是若。」）應是一種泛稱。《詩‧大雅‧崧高》：「揉此萬邦，聞于四國。」孔穎達《正義》：「周無萬國。因古有萬國，舉大數耳。」〔註100〕可證。

〔九〕貞（使）〔貞〕亡（無）又（有）小大、忌（肥）毚（脆）

馬承源先生：讀作「使」。斷句作「使無、有，小、大，肥、脆」，以爲無、有，小、大，肥、脆皆對義辭，文意當爲「使萬邦通其有無，毋分邦之小大、物產之肥脆云」。（頁185）

李銳先生〈子羔箚記a〉：上博簡文「貞」形左右無羡筆。依上下文來看，讀爲「辨」合適，「辨有無、小大、肥膲（？）」其義甚明白；若讀爲「使」，與下文「使皆」不成文。郭店簡待考。

陳劍先生〈編連一〉：則作「使無有小大肥脆」，無作標點。

何琳儀先生〈滬二〉：則斷作「無有、小大、肥瘠」，即看作並列關係。

陳偉先生〈零釋〉：斷句作「故能治天下，平萬邦，使無有小大、肥瘠，使皆得其社稷百姓而奉守之。」並說：「無有」爲沒有、不分之意。《尚書‧盤庚上》說：「無有遠邇，用罪伐厥死，用德彰厥善。」《左傳》僖公十八年說：「有渝此盟，明神殛之，俾隊其師，無克祚國，及而玄孫，無有老幼。」襄公二十四年「無有眾寡，其上一也」。《呂氏春秋‧愛類》說：「昔上古龍門未開，呂梁未發，河出孟門，大溢逆流，無有丘陵沃衍、平原高阜，盡皆滅之。」可與簡文參讀。

建洲按：馬承源先生的斷句得不出「使萬邦通其有無」的意思，何琳儀先生的斷句，如同陳偉先生所說「語義費解」。陳偉先生之說有理，可信。

其次，李銳之說不可信，字讀作「使」文意通暢。袁國華師首釋《包山》161貞爲「使」。〔註101〕這種字形亦見於《郭店‧老子甲》1～2「三言以爲貞不足」，《郭店釋文》引李家浩先生釋作「弁」，讀作「辨」。李零先生以爲〈老子甲〉的△與簡35「心貞（使）熪（氣）曰弜（強）」（今本作：「心使氣曰強」）的「使」

〔註100〕《十三經注疏──詩經》，頁674。

〔註101〕袁國華師《包山楚簡研究》（香港：香港中文大學博士論文，1994.12），頁220、亦見於袁國華〈「包山楚簡」文字考釋三則〉《中華學苑》第四十四期，頁89。

完全一致，所以認爲字應讀爲「使」，〈老子甲〉中是「用」的意思。〔註102〕劉信芳先生亦認爲讀「使」。〔註103〕張桂光先生亦以爲「史」讀爲「使」，作「用」字解。意謂「三言以爲用尙不足夠」，正與傳世本及帛書本之「三言以爲文不足」句意相仿，解作「以上三條（消極的原則）作爲理論是不夠的」或「用這聖智、仁義、巧利三樣東西，作爲文治法度，是不足以治國的」，這些「文」皆有「用」意。〔註104〕陳偉先生亦以爲當釋爲「史」。今本及帛書皆作「文」，而「史」有偏重文辭的意思，與質、鄙相對。簡本可理解爲「繁於文采」，則與各種版本意義上保持一致，並且同後文「視素保樸」的說法呼應。〔註105〕以上學者皆贊同△釋爲「史」，讀爲「使」。張桂光先生曾提出分辨楚文字「史」、「弁」的標準：其一是「弁」下部從「人」，而「史」從「又」；其二，「弁」也有從「又」而不從「人」者，此時上部表示冠冕的部分，往往於兩側加上兩個短筆以示區別。〔註106〕這個標準的確可以對二字作出分別，但偶而會有相混的情況，如《郭店‧五行》32「顏色佨（容）佼（貌）恩〔註107〕（因）『叀（變）』」，字作 ；《郭店‧語叢四》簡 17「善『叀（使）』其下」，字作 。彼此讀法不同，但字形卻同。又如《郭店‧性自命出》簡 9「其甬（用）心各異，斈 （教）『叀（使）』肰（然）也」，字作 ；簡 33「其心『叀（變）』則其聖（聲）亦肰（然）」，字作 ，二者形體相同，但讀法全異。這種情形亦見於《上博簡‧性情論》簡 4「使」字作 ；《上博簡‧性情論》簡 20「變」作 。又《郭店‧緇衣》18「民此以綬（煩）」，字作 ；《上博（一）‧紂衣》簡 10 作 構形相同。二書的整理者均分析作從糸「弁」聲。張光裕先生以爲「弁」與「煩」音近通用，故改讀爲「煩」（按：今本作「煩」）。〔註108〕陳偉先生以爲簡文此字已見於《說文》「緐」字或體作 ，右旁即籀文「弁」（十三上十一）。〔註109〕曾侯乙鐘「諞（變）」〔註110〕作 ，以上均作「占」形，釋作「弁」。

〔註102〕 李零〈讀郭店楚簡《老子》〉《郭店楚簡國際研討會論文》、李零《郭店楚簡校讀記增訂本》，頁 8

〔註103〕 劉信芳〈楚器物釋名〉《中國文字》新廿三期，頁 92、劉信芳《荊門郭店竹簡老子解詁》（台北：藝文印書館，1999），頁 3

〔註104〕 張桂光〈《郭店楚墓竹簡‧老子》釋注商榷〉《江漢考古》1999.2，頁 73、張桂光〈《郭店楚墓竹簡》釋注續商榷〉《簡帛研究 2001》，頁 186～187

〔註105〕 陳偉〈讀郭店竹書《老子》札記（四則）〉《江漢論壇》1999.10，頁 11～12

〔註106〕 張桂光〈楚簡文字考釋二則〉《江漢考古》1994.3，頁 75～77。

〔註107〕 馬王堆帛書作「溫」。

〔註108〕 張光裕《郭店楚簡研究——第一卷——文字編‧緒言》，頁 12～13。

〔註109〕 陳偉〈上博、郭店二本《緇衣》對讀〉《上博館藏戰國楚竹書研究》，頁 420。

〔註110〕 裘錫圭、李家浩〈曾侯乙墓鐘、磬銘文與考釋〉《曾侯乙墓》，頁 557 注 10。

此外，〈孔子詩論〉簡 22「四矢」，對照今本《詩・齊風・猗嗟》作「四矢反」，《韓詩》則作「變」。李學勤、王志平二先生皆讀作「弁」（並元），假爲「反」（幫元）。〔註 111〕但是《上博（二）・子羔》簡 1，由文例應讀作「『使』皆⋯⋯」。又〈子羔〉簡 8「而君天下而」，字亦應讀作「使」。可見中間有「同形字」的問題，具體的分辨仍須依「文例」而定。陳劍先生說：「戰國文字中字與字、字與偏旁、偏旁與偏旁之間形體混同的情況相當嚴重。僅僅通過在戰國文字間橫向比較，往往難以確定某形究竟是何字，或從什麼偏旁。橫向比較的結果，往往也很難作爲釋字的根據。郭店簡中『弁』字的形體有時與『史』字混同，不少人就必欲改釋《老子》甲本的『三言以爲史（讀爲『使』或『事』）不足』，就是對這個問題缺乏深刻認識的表現。」〔註 112〕其說可爲本則註腳。

附帶一提，「占」、「占」二形亦見於「貴」、「粵」、「妻」、「克」等偏旁。如「貴」可作（《郭店》1.1.29）、（《郭店》1.1.29）、（《璽彙》4675）、（《璽彙》4676）。《上博（一）・紂衣》簡 22「貴」字從「占」，但簡 11「貴」卻作，與一般寫法不同，這很有可能受上一字「賠」作影響而類化。「粵」，《包山》201 作、《璽彙》3472 作〔註 113〕。「妻」作（《包山》91）、（《包山》97）。「克」作（《郭店・老子乙》2）不過這些偏旁應與上述「使」、「弁」並不相涉。

其三，「㠯䵑」即「肥磽」。首字作，釋爲「肥」當無問題。但是應該如何隸定則是個難題，相關討論見〈容成氏〉16「禽獸肥大」注釋。馬承源先生隸作從「巴」是隸變後的字形，不是很精確。今仍從舊說隸作從「巳」。「䵑」，原考釋讀爲「肥脆」，即《孟子・告子上》的「肥磽」。何琳儀先生〈滬二〉指出「脆」、「磽」聲韻不近，不能通假，當讀爲「瘠」。筆者於〈容成氏〉49「高下肥磽」注釋中認爲讀作「磽」並無問題，不須改釋。

〔十〕叟（使）皆〔〕

建洲按：「叟」，字作，由文例應釋爲「使」，參上注釋。「皆」，字作。甲骨文「皆」字作（《甲》542），從䖵從口。西周金文「楷」作（楷伯簋）、

〔註111〕李學勤〈《詩論》説《宛丘》等七篇釋義〉《新出楚簡與儒學思想國際學術研討會論文集》（北京：清華大學，2002.3.31），頁 2。
〔註112〕陳劍〈據郭店簡釋讀西周金文一例〉《北京大學中國古文獻研究中心集刊》第二輯，頁 389。
〔註113〕吳振武《古璽文編校訂》815 條

（周棘生簋）、（吹鼎）、（槽仲簋）。

中山王礐壺「諸侯 賀」，朱德熙、裘錫圭二先生考釋說：「甲骨卜辭有『礐』字，或省作『㕓』，壺銘『 』字亦當是『礐』字的簡化。《說文》：『䖵，兩虎爭聲。從虤從曰會意。讀若慭』當即此字。秦始皇二十六年統一度量衡詔書『皆明壹之』句的『皆』字，故道殘板作『礐』（《金文續編》4.2）。『皆』見母字，上古音在脂部，『慭』疑母字，上古音在文部，脂、文二部陰陽對轉，所以『礐』和『皆』可以相通。（原注④：《說文》「贙，分別也。從虤對爭貝。讀若回。」「回」匣部字，古音在脂部，與「皆」字古音亦相近。甲骨卜辭「礐」字疑讀為「偕」。又長沙帛書「日月䖵亂」，「䖵」亦當讀為「皆」，詳另文。）」〔註 114〕李學勤、李零二先生認為「同行 即皆字。秦詔版皆字或作礐（《秦金文錄》93），容庚《金文續編》以為從虤，不確。這是一種起源很古的寫法，西周銘文中常見的槽字，應釋為楷。《古文四聲韻》卷一皆、階、諧等字古文仍可看出㕓字的遺迹，上面的虍和下面的口都很容易分辨出來。」〔註 115〕

《楚帛書》乙 7.24 作 ，字形與「△」同形。李零先生分析作「上從『虎』，有頭與兩足，下從曰，去掉虎頭（虍）剩下兩足（比），與曰合在一起，便與楚簡常見的皆字（狀）沒有分別，實際上就是皆字。我們在中山王方壺銘中也碰到過上從虎下從曰的皆字，但那個皆字所從的虎沒有像比字的兩足，不像這裡的『䖆』字更能說明皆字的演變。」〔註 116〕又上述朱德熙、裘錫圭二先生說 即《說文》的「䖵」、「贙」，這項說法由〈子羔〉的 、《楚帛書》乙 7.24 、《郭店・語叢一》71 得到證明，差別在於二「虍」省作一「虍」；「 」旁訛變作「人」形。〔註 117〕

蔡侯䰜盤「諧」作 ，其「皆」旁作 ，所從「 」旁作「 」形，字形與中山王礐壺「皆」作 的「 」旁形近。值得注意的是，「 」又與《集成》9.4695 郘陵君豆「君」作 的「尹」旁同形，可見「 」與「尹」有形混的現象。以此觀點，則《郭店・唐虞之道》27 字，亦見於〈忠信之道〉7 也應該釋為「皆」。〈忠信之道〉整理者以為：「㕓，簡文字形與《古文四聲韻》引《道德經》『皆』字

〔註 114〕朱德熙〈平山中山王墓銅器銘文的初步研究〉《朱德熙古文字論集》（北京：中華書局，1995.2），頁 93。

〔註 115〕李學勤、李零〈平山三器與中山國史的若干問題〉《新出青銅器研究》（北京：文物出版社，1990.6），頁 180。

〔註 116〕李零《長沙子彈庫戰國楚帛書研究》（北京：中華書局）1985.7 頁 59。

〔註 117〕董蓮池《金文編校補》（長春：東北師範大學出版社，1995.9），頁 179。

形近，釋作『皆』。簡文『虘』、『皆』二形並用。」〔註118〕此說可信。所指《古文四聲韻》的字形即上文所舉⿰. 《侯馬》16：3「君」作⿰，「尹」作「⿰」形，所以《古文四聲韻》⿰釋爲「皆」也是可以的。〔註119〕（詳見〈容成氏〉38「璿室」注釋）。上文李學勤及何琳儀二先生已經將⿰字形歸入甲骨文「皆」一系，這應該是對的。要說明的是，楊澤生先生分析楚文字⿰爲從「虍」「皆」聲，所以⿰應分析爲從「虍」「君」聲，讀作「均」。〔註120〕筆者以爲此說未確。首先《郭店・語叢一》71⿰，這樣的字形是由甲骨文「⿰」發展而來，朱德熙、裘錫圭二先生說⿰即《說文》的「皆」、「皆」。〔註121〕換言之，整個字形是一體的，不能分析作從「虍」「皆」聲。之所以會有這樣的分析，可能是因爲楚簡常見「皆」作⿰。但我們知道這種字形是由⿰（《甲》677）、⿰（皆壺）而來，即省掉「虍」頭。所以我們不能倒果爲因說⿰是從「虍」「皆」聲。馬承源先生考釋謂「虘從皆聲」，錯誤同楊氏，季師旭昇已指出不可從。〔註122〕

此外，「皆」還有一種寫法是：⿰（《甲》677），省掉「虍」頭。下啓西周金文作⿰（皆壺），「⿰」旁亦訛變作「人」形。而這種寫法見於絕大多數的楚簡文字，如《包山》263作⿰、《郭店・老子甲》15作⿰，其他《信陽》、《望山》、《仰天》均有如此字形。〔註123〕有時會加二飾筆，作⿰（《包山》273）遂類似「并」。如同「僉」作⿰〔註124〕（《包山》121），亦作⿰（《郭店》1.1.5）、⿰（鈐，《仰天湖》10）。〔註125〕茲將以上字形條列如下：

（一）⿰（《甲》542）、⿰（秦詔版）➔ ⿰（中山王⿰壺），下分二形：

⎡ ➔ ⿰（〈子羔〉1）➔ 「皆」、「皆」（《說文》）

⎣ ➔ ⿰（蔡侯⿰盤「諧」旁）、⿰（《郭店・唐虞之道》27）➔ ⿰（《古文四聲韻・

〔註118〕荊門市博物館《郭店楚墓竹簡》（北京：文物出版社，1998.5），頁164注17。

〔註119〕何琳儀《戰國古文字典》，頁1114。

〔註120〕楊澤生〈郭店簡幾個字詞的考釋〉《中國文字》新27期（台北：藝文印書館，2001.12），頁167。

〔註121〕朱德熙〈平山中山王墓銅器銘文的初步研究〉《朱德熙古文字論集》（北京：中華書局，1995.2），頁93。

〔註122〕季旭昇師〈〈子羔〉譯釋〉《《上海博物館藏戰國楚竹書（二）》讀本》（台北：萬卷樓，2003.7），頁31。

〔註123〕滕壬生《楚系簡帛文字編》（武漢：湖北教育出版社，1995.7），頁288～290。

〔註124〕何琳儀《戰國古文字典》，頁1460

〔註125〕史樹青《長沙仰天湖出土楚簡研究》（群聯出版社，1955.6），頁26、郭若愚《戰國楚簡文字編》（上海：上海書畫出版社，1992），頁107

　　　　　道德經》）

（二）【字形】（《甲》677）→【字形】（皆壺）→【字形】（《包山》263）

〔十一〕奉守〔【字形】〕之

　　建洲按：「守」，「宀」下偏旁亦見於【字形】（中山王嚳壺）、【字形】（上官鼎）。舊多
隸爲「釙」，李天虹先生以爲此形體與一般所見「寸」字不同，字應分析爲從「肘」。
則楚簡的「守」應分析爲從「宀」「肘」聲，說可參。〔註126〕最近又認爲「肘」作
【字形】也可能是聲符化的表現，字可分析爲從「又」，「主」聲。〔註127〕事實上，何琳
儀先生曾釋商代金文「守」作【字形】（瓿文），從宀，從又。西周金文作【字形】（守宮卣），
右下加飾筆，並非寸字。戰國文字承襲商周文字，或從肘聲。〔註128〕說亦可參。

〔十二〕埶（舜）

　　建洲按：筆者從李零先生所隸，參〈容成氏〉13「埶」注釋。

〔十三〕城（誠）善嬰？

　　陳劍先生〈編連一〉說：簡1簡尾完整，簡6簡首完整，連讀文意通順。簡2
開頭的『與』字左上角略有殘缺，其起筆正好尚殘存在簡6末端斷口處，兩簡當本
係一簡之折，拼合後成爲一支首尾完具的整簡。」

　　季師旭昇〈譯釋2〉：簡6長32.7、簡2長22.9釐米，二者相加共55.6釐米，
與《上博》完整簡最長尺寸是57.2釐米相合，也符合漢人所說的制度，《論衡·謝
短篇》說：「二尺四寸，聖人文語。」二尺四寸，以漢尺（23.3釐米）換算，約當
今55.92釐米，汲郡出土戰國竹簡，據荀勗《穆天子·序》所稱：「勗前所考定古
尺度其簡，長二尺四寸。」南齊建元元年襄陽楚冢出《考工記》「簡廣數分，長二
尺」（見《南齊書·文惠太子傳》及《南史·王僧虔傳》），南齊二尺合漢尺二寸四
寸；武威出土西漢《儀禮》完整的簡長都在55.5-56釐米之間。但是，我把簡6的
尾部（即「善」字部分）和簡2的頭部（即「與」字部分）掃描下來，用繪圖軟
體略加亮度對比處理後拼接在一起，結果如右圖。兩簡的斷裂處看起來相當接近，

〔註126〕李天虹〈釋郭店楚簡《成之聞之》篇中的「肘」〉《古文字研究》22輯（北京：中華
　　　　書局，2000.7），頁265。
〔註127〕李天虹〈新蔡楚簡補釋四則〉，簡帛研究網，03/12/17。
〔註128〕何琳儀《戰國古文字典》，頁190。

但是斷紋右邊的凹凸榫點如果要接合，左邊的字跡就無法密合；同時左邊的字跡部分，簡 6 殘存的點似乎太粗了，與簡 2「與」字的左上筆不太能完全接合，而且簡 6 尾部左下的殘簡如果要看成簡 2「塱」字的左上筆，筆畫也嫌粗了些。看來這樣的拼合似乎還存在著一些疑點。今以陳劍的拼合在文義上頗為順暢，姑且仍依此順讀。（頁 31 注 17）

建洲按：季師之觀察相當細密，發人深省。惟要補充的是簡 6、簡 2 二者相加共 55.6 釐米，相比對的對象應該鎖定在〈子羔〉等三篇，簡長約 55.5 釐米。〔註 129〕至於「《上博》完整簡最長尺寸是 57.2 釐米」，此說乃馬承源先生介紹全部《竹書》所說，〔註 130〕並非針對〈子羔〉等三篇。其次季師順著陳劍先生的說法，指出其中的矛盾處，可謂一語中的。筆者進一步說明的是以彩版的距離而言，▨字左邊的缺筆，依常理書寫，約距離竹簡左邊 0.5 公分，而簡 6 尾部左下的殘簡的筆劃不僅嫌粗，距離竹簡左邊約 0.3 公分，可見二者的確是合不起來的。但如同先生所說這樣的拼合在文義上頗為順暢，筆者私下忖度簡 6「善」下的一點可能不是「塱」的筆劃。可能是如同〈魯邦大旱〉簡 1「㐬」下、簡 5「丌」下、〈民之父母〉簡 8「晉」下、簡 12「之」左邊、簡 13「禾」左邊的「墨點」。

〔十四〕伊（抑）林（堯）

馬承源先生：以為「伊堯」之稱是初見。「伊」，帝堯的母姓。（頁 186）

劉樂賢先生〈民簡〉：整理者將「伊堯」當作堯的名號是正確的，但說「伊堯」之稱為初見則不確。《潛夫論‧五德志》：「後嗣慶都，與龍合婚，生伊堯。」

陳劍先生〈編連二〉：則以為「伊」當讀為「抑」，「或」也，「伊，古音為影母脂部開口三等，抑為影母質部開口三等，兩字音近可通」。

建洲按：若單獨釋讀本簡，則馬、劉二說可信。但是從簡文上下文來看，應從陳劍先生釋為「抑」，做連詞用，意為「或是堯」。「抑」，「用於抉擇複句的後一分句之首，表示選擇。可譯為『還是』。」〔註 131〕如《左傳‧哀公二十六年》：「子將大滅衛乎，抑納君而已乎？」《國語‧周語下》：「今君曰『將有亂』，敢問：『天道乎？抑人故也？』」《史記‧魯周公世家》：「不知天棄魯乎，抑魯君有罪于鬼神也？」

〔註 129〕濮茅左《〈孔子詩論〉簡序解析》《上博館藏戰國楚竹書研究》（上海：上海書店，2002.3），頁 11。

〔註 130〕馬承源〈馬承源先生談上博簡〉《上博館藏戰國楚竹書研究》（上海：上海書店，2002.3），頁 5。

〔註 131〕中國社會科學院語言研究所古代漢語研究室編《古代漢語虛詞詞典》（北京：商務印書館，2000.1 二刷），頁 727。

〔十五〕甚〔〕晶〔〕（或盟，明）

馬承源先生隸作「晶」（按：實際上是指「盟」），釋作「溫」，以爲堯德澤溫厚。（頁 186）

陳劍先生〈編連一〉：認爲此字或爲从日「皿」聲之字，或者就是「盟（盟）」字異體，皆以音近而讀爲「明」。

何琳儀先生〈滬二〉：當釋上明下皿，即「盟」之初文。簡文中可讀「明」。

楊澤生先生〈補釋〉則認爲：各家說此「明」字爲「盟」之異體，當屬可能；或說是「盟」字初文，或有未妥；我們認爲也有可能是「明」字異體，從「日」從「皿」聲，是個形聲字，與從「日」從「月」會意不同。

建洲按：「甚」字作△。字形與《郭店・老子甲》5 作同形。黃德寬、徐在國二先生考釋《郭店・老子甲》5 的指出「《說文・甘部》『甚』字古文作。字構形奇特，所從『甘』與『八』的位置互換，若不是辭例的比勘，此字將很難釋出。《包山楚簡》198：『占之當吉』，『當』作。應釋『甚』。」〔註 132〕這種因辭例之故而釋出不識字的方法，李零先生有個有趣的稱呼，謂之「大道理管小道理」。其次，「甚」字這種文字偏旁位置的改變如同《郭店・語叢二》15「吁」作，簡 16 字作。前者字形亦見於《汗簡》古文，鄭珍認爲二者是「移篆」的關係。〔註 133〕又如「御」作（《郭店・緇衣》32），「午」旁移於「卩」上；「精」作（《郭店・老甲》34），「青」旁移於「米」上；「清」作（《郭店・老甲》10）、（《郭店・尊德義》13），「青」旁移於「水」。《葛陵》乙一 15「一青義」，「義」作「羊」下，「我」上。〔註 134〕這種例子還有很多，裘錫圭先生的文章亦曾舉例過。〔註 135〕

其次，字馬承源釋爲「溫」。但是「溫」上本從「囚」形，如《郭店・性自命出》35「慍」作，彼此形體不類。學者已指出「盟」是在「囚」的基礎上孳乳而來的。〔註 136〕其次，「盟」，甲骨文作（《鐵》50.1）；西周金文作（井

〔註 132〕黃德寬、徐在國〈郭店楚簡文字考釋〉《吉林大學古籍整理研究所建所十五週年紀念文集》（長春：吉林大學出版社，1998.12），頁 99。

〔註 133〕〔清〕鄭珍《汗簡箋正》（台北：廣文書局，1974.3），頁 76。

〔註 134〕徐在國〈新蔡葛陵楚簡札記〉「簡帛研究網」2003.12.07 第 13 條。

〔註 135〕裘錫圭〈戰國璽印文字考釋三篇〉《古文字論集》（北京：中華書局，1992.8），頁 470。亦見裘錫圭〈古璽印考釋四篇〉《文博研究論集》（上海：上海古籍，1992.3），頁 85。

〔註 136〕劉桓〈釋盟〉《殷契新釋》（河北大學出版社，1987.7）、何琳儀〈吳越徐舒金文選釋〉《中國文字》新 19 期（台北：藝文印書館，1994.9），頁 144、劉釗〈釋慍〉《中

侯簋）、🔣（盟弘卣）、🔣（魯侯爵）、🔣（師望鼎），春秋金文作🔣（郘公華鐘）、🔣（蔡侯龖盤）、🔣（下從「示」，《包山》139 反）、🔣（《包山》123）上或從「冏」；或從「明（明）」，如「明」作🔣（矢方彝）、🔣（盂鼎二）。而這些「冏」旁在戰國文字中變化成「日」形，如🔣（中山王𡤾壺）、🔣（盗壺）、🔣（《郭店・老子甲》34）、🔣（《老子甲》10）、🔣（〈太一生水〉2）、〔註 137〕🔣（〈容成氏〉24）。綜合以上，本簡🔣由字形來看，當然可隸作「皿」，分析作從日「皿」聲，讀作「明」。但是不能完全排除承襲甲骨文、西周金文「盟」的寫法，即「盟」字異體。〔註 138〕「盟」與「明」互通是常見的，如保利博物館藏應國𦦨簋：「其萬年用夙夜明享」、陝西省長安縣花園村出土的博姜鼎：「用夙夜明享于邵（昭）白（伯）日庚」，二器中的「明享」，應如于省吾先生所說：「明享及盟享，指祭祀言。《釋名》：『盟者，明也，告其事于神明也。』」〔註 139〕可為例證。此外，季師旭昇指出「『盟』字本從皿冏聲，戰國楚文字或省作『🔣』（《曾》214），其上省作『田』形，再省則作『日』形，與本簡此字相近。」〔註 140〕此說可信，「田」、「日」二形戰國文字有互作的現象，如「冥」既作🔣（《包山》67）、🔣（《包山》124）。〔註 141〕簡文說「堯之惪則甚明」，新出「𦦨公盨」有「孝友惷明」一句，裘錫圭先生說：「『明』在古代被視為一種美德。《國語・周語上》：『十五年有神降於莘』條『國之將興，其君齊明衷正……』，即其一例。」〔註 142〕可見簡文說其「德」甚「明」是可以理解。附帶一提，新出「燕王職壺」有「🔣國」，黃錫全先生以為該字左上從「冏」，所以讀作「盟國」。〔註 143〕存此備考。

古文字研究會第十屆年會論文》（1994，東莞）、趙平安《説文小篆研究》（南寧：廣西教育出版社，1999.8），頁 142、何琳儀《戰國文字通論訂補》（南京：江蘇教育出版社，2003.1），頁 271～272。

〔註 137〕張光裕、袁國華《郭店楚簡研究——第一卷——文字編》（台北：藝文印書館，1999.1），頁 233～234。

〔註 138〕可參季師旭昇《説文新證》（上），頁 553～554。

〔註 139〕于省吾《雙劍誃群經新證・雙劍誃諸子新證》（上海：上海書店，1999），頁 90～91、李家浩〈應國𦦨簋銘文考釋〉《文物》1999.9，頁 84。

〔註 140〕季旭昇師〈〈子羔〉譯釋〉《《上海博物館藏戰國楚竹書（二）》讀本》（台北：萬卷樓，2003.7），頁 32。

〔註 141〕亦見黃錫全〈燕破齊史料的重要發現——燕王職壺銘文的再研究〉《古文字研究》第24 輯（北京：中華書局，2002.7），頁 250。

〔註 142〕裘錫圭〈𦦨公盨銘文考釋〉《中國歷史文物》2002.6，頁 21。

〔註 143〕黃錫全〈燕破齊史料的重要發現——燕王職壺銘文的再研究〉《古文字研究》第 24輯，頁 250。

〔十六〕鈞（均）〔🔲〕也

馬承源先生：隸定爲「鈴」，並以爲是「子羔之名」。（頁 186）

徐在國先生〈瑣記〉：認爲字應隸作「鈞」，並認爲「鈞」應通假爲「柴」，即子羔之名。

李銳先生〈初札〉說：「鈴」疑當隸定爲「鈞」，疑讀爲「均」，當是孔子對子羔問某人（舜）與堯之德相比的回答，非子羔之名。

陳劍先生〈編連二〉：鈞，等也，古書多作「均」。此言舜德之善與堯德之明二者均等。

建洲按：根據張桂光先生對「勻」、「今」二字所做的區別，〔註 144〕本字無疑應分析作從金、「勻」聲，讀爲均。馬、徐二說若單就本簡而論，不能算錯。但是此釋並無法讀通上下文，故不取此說。

〔十七〕嗇〔🔲〕於童〔🔲〕土之田

馬承源先生：隸作「奮」。（頁 186）

徐在國先生〈瑣記〉：「嗇」在簡文中當讀爲「穡」。《說文》：「穡，穀可收曰穡。」「穡」在簡文中用爲動詞，耕種。《尚書·盤庚》：「若農服田力穡，乃亦有秋。」孔《傳》：「穡，耕稼也。」《鹽鐵論·錯弊》：「古之仕者不穡，田者不漁。」簡文「舜嗇（穡）于童土之田」，意爲「舜在荒蕪的土地上耕種。」

建洲按：由《郭店·老子乙》1「嗇」作🔲、《說文》古文作🔲，知本字應釋爲「嗇」。「嗇」，西周金文作🔲（中父壬爵）、🔲（沈子它簋）、🔲（牆盤），從「來」從「㐭」，會收禾麥於廩之義。〔註 145〕戰國文字作🔲（蛮壺）、🔲（十一年鼎），「㐭」旁訛變爲「目」形。又「稟」作🔲（從「攴」，陳猷釜）、🔲（子禾子釜），依偏旁分析法，「㐭」下半已訛變成「田」形，正與本簡「🔲」同。🔲，馬承源先生隸作「奮」，以偏旁來說並不算錯，比如《集韻》入聲職部「嗇」字一作「奮」形。〔註 146〕但是釋爲「或依聲符讀爲徠」、「行來之來」之義，則不可從。

「童」字作🔲，其下的「壬」旁類似「氏」，這是〈子羔〉、〈孔子詩論〉、〈魯

〔註 144〕張桂光〈古文字考釋六則〉《于省吾教授百年誕辰紀念文集》（長春：吉林大學出版社，1996.9），頁 279～280、〈《郭店楚墓竹簡》釋注續商榷〉《簡帛研究二〇〇一》，頁 188。或參〈容成氏〉簡 14「旬 63」注釋。

〔註 145〕季師旭昇《說文新證》（上），頁 462。

〔註 146〕〔宋〕丁度《集韻》（台北：學海出版社，1986.11），頁 756。

邦大旱〉三篇的書寫特色（詳下）。「童土」，馬承源先生已引到《莊子・徐无鬼》：「堯聞舜之賢，舉之童土之地，曰：『冀得其來之澤。』舜舉乎童土之地，年齒長矣，聰明衰矣，而不得休歸，所謂卷婁者也。」成玄英《疏》：「地無草木曰童土。」又《釋名・釋長幼》：「山無草木曰童。」同樣可參。〔註147〕

〔十八〕莉（黎）民

建洲按：《史記・惠景間侯者年表》：「軑侯利倉。」《漢書・高惠高后孝文功臣表》：「利倉作黎朱倉」。〔註148〕又《尚書・泰誓》：「中播棄犁老。」《墨子・明鬼下》曰：「播棄黎老。」〔註149〕《易・困・六三》：「據于蒺藜。」漢帛書本「蔾」或「莉」。〔註150〕可證「莉民」即「黎民」。《詩・大雅・雲漢》：「周餘黎民，靡有孑遺。」鄭《箋》：「黎，眾也。」《尚書・堯典》：「黎民於變時雍。」孔《傳》：「眾民」。〔註151〕

〔十九〕每（敏）〔訶〕吕（以）□（學？）寺（詩）

劉樂賢先生〈民箭〉：「寺」前一字字迹較為模糊，疑是「孝」字。最後一字字形不全，疑是「辛」之殘，讀為「親」。「吾聞舜其幼也」的「其」，訓「之」。「每以孝寺其親」，可讀為「每以孝侍其親」或「每以孝事其親」。

黃德寬先生〈補正〉：細審殘形作 R，當是「學」字。

建洲按：對於簡文殘缺之字，筆者初見此殘文亦以為有可能是「學」字，如〈從政甲〉第十一簡「可胃（謂）學矣。」「學」字簡文作𡥈、〈老子乙〉4 作𡥈等等。而以文意來看，讀作「敏以學詩」亦不差（詳下）。

「每」字作𤔲（△1），字與一般的「每」字形近，如𤔲（杞伯簋）、𣎴（何尊）、𤔲（《侯馬》200：58）、𤔲（𩵋壺），可見釋為「每」應無問題。不過，要提出的是，《郭店・語叢一》34 有字作𤔲，學者據《包山》90「𣎴」作𤔲，將字釋為「每」。〔註152〕袁國華師亦釋為「每」，並讀作「𣎴」，即「繁」。〔註153〕這樣的考

〔註147〕〔漢〕劉熙《釋名》收錄於〔清〕王謨輯《增訂漢魏叢書》（台北：大化書局，1982），頁 854。

〔註148〕高亨、董治安編纂《古字通假會典》（濟南：齊魯書社，1997.7 二刷），頁 538。

〔註149〕高亨、董治安編纂《古字通假會典》（濟南：齊魯書社，1997.7 二刷），頁 538。

〔註150〕高亨、董治安編纂《古字通假會典》（濟南：齊魯書社，1997.7 二刷），頁 540。

〔註151〕《十三經注疏——尚書》，頁 20。

〔註152〕黃德寬、徐在國〈郭店楚簡文字考釋〉《吉林大學古籍整理研究所建所十五週年紀念文集》（長春：吉林大學出版社，1998.12），頁 107，28 條。

〔註153〕袁國華師〈郭店楚簡文字考釋十一則〉《中國文字》新 24 期（台北：藝文印書館，

釋當無問題。不過，假若如《郭店》整理者將「⿰⿱⿱」隸作「⿱」，則二者相比對的結果，簡文▨▨（△2）旁是否就是「來」呢？筆者以爲不可相比附，目前所知「來」的寫法大致作▨（天星觀簡簡文云：「從十月以至『來』歲之十月」，《楚系簡帛文字編》頁 423）、《郭店・老子乙》簡 13 作▨、《九店》56.44 作「⿰」，〔註 154〕其下均作「交叉」之形，未見省略。而且「△2」筆勢呈現類「U」字形，與「來」作斜直筆交叉實有所不同。〔註 155〕另外，「△2」字形也牽涉到幾個相關字，如▨（《上博（一）・紂衣》1）、▨（《九店》621.27）。新出「▨鼎」筆勢與之相近，原整理者隸作「逨」。〔註 156〕李學勤先生順著先將《上博（一）・紂衣》該字，認爲應該從「⿰」。〔註 157〕之後考釋夒公盨時，分析其中▨字說：「上半所從與《金文編》釋作『逨』的字所從一樣，今定爲從『⿰』，讀作『差』。《說文》『差』字，據《韻會》引：『從左，⿰聲』，所以盨銘這個字也可釋『差』。」〔註 158〕所以同樣的亦將「▨」釋爲從「⿰」。〔註 159〕而裘錫圭先生則先釋夒公盨的▨從「奉」，所以釋「▨」時認爲「這批銅器的器主之名一般釋爲『逨』，其實此字很可能從『奉』的變體而不從『來』」。〔註 160〕裘錫圭先生的說法是根據陳劍先生以《郭店・緇衣》簡 19「執我▨（仇）▨（仇）」；《郭店・緇衣》簡 43：「《寺（詩）》員（云）：『君子好▨（逑）』」字形爲基礎，釋▨爲「仇」，而▨字，論其字形根源則是由「奉」分化出來的。〔註 161〕所以李零、董珊二先生直接釋讀爲「逑」。〔註 162〕而對於▨形體與「來」相似，陳劍先生說：「一種意見認爲 G（▨）和 H（▨）兩形左半所從爲『來』。或以爲『乃

1998.12），頁 145～146。

〔註 154〕湖北省文物考古研究所、北京大學中文系編《九店楚簡》（北京：中華書局，2000.5），頁 106 注 170。

〔註 155〕可參蘇建洲〈從古文字材料談「朿」、「棘」的文字構形及相關問題〉《中國學術年刊》24 期（台北：台灣師大國文研究所，2003.6），頁 117～139、蘇建洲《《上博一・緇衣》「服」字再議〉，《考古與文物》待刊。

〔註 156〕陝西省考古研究所等〈陝西眉縣楊家村西周青銅器窖藏發掘簡報〉《文物》2003.6，頁 5。

〔註 157〕李學勤〈論楚簡〈緇衣〉首句〉《清華簡帛研究》第 2 輯（北京：清華大學，2002.3），頁 21。

〔註 158〕李學勤〈論夒公盨及其重要意義〉《中國歷史文物》2002.6，頁 8。

〔註 159〕李學勤〈眉縣楊家村新出青銅器研究〉《文物》2003.6，頁 67。

〔註 160〕裘錫圭〈讀逨器銘文札記三則〉《文物》2003.6，頁 74。

〔註 161〕陳劍〈據郭店簡釋讀西周金文一例〉《北京大學中國古文獻研究中心集刊》第二輯，頁 378～396

〔註 162〕李零〈讀楊家村出土的虞逨諸器〉《中國歷史文物》2003.3，頁 20、董珊〈略論西周單氏家族窖藏青銅器銘文〉《中國歷史文物》2003.4，頁 42。

混來為求』。或以為 G 形當分析為從戈來聲，……或直接把『栽』講成『仇』的假借。我們既已找到了此形左半所從在西周金文中更原始的寫法，則釋『來』之說就都失去了立論的根據。而且，有必要指出，簡單地根據 G 和 H 兩形左半所從與楚簡中『來』的某些寫法相同，就認定它左半所從為『來』，這種方法本身就是很危險的。我們知道，戰國文字中字與字、字與偏旁、偏旁與偏旁之間形體混同的情況相當嚴重。僅僅通過在戰國文字間橫向比較，往往難以確定某形究竟是何字，或從什麼偏旁。橫向比較的結果，往往也很難作為釋字的根據。」〔註163〕其說可信，正如同△2 不可隨意比附說為從「來」。筆者亦曾將上博紂衣該字釋為從「奉」。〔註164〕「△2」的形體與上述〈紂衣〉、《九店》之字形體相近，加上筆者贊同龍宇純先生認為「奉」象草根之形，是「芨」字初文，讀為「袚」。〔註165〕「芨」，並紐月部，「袚」，幫紐月部；「繁」，並紐元部，聲紐同為唇音，韻部對轉，則「△1」其上似乎有聲化從「奉」的現象，不過依目前的資料來看，這樣的說法還須更多資料來證明。大家知道「每」的上部本象「髮飾盛美之形」，〔註166〕則「△2」可能就是這樣的形體。反過來說，由「△2」，我們可釋《上博（一）·紂衣》及《九店》之字上從「每」省聲呢？《上博（一）·紂衣》該字在簡文中應讀作「服」（並職）；「每」（明之），聲紐同為唇音，韻部對轉。不過「每」簡省作上部髮飾之形似未見他例，同要需要更多材料來證明。

〔二十〕暋（文）〔🔣〕而遠

何琳儀先生〈滬二〉：當隸定「暋」，與《古文四聲韻》「閔」作 🔣 形體吻合。「暋」、「閔」一聲之轉。《字彙》「暋，閔也」，簡文「暋」當讀「文」。

建洲按：字作🔣，讀作「文」。此說當源自李家浩、李天虹、李學勤三先生之說。「△」字，首先由廖名春先生注意到《郭店·語叢一》31「豊（禮）因人之情而為之」與《禮記·坊記》：「禮者，因人之情而為之節文」相近。〔註167〕陳偉先生在此基礎之上，將簡31與97「即🔣者也」編連起來。〔註168〕李天虹先生受其啟發，

〔註163〕陳劍〈據郭店簡釋讀西周金文一例〉《北京大學中國古文獻研究中心集刊》第二輯，頁 389。
〔註164〕蘇建洲《上博一·緇衣》「服」字再議〉，《考古與文物》待刊。
〔註165〕龍宇純〈甲骨文金文a²字及其相關問題〉《中央研究院歷史語言研究所集刊》34 本（下）（台北：中央研究院，1963.12），頁 412。
〔註166〕季師旭昇《說文新證》（上），頁 56。
〔註167〕廖名春〈荊門郭店楚簡與先秦儒學〉《中國哲學》20 輯（瀋陽：遼寧教育出版社，1999.1），頁 65。
〔註168〕陳偉《語叢》一、三中有關「禮」的幾條簡文〉《郭店楚簡國際學術研討會論文集》

將「△」釋爲「文」，分析字形爲上部從「鹿頭」，中間從「馬」，⿱ 爲「麟」的象形字。古「文」爲明母文部字，「麟」爲來母眞部字，兩者聲、韻均近可以通轉。〔註169〕隨後 2000 年 10 月 12 日，北京大學中國古文獻研究中心「郭店楚簡研究」項目小組舉行了例會。李家浩先生指出：將「△」讀作「文」是正確的，但李天虹先生對字形的解釋並不合理。實際上，這個字見於《古文四聲韻》引石經作 ⿱（**建洲按：**見《汗簡·古文四聲韻》頁 41）、《汗簡》引石經作 ⿱（**建洲按：**見《汗簡·古文四聲韻》頁 24），爲古文「閔」字。〔註170〕隨後 2000 年 11 月，李學勤先生在清華大學思想文化研究所簡牘講讀班上對石經「閔」的構形提出進一步的看法：

> 在《汗簡》和《古文四聲韻》裏，還有另外寫法的「閔」字。需要舉出的，一個在《汗簡》卷中之二心部，作 ⿱，卷下之一民部作 ⿱，均云出「史書」。這兩個寫法可隸定作「惽」或「昬」，從「昬（昏）」聲。大家知道「昏」字《說文》云或從「民」聲，「民」爲明母眞部，從「昏」之字或在明母眞部，或在明母文部，是「惽」讀爲「閔（後世或作「憫」）」殊屬自然。「閔」的這兩個古文寫法，所從「昏」上部的「民」，與前舉石經「閔」字古文的上部近似。這指示我們，石經古文其實也是從「民」聲的，正因爲這樣，才得以讀爲「閔」。根據這一思路，我們回過頭來看簡文上的那個字，便能發現以前大家想其上部爲「鹿頭」，實際錯了。字的上部，和石經古文一樣，是從「民」，或者嚴格一點，是從「民」省聲。楚文字的「民」一般作 ⿱ 或 ⿱，但也有時作 ⿱ 或 ⿱。在九店楚簡中有不少例子，李家浩先生說：「其上皆作『屮』字形，字形比較特別。」這個寫法的上半，就與「鹿」字之「頭」完全相同。不過，楚文字從「鹿」之字，「鹿」旁都有足形，沒有省作「鹿頭」的。知道簡文該字從「民」省聲，即解決了字讀爲「文」的音韻問題。再看該字的下部。石經「閔」字古文的下部（**建洲按：**字作 ⿱），左側是很清楚的，其偏上部分是「日」，偏下部分是「又」。簡文該字同樣，是從「目」從「又」，只有個別幾個例子中間加了一橫。這是什麼字呢？我認爲，是《說文》「𣆠」字的古文寫法。《說文》第四𣆠部有「闅」字，……「闅」字，據《說文》是從「𣆠」，

（武漢：湖北人民出版社，2000.5），頁 144。

〔註169〕李天虹〈釋楚簡文字「朵」〉《華學》第 4 輯（北京：紫禁城出版社，2000.8），頁 86～87。

〔註170〕張富海〈北大中國古文獻研究中心「郭店楚簡研究」項目新動態〉，簡帛研究網，2000.10，http：//www.bamboosilk.org/Xyxw/Beida.htm。。

「門」聲，「門」是明母文部，「鼍」同樣在明母文部。於是我們知道，簡文與石經古文的字，應理解爲從「昬」「民」聲，同「鼍」乃是一個字的異寫。由於音同，其讀爲「閔」或「文」是合乎情理的。最後還得說到，石經古文那個字下部右側從「彡」，簡文該字也有不少是從「彡」的。這也不難理解。《說文》「彡」訓「毛飾畫文也」，凡從「彡」之字多有文飾之義，……總的來說，簡文與石經的該字實可隸定爲「彣」，就是《說文》從「彡」從「文」的「彣」字，也就是文章之文。如此看來，他簡直是「節文」的「文」的專用寫法了。黃錫全先生曾指出《汗簡》「閔」字上部爲「民」字寫訛，李天虹博士曾說過郭店簡該字可能像「彣」字一樣從「彡」，均屬灼見，附志於此。〔註171〕

李零先生近又提出新說：

但黃先生（按：指黃錫全）說《汗簡》、《古文四聲韻》的後一類寫法是從民從日從心，現在看來值得修正。因爲第一，這個字的上半（即除去它下面的心或又字），在《古文四聲韻》中其實是「敏」字古文（卷三：十四頁背引《義雲章》作 𡥈 ）；第二，《說文》、《石經》「民」字的古文，比較這種寫法可知，戰國時期上出歧頭，內有兩點的「民」字，其實是借「每」爲「民」或混「每」爲「民」（或更準確地說，是混合早期「每」、「民」二字的特點而成），而不是「民」的本字；第三，簡文此字，中間作「且」，也顯然不是「日」字（「昬」所從的「日」是由「且」訛變）。所以，雖然我們還不太清楚，簡文作「且」的部分是從何而來（或許我們應該把它與又合併考慮，視爲又旁的變體），但這個字大體應相當於「敏」，我想是沒有多大問題的。簡文此字是借「敏」字爲之，這有兩條證據：第一，早期寫法的「敏」字，無論甲骨卜辭還是西周金文，它們都從又不從攴，而簡文和《石經》的這個字也正好是從又（「敏」字從攴，見於戰國秦兵器，後世寫法可能與秦系文字有關，參看何琳儀《戰國古文字典》，上冊，130頁）。第二，……《楚辭·九章》「離慜而不遷兮」，《史記·屈原賈生列傳》作「離湣而不遷兮」，正是楚地「每」、「民」通假的例證。《玉篇》等書也是把「慜」字當作「湣」字的異體。準此理解，我們還可對《汗簡》、《古文四聲韻》「閔」字的寫法提出分析。我們認爲，《石經》的「閔」字（帶又旁的字）是相當於「敏」字，《史書》、《說文》的「閔」字（帶

〔註171〕 李學勤〈試解郭店簡讀「文」之字〉《孔子·儒學研究文叢》（濟南：齊魯書社，2001.6），頁 118～119。

心旁的字）是相當於「戀」或「湣」字（前者是後者的本字，後者的「攴」
是「敏」的變體）。〔註172〕

上引諸說中，李天虹先生對字形的分析應該是不可信的，比較明顯的是說簡文字形中間從「馬」，以目前所見字形恐怕難以讓人信服。李天虹先生亦已否定舊說，她說：「今按，從現有資料來看，虔從『民』省聲的可能性似乎更大，然而字形上的證據也不是非常充分。我們期待將來有新的資料或證據出現，爲虔字字形的解釋畫上圓滿的句號。」〔註173〕可見其雖贊同釋爲「民」省聲，但還是以爲字形方面有所不安。筆者以爲李天虹的懷疑是有道理的，學者所舉 𩰚、𩰠、𩰤、𩰦 四種字形的確無法充分說明「△」的構形，底下我們嘗試加以補充：〔註174〕首先，「民」字與從「女」旁的字，字形是有所區別的：如「每」作 𠤎（蚉壺）、「母」作 𠙶（蚉壺）；「民」作 𡦼（蚉壺），同一銅器，彼此字形差別非常明顯。又如楚系文字「女」作 𠙛（《上博（二）·子羔》12）；「母」作 𠙶（鄂君啓舟節）、𠙛（國差𦉜）；「奴」作 𡚾（《郭店·老子甲》9）〔註175〕；「民」作 𡦼（王孫鐘）、𡦽（王子午鼎）、𡦾（《郭店·忠信之道》2）、𡧀（《九店》56.41）。以上可見「女」作 𠙛 形；「民」作 𠃋。這種差別亦見於傳鈔古文，如《汗簡》「女」字及偏旁諸字幾乎都作 𠙛（《汗簡》下之一66）、𠙶（《汗簡》下之一66）；「民」作 𡦼（《汗簡》下之一67）。要說明的是，《汗簡》下之一66引《石經》「母」作 𠙶，字形似與「民」作 𡦼 形近，如此看來，似乎證明李零先生所說「民」是假「每」字而來。但筆者的看法正好是相反的，其一是《汗簡》「女」旁55例寫法中，僅一例作 𠙶；其二，《汗簡》的「民」是緊接「毋」作 𠙛 而來，但二者字形顯然不同，常理判斷此二者應屬不同二字。《古文四聲韻·上聲九》引《汗簡》「女」作 𠙛、《上聲二十七》引《古孝經》「母」作 𠙶、《上聲十三》引《汗簡》「海」作 𣴎，以上形體皆與戰國文字的「女」形（𠙛《郭店·老子甲》11）形近。另外，《三體石經·無逸》「民」作 𡦼〔註176〕、《三體石經·咎繇

〔註172〕李零《郭店楚簡校讀記——增訂本》，頁54～55。亦見於〈郭店楚簡中的「敏」字和「文」字〉《古文字研究》24輯，頁389～390。

〔註173〕李天虹《郭店竹簡《性自命出》研究》（武漢：湖北教育出版社，2003.1），頁22。

〔註174〕字形參李天虹先生〈釋楚簡文字「朵」〉中所舉文例、張光裕先生主編《郭店楚簡研究——第一卷——文字編》，頁173字頭450等。

〔註175〕其它「女」旁諸字，參張光裕先生主編《郭店楚簡研究——第一卷——文字編》，頁145～148。

〔註176〕商承祚《石刻篆文編》（北京：中華書局，1996.10），頁575。

謨》「民」作 ![字] 〔註177〕，其中後者與《說文》古文「民」作 ![字]（十二下十五）形同，字形與「女」形相似，恐怕皆有形混的現象，大體說來不礙「民」、「女」二形的區別。而目前所見楚簡「△」的上部大別不外二形，一形上部作三筆，如 ![字]（《郭店・尊德義》17）、![字]（《郭店・語叢二》5）、![字]（《望山》2.47）、![字]（《仰天湖》25.30）；另一形上部作二筆，如 ![字]（《郭店・語叢一》60）、![字]（《郭店・語叢三》71）、![字]（《郭店・語叢三》44），以上形體已可排除從「女」，李零先生之說恐不可從。其次，李天虹先生認為從「鹿」，但如同李學勤先生所說「楚文字從『鹿』之字，『鹿』旁都有足形，沒有省作『鹿頭』的」。如《包山》179「鹿」作 ![字]、〈容成氏〉41 作 ![字]；《包山》175「鄜」作 ![字]、《郭店・緇衣》13「慶」作 ![字]（其上訛從「鹿」），均可證明李學勤先生之說是對的。附帶一提，《上博一・性情論》簡10 亦有「節△」一詞，整理者考釋「△」說：「麠，即『虙』字，從鹿、從虍，義符類同。今本《周易・訟》『褫』，上海博物館藏竹書（以下簡稱上博簡）《周易・訟》作『褫』」。〔註178〕整理者認為從鹿、從虍當作義符可以互換，基本上這是沒錯的。李家浩先生亦曾論述過這種現象：「戰國文字『虎』字頭往往也寫作『鹿』字頭，例如『縷』作 ![字]（《古陶文彙編》三・一〇四九），『懷』作 ![字]（同上三・九一三），『鄜』作 ![字]（《中國歷代貨幣大系》第一卷九五六・三七九〇）。」〔註179〕但若因此釋為「虙」，在簡文中卻是讀不通的，可見這個思路亦失之片面。筆者同意「△」上部從「民」，字形變化如下：

◎ ![字]（「民」，《郭店・忠信之道》2）→ ![字]（「△」上部，《郭店・語叢三》71）

◎ ![字]（「民」，《九店》56.41「民」）→ ![字]（「△」上部，《郭店・尊德義》17）

簡單說來即由 ![字] → ![字]，省掉中間的豎筆。這種形體的變化如同：

◎ ![字]（「鷹」，《郭店・成之聞之》5）→ ![字]（「鷹」，《上博（一）・緇衣》5）

◎ ![字]（「慶」，《包山》169）→ ![字]（「慶」，《上博（一）・緇衣》8）

以上二例皆由 ![字] → ![字]。

◎ ![字]（「女」，《上博（二）・子羔》12 → ![字]（「奴」，《上博（二）・容成氏》6）

最後一例，筆者釋為上從「女」省，釋為「奴」〔註180〕；李零先生懷疑是「民」

〔註177〕商承祚《石刻篆文編》（北京：中華書局，1996.10），頁574。

〔註178〕馬承源主編《上海博物館藏戰國楚竹書（一）》，頁234。

〔註179〕湖北省文物考古研究所、北京大學中文系編《九店楚簡》，頁73 注53。

〔註180〕蘇建洲〈容成氏譯釋〉《上海博物館藏戰國楚竹書（二）讀本》（台北：萬卷樓出版社，2003.7），頁120。

字異寫或「敃」字的省略，讀爲「泯」。〔註181〕不管何說爲是，其省掉中間豎筆是毫無疑問的。可見「△」釋爲從「民」省由筆劃來看應該是可以的。

其次，「△」下部的寫法計有如下幾種寫法：

（《望山》2.47）　　（《包山》190）　　（《郭店・語叢二》5）

（《郭店・語叢三》41）（《上博（一）・孔子詩論》28）

首先，我們可知「目」形旁多作二斜筆，並無李學勤先生所說的從「彡」。而且此二斜筆可有可無，可見是飾筆，應無李學勤先生所說代表「文飾」的深義。〈孔子詩論〉字作，右上作「刀」形。這種飾筆的變化如同「胃（謂）」作（《郭店・老子甲》28），亦作（〈魯邦大旱〉1）。此亦可說明右上是飾筆的作用，應無其他深義。

其二，此形李學勤先生以爲從「目」從「又」，只有個別幾個例子中間加了一橫，是《說文》「𡊠」字的古文寫法；李零先生以爲是從「且」，或許應該把它與「又」，視爲「又」旁的變體。筆者以爲純就字形而言，二說皆可信。前說如「相」可作（〈昔者君老〉1）、（〈老子甲〉16），「目」下可加一橫。後說如《包山》266「緊」作；《包山》211「禮」作，「且」旁作類「目」形；〔註182〕又如《包山》259「組」作，「且」旁下可加一筆。至於李零先生將「且」與「又」合併考慮，視爲「又」旁的變體，不知何據？「且」下可加「又」形爲飾符，如「且」作（郘公廟）（伯家父簋）；「祖」作（中山王嚳鼎）（中山王嚳壺），〔註183〕但主體是「且」並非是「又」。綜合以上，再考慮後世字書的用法，恐怕應該釋爲從「目」。則「△」可從何琳儀先生〈滬二〉釋爲「瞪」。「瞪」、「閔」一聲之轉。《字彙》：「瞪，閔也」。「又」、「攴」當作常見互用，例不勝舉，如「得」，余贎逤兒鐘作（從「攴」）；陳章壺作（從「又」）。又如《上博（一）・孔子詩論》13「不攻不可能」，「攻」作。而「敃」，明紐眞部；「文」，明紐文部，雙聲，韻部眞文關係密切，故得通假。（【洲再按】：陳劍有新說，申李學勤說，認爲字應從「𡊠」或「𡊠」，讀若「閔」。《北大古文獻》v.4 頁87-88）

〔註181〕馬承源主編《上海博物館藏戰國楚竹書（二）》，頁254。
〔註182〕李家浩〈包山266號簡所記木器研究〉《國學研究》第二卷，1994。亦見《著名中年語言學家自選集——李家浩卷》（合肥：安徽教育出版社，2002.12），頁246～247。
〔註183〕何琳儀《戰國文字通論訂補》，頁218。

〔二一〕從者（諸）卉茅之中

建洲按：讀作「從諸草茅之中」。我們在簡 1「古宎」注釋中已提到李零先生說中、艸、卉、茻，《說文》分爲四字但在早期文字中，作爲偏旁，它們幾乎沒有區別。此處的「卉」，同樣不能理解爲《說文》：「艸之總名也」，應讀作「艸（草）」，詳見簡 1「古宎」注釋。

〔二二〕與之言豊，敚（悅）【故】……

黃德寬先生〈補正〉：〈容成氏〉簡 8「與之言豊（禮），敚（悅）故（博）**曰**不逆」一句正與簡文可互參，所以以爲簡文「敚」下可補「故」字，此說可信。又簡文 4-5「虔昏夫坴丌幼也，每**曰**學（？）寺丌（其）言……或**曰**暋而遠。堯之取舜也，從者卉茅之中，與之言豊，敚□」，黃德寬先生讀作「吾聞夫舜其幼也，敏以學詩，其言……或以文而遠。堯之取舜也，從諸卉茅之中，與之言禮，悅〔故以不逆〕……」。他分析說：「《論語·季氏》：『不學詩無以言也』；又《左傳·襄公二十五年》：『仲尼曰："志有之：'言以足志，文以足言。'不言，誰知其志？言之無文，行而不遠』。正可作『敏以學詩，其言……或以文而遠』之注腳。雖然《左傳》載仲尼引《志》（**建洲按**：杜預《注》：「《志》，古書。」）之說，表明古人對言語技巧的重視，但此簡所說舜之幼年學詩而言『文而遠』，顯然是受當時語言觀的影響而附會其說。故何琳儀同意我們的釋文，但認爲可讀作：『敏以學，持其言；其言……或以文而遠』。如按這種讀法，則『以文而遠』，相當於，《論語》『故遠人不服，故修文德以來之』。此亦備一說。」

陳偉先生〈容零〉：「故」有「喜悅」的意思。

建洲按：何琳儀先生將簡文的「其言」重複讀，但原簡並不見重文號，此種讀法不知何據？而且筆者實在不懂「以文而遠」短短四字與「故遠人不服，故修文德以來之」關係何在？因爲單就「以文而遠」來解釋，「文」可能解作《論語·子張》：「小人之過也必文」之「文」，即「文過飾非」之意。則「以文而遠」變成是「因爲文過飾非而遠離（他）」與所謂「故遠人不服，故修文德以來之」正好是相反的。根據黃德寬先生〈補正〉注釋 8 所說，何先生的意見是「何琳儀元月 3 日上海竹書（二）研討會發言。」但我們看後來何琳儀先生〈滬二〉一文並未見上述意見，可見此說可能已放棄。筆者以爲黃德寬先生之說相對合理。不過比較冒險的是簡 4「其言」之下尚缺一大段文字，如何證明一定與簡 5「或以文而遠」有關係，這是值得注意的。不過就其所舉文獻來看，文意上的讀通似無問題，今暫從之。

〔二三〕子羔〔背〕

此爲篇題，詳細論述請見第一節「前言」。

〔二四〕亦絼

建洲按：字亦見《楚帛書》乙 4.13「是謂亂絼」，讀作「紀」。又〈容成氏〉31「救聖之絼」與本簡的「絼」同樣不知何解？

〔二五〕先王之遊

馬承源先生：「先王之遊」，先王巡狩之事。（頁 190）

陳偉先生〈零釋〉：斷句作「亦紀先王之遊道。不逢明王，則亦不大使。」（解釋）紀，記載。遊，訓行。《戰國策·秦策四》「王資臣萬金而遊」，姚注：「遊，行。」道，訓言。《周禮·夏官·訓方氏》「訓方氏掌道四方之政事與其上下之志」，鄭注：「道猶言也，爲王說之。」遊道，猶言行。奉，讀爲逢。二字皆從「丰」得聲，應可通假。「奉」後一字，疑是「明」字。在同篇 1 號簡有一字，上從「日」，下從「皿」，黃德寬先生認爲是「盟」字異體，讀爲「明」。此字下從「皿」，上部或許是「囧」字訛體，亦是「盟」字，讀爲「明」。「明王」，古書習見，同爲上海博物館藏楚竹書《從政》甲 1 號簡也有「昔三代之明王之有天下者」的表述。使，原從「彳」從「史」。疑當讀爲「使」。《大戴禮記·衛將軍文子》記孔子語云：「有士君子，有众使也，有刑用也，然后怒。」盧辯注：「使，舉也。」簡文此句大概是說：不遇明王，也就不能得到重用。《禮記·檀弓上》記孔子說：「夫明王不興，而天下其孰能宗予。」《孔子家語·本姓解》記齊太史子與說：「惜乎，夫子之不逢明王，道德不加於民，而將垂寶以貽後世。」可與簡書對讀。如果上述大致不誤，我們有理由懷疑本簡應接在 8 号簡之後。8 号簡下段記子羔之問說：『如舜在今之世則何若？』然後是『孔子曰』。7 號簡上半段所記正是孔子回答的內容。孔子借題發揮，以自己的際遇作比況，所以連用了兩個「亦」字。

裘錫圭先生將「遊」讀作「由」，「道」用爲動詞，古書中有由、從、行等訓（參閱《經籍纂詁》）。《說苑·辨物》「道也者，物之動莫不由道也。」正以「由道」連言。「先王之遊道」猶言「由道先王」，指遵循先王，按先王之道行事。「紀」疑讀爲己或其，此句意謂如舜生於今世，只有自己按先王（指古之舜）之道去做。〔註184〕

建洲按：「遊」作 ，與簡 12 作 比較，其「止」旁筆劃有所省略。也不排

〔註184〕裘錫圭〈談談上博簡《子羔》篇的簡序〉《上博二研究續編》，頁 10 注 4。

除與「子」旁有共筆的現象。其次，筆者以爲上述陳偉先生之說恐待商榷。首先，依照這種編連，則簡8「孔子曰」+簡7「亦紀先王之游……」似乎不見主詞。其次，「先王之遊」典籍常見，似乎不用讀作「先王之遊道」，而且「遊道」解爲「言行」未免求之過深。其三，「奉」下一字應隸作「鎰」（詳下）。至於陳偉先生所釋，字形上頗爲牽強。況依其說假若下方從「皿」，則「」是「囧」字訛體，這似乎是很難想像的。

〔二六〕道不奉鎰（觶？）〔〕

馬承源先生：只作隸定，未釋。（頁190）

程燕〈研讀〉：何琳儀先生認爲從四從皿，劉信芳先生同意其說，讀作「駟」。《穆天子傳》有關於此段的文獻記載。黃德寬先生認爲此字可能從四從益。徐在國先生疑讀此字爲「監」。

李銳先生〈子羔箚記a〉：案此字實從四從皿，四字形近郭店《老子》甲簡9（**建洲按**：字作 ）。「柶」與「觶」古通，此疑讀爲「觶」。《禮記·鄉飲酒義》：「鄉飲酒之義：主人拜迎賓於庠門之外，入，三揖而後至階，三讓而後升，所以致尊讓也。盥洗揚觶，所以致絜也。拜至，拜洗，拜受，拜送，拜既，所以致敬也。尊讓絜敬也者，君子之所以相接也。」古代鄉飲酒、鄉射、燕禮等皆用觶。簡文「亦記先王之遊，道不奉觶」，疑於古代天子巡狩之禮有關。

黃錫全先生〈箚記一〉：△上部與「四」有別，所謂「四」下兩丿並非與其相連，釋讀爲「觶」文義可通，然卻不宜釋從「四」。仔細琢磨，所謂「四」下從「益」的意見可能是正確的。「益」字皿上少一小畫當是因空隙太小之故（**建洲按**：一般作 《包山》116）。「益」上疑從「貝」省，戰國文字貝及從貝之字，可參考湯余惠主編《戰國文字編》396－410頁。也許「八」就是「貝」下與「益」上部分的共用筆畫，似可釋作從貝從益的賹，讀爲鎰。益（鎰）本來是金屬稱量貨幣單位（重量）名，如包山楚簡貸金簡中的貸黃金多少「益」便是，這裏泛指資財。這種句子，類似於「奉之以玉帛」（《左傳·莊公22年》），「奉束帛匹馬」（《儀禮·覲禮》），楚人和氏得玉璞「奉而獻之厲王」（《韓非子·和氏》），燕國之相子之「使人遺蘇代金百鎰」（《韓非子·外儲說右下》），「太子乃使人以千金奉莊子」、「謹奉千金以幣從者」（《莊子·說劍》）等。此句可能是說先王外出巡守，沿途沒有奉獻貨財的，說明當時社會風氣很正，聖人就是受命的普通老百姓，與下面「孔子曰舜其可謂受命之民矣」相照應。字書從貝從益的賹字，見於《廣韻》，云「記人物也」。《集韻》、《類篇》作「記物」。古文字有從貝從△（嗌之古文）之字，學術界一般均釋讀爲「賹」（**建**

洲按：如 （長沙銅量）），見於齊國圜錢及楚國銅量、包山楚簡、郭店楚簡等材料，與黃金貨幣的賹（鎰）不是一字，應當釋爲別字（這裏暫不作討論）。如此釋不誤，則與黃金稱量貨幣有關的益，或可從貝作賹。簡文是東周時期記述「先王」之事，所記之「賹（鎰）」名則爲東周的用語，非謂堯舜時期即有這種稱謂。

建洲按：何琳儀先生曾專文探討過「四」字，他認爲「戰國文字『四』是在『厶』的基礎上增加兩撇筆演變而來。」〔註185〕對此種說法，裘錫圭先生認爲「書中《釋四》篇主張『四』是『厶』的分化字，是文字學上的一個創見，十分值得注意。」〔註186〕「厶」，《包山》196作 、141作 ；而「四」，《包山》259作 、256作 、《郭店‧老子甲》9作 ，「厶」中所增加的兩撇筆皆是一貫而下，而「 」字「 」旁下的兩丿由筆劃來看，明顯不屬於上部的偏旁，而應歸於下面的「皿」。則黃錫全先生之說似可從。但是我們看《楚帛書》「四」大多作 （甲4.13）〔註187〕、《隨縣漆書》作 、《郭店‧緇衣》12作 。正與簡文的「 」旁同形。況且黃文分析上從「貝」，字形並不類。「貝」旁的寫法有二，一是作「豎立形」（如《包山》274 、22「得」作 ）；若作「橫置形」，則裡面的筆劃皆成斜筆（如《包山》208「賞」 、6「得」 ），與 」作豎筆並不相同。李守奎先生亦說「貝」字常作「 」形。〔註188〕

其次，「△」的下部兩丿應與下面的「皿」合看，可能如黃德寬、黃錫全二先生所說是「益」字。與 （畢鮮簋）同形。跟一般「益」作 （休盤）、 （《包山》116），從八從「血」，相較，則畢鮮簋與簡文「 」旁的「血」旁有所簡省。〔註189〕所以「△」的文字構形應從上述黃德寬先生分析作上「四」下「益」。依形聲字的通常規律來看，「四」應爲聲符。「四」，心質；「益」，影錫，聲紐相通之例如「伊」（影脂）；〈容成氏〉26寫作「洈」（心脂）；〈容成氏〉37寫作「泗」（心質）。韻部質錫可通，如同脂支可通，前已述及。尤其《詩‧周頌‧維天之命》：「假以溢我。」《左傳‧襄公二十七年》引「溢」作「恤」。〔註190〕其中「恤」正是「心紐質部」，則「△」應是一雙聲符字。

「蠶」疑讀爲李銳先生所說的「觶」。《儀禮‧既夕禮》：「實角觶。」鄭《注》：

〔註185〕何琳儀〈釋四〉《古幣叢考》（合肥：安徽大學出版社，2002.6），頁27。

〔註186〕裘錫圭〈《古幣叢考》讀後記〉《古幣叢考》（合肥：安徽大學出版社，2002.6），頁3。

〔註187〕曾憲通《長沙楚帛書文字編》（北京：中華書局，1993.2），頁22。

〔註188〕李守奎〈江陵九店56號墓竹簡考釋四則〉《江漢考古》1997.4頁67～68。

〔註189〕何琳儀《戰國古文字典》，頁733。

〔註190〕高亨、董治安編纂《古字通假會典》（濟南：齊魯書社，1997.7二刷），頁450。

「古文角觶爲角柶。」〔註191〕「觶」在古代爲酒器，〔註192〕而《穆天子傳・卷五》：「季冬甲戌，天子東游，飲于留祈，射于麗虎，讀書于菆丘。□獻酒于天子，乃奏廣樂。」對於文中的□，清朝陳逢衡《穆天子傳注補正》曰：「此獻酒蓋是菆丘之人。」〔註193〕可見天子出游之時，當地人有奉觶獻酒的禮俗。

〔二七〕王則亦不大湙（變？）

黃錫全先生〈箚記一〉：讀作「王者亦不大弁」。而「弁」爲喜樂之義。《詩・小雅・小弁》：「弁彼鸒斯。」毛傳：「弁，樂也。」是假弁爲「盤樂」字。此句是說「出遊的先王也不貪圖享樂」。

建洲按：此釋似可通，但與黃先生解釋上一句曰「先王外出巡守，沿途沒有奉獻貨財的，說明當時社會風氣很正，聖人就是受命的普通老百姓，與下面『孔子曰舜其可謂受命之民矣』相照應。」彼此似乎關係不大。筆者以爲「湙」或許讀作「變」，如同《郭店・五行》21「不夏不兑」即「不變不悅」。此處的「變」大概相當於《韓非子・亡徵》：「變褊而心急，輕疾而易動發，心憪忿而不訾前後者，可亡也。」的「變」。俞樾云：「變，當讀爲辯。《說文・心部》：『辡，一曰急也。』是與褊同義。作變者，聲近假借耳。」〔註194〕《說文》「辯」下，段《注》曰：「左傳曰：鄭莊公弁急而好潔。弁蓋辯之假借字。杜云：弁，躁疾也。」〔註195〕則簡文的意思大約是先王出外巡狩時，地方人民沒有奉觶獻酒，先王也不會因此而心急變色。此表現出先王寬厚的心胸。

〔二八〕受命之民

建洲按：「受」作 ，與本簡另一「受」作 （簡1）字形相差頗大。又前者的字形與《郭店・語叢三》5作 的上部同形。〔註196〕且可作我們考釋〈昔者君老〉簡4 時的參考。《呂氏春秋・恃君覽・知分》：「禹仰視天而歎曰：『吾受命於天，竭力以養人。……』」〔註197〕尤其《呂氏春秋・孝行覽・慎人》：「夫舜遇堯，

〔註191〕高亨、董治安編纂《古字通假會典》（濟南：齊魯書社，1997.7 二刷），頁588。

〔註192〕馬承源《中國青銅器——修訂本》（上海：上海古籍出版社，2003.1），頁173～175。

〔註193〕引自王天海《穆天子傳全譯》（貴陽：貴州人民出版社，1997.8），頁124。

〔註194〕〔清〕王先慎撰《韓非子集解》（北京：中華書局，2003.4 二刷），頁111。

〔註195〕〔清〕段玉裁注《說文解字注》（台北：漢京文化，1985.10），頁508。

〔註196〕其他「受」字形，請見張光裕主編《郭店楚簡研究 第一卷 文字編》，頁105 字頭205。

〔註197〕〔漢〕高誘注《呂氏春秋》（台北：藝文印書館，1974.1 三版），頁579。

天也；舜耕於歷山，陶於河濱，釣於雷澤，天下說之，秀士從之，人也。」〔註198〕正與簡文「受命之民」完全相應。

〔二九〕□〔𤕭〕而和

楊澤生先生〈箚記〉：第一字上部略殘，但還可以看出其輪廓和基本筆畫；9號簡用作「久」的「舊」字作 𤕭，所從的「臼」旁與它相近。但我們不能據此就認定它是「臼」，因爲「齒」字楚簡作 𥘿、𤇃、𤇃 等形，《說文》古文作 𥃩，也都與它相近。我們懷疑此字上部應該看作「齒」，與下部的「口」同爲意符，而中間部分從「日」從「火」的「炅」是音符。「日」又是「炅」的音符。「日」字古音在日母質部，質部字與緝部字關係密切。如「執」爲章母緝部字，而以它爲聲旁的「摯」、「贄」、「鷙」等字卻在章母質部。再如《莊子・人間世》：「執粗而不臧。」《經典釋文》：「執，簡文作熱。」（參看高亨《古字通假會典》630頁，齊魯書社，1989年）而從「日」得聲的「炅」是「熱」的異體（如《老子》第四十五章「靜勝熱」的「熱」，馬王堆帛書《老子》甲本作「炅」；《素問・舉痛論》：「卒然而痛，得炅則痛立止。」王冰注：「炅，熱也。」）。「燮」字古音在心母緝部，「協」字在匣母緝部；《爾雅・釋詁》：「諧、輯、協，和也。」「燮、燮，和也。」我們懷疑簡文此字讀作「燮」或「協」。《說文・劦部》：「協，眾之同和也。」「協」字異體作「葉」或作從「日」從「十」。先秦文獻有「協和」一詞，如《尚書・堯典》：「百姓昭明，協和萬邦。」「協和」又作「葉和」，如《論衡・齊世》：「既得天下，無嘉瑞之美，若『葉和萬國』、『鳳凰來儀』之類。」「燮和」的意思與協和一樣，也見於先秦文獻，如《尚書・顧命》：「燮和天下，用答文武之光訓。」協作能力是能否成就帝業的重要因素。《左傳・宣公三年》載王孫滿回答「楚子問鼎之大小輕重」說：「在德不在鼎。昔夏之方有德也，遠方圖物，貢金九牧，鑄鼎象物，百物而爲之備，使民知神、奸。故民入川澤山林，不逢不若。螭魅罔兩，莫能逢之，用能協於上下以承天休。」而根據文獻記載，舜是能協同上下的。《尚書・舜典》說：「曰若稽古帝舜，曰重華協於帝。」簡文所說舜有「協而和」的賢德與這些記載是一致的。〔註199〕

陳斯鵬分析作從「粗（單）」，字形距離稍遠。（《上博二續編》頁520）

建洲按： 由其所引文獻來看，楊說似可信。再由字形結構來看，楊澤生先生分析上從「齒」的古文，中從「炅」，下從「口」應該是對的。他將簡文「△而和」讀

〔註198〕〔漢〕高誘注《呂氏春秋》（台北：藝文印書館，1974.1 三版），頁 343。

〔註199〕楊澤生〈上海博物館所藏竹書箚記〉簡帛研究網，03/04/17，
http://www.bamboosilk.org/Wssf/2003/yangzesheng03.htm。

作「變而和」，並說「質部字與緝部字關係密切」，所舉例證之二是《莊子·人間世》：「執粗而不臧。」《經典釋文》：「執，簡文作熱。」但是「執」、「熱」互作的情形，可能是「埶」與「執」二字形近易混所造成，﹝註200﹞所以此項證據未必可成立。筆者可補充一證據：「彗」，何九盈先生歸到「質」部，﹝註201﹞而以其爲聲符的「習」是「緝」部。

〔三十〕采（招）者（諸）畖（畎）畝（畝）之中

馬承源先生：以爲「采」即「番」字所從的聲符「采」，通假作「播」或「布」。（頁192）

徐在國先生〈雜考〉：此字隸作「D」（〔上爪下禾〕）是正確的。但認爲「D即番字所從的聲符采，通假作播或布」（192頁），則是錯誤的。《說文》：「D，禾成秀也，人所以收。從爪、禾。穗，D或從禾惠聲。」白于藍先生認爲「D字上古確實兼具秀字的讀音，應同時代表D（穗）、秀這兩個同義詞」。「D」字多次見於郭店楚墓竹簡中，如：《唐虞之道》8：「咸D（由）此也。」《忠信之道》6：「君子弗D（由）也。」D均讀爲「由」。因此，《子羔》簡文中的「D」也應讀爲「由」。《爾雅·釋詁上》：「由，自也。」郭璞注：「自，猶從也。」簡文「由諸畎畝之中」，意爲從田畝之中。與《孟子·告子下》「舜發於田畝之中」義近。

孟蓬生先生〈字詞〉：簡文當從幽部之音讀爲「抽」。《說文·手部》：「擂，引也。從手，留聲。抽，擂或從由。」又同部：「擢，引也。」又同部：「拔，擢也。」此三字同義，皆有選拔之義。「采者畎畝之中」，是指把舜從畎畝中選拔出來。

季師旭昇〈譯釋2〉：但以文義通讀而言，讀爲「從田畝之中」，全句少一個動詞，而且把主語說成「舜」，似乎也有點問題。本句「采者（諸）畖（畎）畝（畝）之中」的主語應該是堯，「諸」是「之於」的合音，其中的代名詞「之」做受詞用，指舜。因此，「采」字似乎可以讀成「抽」，謂「抽取」、「提拔」；或讀爲「導」，由（余招切，喻四、幽開三）、導（徒皓切，定幽開一）二字聲近韻同，可以通假。換

﹝註200﹞裘錫圭〈簡帛古籍的用字方法是校讀傳世先秦秦漢古籍的重要根據〉《兩岸古籍整理學術研討會論文集》（南京：江蘇古籍出版社，1998）524～528頁。其他意見亦參裘錫圭〈古文獻中讀爲「設」的「埶」及其與「執」互訛之例〉《東方文化》第36卷（香港：香港大學亞洲研究中心，1998年1、2期合刊），頁39～45、裘錫圭討論《郭店·老子丙》「埶大象，天下往」的意見，《郭店楚墓竹簡》，頁122注釋七、〈郭店《老子》簡初探〉《道家文化研究》17輯，頁53、湖北省文物考古研究所、北京大學中文系編《九店楚簡》，頁90～91注111、孟蓬生〈字詞〉。

﹝註201﹞何九盈《音韻叢稿》（北京：商務印書館，2002.3），頁84。

一個角度來想，「釆」字做為「穗」的表意字，從爪從禾，應該也可以有動詞的作用，名詞「穗」直接做動詞用，就是「取穗」，也就是「釆（穗）」字引伸即可以有「取」的意思。（頁35注35）

建洲按：「釆」，亦見於《郭店・忠信之道》6作 ，裘先生按語以為字讀作「由」，《說文》「袖」字正篆即以之為聲旁。〔註202〕「袖」字正篆即「褎」，《說文》曰：「褎，袂也。从衣釆聲」。〔註203〕東周初期戎生編鐘亦有從「釆」的字，作 ，李學勤先生隸作「䆃」，其說：「字從『釆』聲，『釆』即『穗』字，古音邪母質部，應讀為定母質部的『蕘』」，銘文讀作「黃耇又蕘」。〔註204〕但是「釆」在質部，「褎」在幽部，二者韻部遠隔，「褎」似不應以「釆」為聲符。所以段玉裁說：「聲蓋衍字，釆非聲。衣之有褎，猶禾之有釆，故曰从衣釆。」〔註205〕何琳儀先生解釋說：「褎由脂部轉入幽部」。〔註206〕白于藍先生則以為 （《璽彙》3192 的右偏旁）是「釆」（穗）字之原始象形字，上部之「↑」與下部之「禾」總連為一整體，正象「禾」上長穗之形。「釆」字上古同時具有「釆」（穗）、秀兩種讀音。〔註207〕裘錫圭先生以為：「《說文》：『 ，禾成秀也，人所以收。从爪、禾。穗，釆或从禾惠聲』。據此，釆、穗應為一字。但是在秦簡裡，『釆』卻可以跟『秀』相代。例如《雲夢睡虎地秦墓》圖版一一八的755號簡文為：『正月二月：子，秀。丑，戌，正陽。……』（按：即〈日書〉甲種「稷辰」，簡26正壹）圖版一四七的942號簡文則為：『正月二月：子，釆。丑，戌，正陽。……』（按：即〈日書〉乙種「秦」篇，簡47壹）後者的釆與前者的秀相當。《說文》『袖』的正篆作『褎』，分析為从衣『釆』聲。這個『釆』顯然也是取『秀』音而不是取『穗』音的。所以『釆』其實應該是『禾成秀』之『秀』的初文或本字。『秀』、『穗』義近，因此『釆』又被人當作『穗』字。」〔註208〕《段注》曰：「釆與秀古互訓」（頁三二四）。劉釗先生亦以為「釆」應同義換讀為「秀」，而「秀」與「褎」音又相近，則《說文》以「釆」為「褎」字的聲符自然也就毫無問題了。〔註209〕

〔註202〕《郭店楚墓竹簡》，頁159注11。

〔註203〕《說文解字注》漢京版，頁392。

〔註204〕李學勤〈戎生編鐘論釋〉《文物》1999.9，頁79。又見于《重寫學術史》（石家莊：河北教育出版社，2002.1），頁328。

〔註205〕《說文解字注》漢京版，頁392。

〔註206〕何琳儀〈幽脂通轉舉例〉《古漢語研究》第一輯（北京：中華書局，1996.11），頁348～372、何琳儀《戰國古文字典》，頁1242。

〔註207〕白于藍〈釋褎——兼談秀、㳩一字分化〉《中國古文字研究》第一輯，頁351。

〔註208〕裘錫圭〈甲骨文中所見的商代農業〉《古文字論集》，頁188。

〔註209〕劉釗〈談考古資料在《說文》研究中的重要性〉《中國古文字研究》第一輯，頁230。

但就簡文整段通讀，上引孟氏及季師二說均可信。簡 5「堯之取舜也，從者（諸）卉茅之中」，可見主詞的確是「堯」，況且本簡下一句「而使君天下而𢝫」是「堯」使「舜」君天下，亦可證明此一論點。其次，因為簡 5 前面有動詞「取」，所以其下用介詞「從」。或是如《孟子・告子下》：「舜發於畎畝之中」均有動詞，本簡「采」若釋為「由」則動詞將不見。讀作「抽」或「導」都是很有道理的。筆者不揣鄙陋，以為或可讀作「招」。「采」在《郭店》讀作「由」（余幽），而「招」（章宵），聲紐同為舌音，韻部旁轉音近。《戰國策・燕策一》：「則莫如遙伯齊而厚尊之。」漢帛書本「遙」作「招」。〔註210〕而〈唐虞之道〉12「咎采」即〈窮達以時〉3「呂繇（即「繇」）」。又扶風齊家村 H3：1 卜甲共五辭，可分三組，其中有「用由逋妄」，李學勤先生以為「由」疑讀為占繇的「繇」。〔註211〕可見「由」與「招」的確音近可通。《尹文子・卷一》：「今以禮義招仁賢」、《戰國策・燕策一》：「燕昭王收破燕後即位，卑身厚幣，以招賢者，將欲以報讎。」則簡文讀作「采（招）諸畎畝之中，而使君天下而𢝫」文意順暢。

〔三一〕𢝫（使）君天下而𢓜（偁）

馬承源先生：讀為「偁」。《爾雅・釋言二》：「偁，舉也。」（頁 192）

建洲按：馬說可信。裘錫圭先生已指出：「『偁』為稱揚之『稱』的本字。……後來『偁』廢而不用，稱舉、稱揚之『稱』也都用『稱』字來表示。」〔註212〕《論語・衛靈公》「君子疾沒世而名不稱焉。」錢大昕《養新錄》：「孔子贊《易》曰：『善不積，不足以成名。』《孝經》曰：『立身行道，揚名於後世。』於《論語》曰：『君子去仁，惡乎成名。』又曰：『君子疾沒世而名不稱焉。』聖人以名立教，未嘗惡人之好名也。《孟子》曰：『令聞廣譽施於身。』令聞廣譽，非名為何？唯聲聞過情，斯君子恥之耳。」〔註213〕簡文意謂堯從畎畝之中招致舜這位賢能之士，使他掌管天下而顯名於後世。其中「稱名於天下」正與「畎畝之中」相對。尤其簡 9 提到三王之作，其父「賤不足𢓜」，馬承源先生釋「𢓜」引《說文・人部》：「偁，揚也」為證是對的。這種用法與本簡的「𢓜」相近。

相似意見亦見於李家浩〈九店楚簡釋文與考釋〉《九店楚簡》，頁 96～97 注 134。

〔註210〕高亨、董治安編纂《古字通假會典》（濟南：齊魯書社，1997.7 二刷），頁 714。

〔註211〕李學勤〈西周甲骨的幾點研究〉《周易經傳溯源》（長春：長春出版社，1992.8），頁 129。

〔註212〕裘錫圭《文字學概要》（台北：萬卷樓，1999.1 再版二刷），頁 264。

〔註213〕〔清〕劉寶楠《論語正義》（北京：中華書局，1998.12 三刷），頁 630。

〔三二〕昏（問）於〔△〕

建洲按：「於」字作△。〈子羔〉中另一種「於」字形作△（簡 2）。值得注意的是，同一書手的作品，〈孔子詩論〉、〈魯邦大旱〉中「於」字全部都作△寫法，不見前一種寫法。而馬承源先生在〈子羔〉編連過程中，認爲《香港中文大學藏簡・戰國楚簡》3 原屬於〈子羔〉一部分，而其「於」字作△，正與前者完全同形，或可作爲一證。「△」的寫法大止仍看得出「鳥」形，比較接近《說文》古文「烏（於）」作△（**建洲按：**《說文》：「烏，……△古文烏象形，△象古文烏省。」四上二十五）。在《郭店》中大抵界於△（《郭店・緇衣》33）與△（〈語叢三〉3）、△（〈語叢三〉50）之間。前者是簡化太甚，後者則是完全保留了鳥形。對於〈語叢〉的寫法，李學勤先生認爲「『於』字寫法比較特別，十分接近《說文》古文。其特點是左側鳥形身軀表現完全，右側也沒有省筆，而常見楚文字這個字，或左側或右側，總是多作簡化。在郭店簡裡，這種寫法只見於《語叢》，其與《說文》古文的明顯差異，是鳥形尾部多加了一些羨筆。」〔註214〕周鳳五先生則以爲「〈語叢一〉、〈語叢二〉、〈語叢三〉有若干簡文的字體與楚國相去較遠。……具有齊、三晉、中山等國文字的特徵，而這一帶正是戰國儒家思想盛行的區域。」〔註215〕又說「於」字與中山國器銘近似，如△（中山王鼎）。〔註216〕

〔三三〕厽（三）王者之乍（作）

馬承源先生：是古文「參」之省。（頁 193）

建洲按：馬說未必精確。「厽」，亦見於《包山》12 作「△鈝」即「三合之璽。」〔註217〕《郭店・六德》30 作「△新不三」即「三親不斷」。又《信陽》1.03「教書晶歲」即「教書三歲」。〔註218〕林清源師認爲：

　　△（**建洲按：**指厽）字，儘管可以讀爲「三」，但它究竟是「參」字，還是「三」字，仍有深入考慮的必要。一般而言，形聲字所從的音符，除

〔註214〕李學勤〈《語叢》與《論語》〉《清華大學思想文化研究所集刊》第 2 輯（北京：清華大學出版社，2002.3），頁 4～5。

〔註215〕周鳳五〈「郭店楚墓竹簡儒家類古籍研究」專題研究計劃（NSC89—2411—H—002—010）成果報告〉頁 5。

〔註216〕周鳳五〈「郭店楚墓竹簡儒家類古籍研究」專題研究計劃成果報告〉頁 6 注 18。

〔註217〕湖北省荊沙鐵路考古隊《包山楚簡》（北京：文物出版社，1991.10），頁 41 注 32。

〔註218〕楊澤生〈信陽楚簡第 1 組 38 號和 3 號研究〉《簡帛研究二〇〇一》（桂林：廣西師範大學，2001.9），頁 1。

非有特殊條件予以制約，否則不會無故省略。如前所述，「參」字在西周時期已增添音符「彡」，在這種情況下，如果遵照傳統的說法，主張△即是「參」字的簡省寫法，就得面對一個難題—音符「彡」爲何到了戰國時期反而會被省略？倘若換個角度考慮，主張△就是「三」字異體，那麼堆疊三個「○」、「⊙」或「▽」形部件，藉以記錄數詞「三」，與由三到橫畫組成的「三」字相比，其造意構思其實是可以相通的。職是之故，筆者主張△字就是「三」字異體，文字編在處理此字時，最好直接將之隸屬于「三」字條下。「三」字此體，目前僅見於戰國楚系簡帛，很可能是楚系文字的特有寫法。〔註219〕

此說可信。所以「厽王」直接釋爲「三王」即可，不過馬承源先生認爲「指禹、契、后稷，即夏、商、周三代的始祖」應該是對的。而「作」有「興起」的意思。

〔三四〕亓（其）父戔（賤）而不足夒（偁）也與（歟）？殹（抑）亦城（成）天子也與（歟）？

陳劍先生〈編連二〉：「而其父賤不足稱也與？殹（抑）亦成天子也與？」

劉樂賢先生〈札記〉：讀作「而其父賤而不足再也與殹，亦城（成）天子也與（歟）？」以爲「殹」字屬上讀，並說：「『不足再也與殹』似可讀爲『不足稱也舉殹』。殹字秦漢文字中習見，都用作『也』字。稱、舉二字意思相近。三王之父出身微賤，與『三王者皆人之子』一樣爲客觀事實，其後宜用『也』字，不宜用表示疑問語氣的『與（歟）』字。」

曹建國先生〈子羔箚記 b〉：「殹」應爲「其」的假借，理由如下：「其，古音屬見母之部。而『殹』字的歸部卻有很大的分歧。段玉裁、嚴可均、朱駿聲、江有誥、黃侃、周祖謨等把從『醫』得聲的字歸脂部；董同龢歸支部；王力歸質部。但同樣從『醫』得聲的『醫』古音又歸在之部。誠可謂眾說紛紜。其中董同龢認爲『醫』與『殹』有關，古音都有一個−g 尾。上古陰聲韻收不收 b、d、g，目前仍有很大的分歧，同時也不在本文討論範圍，我們只想說『殹』的古音歸部有很大分歧，但其與之部的『其』字關係密切，應該是可以肯定的。所以我們認爲《子羔》篇的『殹』字通『其』。同時把『殹』字隸定作『其』也與上下文合，子羔於此有兩問：『其父賤而不足稱也與？殹（其）亦誠天子也與？』」

秦樺林先生〈虛詞〉：「……也與（歟）？殹亦……也與（歟）？」顯然是選擇

〔註219〕林清源師〈釋「參」〉《古文字研究》24 輯（北京：中華書局，2002.7），頁 289。

疑問句。所以「殹」應釋爲「抑」。

　　建洲按：字又見《包山》105 作**殹**、116 作**茶**、《郭店・語叢四》27 作**殹**。其中《包山》二例作人名用，《郭店》一例則與「兒」讀作「嬰婗」。〔註220〕皆與本簡用法不同。劉樂賢先生之說應該不可從，比較明顯的證據，如同曹建國先生所指出「以『殹』爲『也』，與原文不符，因爲下文孔子明確地說：『善，而（爾）問之也。久矣。』說明上文應爲疑問語氣，則『稱、舉二字意思相近，三王之父出身微賤，與‘三王者皆人子也’一樣爲客觀現實，其後宜用‘也’字，不宜用表示疑問語氣的‘與（歟）’字。』云云，就是錯誤的判斷。」而且依劉說簡文讀起來實不通順。其次，曹建國先生以爲子羔於此有兩問「其父賤而不足稱也與？殹（其）亦誠天子也與？」看起來似乎合理，相同句式亦見於《左傳・文公七年》：「先君何罪？其嗣亦何罪？」同樣兩個提問，且有虛詞「亦」。不過有一前提條件是「表示兩種動作行爲相繼發生或兩種情況相繼出現。」〔註221〕但是簡文看不出這種現象，假若是「其父賤而不足稱也與？其誠天子也與？」則自然沒有問題。筆者認爲陳劍先生讀「殹」（影脂）作「抑」（影質）是對的。首先聲韻條件是雙聲對轉。〔註222〕其次「抑亦」是慣用詞組，通常作選擇連詞，古籍常見。〔註223〕如《孟子・滕文公下》：「仲子所居之室，伯夷之所築與？抑亦盜蹠之所築與？所食之粟，伯夷之所樹與？抑亦盜蹠之所樹與？是未可知也。」《孟子》的句式與本簡非常類似，可爲佐證。

〔三五〕善，而（爾）昏（問）之也，舊（久）矣亓（其）莫……

　　馬承源先生：「善，而（爾）昏（問）之也舊（久）矣。」（頁193）

　　陳劍先生〈編連二〉：「舊（久）矣」屬下讀，並直接讀「舊」爲「久」。

　　季師旭昇〈譯釋2〉：《包山》簡135「舊不爲斷，君命速爲之斷。」舊、速相對，當讀爲久，無可置疑。（頁36注41）

　　陳偉先生〈零釋〉：似乎贊同馬承源先生斷作「善爾問之也久矣」，並補充說：「《禮

〔註220〕林素清〈郭店竹簡《語叢四》箋釋〉《郭店楚簡國際學術研討會論文集》（武漢：武漢大學出版社，2000.5），頁394～395。

〔註221〕中國社會科學院語言研究所古代漢語研究室編《古代漢語虛詞詞典》（北京：商務印書館，2000.1 二刷），頁723。

〔註222〕郭錫良《漢字古音手冊》（北京：北京大學出版社，1986），頁66。

〔註223〕楊伯峻《古漢語虛詞》（北京：中華書局，2000.3 三刷），頁273、中國社會科學院語言研究所古代漢語研究室編《古代漢語虛詞詞典》（北京：商務印書館，2000.1 二刷），頁728。

記・學記》云：『善問者，如攻堅木，先其易者，後其節目，及其久也，相說以解。』子羔反復發問，層層深入，適如《學記》所云。孔子此語是對這種問學態度和方式的讚賞。由於 9 號簡上端及所記語句完整，或可懷疑其位於《子羔》篇首。但若對『善爾問之也久矣』的理解不誤，則這種疑慮應可釋然。」

建洲按：茲從陳劍之說。

〔三六〕【禹之母，又（有）莘是（氏）之女……】□也

陳劍先生〈編連二〉：從圖版可以看出，第 11 簡是由兩段殘簡拼合而成的。連接處的文句爲「觀於伊而得之冤三也」，無法講通。按以上方案調整後，簡 11 上段加上簡 10 再加上簡 11 下段，正好可以拼合爲一支首尾完具的整簡。下接中文大學藏簡，此簡簡首完整。並在簡 11 之前補上〔禹之母……之女〕。

季師旭昇〈譯釋 2〉：據《史記・夏本紀》索隱：「《系本》：『鯀取有辛氏女，謂之女志，是生高密。』」宋衷云：『高密，禹所封國。』」正義：「《帝王紀》云：『父鯀妻脩己，見流星貫昴，夢接意感，又吞神珠薏苡，胸坼而生禹，名文命、字密，身九尺二寸長，本西夷人也。』《大戴禮》云：『高陽之孫、鯀之子曰文命。』」所以認爲目前的簡 11 之前至少可以補「禹之母，有莘氏之女」八字。（頁 36 注 42）

許子濱〈小識〉：按照文例，「也，觀於伊而得之」之前確實殘缺「禹之母，有莘氏之女也」等文字，可是，陳（劍）先生直接將「禹之母……之女」與這部分連讀，顯然有誤。「也」字之前還有一字，僅見「」部分，其「口」形尚清晰可見。雖不知此爲何字，但其非「女」字則可斷言，況且，簡文既云「觀於伊而得之」，「之」字所代稱者必定在上文出現，如果按照陳先生這樣補綴，「之」便上無所承。

建洲按：簡 11 長 32.6 公分加上簡 10 長 22 公分，合計 54.6 公分，而據〈孔子詩論〉完簡 55.5 公分，〈魯邦大旱〉55.4 公分，則〈子羔〉（簡 11+簡 10）大約還差一公分，約可容納一字，此字應該就是簡 11 簡首的殘字。而根據簡 10 「（契）之母，又（有）酉（娀）是（氏）之女也。」所論是關於商代始祖「契」誕生之事，則其前應該是講有關「禹」之事，可知季師所補之字是可信的。不過這些字應該在另一支已亡佚的簡上。不過，誠如許子濱先生所指出，若直接將「禹之母……女」接在「也」之前，於字形、文義皆有不妥。所以釋文改作【禹之母，又（有）莘是（氏）之女……】□也較爲適當。

〔三七〕觀於伊（西？）而旻（得）之

許子濱〈小識〉：「伊」即伊水，〈容成氏〉寫作「洢」。「觀於伊」指禹母觀於伊

水。禹母乃有莘氏之女，有莘氏居於伊水之上，這點可從《呂覽》所記伊尹之傳說得到證明。……後世文獻亦常以伊、洛為有夏之居。古神話傳說中，女子得孕常與游於水或觀於水有關……禹母「觀於伊」，蓋指游觀於伊水。研究古文化的學者都知道，水邊和桑林是男女歡聚之地。……「觀」時即歡聚之意。至於禹母「觀於伊而得之」，這個「之」究何所指？簡文所記三王先祖誕生之傳說，其中契卵生、稷武生，皆見於傳世文獻，於禹之所生似不應有異說。關於有莘氏女生禹之傳說，傳世文獻的記載基本一致，都說她吞薏苡或神珠而懷孕，如《吳越春秋·越王無余外傳》云：「鯀娶於有莘氏之女，名曰女嬉。年壯未孳。嬉於砥山得薏苡而吞之，意若為人所感，因而妊孕，剖脅而生高密。家於西羌，地曰石紐。石紐在蜀西川也。」因此，我們可以這樣推測：簡文殘缺部分很可能就是談這件事。

　　裘錫圭認為此「伊」與「伊尹」有關。因為「伊尹」是「有侁（莘）氏媵臣」，見《呂氏春秋·本味》、《孟子·萬章上》。〔註224〕

　　建洲按：許子濱先生似有理，但依其說，所謂「觀於伊水」與「得神珠薏苡」之間關係何在？典籍似無相關記載？況且「有娀氏之女」生契、「有邰氏之女」生后稷均帶有一點神聖、神異性，與西方基督教傳說聖母生耶穌一樣帶有「處女情節」。若將有莘氏之女釋為透過男女遊玩、男女歡聚（「觀」）而生下「禹」，這恐怕是不能想像的，對「禹」的古聖王形象有所損害，所以這樣的解釋有待商榷。筆者以為「觀」仍應釋為「觀看」較好。對照簡10來看，這應該是有關禹誕生的傳說。《帝王世紀》曰：「伯禹，夏后氏，姒姓也。其先出顓頊。顓頊生鯀，堯封為崇伯，納有莘氏，曰志，是為修己。山行，見流星貫昴，夢接意感，又吞神珠薏苡，胸坼而生禹於石紐。」〔註225〕頗疑此處的「伊」應讀作「西」。「伊」，影脂；「西」，心脂，聲紐影心可通，如同「伊」（影脂）；〈容成氏〉26寫作「泝」（心脂）；〈容成氏〉37寫作「泗」（心質）。韻部則疊韻。由文獻可知「有莘氏」是見「流星貫昴」才生禹，而「昴」是古代二十八星宿之一，《曾侯》衣箱朱書上二十八星宿作「茅」。〔註226〕《說文》：「昴，白虎宿星。」（七上三）。《爾雅·釋天》：「大梁，昴也。西陸，昴也。」郭璞《注》：「西方之宿，別曰旄頭。」〔註227〕《呂氏春秋·有始覽·有始》：「西方曰顥天，其星胃、昴、畢。」〔註228〕則簡文讀作「觀於西而得之」，「西」指西邊的「昴」星；

〔註224〕《北大古文獻中心集刊》4輯，頁46。
〔註225〕〔晉〕皇甫謐《帝王世紀》（瀋陽：遼寧教育出版社，1997.3，頁17。
〔註226〕黃錫全《湖北出土商周文字輯證》（武昌：武漢大學出版社，1992.10），頁103。
〔註227〕《十三經注疏——爾雅》，頁98。
〔註228〕〔漢〕高誘注《呂氏春秋》（台北：藝文印書館，1974.1三版），頁286。

「之」指「禹」。(《淮南子・修務》：「禹生於石，契生於卵」，高誘《注》：「禹母修己，感石而生禹，坼胸而生」。《大雅・生民》孔穎達《正義》：「修己背坼而生禹，簡狄胸剖而生契。」《大戴禮記・帝繫》以「姜嫄」爲帝嚳上妃（元妃），簡狄爲帝嚳次妃，《史記》據之。(大一統帝王世系中，禹爲顓頊之孫鯀之子）裘錫圭認爲在古史傳說中，禹應該如同契、稷一樣都是無父而生的，本皆爲天帝之子。至於《天問》、《山海經》所說「鯀腹而禹」的故事應該是地方性的神話，尚未被一般人所認同。見《北大古文獻集刊》4 頁 48 注 3。

〔三八〕寏（懷）〔〕厽（三）念（年）

陳劍先生〈編連二〉：以爲「」是「堊」，讀作「娠」，下接《香港中大簡》。「三念」的「三」，簡 11 上段作「厽」，跟中文大學藏簡迻作「三」不同。按楚簡中同一個詞在同篇甚至同簡中用不同的字表示，其例甚多。「念」在楚簡文字裏最習見的用法是用爲「仁」，此處則應讀爲「年」，古文字裏「年」本從「人」得聲。參考《太平御覽》卷三七一引《世本》云「陸終娶于鬼方氏之妹，謂之女嬇，生子六人。孕而不育，三年，啓其左脅，三人出焉；啓(《水經注・洧水》引《世本》作『破』)其右脅，三人出焉」，簡文「娠三年而畫（？）於背而生云云其義自明。

何琳儀先生〈滬二〉：「念」之原篆上從「身」，下從「心」，當讀作「身」。《詩・大雅・生民》「大任有身」，《傳》：「身，重。」《箋》：「重，謂懷孕也。」

徐在國先生〈瑣記〉：隸作「眡」，與《說文》「視」字古文同，讀作「帝」。

季師旭昇〈譯釋 2〉：字直接隸定作「寏」，上從宀，中爲鬼聲，「鬼」形下部的「人」形繁化爲「壬」形。自甲骨文到戰國文字，「人」形繁化爲「壬」形是很常見的繁化現象。「鬼」讀爲「懷」(從鬼與從褱可通，參《古字通假會典》499 頁)，「懷」謂「懷子」，「懷子」見《睡虎地秦簡・封診式》簡 84：「甲懷子六月矣，自畫與同里大女子丙闘。」（頁 37 注 44）

許子濱〈小識〉：疑借爲「孕」。簡文謂禹母「孕三年而畫於背而生」，又謂契母「孕三年而畫於膺」，孕的這種用例，見於古文獻的，如《帝王世紀》記堯「母慶都，孕十四月而生堯於丹陵」。

建洲按：由編連、文義來看，當以陳劍先生所釋較爲有理。的下半部，陳劍先生以爲從壬，並以中山王方壺銘的「(醒)」爲證。但是二者的字形並不相同，一作曲筆（），一作斜直筆（）。大家知道「壬」是由「人」下加「土」演變而來的，而「人」形上頭未見作曲筆者。如此看來，△的下半部，應該如徐在國

先生文章所說，與戰國文字的「氏」完全同形。除他所舉之例外，又如《孔子詩論》簡4「氏」作；《子羔》簡9「昏」作皆是例證，果如此，△應該改釋。但是筆者前面已肯定陳劍先生的看法，現補充說明如下：

　　《上博簡・孔子詩論》、《子羔》、《魯邦大旱》三篇長度與文字書法完全一致，可能屬於同一編的不同內容。〔註229〕而這三篇某些文字的寫法，的確與其他楚簡文字不太相同，如《子羔》的「是」，其上部沒有例外作「」形，與一般作「日」形有所不同。〔註230〕又如《子羔》簡1的「受」字作，其所從的「舟」旁亦與尋常稍有不同等等。值得注意的是，三篇的「壬」常常寫作「氏」，如「廣」寫作（《孔子詩論》簡11），〔註231〕、「童」作（《子羔》簡2）等等。〔註232〕筆者過去曾以爲（《魯邦大旱》簡1）〔註233〕應隸定作，分析爲從「氏」「虍」聲，依文義可讀作「乎」或「吾」。但現在看來，可能與（《魯邦大旱》簡3）二形互作，仍應隸作「虗」。基於此看法，△依陳劍先生釋爲「埅」，應該是沒問題的。至於「△」的上半部作尖頭，陳劍先生認爲與「甶」相似，同樣的例子見於春秋金文鄭太子之孫與兵壺銘的「（禋）」字所從（原注2：〔ii〕見《古文字研究》第二十四輯235頁，中華書局，2002年7月。）說可信。所以陳劍、季師二說實際上均可從，但季師之說於字形及文意上更爲直接，今從之。黃德寬先生也讀爲「懷」，認爲簡文訛寫，但沒有詳細說明理由，見程燕〈研讀〉。附帶一提，與兵壺字，李學勤先生釋爲「裡」，讀爲「理」，訓「治」，恐不可從。〔註234〕

　　其次，「忞」作。陳劍先生之說可信，由字形來看，上的確從「人」。雖然「忞」在《郭店》中幾乎讀作「仁」，但有時依文例不同仍可以改釋。如《璽彙》2706屬於楚璽，舊讀作「忠信」。〔註235〕但由《郭店》的出土，似乎應該讀作「忠仁」。〔註236〕但也有學者釋爲「忠仁」，但認爲應該讀作「忠信」，乃一恆語，屢見《郭店

〔註229〕馬承源主編《上海博物館藏戰國楚竹書（二）》，頁183、李零〈上博楚簡校讀記（之一）——《子羔》篇「孔子詩論」部分〉，簡帛研究網，
　　　　　http://www.bamboosilk.org/Wssf/2002/liling01～1.htm
〔註230〕分別見於簡1、10、12、13
〔註231〕亦見於《孔子詩論》簡10
〔註232〕亦見於《孔子詩論》簡10、《魯邦大旱》簡3（從「匚」）
〔註233〕字亦見於《魯邦大旱》簡3、5。《子羔》簡4、《孔子詩論》簡22、24
〔註234〕李學勤〈春秋鄭器與兵方壺論釋〉《松遼學刊》2001.10頁2。
〔註235〕李家浩〈從戰國「忠信」印談古文字中的異讀現象〉《北京大學學報》1987.2，頁11～12、何琳儀《戰國古文字典》，頁1139、文炳淳《先秦楚璽文字研究》（台北：台灣大學中文所博士論文，民91.6），頁194。
〔註236〕白於藍〈《上海博物館藏戰國楚竹書（一）》釋注商榷〉「簡帛研究——網上首發」第

楚簡》，如〈忠信之道〉簡 5、〈尊德義〉簡 21 等等，「璽印『仁』形可能是某一地區的『信』字的習慣用法，或是假『仁』爲『信』」〔註237〕筆者比較贊同後者的看法，事實上，信、仁、人、千、身古音皆近，韻同爲眞部，聲則舌齒鄰紐，〔註238〕彼此音皆近，故得而隨文例而改釋。

〔三九〕畫（劃）〔▨〕於伓（背）而生

馬承源先生：釋△爲「畫」。（頁 193）

陳劍先生〈編連二〉：亦釋爲「畫」，但於其後加「？」。

建洲按：《子羔》簡 10「△於背而生」，亦見於《香港簡》3，二字同形。△從類「目」形，的確與一般戰國文字從「田」有所不同。〔註239〕筆者以爲釋爲「畫」可能是對的，〔註240〕吳振武先生曾歸納戰國文字互作的幾個形體，其中 ⊕、⊞ 二形便是例子。〔註241〕意即同「田」形與「目」形常混，如「眚」，一般作 ▨（《郭店》15.68），但《郭店‧唐虞之道》簡 11 作 ▨。其中後者類「田」形，前者與△所從類似。「盟」作「▨」（從「田」，《曾》214）又作 ▨（從「目」，者汈鐘）。「胃」作 ▨（《郭店‧老子甲》7）又作 ▨（《郭店‧五行》1）。「看」作 ▨（《陶彙》4‧15，「目」旁從「田」形）。〈魯邦大旱〉2「鬼」作 ▨，而一般鬼頭作「甶」形。以此觀之，則△釋爲「畫」是可以理解的。伓：即「背」。如同《郭店‧忠信之道》2「信人不伓」即「信人不背」、〈忠信之道〉2「不伓（背）死也」。《史記‧楚世家》：「坼剖而產焉」，《集解》引干寶曰：「若夫前志所傳，修己背坼而生禹，簡狄胸剖而生契，歷代久遠，莫足相證。」〔註242〕《春秋繁露‧三代改制質文》：「天將授禹，

十二條。

〔註237〕陳英杰〈讀《香港中文大學文物館藏簡牘》札記〉「簡帛研究——網上首發」第（二）。

〔註238〕黃文杰〈戰國時期形聲字聲符換用現象考察〉《古文字與漢語史論集》（廣州：中山大學出版社，2002.7），頁 248，原載於《中山人文學術論叢》第四輯（高雄：復文圖書，2000）、參耘〈《帛書老子校注》音韻求疵〉《古文字研究》24 輯，頁 431～432。

〔註239〕見《戰典》，頁 737、《戰編》，頁 187。

〔註240〕筆者在〈上博楚竹書（二）考釋四則〉，簡帛研究網，03/01/18 曾舉了十三年　壺「畫」作 ▨，下部所從與△同形，以偏旁分析法來說，△可釋爲「畫」。惟十三年　壺的 ▨ 字，目前說法不一或釋爲「畫」，參北京大學考古文博學院等編《吉金鑄國史——周原出土西周青銅器精粹》（北京：文物出版社，2002.6），頁 168、陳劍〈西周金文「牙襖」小考〉載首都師大編《語言》第四輯（待刊稿）。但亦有學者認爲由字形、文意來看，沒有證據說明可釋爲「畫」。今暫將此說列於注釋以待後考。

〔註241〕吳振武〈釋戰國文字中的從「盧」和從「朕」之字〉《古文字研究》19 輯，頁 492。

〔註242〕〔漢〕司馬遷《史記》五（北京：中華書局，1964.4 四刷），頁 1690。

主地法夏而王，祖錫姓爲姒氏，至禹生發於背，形體長，長足肵……。」〔註 243〕《帝王世紀》曰：「顓頊生鯀，堯封爲崇伯，納有莘氏，曰志，是爲修己。……又呑神珠薏苡，胸坼而生禹于石紐。」〔註 244〕則簡文此處的「畫」應如馬承源引《集韻》入聲麥韻「劃，裂也。」〔註 245〕

〔四十〕□〔〕（契）之母

馬承源先生：「△」即《說文》的「禼」，《說文解字》：「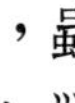，蟲也。從厹、象形。讀與偰同。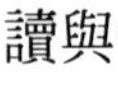：古文。」而「△」形體近於《說文》古文作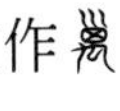，但簡文筆劃更繁。簡文字形象頭上出有三歧的動物，上下肢都有所象徵，此爲契名的本字。（頁195）

季師旭昇〈譯釋 2〉：以爲簡文頭部與《說文》古文相近，還保留了動物形狀的頭形；但是身體則訛變成從「大」加兩「止」形，兩「止」形又繁化爲四「止」形。（頁 38 注 48）

建洲按：當讀爲「契」，商朝人的祖先。《說文》卷八上四寫作「偰」。簡 12 作，較前一字少了二個止形。劉釗先生曾說「目前所見最早的禼字是漢代竊字所從的偏旁。……又小篆竊字所從的『禼』實乃『萬』字之變形。」《馬王堆・戰國縱橫家書》189「竊」作 ，劉釗先生分析作從「宀」從「米」「萬」聲。〔註 246〕趙平安先生亦認爲「禼」是由「萬」分化出來的一個字。〔註 247〕又《楚帛書》甲 2.28 有「□逃爲禹爲萬」，其中「萬」字，商承祚、陳邦懷二先生以爲直接釋「禼」字。〔註 248〕劉釗、馮時、董楚平等先生則釋《楚帛書》該字爲「萬」，但讀作「禼」。〔註 249〕嚴一萍先生則認爲「此字與甲篇第十一行第十七字及乙篇第三行第卅一字

〔註 243〕蘇輿《春秋繁露義證》（北京：中華書局，1996.9 二刷），頁 212。

〔註 244〕〔晉〕皇甫謐《帝王世紀》（瀋陽：遼寧教育出版社，1997.3，頁 17。

〔註 245〕〔宋〕丁度《集韻》（台北：學海出版社，1986.11），頁 741。

〔註 246〕劉釗《古文字構形研究》（長春：吉林大學博士論文，1991），頁 230～234。又見於〈說「禼」「㒸」二字來源並談楚帛書「萬」「兒」二字的讀法〉《江漢考古》1992.1，頁 78～79。

〔註 247〕趙平安《說文小篆研究》（南寧：廣西教育出版社，1999.8），頁 143。

〔註 248〕商承祚〈戰國楚帛書述略〉《文物》1964.9，頁 17、陳邦懷〈戰國楚帛書文字考證〉《古文字研究》第 5 輯，頁 239。

〔註 249〕劉釗《古文字構形研究》（長春：吉林大學博士論文，1991），頁 234，又見於〈說「禼」「㒸」二字來源並談楚帛書「萬」「兒」二字的讀法〉《江漢考古》1992.1，頁 78～79、馮時《中國天文考古學》（北京：社會科學文獻出版社，2001.11），頁 19、董楚平〈楚帛書「創世篇」釋文釋義〉《古文字研究》24 輯，頁 348 注 10。

『薶』所從之萬，完全相同，當是萬字。」〔註 250〕饒宗頤先生亦釋爲「萬」，讀作「冥」，以爲「冥」是殷先神，故與禹並列。〔註 251〕可見字形是「萬」當無問題，只是解釋的問題。饒宗頤先生釋「萬」爲「冥」是「神格」，與「禹」代表夏朝「先祖」實在不太搭配。筆者以爲由劉釗先生所舉馬王堆帛書《老子》乙本卷前古佚書及《戰國縱橫家書》的「竊」字偏旁從「萬」，發展到漢祝睦後碑、漢孔彪碑「竊」字偏旁從「禼」。可見「禼」的確由「萬」演變而來，《楚帛書》該字釋爲「萬」，讀作「禼」當無問題，即「契」，而「禹」、「契」並排如同〈子羔〉簡。但是楚簡「萬」大概作 形體，但本簡作 ，形體實在頗有差距。但由文意來看，「△」又必須讀作「契」。這中間字形演變關係尚待進一步證據來說明。饒宗頤先生也指出「契」字這樣的寫法爲前所未知。〔註 252〕

〔四一〕又（有）酉（娀）〔 〕是（氏）

徐在國先生〈瑣記〉：原書 195 頁考釋：「又酉是」，讀爲「有娀氏」。非常正確。我們在這裏補充一個通假的例證。《說文》：「酉，驚聲也。從乃省，西聲。籀文酉不省。或曰：酉，往也。讀若仍。」典籍中「戎」、「仍」二字相通。如：《左傳·昭公四年》：「夏桀爲仍之會。」《韓非子·十過》「仍作戎。」「娀」字從「戎」聲。因此，酉可讀爲「娀」。

建洲按：此說可信。

〔四二〕央（璜）〔 〕 （臺）

馬承源先生：字與楚竹書佚詩〈交交鳴〉句中「若玉若『英』」形同。（頁 195）

何琳儀先生〈滬二〉：按，（央台）當讀「陽臺」。《禮記·月今》「民殃於疫。」《後漢書·魯恭傳》引「殃」作「傷」。可資佐證。「陽臺」爲高唐神女之居所，詳見《文選·宋玉高唐賦》。而高唐神女與有娀氏簡狄兩種傳說，似亦有共同的來源。

陳劍先生：央臺疑即《楚辭·天問》「璜臺十成，誰所極焉」之「璜臺」。王逸以璜臺爲紂之臺，研究楚辭的學者或以爲璜臺爲有娀氏之臺，即《楚辭·離騷》「望瑤臺之偃蹇兮，見有娀之佚女」之瑤臺。但以《天問》之璜臺當有娀氏之瑤臺，跟

〔註 250〕嚴一萍〈楚繒書新考〉《中國文字》第 27 冊（1968.3）。

〔註 251〕饒宗頤、曾憲通《楚地出土文獻三種研究》（北京：中華書局，1993.8），頁 237。

〔註 252〕饒宗頤《〈詩〉與古史——從新出土楚簡談玄鳥傳說與早期殷史》《中國文化研究所學報》2003 年新 12 期（總 43 期）（香港：香港中文大學，2003），頁 8。

《天問》此處上下文不能密合，故恐不足信。實則「璜」、「瑤」皆美玉之名，「璜臺」和「瑤臺」的命名方式相同，皆非某特定之臺的專名，所以既可指有娀氏之臺，亦可指紂之臺，而不必將其分別坐實為專指某某之臺。〔註253〕

建洲按：「△」這是比較確定的「央」字。〔註254〕亦見《包山》67「紻」作 、《天星觀》909 作 ，又作 （「鞅」，《包山》牘一）、（《天星觀》909）。後者則與「△」同形，何琳儀先生認為這是「在固定的筆劃位置上贅加裝飾筆劃，非常值得注意。」〔註255〕「臺」即「臺」，已見於〈容成氏〉注釋。「央臺」讀作「瑤臺」。《楚辭·離騷》：「望瑤臺之偃蹇兮，見有娀之佚女。」〔註256〕《呂氏春秋·季夏紀·音初》：「有娀氏二佚女，為之九成之臺。」〔註257〕

其次，就目前文獻來看，多作「瑤臺」，但「央」（影陽）；「瑤」（余宵）聲紐關係不近，韻部僅是旁對轉。何說讀作「陽臺」文獻未見，也未必可靠。「璜」（匣陽）與「央」聲韻具近，陳說應可從。

〔四三〕𪃍（燕）〔〕

建洲按：「△」，其右旁學者多隸作「㬥」。〔註258〕「郾」，西周金文作 （匽侯旨鼎）、（匽侯盂），春秋金文作 （朴氏壺）、（王孫鐘）。陳夢家說：「凡此匽字，潘祖蔭說：『當為燕之假借字』是正確的。秦漢之際，不知何故凡匽國一率改為燕。朱駿聲《說文通訓定聲》嬴下云：『鄭語嬴、伯翳之後也。伯翳子皋陶偃姓，蓋以偃為之，偃嬴一聲之轉。』如其說可立，則匽之改燕當在秦滅燕以後，以匽為秦姓，所以改去之」〔註259〕可備一說。再看匽字寫法的變化，西周、春秋金文的「日」旁還算明顯，吳振武先生就認為㬥的日應作⊙形。〔註260〕若與《璽彙》5623作 （楚璽）、《郭店·五行》40「㬥」作 相較，則似乎「日」旁可省作「○」形。

〔註253〕引自張富海〈上博簡《子羔》篇「后稷之母」節考釋〉注釋8，簡帛研究網，03/01/17。

〔註254〕其他若《隨縣》64作 、《包山》273 、《郭店·性自命出》30 等等，我們擬另文討論。

〔註255〕何琳儀《戰國文字通論訂補》（南京：江蘇教育出版社，2003.1），頁259。

〔註256〕〔漢〕王逸注〔宋〕洪興祖補注《楚辭章句補注》（長春：吉林人民出版社，1999.9），頁32。

〔註257〕〔漢〕高誘注《呂氏春秋》（台北：藝文印書館，1974.1三版），頁144。

〔註258〕中國社會科學院考古研究所編《曾侯乙墓》（北京：文物出版社，1989.7），頁517注127。

〔註259〕陳夢家〈西周銅器斷代（二）〉見王夢旦編《金文論文選》，頁86～87。

〔註260〕李朝遠〈戰國郾王戈辨析二題〉《文物》2000.2，頁53 引吳振武先生說。

〔註261〕則本簡「是」多作【字形】，其上部沒有例外作「口」形，與一般作【字形】（《包山》89）、【字形】（《郭店‧老子甲》3）上從「日」形有所不同，似乎也是同樣情形。至於李運富先生認爲由【字形】字形來看，「晏」或「匽」可能本從「○（圓）」聲。〔註262〕由聲韻來看，當然是對的，但由「晏」可作【字形】、【字形】來看可能解作「日」形之省較佳。

〔四四〕取而帥（吞）〔【字形】〕之

馬承源先生：隸作「軙」，以爲從「申」聲。並舉《戰國策‧趙策一》的「吞」在《馬王堆‧戰國縱橫家書》作「呻」的例子，認爲簡文應讀作「吞」。（頁196）

建洲按：《上博‧子羔》簡10-11簡文曰：「契之母，……有燕銜卵而措諸其前，取而【字形】（△1）之」，先看整理者與△1的右旁相近字形亦見於簡12作【字形】（△2），馬承源先生隸作「欽」。陳劍先生〈編連二〉的釋文則在「欽」在後加「？」。**建洲按**：陳劍先生的懷疑是對的。△1左旁從申當無問題，但是右旁與楚系文字的「欠」不似，如《郭店》11.62「姇」作【字形】、《包山》143「欽」作【字形】，〔註263〕所以原釋爲從「欠」恐需保留。筆者以爲上述二字右旁可能從「舟」，與《子羔》簡1的「受」字作【字形】，其所從的「舟」旁形近。首先，△1較△2，其右上筆劃多一橫筆。其次，右下方的筆法如同「頁」可作【字形】（《仰天》8），亦作【字形】（「項」，《望山》2.13）；「只」作【字形】（《信陽》2.24，從「金」），亦作【字形】（邵方豆，《集成》9.4661）；〔註264〕最末一筆延長與否與字義無關，應屬飾筆。或是如「句」由楚簡作【字形】發展到小篆作【字形】，其筆勢的變化亦可參考。所以△1、△2的字形是由「舟」演變而來，其演變順序是：

【字形】（〈子羔〉簡1「受」所從「舟」旁）→ 【字形】（△2）→ 【字形】（△1）。

近閱讀《保利藏金》時，發現館內所藏戰國晚期二件趙國鈹，其中一字如圖所示【字形】（乙鈹），字形與【字形】右旁相似。而由文例僅能讀作「綏（事）」，即「受事」，所以李學勤先生隸作從糸從「舟」從又。〔註265〕此說對《上博二‧子羔》簡11的「帥」、簡12的「鈾」釋讀或能提供證據。

〔註261〕何琳儀《戰國古文字典》，頁969。

〔註262〕李運富《楚國簡帛文字構形系統研究》（長沙：岳麓書社，1997.10），頁109。

〔註263〕其他字形見張守中《包山楚簡文字編》，頁143～144；張守中《郭店楚簡文字編》，頁126；湯餘惠主編《戰國文字編》，頁597～603。

〔註264〕李家浩〈信陽楚簡中的「亳枳」〉《簡帛研究》第2輯（北京：法律出版社，1996.9），頁1。

〔註265〕《保利藏金》編輯委員會編著《保利藏金》（嶺南美術社，1999.9），頁274～276。

　　由一般形聲字的構形來看，△1、△2 的右旁均被保留著，應視爲聲符。則△1
應分析爲從申「舟」聲，筆者以爲應讀作「喉」。「舟」，古音章紐幽部；「喉」，匣紐
侯部。幽侯旁轉音近，如《詩・唐風・山有樞》：「子有鐘鼓，弗鼓弗考」，《毛傳》：
「考，擊也」。《列子・湯問》：「叩石墾壤」，《釋文》曰：「叩，擊也。」換言之，叩
（侯）、考（幽）互爲同源詞。〔註 266〕至於聲紐，上古喉牙音與舌齒音或有通轉，
如「勺」字讀「之若切」，一讀「市若切」，而「之」屬「章」部、「市」屬「禪」部。
從「勺」的「芍」讀「胡了切」，而「胡」正是「匣」部。又如「或」讀「匣職切」，
而從「或」的「欥」可讀作「之欲切」，亦是章、匣可通之證。〔註 267〕簡文「取而
△1 之」，目前所見典籍多作「取而吞之」，如《楚辭・天問》：「簡狄在台，嚳何宜？
玄鳥致貽，女何喜？」王逸《注》曰：「言簡狄侍帝嚳于台上，有飛燕墮遺其卵，喜
而吞之，因生契也。」〔註 268〕《春秋繁露・三代改制質文》：「契母吞玄鳥卵生契，
契先發於胸」〔註 269〕而「喉」與「吞」義近。《說文》曰：「喉，咽也」。而「吞」，
《說文》亦曰：「咽也。」《段注》曰：「今人以吞吐對舉。據此則咽喉本名吞。俗云
喉吞是也。猶之喉本名咽。」〔註 270〕簡文讀作「取而喉之」。古漢語名動相因，如
《說文・木部》：「『梳』字段玉裁注：『器曰梳，用之理髮，因亦曰梳，凡字之體用
同稱如此。』」〔註 271〕「喉」字可當動詞用，義同典籍的「吞」。筆者懷疑這是「同
義換讀」的現象，蓋「吞」，古音透鈕文部；與「舟」，章紐幽部，聲同爲舌音，例
可通。但韻部則相差頗遠，不能相通。但如拙文所說「吞」、「喉」意義相近，故可
換讀。如同「石」可換讀爲「擔」、「腊」可換讀爲「臘」、「和」可換讀爲「合」。〔註
272〕簡文仍應讀作「取而吞之」與傳世典籍方能呼應。當然，還有最後一種可能，
就是△1 可能分析爲從「舟」，「申」聲；△2 分析爲從「舟」，「金」聲，〔註 273〕果
如此，則簡文讀作「取而吞之」當無問題。

〔註 266〕王力《同源字典》（北京：商務印書館，1999.9 五刷），頁 185。
〔註 267〕陸志韋《陸志韋語言學著作集》（一）（北京：中華書局，1985.5），頁 261～267。
〔註 268〕〔漢〕王逸注〔宋〕洪興祖補注《楚辭章句補注》（長春：吉林人民出版社，1999.9），
　　　　頁 103。
〔註 269〕〔清〕蘇輿《春秋繁露義證》（北京：中華書局，1996.9 二刷），頁 212。
〔註 270〕《說文解字注》（台北：漢京出版社，1985.10），頁 54。
〔註 271〕裘錫圭《古代文史研究新探》，頁 148～149。
〔註 272〕裘錫圭《文字學概要》（台北：萬卷樓，1999.1 再版二刷），頁 248～252、馮勝君《二
　　　　十世紀古文獻新證研究》（長春：吉林大學博士論文，2002），頁 66。
〔註 273〕從「金」旁，但構形屬於「右形左聲」之例，可見李家浩先生討論《包山》的「六」
　　　　字，文見〈包山二六六號簡所記木器研究〉《國學研究》第 2 卷（北京：北京大學
　　　　出版社，1994.7），頁 533

至於△2，應隸定作「鈾」，字見於《改併四聲篇海》，書引《搜眞玉鏡》曰：「鈾，音舟」。〔註274〕依照陳劍先生的編連，簡文讀作「三仚（年）而畫於 雁（膺），生乃呼曰：（中文大學藏簡3）『△2！』是契也。……12」，由於簡文的殘闕，△2 尚未到能正確解釋的地步。

〔四五〕畫（劃）於雁（膺）〔雁〕

《香港中大》整理者：釋爲「雁」，〔註275〕

陳劍先生〈編連二〉：原誤釋爲「雇」。「雁」讀爲「膺」，胸膺也，跟上文之「背」相對。

饒宗頤先生：「雁」字，馬承源讀爲雇，謂是扈。愚見當釋爲雁，讀爲膺。……此謂畫於胸，生乃自呼。〔註276〕

建洲按：以字形而言，直接隸定當作「雁」，字於甲文作「灸」，從隹，以一半圓筆指示鳥膺部位所在，爲『膺』字初文。到金文應侯見工簋作「雁」，本來的圈形變成一點。〔註277〕再稍加變化即成 雁。《春秋繁露・三代改制質文》：「契母吞玄鳥卵生契，契先發於胸」。李守奎認爲 雁 是《說文》的「雁」字（《段》四上 27），是「鷹」字初文。（《上博二續編》頁 479-480）

〔四六〕又（有）訰（邰）是（氏）

建洲按：《毛詩・大雅・生民》：「誕后稷之穡……即有邰家室。」《大戴禮記・帝繫》：「帝嚳卜其四妃之子，而皆有天下。上妃，有邰氏之女也，曰姜原氏，產后稷」。〔註278〕《史記・周本紀》：「周后稷，名棄，其母有邰氏女，曰姜原。」

「訰」，朱德熙先生說：「訰字金文屢見，由於台與司古音極近，這個字可能是在司（司）字上加注聲符台，也可能是在台字上加注聲符司。」〔註279〕所以簡文可以讀作「邰」。

〔註274〕四川辭書出版社《漢語大字典》冊六，頁 4199

〔註275〕陳松長編著《香港中文大學文物館藏簡牘》（香港：香港中文大學，2001 初版），頁 13。

〔註276〕饒宗頤〈《詩》與古史——從新出土楚簡談玄鳥傳說與早期殷史〉《中國文化研究所學報》2003 年新 12 期（總 43 期）（香港：香港中文大學，2003），頁 8。

〔註277〕劉釗《古文字構形研究》（長春：吉林大學博士論文，1991），頁 125。

〔註278〕〔清〕王聘珍撰，王文錦點校《大戴禮記解詁》（北京：中華書局，1998.12 四刷），頁 130。

〔註279〕朱德熙〈戰國時代的「料」和秦漢時代的「半」〉《朱德熙古文字論集》，頁 118。

〔四七〕玄〔〕咎（丘）之內

馬承源先生：釋爲「串」，連下一字讀作「串澤」。（頁197）

張富海先生〈后稷之母〉：△即在一般的「玄」字上加了貫穿上下的一豎筆，跟楚文字「關」字所從的「串」在字形上有較爲明顯的不同，所以釋「串」實不可信。郭店簡《老子甲》第28簡的「玄」字作，在上下兩個圈的下部各加了一筆（上圈下部的一筆當然也可以看成下圈的頭部）。包山簡第66簡有字作，用爲人名；諦審圖版，可以發現，其字中部的豎筆雖然看起來上下相連，但實際上是分作兩筆寫的；跟上舉郭店簡《老子甲》可以確定的「玄」字相比較，包山簡的這個字也應該是「玄」字。那麼，簡文字釋爲「玄」恐怕也沒有問題。把原來的兩豎筆連成一筆的情況在古文字裏也確實存在，比如「折」字，較早的字形左部從上下相疊的兩個「屮」，但《說文》小篆「折」字已把兩個「屮」連了起來，變成了從「手」。又如「川」字和「泉」字，也有同樣的情況。

其次，張富海先生引《太平御覽》卷135《皇親部一》引《春秋元命苞》說：「周本姜嫄，遊閟宮，其地扶桑，履大跡，生后稷。」卷955《木部四》引作：「姜嫄遊閟宮，其地扶桑，履大人迹，生稷。」（據《四部叢刊》本）是以姜嫄見帝武於閟宮。簡文說姜嫄「遊於玄咎之內」，既然是「內」，則不大可能是野外。我們認爲簡文之「玄咎」可能與上引緯書《春秋元命苞》中姜嫄所遊的「閟宮」有關。而簡文「玄咎」之「玄」與「閟宮」之「閟」意義相通，都有幽深、神秘的意思。「玄咎」之「咎」所表示的詞是一種建築名稱，與「宮」意義相近。從伯簋銘文「室」連用以及此字字形從「宮」來看，其所表示的詞應該跟「宮」相近，是一種建築的名稱。按照古文字構造的通例，此字可以分析爲從宮九聲（伯簋銘文此字從宮省）。「咎」和「九」的上古音韻地位基本相同，簡文「咎」字也是一種建築的名稱，它所表示的詞應該就是金文從九從宮之字所表示的詞，只不過前者是假借字，後者是本字。由於緯書中有姜嫄遊閟宮之說，簡文之則「玄咎」和「閟宮」相關恐怕可能性更大一些。簡文言姜原「遊於玄咎之內」，大概是因爲玄咎這種建築規模較大，不止是一室一殿，所以可稱「遊」；因爲是一種建築，所以言「內」（如果玄咎是地名，則不大可能稱「內」）；因爲玄咎可能是祭郊禖之宮，所以姜原得履帝之足迹而娠后稷。

白於藍先生〈釋玄咎〉：地名「玄咎」當讀爲「玄丘」。上古音「丘」爲溪母之部字，「咎」爲群母幽部字，兩字聲紐同爲喉音，韻則不遠。地名「玄丘」見於典籍。而且往往是與殷祖契母簡狄之受孕有關。因此，就時間上來講，在戰國時期人們的思想觀念中，簡狄之「瑤臺（或稱九成之臺）受孕」的傳說恐怕要比其他兩種傳說要更符合當時的實際一些，尤其是這一傳說在《楚辭》當中出現兩次，而本簡則亦

是戰國楚簡，可見，這一傳說在當時的楚地當中是廣泛流行的。簡狄既是在「瑤臺（或九成之臺）」受孕，那麼，在漢代以及後世文獻中爲何又突然產生了所謂「玄丘受孕」的傳說呢？筆者以爲，這一傳說也許並非就是漢代人憑空捏造出來的，而是有其典籍依據的，其來源就正是簡文所說的「后稷之母，有邰氏之女也，遊於玄咎（丘）之內」。也就是說，漢人誤將有關后稷之母姜原的事蹟安到了簡狄的頭上了而已。簡文云「遊於玄咎（丘）之內」，一般認爲，既稱「內」，則「玄咎」應該是一種較封閉的建築，如果「玄咎」是地名，則不大可能稱「內」。其實，「內」有時候不一定就是針對某種封閉性的建築而言的，而只是與「外」相對的一個概念。如「一國之內」，再比如《釋名·釋州國》：「雍州在四山之內。」我們現在還經常說「山內」、「山外」。這些「內」只能是就某一區域或範圍而言的。所以，若從這方面來看，「玄丘之內」也是可以理解的。

陳偉先生〈零釋〉：贊同白氏之說，對「內」的釋讀補充說：「疑『內』讀爲『汭』。『汭』作爲地名通名，大致有四種涵義，皆與水有關。（一）河流交會處。《說文》：『汭，水相入也。』（二）河流彎曲處。《左傳》莊公四年：『莫敖以巧言王命入盟隨侯，且請爲會於漢汭而還。』杜預《注》：『水曲曰汭。』（三）水濱。《穆天子傳》卷四：『柏絮觴天子于澡澤之上、口多之汭。』郭璞《注》：『汭，水崖。』在白于藍先生引述的漢晉文獻中，均稱玄丘爲水。如《史記·三代世表》褚先生引《詩傳》作『玄丘水』，《列女傳·契母簡狄》作『玄丘之水』。將『內』讀爲『汭』，訓作水邊之地，應該是恰當的。反過來，這也可支援對於『玄丘』的釋讀。」

建洲按：張富海先生釋「玄宮」爲「閟宮」的主要根據是緯書；白於藍先生釋爲「玄丘」似乎不錯，但是如同其所列文獻全是講「簡狄」受孕之事，與本簡討論「姜原」實不相同。而二者搭上線的根據僅是「咎」、「丘」音近可通，所以結論是漢人誤將有關后稷之母姜原的事蹟安到了簡狄的頭上了而已，這樣的說法不太能服人。茲將二說並列，以俟後考。

〔四八〕冬見芺（芺）

張富海先生〈后稷之母〉：《說文·艸部》：「芺，艸也。味苦，江南食以下氣。」《爾雅·釋草》：「鉤，芺。」郭注：「大如拇指，中空，莖頭有臺，似薊，初生可食。」可見芺是一種草，能長出可以食用的薹，可能跟現在的大蒜差不多。《說文·艸部》又有「蔓」字，云：「艸也。從艸要聲。《詩》曰：『四月秀蔓。』劉向說，此味苦，苦蔓也。」《說文解字繫傳》「芺」字下云：「今苦芺也。」可見「芺」和「蔓」所指是同一種草，「芺」和「蔓」實爲異體字的關係，《說文》誤分爲二字。總之，芺這

種草可以食用，但大概是在夏曆四月的時候才長成。簡文言「冬見芙」，是言其神異。

建洲按：說可從。

〔四九〕攼而薦之

張富海先生〈后稷之母〉：「攼」是「搴」字異體。「搴」義爲拔取、採取，而且多指拔取草類，如《楚辭・離騷》：「朝搴阰之木蘭兮，夕攬洲之宿莽。」《九歌・湘君》：「采薜荔兮水中，搴芙蓉兮木末。」《楚辭》中「搴」字尤爲常見，揚雄《方言》還以之爲楚方言。因此，「冬見芙，攼而薦之」，應讀爲：「冬見芙，搴而薦之。」最後他說：綜上所述，簡文此節謂：姜原遊於一種名爲「玄咎」的建築之內，竟於冬日見可食之芙，於是拔取之，而進獻於上帝。正所謂「苟有明信，澗、溪、沼、沚之毛，蘋、蘩、蘊、藻之菜，筐、筥、錡、釜之器，潢汙、行潦之水，可薦於鬼神」。天帝被姜原的虔誠所感動，所以現了足跡，使姜原見而履之，而感生后稷。

白於藍先生〈釋玄咎〉則對張文將「薦」釋爲「進獻」之義認爲可商榷。他以爲，「攼（搴）而薦之」與前文簡狄之「取而吞之」無論是在句式上還是在思想性上都是一致的。句式上自不必多說。單從思想性上來講，白於藍以爲簡文在此所要表達的是簡狄與姜原的一種「無意識」行爲，即她們事先並不知道上帝的降臨。所以認爲「薦」應當解爲「藉墊」。即姜原於冬日看到「芙」，感覺特別稀奇，拔取之後將它藉墊起來，表示愛惜。《宋書・符瑞志上》及《太平御覽》卷八〇五引《帝王世紀》在講到簡狄得燕卵之後「覆以玉筐」，其「覆」字用法可以參考。《史記・周本紀》：「飛鳥以其翼覆薦之。」則，「覆」與「薦」本就是同一種類型的行爲。

建洲按：二說並存。

〔五十〕乃見人武頯（履）𠯑（以）愇（忻）

馬承源先生：讀作「乃見人武，履𠯑愇（祈）禱曰」。（頁 198）

何琳儀先生〈滬二〉：《考釋》屬下讀，且讀爲「旂」，殊誤。按，當屬上讀，讀爲忻。參《詩・大雅・生民》「履帝武敏歆。」馬瑞辰云「歆之言忻也。」

建洲按：二說意思相差不多。馬承源先生解釋爲「踐人武而祈禱」，依何先生之說則「踐人的足迹（依季師旭昇說）心忻然而悅」，〔註280〕但後說更接近《詩》意，

〔註280〕余師培林譯《詩》「履帝武敏歆」爲「姜嫄踐上帝足迹之大指，心忻然而悅也。」見《詩經正詁》下（台北：三民出版社，1995.10），頁 372。（洲再按：《鄭箋》：「敏，拇也。」《爾雅・釋訓》：「履帝武敏。武，迹也。敏，拇也。」參陳劍《北大古文獻集刊》4，頁 90）

今從之。「頿」，即「履」。字作 ，其「舟」旁與「月」形相近。如同「前」作 （從「舟」，《郭店・老子甲》3），又作 （從「月」形，《郭店・尊德義》2）。「愉」作 （從「舟」，《郭店・老子甲》23），又作 （從「月」形，《郭店・窮達以時》13）。〔註281〕

〔五一〕句（后）稷〔稷〕

楊澤生先生〈箚記〉：《子羔》篇13號簡「稷」字，右旁中下部的寫法應該是受上文11號簡「燕」字的影響造成的。

建洲按：簡11「燕」作 ，右旁的確與「△」右下形近。但二字並非緊連出現，所以不是隨文類化。而且「稷」（精職）；「燕」（影元）聲韻關係皆不近，所以也不是增添聲符。楊氏之說恐不可信。

〔五二〕 ▄

建洲按：章號。參「前言」說明。

〔註281〕何琳儀《戰國文字通論訂補》（南京：江蘇教育出版社，2003.1），頁237。

第五章 〈魯邦大旱〉校釋

第一節 前 言

　　本篇是《上海博物館藏戰國楚竹書（二）》的第三篇。本篇無篇題，以首句「魯邦大旱」定名。目前共存長短簡六枚，二百零八字。簡上下端為弧形，編線契口三道。長度、文字書法與〈孔子詩論〉、〈子羔〉完全一致，根據我們在〈子羔〉「前言」中的討論，這三章可能屬於同一篇的不同內容。第 6 簡末有一墨節，為章號。墨節之後有一與文字幾乎等長的空白段，〈子羔〉末簡亦然。劉樂賢先生亦指出「從竹簡長度、形制即書寫風格看，《魯邦大旱》與同時公布的《子羔》及以前公布的《孔子詩論》應系一人所抄，都是孔門後學的作品。上博楚簡的下葬年代，馬承源先生推斷為楚國遷郢之前，似與郭店楚簡大致相當。據此，《魯邦大旱》應是不晚於戰國中期後段的作品。文中所載孔子言論對研究孔子思想和早期儒學具有重要參考價值。」〔註 1〕我們前引陳劍先生說〈子羔〉「寫成時間都在燕王噲禪讓失敗的事件之前」，此處劉樂賢先生在馬承源先生推斷下葬年代的基礎上，認為〈魯邦大旱〉是不晚於戰國中期後段的作品，此二者就大範圍來說並不衝突。

　　全文是敘述魯哀公十五年時發生大旱，哀公因此向孔子請教禦大旱之方。孔子將大旱的原因歸於刑、德之失，並不要吝惜用圭璧幣帛等儀式向山川之神求雨。我們由《春秋・哀公十五年》：「秋，八月，大雩。」或可推魯哀公接受了孔子的建議。其中所反應出的是「天人感應」、「鬼神觀念」已出現在戰國時期儒家文獻中，也說明《禮記・中庸》：「子曰：『鬼神之為德，其盛矣乎！視之而弗見，聽之而弗聞，體物而不可遺。使天下之人齊明盛服，以承祭祀，洋洋乎如在其上，如

〔註 1〕劉樂賢〈上博簡《魯邦大旱》簡論〉《文物》2003.5，頁 62。

在其左右。《詩》曰：『神之格思，不可度思！矧可射思！』夫微之顯，誠之不可揜如此夫。』、「至誠之道，可以前知。國家將興，必有禎祥；國家將亡，必有妖孽。見乎蓍龜，動乎四體。禍福將至：善，必先知之；不善，必先知之。故至誠如神。」這些說法的確是有所根據。〔註2〕其後孔子與其學生子貢有段討論大旱之祭，國家是否應該禜祭山川之神的對話，其中所顯示出的是孔子重天命的一面，子貢則是屬於理性思想，反對鬼神論者。引自林志鵬文章「春秋時代人本思想興起，天命神權動搖，人漸漸能藉著醫學、農業等實用技術改善生活，並藉由歷史的紀錄『鑑往知今』，因此祭祀及占卜的權威產生動搖。以占卜而言，屢見違卜、改卜之事。如《左傳》僖公十五年、〈昭公十三年〉、〈昭公二十六年〉、〈哀公六年〉、戰國諸子」（《上博二續編》頁160注40）

第二節　竹簡形制及編連

　　〈魯邦大旱〉根據簡5完簡，簡長共55.4釐米，上有五十一字。以楚國竹書長度來說，本簡算是較長者。而且〈魯邦大旱〉簡端成半圓形，顯然是經過刻意修整，也許是因為其內容比其他篇更為重要。〔註3〕依周鳳五先生對《郭店》簡形制的分類，凡是簡長較長、簡端成梯形者為「經」；簡長較短、簡端成平齊者為「傳」。〔註4〕依周先生之說，則〈魯邦大旱〉應歸於「經」。但是本篇內容屬於「對話體」，周鳳五先生曾根據這樣的內容來判斷《郭店‧魯穆公問子思》簡長所反映的意義，其說：「記述子思與魯穆公的問答，屬於子思學派有關宗師的嘉言懿行的記錄與闡述，估計出於子思的弟子或門人後學之手，其重要性似較子思手著各篇略遜一籌，簡長只有26.4公分，清楚反映了這個事實。」〔註5〕若依此說，則〈魯邦大旱〉又變成「傳」。換言之，周先生對竹簡形制反映意義的結論，或許在《郭店竹簡》中可以適用，但似乎不能推諸涵擴全部的戰國楚簡，或是說這樣的形制是否一定有這樣的意義，在當時應該尚未有共識。〔註6〕最後，由彩版來看，竹簡應是先寫後編，參簡3「丌」字。

〔註2〕劉樂賢〈上博簡《魯邦大旱》簡論〉《文物》2003.5，頁62。
〔註3〕馮勝君《二十世紀古文獻新證研究》（長春：吉林大學博士論文，2002），頁150。
〔註4〕周鳳五〈郭店竹簡的形式特徵及其分類意義〉《郭店楚簡國際學術研討會論文集》（武漢：武漢大學出版社，2000.5），頁54。
〔註5〕周鳳五〈郭店竹簡的形式特徵及其分類意義〉《郭店楚簡國際學術研討會論文集》（武漢：武漢大學出版社，2000.5），頁54。
〔註6〕對周鳳五先生所歸納出《郭店》簡的形式特徵，馮勝君先生曾指出說「周氏對郭店簡各篇簡長同所抄錄的內容之間的關係作了有益的探索，但應該說其結論尚不能令

第三節 簡文校釋

【釋 文】

　　魯邦大旱〔一〕，哀公胃（謂）〔二〕孔＝（孔子）：「子不爲我圉（圖）之？〔三〕」孔＝（孔子）含（答）曰〔四〕：「邦大旱，毋乃遊（失）者（諸）型（刑）與惪（德）虐（乎）乚？〔五〕唯 1【正刑與德。】哀公曰：「庶民以我不知以說之事鬼也，若」之可（何）才（哉）？」〔六〕孔＝（孔子）曰：「叙（庶）民暂（知）敓（說）之事𩲃（鬼）也〔七〕，不暂（知）型（刑）與惪（德），女（如或汝）毋忢（愛）珪璧希（幣）帛於山川，政（正）巠（刑）與【德以事上天】……〔八〕2

　　【孔子】出，遇子贛（貢）〔九〕曰：「賜，而（爾）昏（聞）䧹（巷）迲（路）〔十〕之言，毋乃胃（謂）丘之含（答）非與（歟）？」子贛（貢）曰：「否戜（也）。吾子女（若）逋（重）命其與？〔十一〕女（若）夫政（正）刑與德，以事上天，此是才（哉）■。女（若）天〈夫〉毋愛珪璧 3 希（幣）帛於山川，毋乃不可乚〔十二〕。夫山，石已（以）爲膚，木以爲民，女（如）天不雨，石牂（將）𤎩（焦）乚，木牂（將）死，丌（其）欲雨或（又）甚於我，或（又）必寺（待）虐（乎）名（祭）乎？夫川，水已（以）爲膚，魚已（以）4 爲民，女（如）天不雨，水牂（將）沽（涸），魚牂（將）死，丌（其）欲雨或（又）甚於我，或（又）必寺（待）虐（乎）名（祭）虐（乎）？」〔十三〕孔＝（孔子）曰：「於虗（乎）……」5

　　公剴（豈）不〔十四〕餃（飽）杶（粱）飤（食）肉才（哉）戜〔十五〕，亡（無）女（如）叙（庶）民可（何）▂。6

人十分滿意。如他對三組《老子》、四篇《語叢》以及《忠信之道》、《唐虞之道》等篇性質的界定，還不能取得學術界多數學者的認可，這勢必影響其結論的可信度。」參馮勝君《二十世紀古文獻新證研究》（長春：吉林大學博士論文，2002），頁 150，今由〈魯邦大旱〉簡長長度亦說明周先生的界定稍嫌武斷。不過周鳳五先生亦認爲郭店各典籍乃一墓之所出，簡長等形式特徵有如此明顯不同，其中有意義存在，乃是自明的，而這些不同形式特徵的竹簡，與其說是先秦就已有如此的簡牘制度，倒不如郭店竹簡是漢代簡牘制度漸趨確立前的萌芽初始。由出土實物來看，恐怕簡牘制度的逐漸演進與完成是經過先秦到漢代一段不短的演變過程的，演進過程中，也不是所有書籍都是劃一而製的，一直到東漢王充，對於簡牘制度來說，已到了一種相對成熟的階段，所以在行文之中，很自然的以「聖人文語，二尺四寸」或「諸子尺書」來論述道理，同時以王充對於世事具相當程度的批判性格而言，不太可能無中生有。引自范麗梅《郭店儒家佚籍研究——以心性問題爲開展之主軸》（台北：台灣大學中文所碩士論文，2002.1），頁 37 注 49。這樣的說法就比較客觀了。

【校　釋】

〔一〕魯邦大旱

　　馬承源先生：大旱發生於魯哀公時。據《春秋》……《春秋・哀公十五年》：「秋，八月，大雩。」「雩」，求雨的典禮。《春秋繁露・精華》：「大雩者何？旱祭也。難者曰，大旱雩祭而請雨，大水鳴鼓而攻社。」哀公十五年孔子早已返魯，為國老，十六年孔子死。簡辭所云的大旱之災發生在十五年夏秋時，內容可補《經》、《傳》之不足。（頁204）

　　建洲按：《春秋・哀公十五年》：「秋，八月，大雩。」可惜這件事情並無《傳》進一步說明。楊伯峻先生根據明汪克寬《春秋胡傳附錄纂疏》而注《左傳・桓公五年》：「秋，大雩。書，不時也。」說「雩有二，一為見龍而雩，當夏正四月，預為百穀祈雨，此常雩。常雩不書。一為旱暵之雩，此不時之雩。《春秋》書雩者二十一，《左傳》於此年云『書，不時也。』；於襄五年、八年、二十八年、昭三年、六年、十六年、二十四年、皆曰『旱也』；昭二十五年再雩，則曰『旱甚』；餘年無傳。首言不時而後皆言旱，互文見義，皆以旱而皆不時也。」〔註7〕《禮記・月令》孔《疏》曰：「是《春秋》之中，『不雨』有七，『大旱』有二，『大雩』有二十一，都并有三十」。可見在《春秋》中「大雩」、「不雨」都是「大旱」的不同「書法」。「大雩」為發生旱災時的祈雨之祭，實質上說就是發生了旱災，所以孔穎達將其與「大旱」歸於一類，稱「并有三十」。〔註8〕《春秋繁露・精華》：「大雩者何？旱祭也。」蘇輿《注》：「古者孟夏之雩為常雩。預旱而禱則為大雩。」〔註9〕《禮記・月令》：「（仲夏之月）命有司為民祈祀山川百源，大雩帝，用盛樂。乃命百縣，雩祀百辟卿士有益於民者，以祈穀實。農乃登黍。」鄭《注》曰：「陽氣盛而常旱，山川百源，能興雲雨者也。眾水始所出為百源。雩，吁嗟求雨之祭。」〔註10〕《周禮・春官・司巫》：「若國大旱，則帥巫而舞雩。」鄭《注》曰：「雩，旱祭也。天子於上帝，諸侯於上公之神。……使女巫舞旱祭，崇陰也。」〔註11〕又《周禮・地官・舞師》：「教皇舞，帥而舞旱暵之事。」《公羊傳・桓公五年》：「大雩者何？旱祭也。然則何以不言旱？言雩則旱見；言旱則雩不見。」何休《注》：「使童男女各八人，舞而呼雩，故謂之

〔註7〕楊伯峻《春秋左傳注》（台北：洪葉書局，1993.5），頁106。
〔註8〕廖名春〈上海簡《魯邦大旱》札記〉《清華簡帛研究》第二輯（北京：清華大學思想文化研究所，2002.3），頁97～98。
〔註9〕蘇輿《春秋繁露義證》（北京：中華書局，1996.9二刷），頁85。
〔註10〕《十三經注疏──禮記》，頁316。
〔註11〕《十三經注疏──周禮》，頁399。

雩。」〔註 12〕以上可知「雩」是「旱祭」，地點多在山川舉行。簡文曾提到孔子要魯哀公不要吝惜用圭璧幣帛等儀式向山川之神求雨。可進一步推論，當時魯哀公的確接受孔子的建議。馬承源二先生說簡辭所云的大旱之災發生在十五年夏秋時，廖名春先生亦認爲事情發生在魯哀公十五年，〔註 13〕應可信。

〔二〕哀公胃（謂）〔〕

建洲按：其上作「目」形。一作（《包山》89）、（《包山》129）。這種「目」、「田」、「由」形體的互換，戰國文字並不少見，如本簡的「鬼」字作；〈民之父母〉簡 8「視」作。「貞」作（《郭店・緇衣》3），又作（《郭店・老子乙》16）。〈子羔〉「畫」作下從「目」形等，均爲其例。其次，「△」的「肉」旁所加類「刀」形飾筆，與一般「肉」旁加一或二斜筆不同，亦見於〈孔子詩論〉簡 7 的「胃」字及〈孔子詩論〉簡 28 的「聲（文）」作。另外，陳嘉凌先生也指出這種飾筆亦見於《隨縣》從「干」旁諸字，說亦可參。〔註 14〕

〔三〕子不爲我〔〕圍（圖）〔〕之？

馬承源先生：「我」字戈形上下連筆，本鼎肇字《金文編》卷十二所從之戈亦如此連筆；左側原三齒省爲二齒，從整體看稍有形變。「圍」，從口，者聲，當讀爲「圖」。《玉篇・口部》「圖」之古文作「圉」，與此形似。（頁 204）

建洲按：孔子自魯哀公十一年自衛返魯，而於哀公十六年逝世。這期間魯哀公曾多次向孔子請問事情，如《論語・爲政》：「哀公聞曰：『何爲則民服？』孔子對曰：『舉直錯諸枉，則民服；舉枉錯諸直，則民不服。』」《論語・雍也》：「哀公問：『弟子孰爲好學？』孔子對曰：『有顏回者好學，不遷怒，不貳過，不幸短命死矣！今也則亡，未聞好學者也。』」其他如甚至《禮記・哀公問》、《大戴禮記・哀公問五義》、《大戴禮記・哀公問於孔子》皆爲其例。所以簡辭寫哀公問大旱於孔子應是可理解。

其次，馬先生所指本鼎「肇」字作（本鼎）。本簡「我」字作「△」，與一般作（《郭店・老子甲》31）不太相似，比較接近〈語叢四〉6 作。分析起來，

〔註 12〕《十三經注疏——公羊傳》，頁 53。

〔註 13〕廖名春〈上海簡《魯邦大旱》札記〉《清華簡帛研究》第二輯（北京：清華大學思想文化研究所，2002.3），頁 97

〔註 14〕陳嘉凌〈魯邦大旱譯釋〉《《上海博物館藏戰國楚竹書（二）》讀本》（台北：萬卷樓，2003.7），頁 43。

「△」右旁其實是「戈」字，本作「✦」，只因戈下筆寫得稍長「筆劃連接」遂類似「✦」形。至於左邊「勿」旁與✦比較起來只是筆劃省簡而已。馬承源先生認為左側尚有二齒，但由筆劃來看，此二齒似並非「勿」旁筆劃，除非解釋為「共筆」現象。

第三，「圍」中間從「者」，《上博簡・孔子詩論》、〈子羔〉、〈魯邦大旱〉三篇的「者」都作✦（《孔子詩論》簡9）、✦（《魯邦大旱》簡1）、✦（《子羔》簡9），與其他楚文字不同，〔註15〕這也是三篇文字的特殊寫法之一。筆者在〈子羔〉簡1「昔者」注釋中已指出應分析為上部從「✦」，字形與其他楚文字相差不多。下部從「氏」，或說變形音化為「氏」，後分化為「氏」。請參看

〔四〕孔＝（孔子）畣（答）曰

陳偉先生〈魯邦箚記〉：應讀作「孔子對曰」。

建洲按：筆者在〈民之父母〉簡1已作了討論，此仍應讀作「孔子答曰」。

〔五〕毋乃遊（失）者（諸）型（刑）與悳（德）虖（乎）L

馬承源先生：古「型」、「刑」通用。……「失諸刑與德乎」，意思是山大旱所引起的問題，解除之道不是在於加強刑、德之治嗎？（頁205）

廖名春先生：「失諸刑與德」是說他「非使賞罰之威利出於己也，聽其臣而行其賞罰」意即批評魯哀公政不在己，治國之柄操諸於季氏。所以他更進一步指出「但是，孔子不是以人就天，而是以天就人，利用『魯邦大旱』的奇異天象，來推行他的『正名』思想，……『君不君，臣不臣，父不父，子不子』之『人祅』會導致『邦大旱』之『天祅』，只有改『君不君，臣不臣，父不父，子不子』為『君君，臣臣，父父，子子』自然界才會風調雨順。」〔註16〕

劉樂賢先生〈簡論〉：將大旱的出現歸咎於刑、德之失。刑，指刑罰懲戒；德，指德化賞慶。如整理者所說，刑與德在古代被視為治國之本。孔子說刑、德有問題，實際上就是說國家政令有失誤。這種將天災與政治聯繫的說法，與古代流行的天人感應學說相合。對於旱災與政治的關係，漢人王充作過討論，按照他的意見，災變大致可分為政治之災和無妄之災兩類。簡文所載大旱，孔子認為是「失諸刑與德」，

〔註15〕張光裕主編《郭店楚簡研究─第一卷─文字編》，頁327～332。

〔註16〕廖名春〈上海簡《魯邦大旱》札記〉《清華簡帛研究》第二輯（北京：清華大學思想文化研究所，2002.3），頁100。

顯然屬於政治之災。第 3 災說「政（正）刑與德以事上天」，認爲旱災係上天的警告，執政者應端正政令以順應天意，也是從天人感應的角度立論。

建洲按：簡文在「毋乃遊（失）者（諸）型（刑）與惪（德）虛（乎）」下加「乚」，如同〈容成式〉25「於是虖（乎）夾州、滄（徐）州訂（始）可尸（處）乚。」此爲「鉤識號」，是句讀的作用。即《說文》十二下「乚，鉤識也。」段《注》曰：「鉤識者，用鉤表識其處也。⋯⋯此非甲乙字，乃正乚字也，今人讀書有所鉤勒即此。」〔註17〕而與〈民之父母〉之🔲，亦見於《郭店・成之聞之》簡 40、〈六德〉簡 49，雖然符號相同，但後者是作爲篇末結束符號。

其次，「刑」指刑罰；「德」指德澤。先秦文獻常見二者相對，如《左傳・僖公二十五年》：「倉葛呼曰：『德以柔中國，刑以威四夷，宜吾不敢服也。』」《左傳・宣公十二年》：「叛而伐之，服而舍之，德刑成矣。伐叛，刑也；柔服，德也，二者立矣。」《韓非子・二臣》：「明主之所導制其臣者，二柄而已矣？二柄者，刑德也。」均爲其例。對此孔子所說的話。上引劉樂賢先生的說法，與我們詮釋〈容成氏〉48「虛（吾）所瞀（知）多鷹（災）」的意思是一樣的。廖名春先生亦認爲這是建構在「天人合一」的天人感應觀上說亦可參。

〔六〕唯⋯⋯【哀公曰】：「⋯⋯之可（何）才（哉）？」

馬承源先生：讀作「唯之何在？」（頁 205）

李銳先生〈初箚〉：原釋文釋爲「唯之何在？」案「爲」與「惟」古通（原注：〔14〕參高亨、董治安：《古字通假會典》，第 663 頁。），此處「唯」疑讀爲「爲之何哉？」《尊德義》簡 28：「爲古率民向方者，唯德可」疑讀爲「惟古率民嚮方者，唯德可。德之流，速乎置郵而傳命。」爲第一簡，「惟古」同「曰古」，如《牆盤》：「曰古文王⋯⋯」，常作爲發語詞。

秦樺林先生〈虛詞〉：依傳世文獻的文例及《魯邦大旱》的通假字例，可在「之」前補一「女」字，讀爲「若」。「若之何」乃常語，可作複合動詞，當「怎麼辦」講，如《左傳・襄公二十九年》：「子大叔曰：『若之何哉？晉國不恤周宗之闕而夏肆是屛。』」《呂氏春秋・大樂》：「民人呻吟，其以爲樂也，若之何哉？」

廖名春先生〈魯校〉：《魯邦大旱》簡一是一殘簡，從簡三、簡四看，「唯」字後約殘二十字，並贊同秦樺林於簡 2「之何哉」前補「若」字。所以擬補闕文爲「唯【正刑與德。哀公曰：「庶民以我不知以說之事鬼也，若】之何哉？」其中：「我」

─────────

〔註17〕〔清〕段玉裁注《說文解字注》（台北：漢京文化，1985.10），頁 633。

字從上文哀公自稱來。「庶民」只知以「說知事鬼也」對付「邦大旱」，而孔子的對策卻是「正刑與德」，故哀公擔心從孔子說「庶民」會疑心自己是「不知以說之事鬼也。」（頁 4-5）

　　建洲按：馬承源先生所釋不合語法，茲不從。李銳先生所釋有理，但是楚簡中「唯」多假爲「雖」，如〈容成氏〉46「唯（雖）君亡道，臣敢勿事虖（乎）？唯（雖）父亡道，子敢勿事虖（乎）？」、〈從政〉甲 12「唯（雖）殜（世）不叚（識）」、《郭店・語叢四》24「唯（雖）戜（勇）力屫（聞）于邦不女（如）材」、《郭店・老子甲》18「僕（樸）唯（雖）妻（細）」、《郭店・緇衣》44「人唯（雖）曰不利」、《郭店・窮達以時》2「唯（雖）臤（賢）弗行矣」、《郭店・成之聞之》5「唯（雖）㝵（厚）其命，民弗從之悆（矣）。」、〈成之聞之〉9「唯（雖）肰（然），其存也不㝵（厚）」、〈成之聞之〉15「唯（雖）強之弗內（入）悆（矣）」、〈成之聞之〉27「唯（雖）其於善道也」、〈性自命出〉1「凡人唯（雖）又（有）眚（性）」等等不勝枚舉，從未見假爲「爲」，況且這樣的過程是透過「惟」這個字，並未見「爲」、「唯」二字通假之例。況且「爲」字用通假字來代替其例甚少，是以此說亦不從。至於秦樺林先生之說有理，加上廖名春先生的說法簡 1～2 可以讀通，茲從二說。

〔七〕泵（庶）〔　　〕民智（知）敚（說）之事禓（鬼）〔　　〕也

　　馬承源先生：讀作「庶民知說之事，視也」。「泵」，「從石、從眾，字書所無，文獻中從石得聲字常與從庶得聲字通假，如《說文・手部》：『拓，或從庶。』……字以石爲聲符，以眾爲意符。《說文・广部》：『庶，屋下眾也。』此字亦以眾爲意符，可讀爲庶民之『庶』，當爲『庶』之古文異體。」（頁 206）

　　黃德寬先生〈補正〉說：按：釋文認爲「說」，是古代求雨祭祀的一種，甚是，但「視」字釋文可商。其字作　　，從「示」無疑。被隸作「見」的部分，就形而言自然也有道理，但讀「視也」，文辭不通。我們以爲此字應當分析爲從示、鬼聲，即「鬼」之異文。一是「視」字在郭店、上海楚簡中均從目從人作，與「見」之別在「人」之腿部的彎曲與否，這已是大家的共識，尚未見從「示」的"視"。二是此字的寫法與郭店簡《老子》乙之「畏」作　　，本書《民之父母》（**建洲按：**簡8、11、13）中的"威"作　　【下作 G】，構形非常接近，不同之處在於一作鬼頭，一作目。其實古字中「目」寫作「田」伺空見慣，本書之「胃」多次出現，或作　　，或作　　【下作 H】。這種寫法在本書中有其對應性，《民之父母》「胃」作 H，則「威」作 G（十三簡）。因此，我們有理由認爲此處所謂的「視」，與《民之父母》

的「威」和《老子》乙篇的「畏」是一個字的不同寫法和用法。《陳方簋》「恭盟鬼神」，之「鬼」也從示、鬼聲，故可將此字讀作「鬼」。如此，此簡意謂：「庶民只知道求雨而事鬼神，卻不知道刑與德」，文意通暢明白。

　　建洲按：馬說可信。楚簡「庶」一般作𤐫（《包山》257）、𤐨（《包山》258）從「火」從「石」聲。《九店》32 號簡有「不利以行作，迈四方埜外」之語。陳偉、李家浩二先生皆指出，「迈」從「石」聲，「遮」從「庶」聲。「庶」本從「石」聲，故「石」、「庶」二字作為聲旁可以通用。據此，楚簡「迈」應當是「遮」字的異體。楚簡「迈」字和睡虎地秦簡「遮」字，都應當讀為「蹠」。〔註 18〕至於本簡「△」下從「眾」，應該是「庶民」的專用字。

　　楚簡「敚」多假借為「說」、「悅」或「祟」，〔註 19〕如《郭店‧語叢四》：「凡敚之道」，裘錫圭先生「按語」以為讀作「說」；《包山》常見的「以其故敚之」，如簡 197-198：「少有憂於躬身，且志事少遲得，以其故敚之。思攻解於人口」，學者多指出「敚」即見於《周禮‧春官‧大祝》「六祈」之一的「說」。〔註 20〕本簡的「敚」馬承源先生亦以為「六祈」之一的「說」是對的。結合上引文獻，可知大旱之時祭神之法，除了「舞雩」之外，還要「說」。對於大旱要用「說」祈神請雨，古籍有載，如《周禮‧春官‧小祝》曰：「小祝：掌小祭祀，將事侯禳禱祠之祝號，以祈福祥，順豐年，逆時雨，寧風旱，彌災兵，遠罪疾。」〔註 21〕《墨子‧兼愛下》：「且不唯〈禹誓〉為然，雖〈湯說〉即亦猶是也。湯曰：『惟予小子履，敢用玄牡，告於上天后曰：『今天大旱，即當朕身履，未知得罪于上下，有善不敢蔽，有罪不敢赦，簡在帝心。萬方有罪，即當朕身，朕身有罪，無及萬方。』』即此言湯貴為天子，富有天下，然且不憚以身為犧牲，以祠說于上帝鬼神。」〔註 22〕其後歷代的方法有所變化，如漢代董仲舒發明了「土龍求雨法」（《春秋繁露‧求雨》）、「擊鼓祈晴法」（《春秋繁

〔註 18〕陳偉〈九店楚日書校讀及其相關問題〉《人文論叢》1998 年卷（武漢：武漢大學出版社，1998.10），頁 154～155、湖北省文物考古研究所、北京大學中文系編《九店楚簡》（北京：中華書局，2000.5），頁 89～90 注釋 106。

〔註 19〕如《新蔡簡》甲一：5「有敚（祟）見於昭王、獻惠」、乙一：22「有敚（祟）見於司命、老童、祝融、穴熊」。

〔註 20〕湖北省文物考古研究所、北京大學中文系編《望山楚簡》（北京：中華書局，1995.6），頁 93 考釋 38、頁 95 考釋 52、李家浩〈包山楚簡「𥷫」字及其相關之字〉《第三屆國際中國古文字學研討會論文集》（香港：香港中文大學，1997.10），頁 564、湖北省文物考古研究所、北京大學中文系編《九店楚簡》（北京：中華書局，2000.5），頁 75～76 注釋 63。

〔註 21〕《十三經注疏——周禮》，頁 390。

〔註 22〕〔清〕孫詒讓《墨子閒詁》（台北：華正書局，1995.9），頁 112～114。

露‧止雨》)。到宋朝道士們要用自己體內的氣，和天上的氣相感應，使其下雨或放晴等等。〔註23〕之所以有這麼多求雨的方法，當與中國以農立國有關。所以發展到對每一干支日下雨吉凶的占測就不足爲奇了，如《尹灣漢墓‧六甲占雨》即爲一例。惟出土時卻僅剩一干支表，原應有一段占測文字，與之配合使用。〔註24〕筆者發現唐‧黃子發所撰寫的《相雨書》，其中「候雨止天晴」一節正可與〈六甲占雨〉的干支表互相對讀。〔註25〕不過這些求雨的方法，恐怕未必眞有其用，《論衡‧明雩》：「雩祭者之用心，慈父孝子之用意也。無妄之災，百民不知，必歸於主。爲政治者，慰民之望，故亦必雩。」〔註26〕《詩‧大雅‧雲漢》孔《疏》曰：「歲或水旱，皆是上天之爲假，祭群神未必能已。聖王制此禮者何哉？將以災旱不熟，必至於死，人君爲之父母，不可忍觀窮厄，固當責躬罪己，求天禱神，罄忠誠之心，爲百姓請命。聖人緣人之情而作爲此禮，非言祈禱必止災也，徒以民情可矜，不得不爲之禱。」〔註27〕可見這些雩祭的作用實際上是要上位者「自責謝過」。

其三，黃德寬先生釋 ⟨圖⟩ 爲「禐」即「鬼」完全可信。相近字形亦見於《葛陵》甲二：40「祁⟨圖⟩」，徐在國先生此字右旁形體同郭店簡《成之聞之》5「畏」字的寫法（洲案：字作 ⟨圖⟩）。並分析此字爲從「示」「畏」聲，釋爲「鬼」。〔註28〕其說可信。

〔八〕女（如或汝）毋惡（愛）〔⟨圖⟩〕珪璧希（幣）帛於山川，政（正）
　　　荎（刑）與【德】……

馬承源先生：讀「女」作「如」。（頁206）

劉樂賢先生〈民箚〉：讀「女」作「若」。……愛，整理者讀爲「薆」，並認爲與「瘞」相通，「毋薆珪璧幣帛於山川」即「不進行大旱之祭」。政刑，整理者認爲指「社會治理之政」。按，這支簡因下部殘缺，文義不易理解，但聯繫下文看，整理者的讀法似可商榷。愛，讀本字即可，是吝惜的意思。「毋愛珪璧幣帛於山川」，是說要祭祀山川。「政型（刑）與」後可補一「德」字，「政刑與德」，讀爲「正刑與德」（按，「政」也可訓爲「正」）。第一簡孔子說「邦大旱，毋乃失者（諸）型（刑）與

<hr>

〔註23〕詳參李零主編《中國方術概觀─雜術卷─祈雨部》（北京：人民中國出版社，1993.5），頁134～280。

〔註24〕劉樂賢〈尹灣漢墓出土術數文獻概論〉連雲港市博物館、中國文物研究所編《尹灣漢墓簡牘綜論》（北京：科學出版社，1999.2）頁177

〔註25〕蘇建洲《尹灣漢墓‧六甲占雨》解《東方人文學誌》一卷四期 2002.12，頁1～4。

〔註26〕黃暉《論衡校釋》二（北京：中華書局，1996.11三刷），頁671。

〔註27〕《十三經注疏──詩經》，頁662。

〔註28〕徐在國〈新蔡葛陵楚簡札記〉，簡帛研究網，2003/12/07。

德乎」，此簡孔子說「正刑與德」，正可互相印證。從簡文看，孔子似乎對庶民習知的「說」之事持寬容態度，在提出「正刑德」的同時也主張祭祀。由於這一原因，第三簡講到孔子問子貢是不是認爲自己的回答不對。（**建洲按：**指「賜，而（爾）昏（聞）堅（巷）迠（路）之言，毋乃胃（謂）丘之畬（答）非與（歟）？」）」

顏世鉉先生〈散論（三）〉：讀「女」作「若」。

季師旭昇〈小議三〉：讀「女」作「汝」，其曰：百姓只知道以說祭來祭鬼神，不知道正刑德。您不要捨不得圭璧幣帛，祭禱山川；但是同時要注意正刑德。「毋愛珪璧幣帛於山川」和「政（正）刑與德」是兩件可以同時做的事。「女」要讀成「汝」，指哀公；馬承源先生讀爲「如」，意思是：「如果您不會捨不得用圭璧幣帛來祭禱山川」。說這一句話的基本前提是魯哀公捨不得用圭璧幣帛來祭禱山川，但是我們沒有聽說過先秦那一個君王遇到旱災會捨不得用圭璧幣帛來祭禱山川的。因此這樣解，似乎缺乏歷史依據。君王們的痛苦是，即使用了圭璧幣帛來祭禱山川，旱災仍然解決不了。如果把「女」字解成「汝」，這個問題就解決了。孔子並不反對用圭璧幣帛來祭禱山川，但是同時強調要正刑德。說了這段話之後，孔子擔心百姓會不會覺得他太迂闊，緩不濟急？因此孔子出來之後就問子貢：「爾聞巷路之言，毋乃謂丘之答非歟」，子貢回答說：「否，繄吾子女重命，其歟！」否，是指巷路之人不認爲孔子回答哀公所問是錯的，因爲孔子明明白白地也贊成祭禱山川。巷路之人就是一般百姓，一般百姓當然贊成旱災要祭禱山川，這也反映出子貢所知道的孔子是贊成祭禱山川的。

劉樂賢先生〈簡論〉：讀「女」作「如」。……「政」讀爲「正」……按照古代天人感應學說，國家發生災害，乃是由於統治者政令有誤，上天示以災變進行警告，統治者見到災變後應進行反省並立即改變政令。簡文「政（正）型（刑）與【德】」、「政（正）與德以事上天」，說得就是類似意思。

陳劍先生：「汝毋愛」的「汝」，跟後文「如（若）夫政（正）刑與德」、「如（若）夫毋愛圭璧幣帛於山川」的所謂「如（若）」一樣，原文都寫作「女」，還是讀爲「如毋愛圭璧幣帛於山川」好。孔子雖然很牛，跟國君說話也還不至於跩到稱「汝」罷？「如（若）」之讀也實無必要。「庶民知說之事鬼也，不知刑與德。女（如）毋愛圭璧幣帛於山川，政（正）刑與〔德〕……」連起來讀意思大致是清楚的，孔子先陳述：普通人只知以攻說祭祀乞求鬼神下雨，不知刑與德跟天時相聯繫的道理。對統治者哀公來講，神道設教仍是必要的，所以攻說祭祀仍要舉行，要以圭璧幣帛祭祀山川，同時又要正刑德。此乃「兩手抓兩手都要硬」之意。〔註29〕

〔註29〕陳劍先生於「國故新知」欄目回覆史杰鵬文章時所說，2003-05-09 17:18:31，
http://xinxueyuan.com/forum/read.php?id=46185&bbsid=7007。

廖名春先生〈魯校〉：比照簡三、簡四亦當殘二十字左右。從下文看，簡文末尾應有「孔子」的合文。如此，前面還應有十九字左右，主體為孔子的回答。簡三有「政（正）㓝（刑）與德以事上天」，此可據以補出簡二「正刑與」後五字為「德以事上天」。後面十四字承下「毋愛珪璧幣帛於山川，正刑與德以事上天」而來，既要涵蓋上面兩句，又要指出其必然導致的結果，故先補「鬼神感之，大旱必止矣」九字。「神」指「上天」，「鬼」，從上文「說之事鬼」來，指「山川」。孔子在堅持了自己的主張之後又照顧到了「庶民」的習慣和哀公的從眾心理，應該會被哀公接受。故又補「哀公曰：善哉」五字。《春秋經・魯哀公十五年》載：「秋，八月，大雩。」可見這一年大旱，魯國舉行了「大雩」之祭，魯哀公應該是採納了孔子的建議。補「善哉」是有據的。所以擬補為「政（正）㓝（刑）與【德以事上天，鬼神感之，大旱必止矣。哀公曰：「善哉。」孔子】2 出，遇子貢」。（頁 5）

建洲按：先討論擬補的問題。廖先生在「政（正）㓝（刑）與」之下補「德以事上天」由簡三來看應該是可以的。還有在「出」之前補「孔子」也應該是可行的。但是以「鬼」指稱作祟的山川（靈山、河伯），以「神」指稱「天神」似乎有些問題。因為古籍中「鬼神」一詞的「鬼」、「神」意思是相近的。如《論語・先進》：「季路問事<u>鬼神</u>？子曰：「未能事人，焉能事<u>鬼</u>？」前言「鬼神」，後僅言「鬼」。〈述而〉：「子疾病，子路請禱。子曰：『有諸？』子路對曰：『有之。誄曰：禱爾於上下神祇。』子曰：『丘之禱久矣！』」清劉寶楠說：「夫子平時心存競業，故恭肅於鬼神，自知可無大過，不待有疾然後禱也。」〔註30〕《書・金縢》：「予仁若考，能多材多藝，能事鬼神；乃元孫不若旦多材多藝，不能事鬼神。」這些「神」是指「神靈」與「天」的地位似有不同，如《論語・八佾》：「獲罪於天，無所禱也。」《論語・先進》：「顏淵死，子曰：『噫！天喪予！天喪予！』」《論語・季氏》：「孔子曰：『君子有三畏：畏天命，畏大人，畏聖人之言。』」蔡仁厚先生詮釋說：「畏，不是畏懼，而是敬畏。敬畏與虔敬或虔誠，都是依於宗教意識而顯發出來的心情，是表示對超越者的皈依。所謂『超越者』，在西方，是宗教中的上帝；在中國儒家，則是天命或天道。『天道』是一個意涵無限豐富而深邃的觀念。上古時代如詩書典籍中的『帝、天帝、上帝』這些含有人格神意味的觀念，在『宗教人文化』的演進中，已轉化而為形上實體，這就是天命、天道。」〔註31〕但是對「鬼神」的態度則是：《論語・雍也》：「務民之義，敬<u>鬼神</u>而遠之，可謂知矣。」《論語・述而》：「子不語：怪、力、亂、<u>神</u>。」《注》曰：「<u>神謂鬼神</u>之事。或無益於教化，或所不忍言。」《論語・為政》：「子曰：『非其<u>鬼</u>而祭之，

〔註30〕〔清〕劉寶楠《論語正義》（北京：中華書局，1998.12 三刷），頁 284。
〔註31〕蔡仁厚《孔孟荀哲學》（台北：學生書局，1999.9 五刷），頁 112。

詔也。』」所以廖氏說「神」指「上天」可能是不成立的。所以廖氏「鬼神感之，大旱必止矣。哀公曰：『善哉。』」的擬補由於證據力不強，暫不從其說。

筆者以爲讀「汝」、「如」二說皆對，只是語氣不同罷了。季師釋爲「汝」當無疑問，只是口氣比較直接。釋爲「若」、「如」者，則是口氣較爲和緩，有「應該」、「應當」的意思，如《左傳・僖公二十二年》：「若愛重傷，則如勿傷；愛其二毛，則如服焉。」楊伯峻說：「兩『如』字皆應當之義，說詳《釋詞》。」〔註32〕本句「如勿傷」句式完全相當簡文「女（如）毋愛」，可以爲證。《左傳・昭公二十一年》：「君若愛司馬，則如亡。」《墨子・貴義》：「今天下莫爲義，則子如勸我者也，何故止我？」孫詒讓引王念孫說：「此不解『如』字之義，而以意改之也。如，猶宜也，言子宜勸我爲義也。如字，古或訓爲宜。」〔註33〕王念孫《經傳釋詞》：「如字與當同義。」〔註34〕則本簡的「如」也當作如此解釋。

忢，讀作「愛」，《郭店》多次出現。字作 ，簡 3 作 ，上部「旡」旁與一般楚系文字「忢」字不同，反而類似「夭」字，如《郭店・唐虞之道》11「実」作 、《包山》173「晄」作 、〈子羔〉12「芙（芺）」作 。經與〈孔子詩論〉27「忢」作 相比對，其實字並不難認。 只不過將類「人」形寫得稍微高一點，分開來看仍是「 」與「 」。應分析爲。如此則與一般作 （《郭店・尊德義》33）、 （〈孔子詩論〉27），亦見於 15、17，部件相同。至於簡 3 ，則是「 」形省簡作「 」，遂使整個字類似「夭」形。至於有無可能是書手故意聲化成「夭」呢？我們以爲不太可能，其一是「夭」（影宵）；「愛」（影物）、「既」（見物），聲紐近，但是韻部遠隔。況且兩個字形的演變正好說明過程是由「旡」訛變過來。本簡「愛」應從劉樂賢先生說法，解爲「吝惜」，此說已爲學界所接受。文獻亦有相關說法，如《孟子・梁惠王上》：「曰：臣聞之胡齕曰：『王坐於堂上，有牽牛而過堂下者，王見之，……王曰：『舍之！吾不忍其觳觫，若無罪而就死地。』……曰：『是心足以王矣。百姓皆以王爲愛也，臣固之王之不忍也。』」《注》曰：「愛，嗇也。」焦循曰：「《周書・諡法解》云：『嗇於賜予曰愛。』《漢書・竇嬰傳》云：『豈以爲臣有愛』，《集注》云：『愛，猶惜也。』惜亦吝嗇之義，故下注云『愛惜』。」〔註35〕《孔子家語・曲禮子貢問》：「孔子在齊，齊大旱，春飢。景公問於孔子曰：

〔註32〕楊伯峻《春秋左傳注》（台北：洪葉書局，1993.5），頁 398。

〔註33〕〔清〕孫詒讓《墨子閒詁》（台北：華正書局，1995.9），頁 403。

〔註34〕見謝紀鋒編纂《虛詞詁林》（哈爾濱：黑龍江人民出版社，1993.1 三刷），頁 244。

〔註35〕〔清〕焦循《孟子正義》（北京：中華書局，1998.12 四刷），頁 82。本則承蒙許師學仁提示。

『如之何？』孔子曰：『凶年則乘駑馬，力役不興，馳道不修，祈以幣玉，祭禮不懸，祀以下牲。此賢君自貶以救民之禮也。』〔註36〕《禮記·曲禮下》：「歲凶，年穀不登，君膳不祭肺，馬不食穀，馳道不除，祭事不縣。大夫不食粱，士飲酒不樂。」〔註37〕《禮記·雜記下》：「孔子曰：『凶年則乘駑馬。祀以下牲。』」《詩·大雅·雲漢》：「天降喪亂，饑饉薦臻。靡神不舉，靡愛斯牲。圭璧既卒，寧莫我聽？」鄭《箋》：「言王爲旱之故，求於群神，無不祭也。無所愛於三牲，禮神之圭璧又已盡矣，曾無聽聆我之精誠，而興雲雨。」〔註38〕

「珪」旁作 ，字形如同〈從政甲三〉「士」作 ，「士」、「土」有相混的現象。

「璧」作 ，簡3作 ，多一「○（璧）」形。二字形比一般「璧」字省簡了「尸」旁，如 （商卣）、 （作冊亢卣）、 （辟東尊）、 （師害簋） （師害簋）。《說文》曰：「璧，端玉環也。從玉，辟聲。」則「△」應分析爲從玉辟省聲。楚簡其他「璧」字作亦見於《信陽》2.10「一青□□之 ，徑四寸間寸」，由文義看來，該字顯然應該就是「璧」字。〔註39〕字的「辛」旁寫法如同上述金文所從「辛」旁作「 」，〔註40〕又見於曾侯乙編鐘「遟」作 、《郭店》10.17「避」作 。《信陽》的「琗」亦應分析爲從玉辟省聲。又天星觀有字作 ，〔註41〕《戰編》隸作「琗」，〔註42〕可能也是「璧」。

「帗」讀作「帗（幣）」，筆者在〈容成氏〉5「魚蠡（鼉）獻」已討論過，《九店》56.44作「帗」（幣）作 ，〔註43〕可見「帗」從「釆」從「巾」（或「市」），其中「釆」（並元）是「帗」（並月）的聲符。《周禮·天官·大宰》：「及祀之日，贊玉弊爵之事。」鄭《注》：「玉弊，所以禮神。玉與幣故如其方之色。」〔註44〕《禮

〔註36〕〔魏〕王肅注《孔子家語》《新編諸子集成》二（台北：世界書局，1972.10新一版），頁104。

〔註37〕《十三經注疏——禮記》，頁77。

〔註38〕《十三經注疏——詩經》，頁659。

〔註39〕以上釋文參考劉國勝〈信陽長台關楚簡《遣策》編聯二題〉《江漢考古》2001.3，頁67。

〔註40〕徐在國〈古璽文字八釋〉《吉林大學古籍整理研究所建所十五周年紀念文集》，頁116～117。

〔註41〕《楚系簡帛文字編》，頁46。

〔註42〕湯餘惠主編《戰國文字編》，頁20。

〔註43〕李家浩〈五六號墓竹簡釋文與考釋〉《九店楚簡》，頁107注171。

〔註44〕《十三經注疏——周禮》，頁36。

記‧曲禮下》：「幣曰量幣。」鄭《注》：「幣，帛也。」〔註45〕

〔九〕【孔子】出，遇子贛（貢）

建洲按：「孔子」二字依廖名春之說擬補（詳上注釋）。

「贛」字作𧵎，字亦見於《天星觀》作𧵎、《葛陵》甲一：10 作𧵎、《璽彙》5692 作𧵎。李家浩先生在八十年代已釋出此二字爲「戇」，他說：「在古文字裡，『次』和『欠』二字作爲偏旁時往往混用，如戰國帛書月名『㰩』字，越王句踐劍寫作從『欠』⋯⋯古代『戇』、『欠』音近。《詩‧小雅‧伐木》：『坎坎鼓我』，《說文》『戇』字下引作『戇戇鼓我』，《周易》坎卦之『坎』，馬王堆漢帛書《周易》作『戇』」〔註46〕可見「△」釋爲「戇」是沒問題的。

〔十〕𧗧（巷）㳂（路）

建洲按：「巷」字亦見於𧗠（《郭店‧緇衣》1），字亦見《包山》142 𧗠、144 作𧗠。此字舊不識，自 1997 西安出土一批秦代封泥中有四方「永巷」封泥，如𧗠，〔註47〕字形與上述楚簡字形相同。學者都以爲「巷」應分析爲從「行」從「吊」得聲。「吊」又見於金文「乖伯簋」，而「吊」可能從「共」省聲。〔註48〕學者解決本字所用的材料及結論幾乎一樣，這讓筆者想起裘錫圭先生說過的一段話「很有意思的是，李家浩先生和何先生（按：指何琳儀先生）分頭同時對⋯⋯幾種幣文進行研究，所得結果彼此一致。正所謂『閉門造車，出則合轍』，可見古文字考釋自有客觀標準在。」〔註49〕說極是。

〔註45〕《十三經注疏——禮記》，頁 98。

〔註46〕李家浩〈戰國官印考釋（四篇）〉《江漢考古》1984.2，頁 44～45。亦見於李家浩《著名中年語言學家自選集——李家浩卷》（合肥：安徽教育出版社，2002.12），頁 126～127。又參見中國社會科學院考古研究所編《曾侯乙墓》（北京：文物出版社，1989.7），頁 515 注 107、《九店楚簡》，頁 64 注釋 22、陳劍〈釋西周金文的「贛」字〉《北京大學古文獻研究所集刊》第一輯（北京：北京燕山出版社，1999.12）。

〔註47〕見〈西安北郊新出封泥選拓〉《書法報》1997.4.9，第 15 期、周曉路等〈秦代封泥的重大發現——夢齋藏秦封泥的初步研究〉《考古與文物》1997.1。

〔註48〕白於藍〈釋包山楚簡中的「巷」字〉《殷都學刊》1997.3，頁 44～45、趙平安〈釋包山楚簡中的「衖」和「逜」〉《考古》1998.5，頁 80～81、徐在國《隸定古文疏證》，頁 308～309、何琳儀徐在國〈釋「吊」及其相關字〉《中國文字》新 27 期，頁 103～110、徐寶貴〈郭店楚簡研究三則〉《新出楚簡與儒學思想國際學術研討會論文》（北京：清華大學，2002.3），亦見於《古籍整理研究學刊》2003.2。

〔註49〕裘錫圭〈《古幣叢考》讀後記〉《古幣叢考》（合肥：安徽大學出版社，2002.6），頁 3。

〔十一〕否殹（也）。吾子女（若）㡣（重）命其與？

馬承源先生：「殹」，讀作「也」，古通假字，在此用爲語助詞。……「女」，讀作「若」。……「重命」讀作「重名」，指聲譽，指巷路上的評論。此謂重視巷路的反映。（頁 207）

何琳儀先生〈滬二〉：△，原篆左從「醫」右從「戈」。《考釋》屬上讀爲「否 △（也）」，恐不確。從現有資料看，只有秦文字以「殹」爲「也」，楚文字則無其例。按，△當屬下讀爲「△（繄）吾子若重名其歟？」其中「繄」爲語首助詞。《左傳·隱公元年》：「爾有母遺，繄我獨無。」

俞志慧先生〈句讀〉：「否」下之字當依何琳儀先生釋爲「繄」，屬下讀，爲語首助詞。「繄」字在前後二個問句之間，當讀如同樣爲語首助詞的「抑」，意義相當於「或者」，這樣就能使文氣貫通起來。「吾子」，筆者廣泛檢索文獻中「吾子」一詞的語例，確知該詞用於上對下或平輩間的敬稱，未見用於下對上的例子。

顏世鉉先生〈散論（三）〉：讀「否殹」爲「否也」。……「女」，當爲「乃」，《經傳釋詞》：「女，乃也。」……「命」，讀作本字，指生命；「重命」，是重視百姓生命。

季師旭昇〈小議三〉：俞志慧先生提出來的，子貢稱老師爲「吾子」，是否不恭敬？從文獻常見用例來看，這似乎是個問題。但是「子」字本來就有尊稱的意思，「吾子」就是「我的老師」，似乎也未必有不敬的意味。戰國材料中和文獻用法不同的文例太多了，這不會是唯一的一樁。而且依俞先生的句讀，子貢第二答後半反問老師：「如夫毋瘞圭璧幣帛于山川，毋乃不可？」這是公然和老師唱反調，似乎也不怎麼恭敬。

「命」說成「百姓的生命」，「重命」是「重視百姓生命」，則嫌太泛。無論哀公、孔子或子貢，無論是主張要祭禱山川或不要，這三個人對「重視百姓生命」的態度是一致的，並無不同。「命」應釋爲天命，上天的旨意。……孔子是重視天命的，夫子「五十而知天命」、「子罕言利，與命，與仁」、「道之將行也與？命也。道之將廢也與？命也。公伯寮其如命何！」、「君子有三畏：畏天命，畏大人，畏聖人之言」、「不知命，無以爲君子也」，這些明見於《論語》中的話，表明了孔子是敬畏上天的旨意的。因此在國家遇到災難的時候，一方面很理性地強調要督正刑德，一方面也很保守地同意祭禱山川。相反的，在孔門中，子貢似乎是屬於比較理性改革派的，《論語·八佾篇》：「子貢欲去告朔之餼羊。子曰：『賜也，爾愛其羊，我愛其禮。』」子貢曾經感慨地說：「夫子之文章，可得而聞也；夫子之言性與天道，不可得而聞也。」（〈公冶長篇〉）這似乎也顯示著，子貢從孔子那兒得到有關「天道」方面的薰陶可能比較少，所以對天道的倚仗也比較輕。如果把〈魯邦大旱〉解釋成孔子不贊成祭

禱山川，而子貢卻贊成，這似乎和《論語》中孔子、子貢的形象不符。如果倒過來，孔子贊成祭禱山川，而子貢卻不贊成，這就和《論語》中孔子、子貢的形象完全吻合了。孔子已經可以算是一位理性主義者了，但是對傳統宗教的態度還是比較保守的。到了子貢，似乎隱隱然已有開始衝決的味道了。同樣的情形，表現在宰我反對三年之喪，《論語‧陽貨篇》：「宰我問：『三年之喪，期已久矣。君子三年不爲禮，禮必壞；三年不爲樂，樂必崩。舊穀既沒，新穀既升，鑽燧改火，期可已矣。』」這是孔子學生對喪禮的衝決。順著子貢的態度再繼續發展，自然會產生荀子「天論」那種自然天的思想了。

劉樂賢先生〈簡論〉：讀「否歟」作「否也」。……古書所見「吾子」也有用於下對上的。例如，孔子的弟子可以用「吾子」稱呼孔子。《說苑‧貴德》：「孔子之楚，有漁者獻魚甚強，孔子不受。獻魚者曰：『天暑市遠，賣之不售，思欲棄之，不若獻之君子。』孔子再拜受，使弟子掃除，將棄。弟子曰：『夫人將棄之，今吾子將祭之，何也？』」《說苑‧政理》：「孔子見季康子，康子未說，孔子又見之。宰予曰：『吾聞之夫子曰：王公不聘不動。今吾子之見司寇也少數矣！』」《莊子‧田子方》：「仲尼見之而不言。子路曰：『吾子欲見溫伯雪子久矣，見之而不言，何邪？』」簡文子貢以「吾子」稱孔子，與文獻中的宰予、子路以「吾子」稱孔子完全一致。……可能是說孔子重天命；也可能是簡文抄寫時有訛脫，以致意思不明（頁 63 注 7）。（【洲再按】：「吾子」，亦見於李若暉：「學者一般認爲：『凡被稱子的，如果稱者對他又表示親密，便用「吾子」』（楊伯峻《古漢語語法及其發展》頁 108）在此，『吾子』被分析爲自稱代詞『吾』加『子』構成的對稱敬詞。因此，『吾子』便是偏正結構，『吾』修飾『子』。……表示我的先生。」，《北京大學古文獻中心》3 輯 頁 332）

秦樺林先生〈虛詞〉：馬先生所釋不誤。此字不應讀爲「繄」，「繄」用作語首助詞，典籍中多訓爲「是」，起到加強肯定語氣的作用，如《國語‧吳語》：「君王之於越也，繄起死人而肉白骨也。」韋昭《注》：「繄，是也。」所以「繄」不可能引導疑問句。而「歟」、「何」用於句尾，都是典型的疑問語氣詞，因此「殹」讀爲「繄」恐難成立。實際上，「某人（問）曰：『……乎（歟）？』某人（對）曰：『否也。』」這樣的句式典籍中習見。如《韓非子‧外儲說左下》：魯哀公問於孔子曰：「吾聞古者有夔一足，其果信有一足乎？」孔子對曰：「不（否）也，夔非一足也。」齊宣王問匡倩曰：「儒者博乎？」曰：「不（否）也。」……又問曰：「儒者弋乎？」曰：「不（否）也。……」又問：「儒者鼓瑟乎？」曰：「不（否）也。……」因此，第三簡中「殹」不必連屬下文，可逕直斷爲：「子贛曰：否殹（也）。」

從語法上說，「若」爲副詞無疑；而「其」作代詞時，一般是指示代詞或兼語，

很明顯，在簡文中「其」絕非代詞。從文意推求，此句的虛詞含有測度語氣。楊伯峻《古漢語虛詞》云：「『若』可作表示不肯定之副詞，可譯爲『似乎』『大約』等。」又云：「『其』作副詞，表示估量、推測、不肯定，可譯爲『大約』『大概』『可能』等等。」又云：「『與』『歟』還可以表示推測，估計。」因此，「若……其歟」連用，很可能是加強測度語氣。

廖名春〈魯邦大旱〉：「命」與「說」義近，都是祭祀之名。《周禮·春官·大祝》：「大祝……掌六祈以同鬼神示：一曰類，二曰造，三曰禬，四曰禜，五曰攻，六曰說。作六辭以通上下、親疏、遠近：一曰祠，二曰命，三曰誥，四曰會，五曰禱，六曰誄。……辨九祭：一曰命祭，二曰衍祭，三曰炮祭，四曰周祭，五曰振祭，六曰擩祭，七曰絕祭，八曰繚祭，九曰共祭。」……這種作爲祭名的「命」，如簡三（**建洲按：應指簡 2「眾民知說之事鬼」**）可稱爲「說」；如《左傳·哀公十五年》則稱爲「雩」，都是義近通用。其實，也可稱爲「禜」。……在二〇〇三年一月九日下午清華大學思想文化研究所的研討會上，陳劍私下與我討論，疑「命」當讀爲「禜」。我也表示贊成。不過，考慮到讀如本字也可說通，則仍以「命」爲「禜」之同義詞視之。由此可知，「重命」是看重禳除旱災的祭祀。換言之，是子貢指責孔子迷信鬼神祭祀。……「女」，馬承源讀爲「如」可從。（**建洲按：馬氏讀「若」**）「吾子如重命其歟」之「其」字確實不好解釋。我懷疑「如其」表示強調語氣。如實在要找例證，勉強可以看看《論語》、《法言》。《論語·憲問》：「子曰：『桓公九合諸侯，不以兵車，管仲之力也。如其仁！如其仁！』」《法言·吾子》：「或問：屈原智乎？曰：如玉如瑩，爰變丹青。如其智！如其智！」這樣，「吾子如重命其歟」，就相當「吾子如其重命歟」。「否歟」二字有連讀與分讀兩說。我贊成分讀說。簡文孔子「出，遇子貢曰：『賜，爾聞巷路之言，毋乃謂丘之答非歟？』子貢曰：『否。』」……所謂「否」，是就「巷路之言，毋乃謂丘之答非歟」而言的，孔子關心的是社會上民眾的反映，怕「庶民」反對他既「毋愛珪璧幣帛於山川」，又「正刑與德以事上天」的建言，所以才問子貢。「子貢曰：『否。』」是子貢回答，社會上民眾不反對。子貢反映的是社會上的民情，並非說是他的看法。……「吾子若重命其歟」，是子貢對孔子建言的總看法。「如夫正刑與德以事上天，此是哉。若夫毋愛珪璧幣帛於山川，毋乃不可」云云，則是具體分析。子貢認爲，儘管孔子主張「雙管齊下」，既「毋愛珪璧幣帛於山川」，又「正刑與德以事上天」，但總的傾向是媚俗，犧牲了原則，向「重命」，迷信鬼神的思想妥協了。所以詰責、問罪的口氣格外強烈。俞志慧將「歟」讀爲「抑」是可行的，但此「抑」字並非「意義相當於『或者』」，而是表示反詰，相當於「豈」。《孟子·梁惠王上》：「抑王興甲兵，危士臣，構怨於諸侯，然後快於心與？」用法

與此同。簡六「公豈不飽粱食肉哉，殹無如庶民何」，「豈不」與「殹無」對，「殹」也當讀爲「抑」，表示反詰語氣。〔註50〕

建洲按：首先，關於「否殹」，上述廖名春先生之說恐須商榷。所引《孟子・梁惠王上》全文是：「故推恩足以保四海，不推恩無以保妻子。古之人所以大過人者，無他焉，善推其所爲而已矣。今恩足以及禽獸，而功不至於百姓者，獨何與？權，然後知輕重。度，然後知長短。物皆然，心爲甚，王請度之！抑王興甲兵」，《注》曰：「抑，辭也。孟子問王，抑亦如是乃快邪。」〔註51〕焦循《正義》曰：「《禮記・中庸》『抑而強與』注、宣公十一年《左傳》『抑人亦有言』注，皆以抑爲辭。……《國語》『敢問天道抑人故也』，賈子《新書・禮容語下》作『意人』。是抑即意。意其如此，辭之未定者也。……《大戴禮・武王踐阼》篇云『黃帝顓頊之道存乎，意亦忽不可得見與』，《荀子・脩身篇》云『將以窮無窮，逐無極與，意亦有所止之與』……」。〔註52〕可見《孟子》此處的「抑」相當於「還是」、「或者」之意。〔註53〕廖氏釋爲「豈」並非達詁。同時釋簡六「殹無」同樣需要商榷。本文大致贊同秦氏之說。《說文》：「緊，戟衣也。」段《注》曰：「緊，假借爲語詞。《左傳》『王室之不壞，緊伯舅是賴』，『民不易物，惟德緊物』。《毛詩》『伊可懷也』，《箋》云：『伊當作緊』。緊猶是也。」〔註54〕楊樹達《詞詮》所載「緊」的用法有二：（一）不完全內動詞，是也。「民不易物，惟德緊物」（《左傳》僖五年）（二）語首助詞，維也。「王室之不壞，緊伯舅是賴」（《左傳》襄十四年）。〔註55〕《虛詞辭典》亦說：「用在句首或謂語前，作狀語。表示所述事實僅限於某一範圍，兼起加強語氣的作用。可譯爲『唯獨』、『只有』等。」〔註56〕以上可見何氏之說恐不可信。附帶說明，秦氏說「緊」不可能引導疑問句，似乎太過絕對。比如說，與「緊」相同用法的「伊」（詳上《段》注），在《詩・正月》：「伊誰云憎？」《經傳釋詞》：「伊，是也。」〔註57〕則是引導疑問句，只不過解爲「是」，在簡文讀不通。總之，簡文「殹」，應同上一字讀作「否殹」即「否也」。

〔註50〕亦見於廖名春〈上博藏楚簡《魯邦大旱》校補〉《古籍整理研究學刊》2004.1 頁 7～8。

〔註51〕《十三經注疏──孟子》，頁 23。

〔註52〕〔清〕焦循《孟子正義》（北京：中華書局，1998.12 四刷），頁 88。

〔註53〕中國社會科學院語言研究所古代漢語研究室編《古代漢語虛詞詞典》（北京：商務印書館，2000.1 二刷），頁 727。

〔註54〕〔清〕段玉裁注《說文解字注》（台北：漢京文化，1985.10），頁 656～657。

〔註55〕謝紀鋒編纂《虛詞詁林》（哈爾濱：黑龍江人民出版社，1993.1 三刷），頁 563。

〔註56〕中國社會科學院語言研究所古代漢語研究室編《古代漢語虛詞詞典》（北京：商務印書館，2000.1 二刷），頁 708。

〔註57〕〔清〕王引之《經傳釋詞》（台北：漢京文化 1983.4），頁 84。

　　其次，關於「吾子」，《荀子・哀公》：「孔子曰：『君之所問，聖君之問也。丘，小人也，何足以知之？』曰：『非吾子無所聞之也。』」〔註58〕亦見於《禮記・哀公問》。可見當時以「吾子」稱「孔子」並非孤例。由上述二先生之說，可知「吾子」的主詞是「子貢」，而非俞志慧所指是孔子對子貢說。

　　第三，關於虛辭「女」字，筆者未見顏世鉉先生所說「《經傳釋詞》：『女，乃也。』」一句。《經籍纂詁》中只有「女，讀曰汝」作虛辭用。〔註59〕《虛辭辭典》甚至未收「女」字條。不知是否《經傳釋詞》：「如，猶乃也」之誤植。〔註60〕總之這裡的「女」應作假借字解，依本字說是不行的。筆者以為馬先生釋為「若」未必不行，「女」（泥魚）；「若」（日鐸），音近可通。「若」在此作副詞用，「用在動詞或動詞結構之前，表示所述事實大體如此，不很肯定。可以譯為『似乎』、『彷彿』、『好像』……（似的）等。」〔註61〕或是讀作「如」亦無不可，《經傳釋詞》：「《考工記・梓人注》曰：『若，如也。』常語」。〔註62〕這句的意思是說「老師您大概比較重視天命吧？」亦即帶有一點詢問、推測的語氣。如果釋為「乃」，那麼口氣上比較偏向肯定，所以顏世鉉先生翻譯上就只能翻作「子貢認為孔子乃是關注在重視百姓生命這一點上吧！」但這與原文「其歟？」帶有疑問、推測語氣是不同的。至於廖名春先生將簡文「其與」之「其」位置移動，與「如」一起理解為「『如其』表示強調語氣。」這樣更改楚簡原文來理解似乎不是很恰當，況且所舉例證「如其仁」、「如其智」與簡文句式亦不相同，無怪乎廖先生會說「如實在要找例證，勉強可以看看……」。

　　第四，將「命」解為「天命」與前後文最相符洽，茲從之。廖名春先生將「命」理解為「祭名」，但「命祭」一般釋為「食祭」，況廖氏亦說「不管鄭眾此處的解釋是否正確，但至少說明，在鄭眾看來，也有『祭鬼神之事』的『命祭』存在。」但是假若鄭眾解釋不正確的話，則「命祭」是否真有「祭鬼神之事」則不無疑問。所以此處筆者仍從「天命」說。

〔十二〕女（若）天〈夫〉政（正）刑與德，以事上天，此是才（哉）■。女（若）夫毋愛珪璧帛（幣）帛於山川，毋乃不可ㄥ。

〔註58〕〔清〕王先謙《荀子集解》（北京：中華書局，1997.10 四刷），頁 543。

〔註59〕〔清〕阮元《經籍纂詁》（台北：宏業書局，1993.8 再版），頁 476。亦參謝紀鋒編纂《虛詞詁林》（哈爾濱：黑龍江人民出版社，1993.1 三刷），頁 63。

〔註60〕〔清〕王引之《經傳釋詞》（台北：漢京文化 1983.4），頁 150。

〔註61〕中國社會科學院語言研究所古代漢語研究室編《古代漢語虛詞詞典》（北京：商務印書館，2000.1 二刷），頁 472。

〔註62〕〔清〕王引之《經傳釋詞》（台北：漢京文化 1983.4），頁 153。

劉樂賢先生〈民箚〉：從這段話看，子貢對祭祀山川的態度和孔子不太一致。可惜第五簡已殘，我們看不到孔子是如何跟子貢解釋的。從第一至三簡所載孔子語推測，他可能是從庶民習知祭祀之事的角度進行解釋。

建洲按：此說完全可信。子貢的意思大概是說：如果執政者端正行政的刑與德來奉事上天，這是對的啊。假如對山川大方、慷慨地奉獻珪璧，這恐怕是不可以的。

女天〈夫〉〔〕

馬承源先生：「女」讀爲「如」，「女」、「如」通假。在簡文中，「天」、「夫」、「而」等字，時有筆誤的情形，如上博竹書《民之父母》之「夫下」，今本爲「天下」。「如夫」爲句首連接語氣辭，《史記・樂書》：「若夫禮樂之施於金石，越於聲音，用於宗廟社稷，事於山川鬼神。」又《史記・楚世家》：「若夫泗上十二諸侯，左縈而右拂之，可一旦而盡也。」「如夫」這樣的連接辭在古文獻中較爲少見。（頁208）

建洲按：馬先生之說實自我矛盾，一方面讀作「如夫」，卻又說讀作「如夫」古文獻中較爲少見。另一方面但所舉例子又是「若夫」。今按讀作「若夫」是對的，王引之《經傳釋詞》卷七：「『若夫』，轉語詞也。又發語詞也。」〔註63〕《虛詞詞典》說：「複合虛詞。連接句與句、段落與段落，表示語意的轉折或進層。多用以承接上文，另提一事，用在下句或下段的開頭。可譯爲『至於』、『至於說到』等。」〔註64〕如《左傳・隱公五年》：「鳥獸之肉不登於俎，皮革、齒牙、骨角、毛羽不登於器，則公不射，古之制也。若夫山林、川澤之實，器用之資，皁隸之事，官司之守，非君所及也。」《禮記・樂記》：「論倫無患，樂之情也；欣喜歡愛，樂之官也。中正無邪，禮之質也，莊敬恭順。禮之制也。若夫禮樂之施於金石，越於聲音，用於宗廟社稷，事乎山川鬼神，則此所與民同也。」《呂氏春秋・離俗覽・離俗》：「故如石戶之農、北人無擇、卞隨、務光者，其視天下若六合之外，人之所不能察；其視貴富也，苟可得已，則必不之賴；高節厲行，獨樂其意，而物莫之害；不漫於利，不牽於埶，而羞居濁世；惟此四士者之節。若夫舜、湯，則苞裹覆容，緣不得已而動，因時而爲，以愛利爲本，以萬民爲義。」均可爲證。

其次，說到「夫」、「天」形近易混，大抵可信，惟所舉例證〈民之父母〉「天下」出現在簡2、簡6，所從「天」字作，其下雖變化成類「刀」形，但仍是「天」的形體，與「夫」無涉。本簡「夫」、「天」形近混用的情形亦見於《郭店・語叢一》

〔註63〕謝紀鋒編纂《虛詞詁林》（哈爾濱：黑龍江人民出版社，1993.1 三刷），頁301。

〔註64〕中國社會科學院語言研究所古代漢語研究室編《古代漢語虛詞詞典》（北京：商務印書館，2000.1 二刷），頁475。

「夫生百物，人爲貴」，「夫」是「天」是之誤，可見這並非單一現象。對於「夫」、「天」的字形關係，似乎也不能排除所謂「字形通轉」的現象，唐蘭說：「至於（字形）通轉，卻不是時間的關係，在文字的型式沒有十分固定以前，同時的文字，會有好多樣寫法，既非特別摹古，也不是有意創造新體，只是有許多通用的寫法，是當時人所公認的。」〔註65〕李零也注意到這個現象，他說：「簡帛的錯字分爲兩種：一種是因形體相近，偶爾寫錯；一種是我稱爲『形近混用』的合法錯字。這兩種錯字都要結合當時的書寫習慣去研究。」〔註66〕其中後者與唐蘭所謂「字形通轉」意思相同。顏世鉉則稱爲「形近通用」，他舉了《郭店》中的「大」、「夫」；「天」、「大」；「音」、「言」三組例子爲證。〔註67〕既然「大」、「夫」；「天」、「大」可以形近通用，則本簡「夫」、「天」理解爲形近通用或不爲無據。

是〔〕

建洲按：字左旁多一斜筆字。亦見〈子羔〉1「有虞是（氏）」，請見該注釋。

〔十三〕夫山，石吕（以）爲膚，木以爲民，女（如）天不雨，石牆（將）纛（焦）乚，木牆（將）死，丌（其）欲雨或（又）甚於我，或（又）必寺（待）虗（乎）名（榮）乎？夫川，水吕（以）爲膚，魚吕（以）爲民，女（如）天不雨，水牆（將）沽（涸），魚牆（將）死，丌（其）欲雨或（又）甚於我，或（又）必寺（待）虗（乎）名（榮）虗（乎）？」

馬承源先生：山以石作皮膚，以植被的樹木爲其民；水是河川的肌膚，魚是河川的民。天久不雨，石將焦，木將枯，水將涸，魚將死，山和川之渴望獲得雨水，或者更甚於世人，意思是禜大旱寄希望於對山川埋掩圭璧幣帛，則毫無意義。類似的禜大旱之策的推理，亦見於《晏子春秋·諫上一五》：「齊大旱逾時，景公召群臣問曰：『天不雨久矣，民且有飢色。吾使人卜，云祟在高山廣水。寡人欲少賦斂以祠靈山可乎？』群臣莫對。晏子進曰：『不可！祠此無益也。夫靈山固以石爲身，以草木爲髮，天久不雨，髮將焦，身將熱，彼獨不欲雨乎？祠之何益？』公曰：『不然，吾欲祠河伯，可乎？』晏子曰：『不可！河伯以水爲國，以魚鱉爲民，天久不雨，水

〔註65〕唐蘭《古文字學導論》（台北：樂天出版社，1973.7），頁 237。
〔註66〕李零〈簡帛古書的整理與研究〉《中國典籍與文化》2003.4，頁 10（8）。
〔註67〕顏世鉉〈郭店竹書校勘與考釋問題舉隅〉《中央研究院歷史語言研究所集刊》74：4（台北：中央研究院歷史語言研究所，2003.12），頁 626～628。

泉將下，百川將竭，國將亡，民將滅矣，彼獨不欲雨乎？祠之何益！』」（頁 208）

顏世鉉先生〈散論三〉：總而言之，從簡一、二這段文字來看，孔子認爲邦大旱，其主要的原因乃在爲政上失諸刑與德所致，所以端正刑德才是最重要的關鍵。其次，孔子也能理解百姓對禱神以求雨的態度，所以看來他也是以百姓的立場出發，並不反對禱神求雨；但他認爲端正刑與德仍是最重要的。從簡三、四這段文字來看應是：孔子問子貢說，他回答魯哀公說他理解百姓對禱神求雨的態度，所以並不反對舉行禱神求雨的儀式，他這個看法是否錯了？子貢說孔子這個看法並沒錯，子貢認爲孔子仍是從重視百姓生命的角度出發的。因此，孔子和子貢二人在禱神求雨的看法上，應是一致的。

建洲按：由馬承源先生所引〈晏子春秋〉原文可見子貢與晏子的看法是一樣的。其次，顏世鉉先生說對簡 1、2 的詮釋是對的，對簡 3、4 則不可從。簡文所載子貢明明白白說「或（何）必寺（待）虖（乎）名（禜）虖（乎）」，可見子貢是反對禱神求雨這件事的。又本簡連續兩次出現「<u>亓（其）欲雨或（又）甚於我，或（又）必寺（待）虖（乎）名（禜）乎？</u>」此乃子貢強調對山川祭禱是沒有用的，重點應該放在執政者的政績。此即清俞樾《古書疑義通例》中的「古人行文不避繁複例」。〔註68〕

木〔🏹〕

建洲按：字形如同「柰」（祟）作 🌿（《包山》239）、「季」作 🌾（《包山》127）。〔註69〕筆法有所省簡。

女（如）天不雨

馬承源先生：彩版釋文作「如天不雨■」（頁 54）。

建洲按：彩版「雨」下有一「·」圓點。馬承源以爲是標點符號，但楚簡未見此種符號。目前僅見於秦簡及漢簡，如《睡虎地·法律答問》：「父盜子不爲盜●今假父盜假子何當論盜」，相當於句號，有分段的作用。〔註70〕又如《張家山漢簡·蓋廬》，曹錦炎先生說：「從竹簡來看，除首簡外，其餘凡有『蓋廬曰』的簡首均標

〔註68〕楊家駱主編《樸學叢書之一──古書疑義舉例七卷》（台北：世界書局，1956.2），頁15。

〔註69〕林澐〈讀包山楚簡札記七則──七〉《江漢考古》1992.4。 亦見於《林澐學術文集》，頁21

〔註70〕何琳儀《戰國文字通論訂補》（南京：江蘇教育出版社，2003.1），頁257。

有黑點，從內容分析且都是一章的開端。……根據秦漢簡制的通例，黑點一般是作為篇章號的，這說明竹簡確實是分章的。」〔註71〕況且〈魯邦大旱〉簡 5「丌」下亦有「・」，馬先生則又不以爲是標點，前後不一。

或（又）必寺（待）虖（乎）名（榮）乎？

馬承源先生：本簡中二「或」字前者讀作本義字，後者讀作「何」。「或」、「何」同聲紐，「或」古韻在職部，「何」在歌部，屬旁對轉，音近而通假。「寺虖名」讀作「恃乎名」，辭意指山川之神恃名傲世，不欲施雨。《逸周書・武紀解》：「恃名不久，恃功不立，虛願不至，妄爲不祥。」（頁209）

何琳儀先生〈滬二〉：「或」訓「又」爲典籍恆詁。參《禮記・檀弓》「或敢有他志以辱君義？」《國語・晉語》「或」作「又」。二字音義均通。

劉樂賢先生〈民簡〉：以上皆子貢語。「或必寺乎名乎」兩見，整理者都讀爲「何必恃乎名乎」，並說「恃乎名」是「指山川之神恃名傲物，不欲施雨」。按，「或必寺乎名乎」似可讀爲「或必待乎名乎」。「待乎名」，是等到叫名字的意思。在求雨祭儀中，祭祀者必定會叫呼山川之名。

顏世鉉先生〈散論三〉：簡四「寺乎名」，劉樂賢讀作「待呼名」是正確；不過說是指「呼山川之名」，也許還可進一步討論。《周禮・春官・大祝》：「辨六號，一曰神號，二曰鬼號，三曰示號，四曰牲號，五曰齍號，六曰幣號。」禱神求雨的儀式中，所呼之名除天地山川諸神之名外，尚有珪璧幣帛等之名。

陳偉先生〈魯邦箚記〉：這些注釋有幾處可商。我們先看「或」字。在楚簡中，「或」除如字讀外，往往用作「又」。如包山121號簡「邶拳竊馬於下蔡而價之於易城，或殺下蔡人余睪」；134～135 号「今陰之蓳客不爲其斷，而倚執僕之兄呈，陰之正或執僕之父舟」；郭店《老子》乙3、4號簡「損之或損，以至亡爲也」；《六德》20、21號簡「既生畜之，或從而教誨之」；《語叢四》27號簡「入之或入之，至之或至之之，至而亡及也已」。此外，馬王堆漢墓帛書《戰國縱橫家書》「蘇秦獻書趙王」章「此三寶者，或非王之有也」；「公仲倗謂韓王」章「今或得韓一名縣具甲」，「或」亦讀爲「又」。或、又爲匣紐雙聲，韻部屬支、職旁對轉。古音相近，故可通假。本篇中兩句「其欲雨或甚於我」的「或」字，恐當讀爲「又」，表示程度上更進一層，與「甚」的意義正好相關。子贛將石、水、與木、魚比作山川的皮膚和臣民，面臨皮膚焦涸、臣民死亡的困境，山川對雨的需要當然很迫切。如果按本字讀，就很不

〔註71〕曹錦炎〈論張家山漢簡《蓋廬》〉《東南文化》2002.9，頁 62。

好解釋。「又甚」連文在古書中亦往往可見，如《左傳》昭公三十年說「光又甚文，將自同于先王」；《國語‧鄭語》「又甚聰明和協，蓋其先王」；《墨子‧非攻上》說「至攘人犬豕雞豚，其不義又甚入人園圃竊桃李」《戰國策‧齊策一》說「閔說楚王，令其欲封公也又甚于齊」。這也可印證。「或必待吾命乎」中的「或」，何琳儀先生也讀為「又」。……「又」作為副詞，可以用在反問句中，起加強語氣的作用。如《史記‧遊俠列傳》云：「要以功見言信，俠客之義又曷可少哉。」在這個意義上理解簡書，應該是順適的。「寺」，劉樂賢先生讀為「待」。他說：「待乎名，是等到叫名字的意思。在求雨祭儀中，祭祀者必定會叫呼山川之名。」按照將「寺」改讀為「待」的思路，對簡文可以作另外一種解讀。即將其後的「虍（從壬）」讀為「吾」，將「名」讀為「命」（「奉告」或「召喚」）。「又必待吾命乎」，意思是說難道必須等待我們的呼喚嗎。

劉樂賢先生〈簡論〉：從上下文推測，「或必寺吾名乎」應當是否定祭祀求雨的意思，可以有兩種讀法。一種是讀為「或必祠乎禜乎」（原注 9：「寺讀祠，是陳明的意見。名讀禜，是陳劍的意見（2003 年 1 月 9 日在清華大學思想文化研究所討論會上的發言）」），「祠」、「禜」皆為祭名。大旱時「祠」山川，已見於上引《晏子春秋‧諫上十五》。禜，是《周禮‧春官‧大祝》「六祈」之一，鄭注說：「禜，日月星辰山川之祭也。《春秋傳》曰：『日月星辰之神，則雪霜風雨之不時，於是乎禜之；山川之神，則水旱癘疫之災，於是乎禜之。』」另一種是讀為「或必待乎禜乎」或「或必待吾禜乎」（原注：參看陳偉〈讀〈魯邦大旱〉箚記〉），祭名只有「禜」。

陳劍先生：第 4、5 簡「其欲雨或甚於我，或必寺（待）乎明乎？」所謂「明」字原簡明明是「名」啊。此語何解頗費躊躇，我以前在一次會議上曾提出過一個猜測，會不會讀為「或（又）必寺（待）吾名（禜）乎？」其中「吾」跟「乎」楚簡本就用同一字形。「名」讀「禜」，聲母稍遠，但也可找出一些證據。阜陽漢簡詩經屢以「柄」為「永」，就是同類例子（「柄死弗告」、「柄以為好」。丙聲字通「猛」郭店《老子》、上博簡《從政》皆有其例）。《說文》：「禜，設綿蕝為營，以禳風雨雪霜水旱癘疫於日月星辰山川也。」《左傳‧昭公元年》：「子產曰：……山川之神，則水旱癘疫之災於是乎禜之；日月星辰之神，則雪霜風雨之不時，於是乎禜之。」跟簡文發生旱災祭祀山川是相合的。子貢是贊成孔子正刑德之主張，但又反對其以圭璧幣帛祭祀山川的，其意謂山川遇旱災，想要下雨比我們還想得厲害，又怎麼會一定要等到我們舉行禜祭之後才下雨呢？毋愛圭璧幣帛於山川，亦即舉行禜祭於山川是也。其實，此愣頭青長篇大論的道理孔子會不明白？孔子就真傻到以為祭祀山川有用了？畢竟還嫩呀，只知道一些淺顯的道理，卻哪里能

夠體會聖人的深意……。〔註72〕

廖名春先生〈魯邦大旱〉：簡四、簡五的「寺虖名」都當讀爲「恃乎命」。「名」讀爲「命」，文獻習見。「恃乎命」即「重命」。「恃」，就是重，也就是倚重。「恃乎命」就是看重「命」這一類禳除旱災的祭祀，換言之，就是迷信鬼神之祭。

建洲按：綜合以上學者意見，讀作「又必待吾禜乎」似乎較好。首先，「或」（匣職）讀作「何」（匣歌），二者僅有雙聲關係，韻部距離稍遠，而且古籍並無通假例證。相反的，讀作「又」，《經傳釋詞》：「或，猶『又』也。《詩・賓之初筵》：『既立之監，或佐之史』。」〔註73〕除陳偉先生上舉例之外，又如〈容成氏〉40兩見「湯或從而攻之」即「湯又從而攻之」。《戰國策・韓策一》：「今又得韓之名都一而具甲。」漢帛書本「又」作「或」。《老子》：「道沖而用之或不盈」，《淮南子・道應》「又」作「或」。至於與「又」常見通假的「有」，其與「或」的通假例就更多了。如《尙書・洪範》：「無有作好，遵王之道。無有作惡，遵王之路。」《呂氏春秋・貴公》、《韓非子・有度》引「有」作「或」。〔註74〕而「或」假爲「又」作爲副詞，可以用在反問句中，表示加強語氣的作用者如《左傳・哀公元年》：「今吳不如過，而越大於少康，或將封豐之，不亦難乎？」《禮記・檀弓下》：「父死之謂何，或敢有他志以辱君義？」〔註75〕以上可證簡文「或」讀作「又」較好。

其次，「寺」恐怕讀作「待」比讀作「祠」要好。若讀作「祠乎禜乎」則文意重複，況且一般「祠」的用法是指「春祭」，如《周禮・春官・大宗伯》：「以祠春享先王，以禴夏享先王，以嘗秋享先王，以烝冬享先王。」《爾雅・釋天》：「春祭曰祠，夏祭曰礿，秋祭曰嘗，冬祭曰蒸。」其用法不如「禜」專指「雪霜風雨之不時」或「水旱癘疫之災」的好。

水牯（將）沽（涸）

張富海先生〈后稷之母〉：楚簡中有時同一個字形可以表示不同的詞，而這個字形對兩個詞的音義來說都切合，很難說哪個是本義，哪個是假借義。如郭店簡《語叢四》「江湖」之「湖」作「沽」，而「沽」這個字形在《上海博物館藏楚竹書（二）・

〔註72〕陳劍先生於「國故新知」欄目回覆史杰鵬文章時所說，2003-05-09 17:18:31，
　　　　http://xinxueyuan.com/forum/read.php?id=46185&bbsid=7007。

〔註73〕謝紀鋒編纂　《虛詞詁林》（哈爾濱：黑龍江人民出版社，1993.1 三刷），頁 329。

〔註74〕以上並見高亨、董治安編纂《古字通假會典》（濟南：齊魯書社，1997.7 二刷），頁 370。

〔註75〕二例並見中國社會科學院語言研究所古代漢語研究室編《古代漢語虛詞詞典》（北京：商務印書館，2000.1 二刷），頁 252。亦見於《經傳釋詞》。

魯邦大旱》篇中卻用為「涸」，但恐怕不能說「沽」的本義就是「湖」，「涸」是其假借義；或者說「沽」的本義就是「涸」，「湖」是其假借義。

建洲按：說可參。

〔十四〕剴（豈）〔）不

馬承源先生：剴，從刀，豈聲，字書未見，當讀為「豈」。「豈不」是對公行為的否定。（頁210）

陳嘉凌先生：剴，字書常見，《說文》：「剴，大鎌也。」《郭店・緇衣》簡12亦作，與簡文此字同形，或簡省下端橫筆作（《郭店・緇衣》簡42）。〔註76〕

建洲按：陳說可從。

〔十五〕飽（飽）杪（粱）飤（食）肉才（哉）殹

馬承源先生：「飽」，從食，會意兼形聲，讀為「飽」。「杪」讀為「粱」……「飤肉」即「食肉」。賈誼《新書・藩傷》：「愛之固使飽粱肉之味……」此「飽粱肉」，與簡辭「飽粱食肉」義相若。（頁210）

徐在國先生〈雜考〉：（飽）字形分析應為從「食」、「攴」聲。《說文》：「鞄，柔革工也。從革，包聲。讀若樸。」「朴」從「卜」聲，「攴」也從「卜」聲。因此，「飽」字或體可從「食」、「攴」聲。

何琳儀先生〈滬二〉：「殹」，《考釋》屬上讀為「公豈不飽栗食肉哉殹（也）。」按，當屬下讀作「殹（繄）無如庶民何」。參上文第三簡。

秦樺林先生〈虛詞〉：「殹」屬影母脂部，「抑」屬影母質部，為陰入對轉，可以通假。但「抑」用於兩個問句之閒時，多為選擇連詞，且兩個問句的句式規整，通常作「……乎（歟）？抑……乎（歟）？」如《左傳・哀公二十六年》：「子將大滅衛乎？抑納君而已乎？」《論語・學而》：「夫子至於是邦也，必聞其政。求之與（歟）？抑與之與（歟）？」很明顯，從句式上說，第六簡中「豈……才（哉）殹……何」絕非選擇問句，「殹」連接的乃是一個反問句和一個帶有疑問語氣的感嘆句。因此在第六簡中，「殹」不當讀為「抑」。「哉也」連用，作為句末語氣詞，極為罕見，通常作「也哉」，如《論語・陽貨》：「吾豈匏瓜也哉？焉能系而不食？」《左傳・襄公九年》：「我實不德，而要人以盟，豈禮也哉？」但「哉也」連用，典籍中亦有例，

〔註76〕陳嘉凌〈魯邦大旱譯釋〉《《上海博物館藏戰國楚竹書（二）》讀本》（台北：萬卷樓，2003.7），頁51。

如《孔子家語・子路初見》：「子路曰：『學豈益哉也？』」又「無如……何？」乃固定句式，如《禮記・哀公問》：「公曰：『寡人既聞此言也，無如後罪何？』」因此，第六簡可斷句爲：「公豈不飽梁食肉才（哉）殹（也）？亡（無）女（如）庶民何？」

劉樂賢先生〈簡論〉：公剴（豈）不飯杒（梁）飤（食）肉才（哉）殹。……第6簡最後一字的後面有分章號，整理者據此認爲「《魯邦大旱》篇不與其他篇連抄，以示其爲獨立篇章。」按，因第 5 簡末端殘斷，孔子對子貢的答語已佚，第 5、6簡之間是否有缺簡或缺幾簡已無從得知。從現存文字看，第 6 簡和前面 5 簡的關聯並不十分明顯，它與前面 5 簡的關係尚有待進一步研究。

建洲按：「攴」（滂屋）；「飽」（幫幽）。聲紐同爲脣音，韻部有旁對轉關係，聲韻關係還算近，故得通假。劉樂賢先生讀作「飯」（並元），韻部有段距離，恐不可信。（【洲再按】：舊釋不可從，應釋爲「飯」！）

其次，「梁」作「杒」，所從「刅」訛作「刃」，古文字常見。對於「殹」的讀法，劉樂賢先生亦讀作「才（哉）殹」，但是不同的是，他未如之前將「殹」讀作「也」。筆者檢索先秦典籍的確未見「哉也」的句式，而且一般「……哉」是一個段落。但是何琳儀先生讀作「殹（繄）無如庶民何」，亦有問題，因爲如何先生所說「繄」一般作「語首助詞」，如《集成》2811 王子午鼎「殹民之所亟」。〔註77〕但是本簡是「△無如庶民何」，顯然不合上述條件，此暫從劉樂賢先生釋作「才（哉）殹」，具體應如何釋讀，尚有待證據說明。最後，劉樂賢先生亦同意簡6「▬」是「章號」，與我們在〈子羔〉「前言」中的討論是一樣的。

〔註77〕劉彬徽《楚系青銅器研究》（漢口：湖北教育出版社，1995.7），頁 312。

第六章 〈從政〉校釋

第一節　前　言

　　本篇是《上海博物館藏戰國楚竹書（二）》的第四篇。整理者張光裕先生將簡文分爲甲、乙兩篇，其中甲篇完、殘簡共十九枝，其中第六、七兩簡本屬同一簡，故實數當爲十八枝，計五百一十九字；乙篇則存完、殘簡共六枝，計一百四十字。兩篇全數六百五十九字。張光裕先生認爲「甲、乙兩篇內容多次強調『從政』所應具備之道德及行爲標準」，故今皆以《從政》名篇，此說可從。惟將整篇竹簡分爲甲、乙兩篇可商，陳劍先生〈編連一〉指出：

> 　　我們分析這 25 支簡各方面的情況，不太明白整理者爲什麼一定要將它們分爲甲乙兩篇。本篇沒有篇題、篇號，僅甲篇第 19 簡這一支簡的簡末文句抄完後留有空白，表明其爲一篇之末簡；甲乙兩篇在簡長、字體、編繩數目與位置等方面也看不出什麼明顯差別。整理者據以分篇的根據「兩組竹簡長度各異，編繩部位亦不相同」（《上海博物館藏戰國楚竹書（二）》213 頁），其實相當薄弱，因爲所謂乙篇中只有一支整簡，即第 1 簡。而此簡長 42.6 釐米，跟甲篇的幾支整簡 5、8、11、18 長度完全相同。甲篇餘下的三支整簡第 1、15 簡長 42.5 釐米，第 19 簡長 42.8 釐米，也沒有多少出入。所謂編繩位置的問題，細看圖版，也很難看出兩篇有什麼不同。下文要談到，分屬甲乙兩篇的有些簡可以拼合、連讀。總之，這 25 支簡本應屬於同一篇，《從政》篇並無所謂甲篇乙篇的問題。

說可信。附帶補充，我們在〈子羔〉篇「前言」中已談到一簡書寫之後留下空白，並不代表其後一定沒有內容，如《郭店・語叢四》即爲一例。然爲符合閱讀習慣，

今仍沿襲張光裕先生之術語，如【甲一】代表甲篇第一簡。

第二節　竹簡形制及編連

〈從政〉乙篇中只有一支整簡，此簡長 42.6 釐米。甲篇完簡長度相差不多。根據我們前引胡平生先生的歸納，這大致符合楚竹書「長二尺」，約 45 釐米的常制。

至於竹書的編連，採用先寫後編的方式。簡序則陳美蘭先生融會諸家，截長補短，頗值得參考，其術語及所編連順序如下〔註1〕：（「＋」號表示前後兩簡完全銜接，「……」號表示前後兩簡中間有缺簡或缺文，「、」號表示前後簡文義不相銜接）

甲 1+甲 2……甲 3……甲 4、甲 15+甲 5+甲 6+甲 7……乙 1+乙 2……甲 8……甲 9……甲 10……甲 13……甲 14……甲 16+乙 3……甲 17+甲 18+甲 12+乙 5、甲 11……甲 19+乙 4……乙 6……

今大抵從之，惟「、」號易為「，」號，簡序編連小有更改如下：（1）甲 2 下依楊朝明先生〈從政三則〉、〈分章釋文〉之說補「齊之以」下接甲 3；（2）甲 10、甲 13、甲 14、甲 16 之間似看不出彼此的關聯性，所以以「，」分隔；（3）乙 3、甲 17 亦看不出關聯性，以「，」分隔；（4）乙 5、甲 11 之間可連讀，陳美蘭〈譯釋〉正文中亦作連讀的編連，此處可能是一時筆誤，故易之以「＋」相連；（5）甲 11、甲 19 看不出關聯性，以「，」分隔；（6）將「甲 19」與「乙 4」視為連續的二簡，可能不可信。雖然就文意來說「君子不以流言傷人」（甲 19）「也。……」（乙 4）是很通順。但是簡 19 長 42.8 釐米，但只有 29 字，下尚有一段空白，倘若需要「也」字，自有空間可寫，何勞下一簡呢？尤其「人」後有墨釘作句讀號，所以「人」後是不會加「也」字的。其次，張光裕先生說：「『君子不以流言傷人』句末既有墨釘，其後更有留白餘簡乙段，故可視為全篇之末句。」〔註2〕雖不一定如此，（因未見篇號）但以目前諸簡的條件來看，甲 19 的確是比較有條件作最末一簡，今從之；（7）乙 4、乙 6 之間亦看不出關聯性，以「，」分隔。綜合以上，順序如下：甲 1+甲 2+甲 3+甲 4，甲 15+甲 5～甲 7……乙 1+乙 2……甲 8……甲 9……甲 10，甲 13，甲 14，甲 16+乙 3，甲 17+甲 18+甲 12+乙 5+甲 11，乙 4，乙 6，甲 19。

〔註1〕參陳美蘭〈〈從政〉譯釋〉《《上海博物館藏戰國楚竹書（二）》讀本》（臺北：萬卷樓，2003.7），頁 53～85。

〔註2〕馬承源主編《上海博物館藏戰國楚竹書（二）》（上海：上海古籍出版社，2002.12），頁 232。

第三節　簡文校釋

【釋　文】

　　龥（聞）之曰〔一〕：昔三弋（代）之明王〔二〕之又（有）天下者，莫之舍（予）〔三〕也，而□（終？）取之，民皆㠯（以）為（取？）義〔四〕，夫是則獸（守）之以信〔五〕，斈（教）甲**1**之㠯（以）義■，行之㠯（以）豊（禮）也。亓（其）䚹（亂）王〔六〕，舍（予）人邦㝓（家）土陞（地），而民或弗義，□……【齊之以】甲**2**豊（禮）則飂（居）而為㤅（仁）〔七〕，諳（教）之以型（刑）則逐■〔八〕。

　　龥（聞）之曰：善＝人＝（善人，善人）也，是㠯（以）旻（得）孯（賢）士一＝人＝（一人〔九〕，一人）讙（譽）〔十〕……甲**3**四墅（鄰）。遊（失）孯（賢）士〔十一〕一人，方（謗）亦厚（或後）是＝（是〔十二〕，是）故羣（君子）斳（慎）言而不斳（慎）事……甲**4**

　　毋暴〔十三〕、毋禖（虐）〔十四〕、毋惻（賊）〔十五〕、毋佮（貪）〔十六〕。不攸（修）不武〔十七〕，胃（謂）之必城（成），則暴〔十八〕；不斈（教）而殺，則禖（虐）■；命亡（無）踅（時），事必又（有）罤（期），則惻（賊）■〔十九〕；為利桂（枉）甲**15**事，則賠（貪）■〔二十〕。

　　龥（聞）之曰：從正（政），㝵（庸）五惪（德）■〔二一〕、臣（固）三折（誓？）〔二二〕、敓（除）十惰（怨）■〔二三〕。五惪（德）：一曰愄（寬）■〔二四〕，二曰共（恭）■，三曰惠■〔二五〕，四曰㤅（仁）■，五曰敬■。羣（君子）不愄（寬）則亡（無）甲**5**㠯（以）頌（容）百眚（姓）■，不共（恭）則亡（無）㠯（以）敓（除）辱■，不惠則亡（無）以聚民■，不㤅（仁）甲**6**則亡（無）以行正（政）■，不敬則事無城（成）■。三折（誓？）踅（持）行視上卒（衣）飤（食）〔二六〕甲**7**

　　曰軋（犯）人之矛■〔二七〕，十曰口惠而不繇（由）■〔二八〕。興邦㝓（家）〔二九〕，紣（治）正斈（教）〔三十〕：從命，則正不裓（勞）〔三一〕；容（雝）戒先遑（式），則自异（己）訡（始）〔三二〕；㬎（顯）訕（嘉）懽（勸）信，則憍（僞）乙**1**不章（彰）■〔三三〕；毋占民賹（斂），則同〔三四〕；不膚（虜）澦（法）贏（盈）亞（惡），則民不惰（怨）■〔三五〕

　　龥（聞）之曰：……乙**2**

　　而不智（知）則奉（逢）㝈（災）害。龥（聞）之曰：從正（政）又（有）七

幾〔三六〕：獄則興〔三七〕，恨（威）則民不道（導），濾則遊（失）眾■〔三八〕，
悟（猛）則亡新（親）〔三九〕，罰則民逃■，好型（刑）〔四十〕甲 8……則民
复（作）謎（亂）■，母（凡）此七者〔四一〕，正（政）斋＝（之所）悃（殆）
也〔四二〕。

闇（聞）之曰：志燹（氣）不旨〔四三〕，其事不……甲 9

曰：從正（政）所矛（務）三■：敬、誂（忠？）、信＝（信〔四四〕，信）則
得眾■，誂（忠？）則遠＝戾＝（遠戾，遠戾）所吕（以）……甲 10

然句（後）能立道■。

闇（聞）之曰：羣（君子）相讀（就）也，不必才（在）近迟（昵）。藥（樂）……
〔四五〕甲 13

又（有）所又（有）舍（餘）而不敢肀（盡）之■，又（有）所不足而不敢弗
【勉】……〔四六〕甲 14

吕（以）軋（犯）賡輄（犯）見不訓（順）行吕（以）出之■〔四七〕。

闇（聞）之曰：羣（君子）藥（樂）則總（治）正■，意（憂）則【□，怒則
□，懼則□，恥則】甲 16 遏（復）■〔四八〕；小人藥（樂）則愑（嘻）■〔四九〕，
憂則闇（悶）■〔五十〕，芺（怒）則勝■〔五一〕，愳（懼）則怀（背）■〔五
二〕，恥則軋（犯）■。闇（聞）之曰：從正（政）不總（治）則謎（亂）■。總
（治）巳（已）至〔五三〕則……乙 3

【君子先】人則啓道之，逡（後）人則奉相之〔五四〕，是吕（以）曰：「羣（君
子）難得而惕（易）叀（事）也，元（其）叀（使）人器之■。」少（小）人先＝
（先人）則弁（絆）敔之，【後人】甲 17 則暴毀之〔五五〕，是吕（以）曰：「少（小）
人惕（易）旻（得）而難叀（事）也，其叀（使）人，必求備女（焉）■。」

闇（聞）之曰：行在异（己）而名才（在）人，名難靜（爭）也。甲 18 臺（庸）
行不佚（倦），㕛（持）善不猷（厭），唯（雖）宵（世）不偠（識）〔五六〕，必
或暂（知）之。是古（故）甲 12 羣（君子）弻（強）行〔五七〕，以㕛（待）名之
至也。羣（君子）闇（聞）善言，吕（以）改亓（其）乙 5 言；見善行，內（納）
亓（其）悬（身）女（焉），可胃（謂）學矣■〔五八〕。

闇（聞）之曰：可言而不可行，君子不言；可行而不可言，君子不行。甲 11
也。

闇（聞）之曰：歐（侃？）㤹（敏？）而共（恭）孫（遜）〔五九〕，眷（教）
之繮（勸）也。悶（溫）良而忠敬，悬（仁）之宗也。……乙 4

不武則志不遝（忒-），悬（仁）而不暂（知）則……乙 6

之人可也。

　　龠（聞）之曰：行隌（險）至（致）命，餶（飢）滄（寒）而毋餀（會），從事而毋說（訟），君子不以流言戕（傷）人■〔六十〕甲 **19**

【校　釋】

〔一〕龠之　曰

　　周鳳五先生〈從甲〉：換言之，《論語・堯曰》「子張問從政」章可能是《從政》甲、乙篇的藍本，《從政》可能是由《論語・堯曰》這一章展開的。類似的現象也見於郭店《忠信之道》，《忠信之道》是對《論語・衛靈公》記孔子答子張問行：「言忠信，行篤敬，雖蠻貊之邦行矣」的闡述。值得注意的是，《忠信之道》全篇理路清晰，首尾呼應，結構比較完整；《從政》則分爲若干小節，自成起訖，分別冠以「聞之曰」，這是先秦時代記言的套語。我們不妨假設，《從政》是儒家學者傳習《論語》或《論語》原始材料的紀錄，「聞之曰」是弟子的口吻，說話者是老師。不過，先秦時代往往也用「吾聞之」、「聞之曰」開端以發抒己見，這是爲了表示謙遜或推本。那麼，「聞之曰」也可能是老師的口吻，內容是其個人的見解或轉述他人的言論。總之，《從政》甲、乙篇可能與《論語》有關，其內容可能是「七十子之徒」或其後學闡述《論語》或相關材料的紀錄。

　　楊朝明〈五德〉：《從政》篇中的「聞之曰」，從我們前面的研究中知道它與「子曰」相同，後面所引述的應該是孔子的話。《從政》篇的原整理者還舉出該篇第十一簡，其中曰：「聞之曰：可言而不可行，君子不言；可行而不可言，君子不行。」指出此語又見於《上海博物館藏戰國楚竹書（一）・緇衣》、《郭店楚墓竹簡・緇衣》以及《禮記・緇衣》，惟前兩者中「聞之曰」作「子曰」，說明「聞之曰」其實正是聞之於孔子所說。《從政》篇以「聞之曰」開頭引述孔子之語，顯然該篇的記述者屬於親聞于夫子的孔門後學。《孔叢子・公儀》記魯穆公與子思的對白，其實已經昭示了該篇出於子思。當時，穆公對子思說：「子之書所記夫子之言，或以謂子之辭也。」子思曰：「臣所記臣祖之言，或親聞之者，有聞之於人者，雖非其正辭，然猶不失其意焉。」《孔叢子》屬於孔氏家乘，學者考證，其中所記述的關於子思的材料或即「采輯《子思》而成」，這裏所述不會無中生有。《從政》通篇以「聞之曰」而記孔子之言。當時，由於孔子地位的提高，孔子的論述受到普遍的重視，因而，對於孔子言論的敘述，可能不會隨意進行。子思是孔子裔孫，最有條件和資格傳述孔子遺說。儘管如此，還有人表示懷疑。所以，以「聞之曰」的方式而敘述孔子學說，非子思莫屬。

建洲按：「聞之曰」，聽說的意思。「䎽」常見於楚簡，如 䎽（《郭店・老子丙》3）、䎽（《包山》130 反）。《說文》曰：「聞，知聞也。……䎽古文，從昏。」（十二上八）亦省作「昏」，如《郭店・唐虞之道》22-23：「昏（聞）舜孝，智（知）其能栐（養）天下之老也。」亦作「䎽」形，多見於《郭店・五行》。「䎽」除用作「聽聞」之義外，亦有「問」的意思，如長沙銅量「䎽王於茮郢之歲」，即「聘問」之義；《上博（二）・民之父母》1「子夏䎽（從「宀」）於孔子」，「請問」的意思。本簡「聞之曰」前皆無主詞，惟〈甲 11〉有「䎽（聞）之曰：可言而不可行，君子不言；可行而不可言，君子不行」此與《郭店・緇衣》30-31：「子曰：可言不可行，君子弗言；可行不可言，君子弗行。」是相類似的。所以張光裕先生認爲所謂「聞之曰」的來源，除「聞之於古先聖賢外，閒亦有聞諸夫子者。」楊朝遠先生認爲〈從政〉的作者是「子思」，似也不無可能。除了子思與孔子關係密切外，《隋書・音樂志》引沈約的說法，曰：「中庸、表記、坊記、緇衣皆取《子思子》」〔註3〕。而〈從政甲〉11 的內容又與〈緇衣〉內容相同，這可能不是偶然。茲存其說待考。

〔二〕三弋（代）之明王

張光裕先生：「三代之明王」即夏、商、周三代之明君、賢主。（頁 216）

陳偉先生〈從政校讀〉：雖無明確指出，但從其所舉書證亦不難推測贊同張說。

陳美蘭先生〈譯釋〉：即「三代之明王」，夏商周三代的明君、賢主。張光裕先生已經指出，〈從政〉內容與先秦儒家學說關係至密，從儒家典籍的記載看來，「三代」往往是指夏、商、周三代，除了張先生所引《禮記・表記》「昔三代之明王，皆事天地之神明」、〈哀公問〉「孔子遂言曰：『昔三代明王之政，必敬其妻子也，有道』」之外，又如：《左傳》昭公七年：「昔堯殛鯀於羽山，其神化爲黃熊，以入於羽淵，實爲夏郊，三代祀之。」……用這個意義放在本篇中，也都很合適。（頁 59 注 2）

周鳳五先生〈從甲〉：「三代」泛指上古，不是夏、商、周三代，西周封建制度是人所共喻的。

建洲按：戰國文字「弋」、「戈」常相混，〔註4〕如〈容成氏〉50「虗（吾）敓（說）而弋（代）之」，即「代之」。簡 38「䁃」，從「弋」聲，讀作「飾」。其次，就簡文內容及目前的文獻用語來看，所謂「三代」似乎不太可能指遠古帝王，如

〔註 3〕《新校本隋書》（臺北：鼎文書局，民 64）卷十三，頁 288

〔註 4〕李家浩〈戰國邙布考〉《古文字研究》第三輯（北京：中華書局，1980.11），頁 160～165。亦見於《著名中年語言學家自選集——李家浩卷》（合肥：安徽教育出版社，2002.12），頁 160～166。

《荀子‧王制》:「王者之制,道不過三代,法不貳後王。」楊《注》:「論王道不過夏、殷、周之事,過則久遠難信。」〔註5〕又《墨子》喜稱「三代聖王」,其內容除一般常見的「禹、湯、文、武」外,亦見「堯、舜、禹、湯、文、武」,〔註6〕如《墨子‧天志上》:「故昔三代聖王禹、湯、文、武,欲以天之爲政於天子」〔註7〕;《墨子‧非命下》:「故昔者三代聖王禹、湯、文、武方爲政乎天下之時」〔註8〕;《墨子‧貴義》:「凡言凡動,合於三代聖王堯、舜、禹、湯、文、武者爲之;凡言凡動,合於三代暴王桀、紂、幽、厲者舍之。」《墨子‧天志上》:「昔三代聖王禹、湯、文、武,此順天意而得賞也。昔三代之暴王桀、紂、幽、厲,此反天意而得罰者也。」〔註9〕《墨子‧魯問》云:「昔者三代之聖王禹湯文武,百里之諸侯也,說忠行義,取天下。三代之暴王桀、紂、幽、厲,讎怨行暴,失天下。」〔註10〕《墨子‧尚賢中》:「故唯昔三代聖王堯、舜、禹、湯、文、武,之所以王天下正諸侯者,此亦其法已」〔註11〕。可見所謂「三代」,就文獻記載來說,似乎最遠可推置「堯、舜」,更早的帝王則未見稱「三代」者。《韓非子‧問疑》:「若夫許由、續牙、晉伯陽、秦顛頡、衛僑如、狐不稽、重明、董不識、卞隨、務光、伯夷、叔齊,此十二人者,……有民如此,先古聖王皆不能臣,當今之世,將安用之?若夫關龍逢、王子比幹、隨季梁、陳泄治、楚申胥、吳子胥,此六人者,皆疾爭強諫以勝其君。……如此臣者,先古聖王皆不能忍也,當今之時,將安用之?」〔註12〕又「古之所謂聖君明王者,非長幼弱也及以次序也。……彼曰:『何知其然也?』因曰:『舜偪堯,禹偪舜,湯放桀,武王伐紂,此四王者,人臣弒其君者也,而天下譽之。……』」〔註13〕由《韓非子‧問疑》可知當所謂「昔者」或「先古」而且所論之事關於「政治」者,還是不出堯、舜、禹、湯、文、武的範圍。反觀(虞)夏商周之前的「上古帝王」,古書所描述通常比較正面,也多爲至德之世,如《莊子‧胠篋》:「子獨不知至德之世乎?昔者容成氏、大庭氏、伯皇氏、中央

〔註5〕〔清〕王先謙《荀子集解》(北京:中華書局,1997.10 四刷),頁158。
〔註6〕「堯、舜、禹、湯、文、武」,就「朝代」來說可稱爲「虞、夏、商、周」。古書曾記載「堯」被稱爲「有虞」之帝王,詳參陳泳超《堯舜傳說研究》(江蘇:南京師範大學出版社,2000.8),頁5~8。或見〈子羔〉簡1「有虞氏之樂正」注釋。
〔註7〕〔清〕孫詒讓《墨子閒詁》(臺北:華正書局,1995.9),頁177。
〔註8〕〔清〕孫詒讓《墨子閒詁》(臺北:華正書局,1995.9),頁252。
〔註9〕〔清〕孫詒讓《墨子閒詁》(臺北:華正書局,1995.9),頁177。
〔註10〕〔清〕孫詒讓《墨子閒詁》(臺北:華正書局,1995.9),頁428。
〔註11〕〔清〕孫詒讓《墨子閒詁》(臺北:華正書局,1995.9),頁46。
〔註12〕〔清〕王先愼撰《韓非子集解》(北京:中華書局,2003.4 二刷),頁402~403。
〔註13〕〔清〕王先愼撰《韓非子集解》(北京:中華書局,2003.4 二刷),頁406。

氏、栗陸氏、驪畜氏、軒轅氏、赫胥氏、尊盧氏、祝融氏、伏犧氏、神農氏，當是時也，民結繩而用之。甘其食，美其服，樂其俗，安其居，鄰國相望，雞狗之音相聞，民至老死而不相往來。若此之時，則至治已。」〈容成氏〉1〜2：「〔容成氏〕……之有天下也，皆不受（授）亓（其）子而受（授）臤（賢）。亓（其）惪蒥清，而上怎（愛）下，而一亓（其）志，而㝪（寢）亓（其）兵」。但〈從政〉簡文除有三代「明王」外，還有三代「亂王」之名，此或可說明所謂「三代」非指「上古帝王」。而且依周先生之說「上古明王盡取天下，不以土地予人，人民以爲其所行正當。」也與上引文所載古聖王之形象不是很相配。最近閱讀到趙平安先生也指出「在戰國文獻中，正面舉例常稱『堯舜禹湯文武』，反面常稱『桀紂幽厲』，下限往往止於西周。」〔註14〕這與筆者的看法是一致的。

〔三〕莫之舍（予）〔舍〕

張光裕先生：讀爲「餘」。（頁215）

周鳳五先生〈從甲〉：釋爲「舍」字，「給予」的意思。簡文「莫之舍」，指「三代不以土地予人，可能是不實行封建制度的意思。」

陳偉先生〈從政校讀〉：應讀作「予」或「舍」，皆有施捨、賜予一類含義。簡文大意即：三代明王得天下，不事施捨，而是奪取，民眾都認爲是正當的。

孟蓬生先生〈字詞〉：此實即舍字，從口，從余聲。但讀爲餘，簡文仍難以索解。當改釋爲「與」或「予」……用「舍」爲「與」也是西周金文以來的傳統。《令鼎》：「余其舍汝臣十家。」這兩支簡用了對比的方法，大意是三代的明王之所以得到天下，並不是誰給的，是他們自己取得的（缺字無法辨認，據文義補爲「自」），然而老百姓都以爲合於道義；而到了亂君把國家和土地都給了別人，老百姓還不以爲他們所作所爲合於道義。

楊澤生先生〈箚記〉：「舍」字可以解作舍予，也可以直接讀作「予」。「昔者三代之明王之有天下者，莫之予也」，大意是，過去三代明王擁有天下，不是誰給予的。

陳美蘭先生〈譯釋〉：從語法的角度觀察，「昔三代之明王之有天下」一句，可視爲下句「之」字的外位賓語，該賓語的主語在「明王」，「之有天下」用來補充說明「明王」，「舍」字當從孟蓬生先生讀爲「與或予」，也就是說，過去三代的明王擁有天下，不是誰給予的，而是靠他們自身的才能德行而擁有的。（頁60注3）

〔註14〕趙平安〈楚竹書《容成氏》的篇名及其性質〉《華學》第六輯（北京：紫禁城出版社，2003.6），頁75。

劉信芳〈從政補釋〉：簡 2「王舍人邦家土地」，其句例與包山簡 54「王所舍新大廏以菩蔖之田」相若。「莫之予」主要指不分封土地。（頁 257）

建洲按：△與《郭店·老子乙》16「舍」作舍、〈老子甲〉10 作舍同形。裘錫圭先生說：「《說文》謂『余』從『舍』省聲，從古文字看，『舍』當從『余』聲。」〔註15〕「舍」即「舍」字當無問題，亦見於〈甲 14〉：「有所有『舍』而不敢盡之，有所不足而不敢弗」，此處就應讀作爲「餘」。「有餘」、「不足」正好互對。但在本簡應從學者讀作「予」，給予之意。考慮文意、歷史背景、語法，「莫之予」應從孟蓬生、楊澤生二先生之說。

附帶補充，《九店》56.71「占盜疾等」有「☑以內（入），又（有）得，非於乃引。」最末一句，李家浩先生說：「『於』字原文下部從『害』。根據一般漢字結構規律，此字當從『於』得聲。『非於乃引』是承上文『以入，有得』而言的。『於』、『與』古音相近，可以通用。疑簡文『於』應該讀爲『與』，訓爲『予』。『引』跟『與』對言，當訓爲『取』。簡文此句意思是說，得到的東西，不是別人給予的，就是自己拿取的。」〔註16〕可與本簡互參。

〔四〕而□（終？）取之，民皆吕（以）爲（取？）義

周鳳五先生〈從甲〉：細看殘餘筆畫與簡十四「盡」字十分接近，所缺可能是「盡」。

孟蓬生先生〈字詞〉依文意補「自」字。

楊澤生先生〈箚記〉則認爲：下面一句的缺文，此字原文上部雖然有些模糊，但下部爲「日」字形筆道還是清楚的。「冬」字《容成氏》22 號簡作圖，《性情論》2 號簡作圖，前者白色的豎畫和後者右邊的墨長豎畫都是竹簡的裂痕；經比較，簡文此字應該是「冬」字。「冬」讀作「終」。《左傳·襄公二十九年》：「公冶致其邑于季氏，而終不入焉。」簡文「而終取之，民皆以爲義」的意思是，最終取得（或奪取）天下，老百姓都認爲是正義的。

劉信芳先生〈從政補釋〉：「取」前一字依據殘存筆劃，有可能是「自」字。「自取之」是說民依其足養而自取。「民皆以爲義」句，「以」後一字原簡字形左從耳，右下殘，釋爲「爲」不一定可靠，有可能是「取」字。所謂「民皆以取義」，「取」緊承上文「莫之舍」、「自取之」而來，意思是說當時人民取土地以作居住衣食之需，是正當的，不多取，他人亦無非議。（頁 258）

〔註15〕荊門市博物館《郭店楚墓竹簡》（北京：文物出版社，1998.5），頁 182 注 12。
〔註16〕李家浩〈讀睡虎地秦簡《日書》「占盜疾等」箚記三則〉《北京大學古文獻研究所集刊（一）》（北京：北京燕山出版社，1999.12），頁 96。

建洲按：所缺之字，仔細觀察圖版，似不作「叟」，陳美蘭先生〈譯釋〉還指出「前文以說三代明王『有』天下，如果又說『而盡取之』，二者語意似嫌重複。」其次，字形亦不似劉信芳先生所說的「自」字，雖然孟蓬生先生亦認為由文意應補「自」，但他的解釋與劉信芳先生所說並不相同，孟氏指「帝王」，劉氏則指「人民」。筆者的釋讀比較偏向前者，因為劉信芳先生既然同意周鳳五、陳偉二先生釋簡文「莫之舍」的「舍」為「舍」、「予」的意思。又認為意思如同包山簡 54「王所舍新大殿以葺虞之田」，則「莫之舍」亦當如同周、陳二先生釋為「不給予」。他將「莫之予」釋為「不分封土地」，此似有「增字解經」之嫌，基本上仍不脫「不給予」的意思。依此說，則人民又如何「自取之」呢？這是有矛盾的。筆者以為由字形來看較偏向「終」，此暫從楊說。而下一句「民皆以△義」，△字形似乎與「為」不類，但是讀作「民皆以取義」似乎不是很通順，況且若依劉先生的解釋，則簡文應讀作「民皆取之以義」。筆者懷疑簡文此處可能是形近誤寫，比如「取」作 （《郭店・五行》43）；「為」作 （《郭店・老子甲》2）可以看出二者的確存在形近誤寫的可能。

其次，〈從政〉的「民」字多作 。雖與「民」一般作 （《上博（二）・子羔》3）、（《上博（二）・子羔》7）、（《上博（二）・民之父母》1）、（《上博（二）・容成氏》6）、（《楚帛書》乙 5.25）、（王孫鐘）、（王子午鼎）、（《郭店・忠信之道》2）不太相同，但與 （《九店》56.41）、（《九店》56.47）是形近的。差別在於「85.」上多一斜筆，而且中間「」部件有所離析。這是古文字常見的現象，並不妨害釋為「民」。首先，豎筆左側加一斜筆，李家浩先生已說過，〔註17〕筆者在〈容成氏〉中屢有述及，如「昔」，金文作 （盂鼎）、（鬲攸比鼎）又作 （《緇衣》5）、（〈性自命出〉1）。但是有時候這一斜筆未必是飾筆，有時有「別嫌」的作用，參〈容成氏〉簡 53「造昔」注釋。所以何琳儀先生〈滬二〉分析此字上從「人」，下從「民」，本應隸定「亻民」，乃「民」之繁文，可能性也不能完全排除，為方便理解，底下仍以「民」字行之。其次，「」寫作「＝」，何琳儀先生稱為「解散形體」，如楚文字常見的「糸」旁，縞作「」（《包山》261）又作「」（《包山》269）即是最明顯的證據。又（《上博（二）・民之父母》1）「民」作 亦為一例。總之，「△」隸作「民」是沒問題的。

〔註17〕李家浩〈傳遽鷹節銘文考釋——戰國符節銘文研究之二〉《海上論叢》第二輯（上海：復旦大學出版社，1998.7），頁 24

〔五〕夫是則獸（守）之以信

楊朝明先生〈從政三則〉：簡甲一中的「夫是則」表示肯定的判斷。夫：發語詞。是則：乃，與「此則」同義。「夫是則」以下是對前面的解釋。「明王」因爲「守之以信，教之以義，行之以禮」，所以「民皆以爲義」。

建洲按：楊氏之說可參。「獸」當爲「獸」字，如〈容成氏〉16「肷（禽）獸（獸）」，字亦見於《包山》、曾侯編鐘。此假借爲「守」。

〔六〕亓（其）𤲣（亂）王

張光裕先生：斷作「其亂，王」。（頁216）

周鳳五先生〈從甲〉：整理者於「亂」字讀斷，於是上文「其亂」與下文「王餘人邦家土地」二句皆不成文理。按，簡一、簡二的文意貫串，這兩枚竹簡應當連讀。簡一說「三代之明王」云云，簡二接著說「其亂王」云云，分別由正、反兩面申論。細心對讀，不難理解。簡文大意是說，三代的明君雖盡取天下，不以土地予人，人民不以爲不義；三代的亂君雖予人土地而不盡取，人民卻以爲不義。

陳偉先生〈從政校讀〉：余，原釋文亦讀爲「餘」。實當讀爲「予」，說已見上。王，原屬下讀。這段話與上文對舉，「其亂王」與「昔三代之明王」相應，故改讀。上引《墨子·魯問》語隨後說：「三代之暴王桀、紂、幽、厲，仇怨行暴，失天下。」章法略同。「予人邦家土地」，似即指「失天下」。

孟蓬生先生〈字詞〉：參上「莫之舍（予）」注釋。

陳美蘭先生〈斷代〉：斷作「其亂，王予人邦家土地」。並說：若依周、陳二位先生的意見，參照上文「昔三代之明王之有天下者」，這裏的「亂王」自然也是指「三代」的「亂王」。不管「三代」是指夏、商、周三代，或泛指上古，三代之亂王「予人邦家土地」，在典籍中找不到對應的記載。陳先生引《墨子·魯問》：「三代之暴王桀、紂、幽、厲，仇怨行暴，失天下」，謂簡文「予人邦家土地」似指「失天下」。若依此說，三代亡國之君「失天下」，沒有人會以爲是「義」，所以接下來簡文說「而民或弗義」，就顯得沒有著落了。因此，從上下文看來，斷讀爲「其亂王予人邦家土地」，是有待商榷的。筆者以爲，依張光裕先生原考釋斷句即可釋讀。這段話的釋讀要先參照【甲一】的敘述：「昔三代之明王之有天下者，莫之予也，而□取之，民皆以爲義」，大意是說從前夏、商、周三代明王，不是經由他人給予，而是以自己的才德能力獲取天下，人民都認爲是正當的事。而本段「其亂，王予人邦家土地，而民或弗義」，則從反面申說，意謂當天下秩序大亂時，時王即使將邦家土地拱手送人，人民仍以爲這是不應該的行爲。如此，本段前後兩小節形成一個相對的敘述，文從

義暢。重點在強調在位者的才德，而不是土地的有無，與〈從政〉篇的全文主旨及儒家一貫的思想密合無間。值得注意的是，句中王將「土地邦家」所給予的「人」，絕不宜視爲一般人民，因爲有資格接受「邦家土地」者絕非泛泛之輩。我們認爲，簡文所謂「王予人邦家土地」所指涉應該是歷史上具體發生過的事實，遍考史籍，能夠當得上這個指涉的，應該就是著名的戰國燕王噲讓位給燕相子之的歷史事件。周慎靚王元年（西元前 320 年），燕王噲即位，任子之爲相國。燕王三年（西元前 318 年），燕王噲聽了齊使蘇代與鹿毛壽的意見，讓位給子之，子之執政三年後，導致國家動亂，百姓離志，最後由齊國領軍出師，才平定了燕亂。相關記載見於典籍者如：《戰國策·燕策一·燕王噲既立》《孟子·梁惠王下》、〈公孫丑下〉、《史記·燕召公世家》……等。此外，河北平山出土的戰國中山王三器，備載燕噲讓位子之以致邦亡身死的內容，不僅與文獻記載齊國平燕的事件呼應，而中山國參與此役，也補充了史籍未備載的缺空。〈從政〉篇說「其亂，王予人邦家土地，而民或弗義」，與燕王噲讓位給子之的史實相合，燕王噲讓給子之的不只是土地，還有王位，也與簡文說「邦家土地」相吻合，燕王噲只是諸侯，所讓的不是天下，只是邦家，簡文敘述與燕王噲的地位也非常吻合。上博簡的時代，目前還沒有比較明確的斷限，馬承源先生推測，這批竹簡應該是楚國遷都陳郢以前貴族墓中的隨葬物（〈馬承源先生談上博簡〉，《上博館藏戰國楚竹書研究》頁 7），楚遷都陳郢的時間是西元前 278 年，而燕王噲讓位子之的時間是西元前 318 年，二者時代相近。如果拙文的說法可以成立的話，上博簡的具體斷代應該就在西元前 278 年至西元前 318 年之間。

劉信芳〈從政補釋〉：讀作「其亂，王」。以爲簡文所述「明王」之時，有如孔子所說「昔者而弗世也，善與善相受也」（《子羔》簡 1），禪讓的時代，「大道之行，天下爲公。選賢與能，講信脩睦」，貨財「不必藏於己」，「盜竊亂賊而不作，故外戶不閉」。及至大道既隱，天下爲家，財貨爲己，「大人世及以爲禮，城郭溝池以爲固，禮義以爲紀，以正君臣，以篤父子」，「以設制度，以立田裏」，於是「謀用是作，而兵由此起。禹、湯、文、武、成王、周公，由此其選也」（《禮記·禮運》）。是「明王」之有天下，民守義行禮，乃今人所謂原始共產主義。「其亂」私有財產確立，其時不僅暴虐如桀紂者，舍人邦家土地，「民有弗義」，即令聖明如周公，刑錯如成康，其分封有親疏，施捨有多寡，又豈能皆以爲義！其時管蔡東夷之叛，蓋以天下姓周爲不義也。可知簡文「明王」與「其亂」，乃著眼於不同時代。「其亂」後之「王」，泛指所有之「王」，若讀作「亂王」，則成爲特指之「王」，是所不取。（頁 258）

建洲按：劉信芳先生的說法是由「自取之」、「民皆以取義」一路發展而來，我們不是很贊同，前面已討論過。況依劉信芳先生之說，則所謂「三代」是指遠古帝

王，文獻未見。其次，他以爲「其亂」是指「私有財產」確立的時代，筆者猜測劉先生的意思是指當時的貴族，而非一般的百姓，這樣的說法是可以的。〔註18〕但文中所舉例證是夏、商、周時期，即禪讓制度消失的時代。而且所謂「私有財產」是相對「原始共產主義」來說，這樣的說法未必對，如〈容成氏〉14「堯於是乎爲車十又五乘，以三從舜於畎畝之中。」可見「堯」當時出巡亦是浩浩蕩蕩，聲勢驚人，這樣的規模又豈是一般老百姓可有。又舉「管蔡東夷之叛」，以天下姓周爲不義，似有是非錯置的現象。

　　陳美蘭先生的意見的確發人深省，這篇文章曾以〈從〈從政〉「王予人邦家土地」談上博簡的斷代（摘要）〉爲題發表於簡帛網站。〔註19〕當時筆者拜讀之後深覺收獲良多，但也思索了一些問題，所以馬上發電子信前去請教，我當時的意見是：　大作提到「其亂，王予人邦家土地，而民或弗義」，則從反面申說，意謂當天下秩序大亂時，時王即使將邦家土地拱手送人，人民仍以爲這是不應該的行爲。其次，落實到歷史上「燕王噲讓位予子之」的事件。燕王三年（西元前318年），燕王噲聽了齊使蘇代與鹿毛壽的意見，讓位給子之，子之執政三年後，導致國家動亂，百姓離志，最後由齊國領軍出師，才平定了燕亂。但是如同大作所說是燕王噲讓位予子之之後才導致天下大亂，與簡文「其亂，王予人邦家土地」的因果順序正好是相反的。《史記‧蘇秦列傳》亦曰：「於是燕王專任子之。已而讓國，燕大亂。」明白說著先「讓國」再「大亂」。況且燕王噲讓位給子之，並非因國家動亂，實乃欲圖「與堯同行」。另外，《韓非子‧說疑》：「燕君子噲……不安子女之樂，不聽鐘石之聲，內不湮汙池台榭，外不罼弋田獵，又親操耒耨，以修畎畝。子噲之苦身以憂民，如此其甚也，雖古之所謂聖王明君者，其勤身而憂世，不甚於此矣。然而子噲身死國亡，奪於子之，而天下笑之，此其何故也？不明乎所以任臣也。」亦可見讓位前的燕王噲亦是一位明王，國家局勢應不致大亂。另外，朱德熙、裘錫圭二先生認爲「方壺銘在大罵子噲之餘，也透露出一絲消息，說子噲『睿恰博悟，閑於天下之物』（編按：此語實見於鼎銘），可見他是一個很有才能的人。」〔註20〕簡2「而民或弗義」，學姊以爲陳偉引《墨子‧魯問》：「三代之

〔註18〕如張政烺先生曾說：「眾人是農夫，是當兵打仗的人。他們對土地沒有所有權（當時只有大貴族對土地才能有所有權），被牢固地束縛在農業共同體中，受奴隸主統治者的支配，當兵、納貢、服繇役。」張政烺〈卜辭裒田及其相關諸問題〉《考古學報》1973.1。
〔註19〕陳美蘭〈從〈從政〉「王子人邦家土地」談上博簡的斷代（摘要）〉，簡帛研究網，2003.6.8。
〔註20〕朱德熙〈平山中山王墓銅器銘文的初步研究〉《朱德熙古文字論集》（北京：中華書局，1995.2），頁99。

暴王桀、紂、幽、厲，仇怨行暴，失天下」，謂簡文「予人邦家土地」似指「失天下」的說法是有問題的。因爲三代亡國之君「失天下」，沒有人會以爲是「義」，所以接下來簡文說「而民或弗義」，就顯得沒有著落了。但是若將「亂」理解爲「燕王噲」，則「三代」是否也會「沒有著落」？（補：劉信芳先生〈從政補釋〉一文亦提到「亂」不應指特定之「王」，可參）。弟疑簡文是站在教化的立場，強調「從政」所應具備之道德及行爲標準（張光裕說），則重點是否應擺在前一句，即三代明王以「德」、「義」取天下，這是要上位者學習的。至於底下的「其亂……而民或弗義，夫（據陳偉補）」暫且不論歷史上是否眞有此事件，但我們由句子安排上來看，顯然是爲與上一段相對應。果如此，則「而民或弗義」是「修辭」上的美感，似乎不必然考慮坐實與否的問題。〔註21〕隔天，學姊回信內容是「我認爲，『其亂』的亂不是特指燕王噲讓位子之，而後燕國大亂，而是相對於簡一所提到的『昔者三代明王之有天下』的治世，無論燕王噲讓位前後，整個時局本來就是處於一個諸侯力政，各國異制的亂世，所以簡文的『亂』並不是針對燕國內亂而言。再者，是否需要落實到歷史事實，這點我原先想法與你相同，只是後來靈光一現，想到這件史實，又有中山三器的銘文輔證，因此才寫點不成熟的想法。」〔註22〕若依其後說，簡文的「亂」並不是針對燕國內亂，則所謂「斷代」的結論可能無法成立。〔註23〕之後筆者檢索到《管子‧重令》：「凡先王治國之器三，攻而毀之者六。『明王』能勝其攻，故不益於三者，而自有國正天下；『亂王』不能勝其攻，故亦不損於三者，而自有天下而亡。」再者，「亂」也有單用形容君王者，如《呂氏春秋‧季夏紀‧明理》：「亂國之主未嘗知樂者，是常主也。」〔註24〕《韓非子‧說疑》：「諂諛之臣，唯聖王知之，而『亂主』近之，故至身死國亡。」〔註25〕而且「明」、「亂」亦常作爲一種相對的稱呼，如《韓非子‧飾邪》：「明主在上，則人臣去私心行公義。亂主在上，則人臣去公義行私心，故君臣異心。」〔註26〕《韓非子‧心度》：「故明君有權有政，亂君亦有權有政。」〔註27〕《管子‧明法解》：

〔註21〕2003.6.8 由奇摩電子信箱所發出。

〔註22〕2003.6.10 由奇摩電子信箱所發出。

〔註23〕最近陳劍先生〈上博楚簡《容成氏》與古史傳說〉《中國南方文明學術研討會論文》（台北：中央研究院歷史語言研究所，2003.12.19），頁 16 贊成姜廣輝之說，以爲〈容成氏〉、〈子羔〉、〈唐虞之道〉寫成時間都在燕王噲禪讓失敗的事件之前，但這年代是否一定與〈成政〉有關，筆者則不敢說。

〔註24〕陳奇猷《呂氏春秋校釋》（台北：華正書局，1988.7），頁 357。

〔註25〕〔清〕王先慎撰《韓非子集解》（北京：中華書局，2003.4 二刷），頁 405。

〔註26〕〔清〕王先慎撰《韓非子集解》（北京：中華書局，2003.4 二刷），頁 128。

〔註27〕〔清〕王先慎撰《韓非子集解》（北京：中華書局，2003.4 二刷），頁 474。

「故明主在上位，則官不得枉法，吏不得為私……亂主則不然，聽言而不督其實，故群臣以虛譽進其黨」〔註 28〕是為其證。所以本文的斷句仍依個人當時理解的情況，斷作「亂王」。

〔七〕而民或弗義，□……【齊之以】禮舅（居）而為㥠（仁）

周鳳五先生〈從甲〉：補作「夫是則教之以刑。守之以義則□，行之以」計十六字。寡後脫「過」，否則「寡」字可能寫錯，或者必須改讀。

楊朝明〈從政三則〉：既然甲篇前三簡可以連讀，不妨前後文結合起來觀察。連讀之後，其文為：〔簡甲一〕聞之曰：昔三代之明王之有天下者，莫之余（予）也，而□（終）取之，民皆以為義。夫是則守之以信，教〔簡甲二〕之以義，行之以禮也。其亂王，余（予）人邦家土地，而民或弗義。夫……〔簡甲三〕禮則寡而為仁，教之以刑則述（遂）。簡甲一中的「夫是則」表示肯定的判斷。夫：發語詞。是則：乃，與「此則」同義。「夫是則」以下是對前面的解釋。「明王」因為「守之以信，教之以義，行之以禮」，所以「民皆以為義」；與之相應，「亂王」因為「……禮則寡而為仁，教之以刑則遂」，所以「而民或弗義」。這樣，對於判斷本章後面的兩個分句就有很大幫助。基於以上分析，我們以為「禮則寡而為仁」前可以補「齊之以」三字，一則，《論語·為政》有「齊之以禮」句，指以禮義規範民眾。「寡而為仁」的「而」是連接狀語，表修飾關係。「寡而為仁」即「寡為仁」，是單純「齊之以禮」的後果；二則不僅與上文的「守之以信，教之以義，行之以禮」相應，也與下文的「教之以刑」呼應。

陳偉武先生〈合證〉：「齊之以」三字從楊朝明先生擬補。「寡」當讀為「居」。「居」，處也。古人極重日常居處與修身積德為仁之關係，如《荀子·儒效》：「故君子務脩其內而讓之於外，務積德於身而處之以遵道。」上揭楚簡強調「禮」與「仁」相濟之功用，《荀子·大略》：「君子處仁以義然後仁也，行義以禮然後義也，制禮反本成末然後禮也，三者皆通然後道也。」則主「仁」、「義」、「禮」三者兼修可成「道」。「處仁」與楚簡「寡（居）而為仁」語近。《孟子·公孫丑上》云：「仁則榮，不仁則辱。今惡辱而居不仁，是猶惡濕而居下也。」「居不仁」與「寡（居）而為仁」語意相反。（頁 201）

李守奎先生：本簡「而」字作**𢆶**，與其他「而」字作**𢆶**者完全不同，所以根據

〔註28〕郭沫若《郭沫若全集——歷史編 7——管子集校（三）》（北京：人民出版社，1984.10），頁 455。

《望山》1.37 ⿰ 釋作「免」。所以將此句釋作「〔齊之以〕禮則寡婏（免）爲仁，教之以刑則遆（遯）」。簡文內容與《論語・爲政》：「子曰：『道之以政，齊之以刑，民免而無恥；道之以德，齊之以禮，有恥且格。』」密切相關。〔註29〕

　　建洲按：「寡」、「居」二者皆爲見紐魚部，陳偉武先生讀作「（齊之以）禮則居而爲仁」似可從。「寡」字，商金文作 ⿰ （父辛卣），从宀从頁，會屋內一人，獨居之意。〔註30〕戰國文字或省宀，加四點爲飾，〔註31〕如中山王䎡鼎作 ⿰、天星觀簡作 ⿰、〈孔子詩論〉簡9作 ⿰。〈語叢三〉簡31「智銅者霄（寡）悔（謀）」，寡作 ⿰，字下从「頁」。若以楚系文字加四點飾筆爲常態，〔註32〕則語叢三的字顯然飾筆全部省略。

　　至於李守奎先生認爲本簡 ⿰ 應釋爲「免」，但是楚簡「免」字的字型基本上都有「子」旁，未見省略。〔註33〕而且「而」字，如《郭店・語叢三》12作 ⿰、〈六德〉38作 ⿰，似乎也與本簡 ⿰ 字形相近。其次，筆者猜測李先生釋爲「免」的原因之一恐怕跟下一字釋爲「遯」有關。清劉寶楠說：「〈緇衣〉云：『夫民教之以德，齊之以禮，則民有格心；教之以政，齊之以刑，則民有遯心。』《注》云：『格，來也。遯，逃也。』彼言『遯』，此（**建洲按**：《論語・爲政》）言『免』，義同。《廣雅・釋詁》：『免，脫也。』爲民思脫避於罪也。」〔註34〕但是簡文「寡免」似乎不辭，而且簡文下一字依字形應隸作「逐」（詳下），定紐覺部；若讀作「遯」，定紐文部，韻部相差較遠。所以筆者以爲恐怕仍應釋作「而」。

〔八〕誜（教）之以型（刑）則逐〔⿰〕

　　張光裕先生：「誜」，字從「爻」，「教」之異體。……「⿰」，字與「述」字稍異，疑爲「述」之別體，讀爲「遂」。（頁217）

〔註29〕李守奎〈《上海博物館藏戰國楚竹書（二）》釋讀一則〉《吉林大學古籍整理研究所建所二十週年紀念文集》。以上引自季旭昇師〈從《新蔡葛陵》簡談戰國楚簡「挽」字——兼談《周易》「十年貞不字」〉《文字學學術研討會論文集》（台中：東海大學，2004.3.13），頁96～97。

〔註30〕季旭昇師《說文新證》，頁601

〔註31〕何琳儀《戰國古文字典》，頁482

〔註32〕參何琳儀《戰國文字通論訂補》（南京：江蘇教育出版社，2003.1），頁261。

〔註33〕見〈容成氏〉簡14注釋〔六〕、季旭昇師〈從《新蔡葛陵》簡談戰國楚簡「挽」字——兼談《周易》「十年貞不字」〉《文字學學術研討會論文集》（台中：東海大學，2004.3.13），頁95。

〔註34〕〔清〕劉寶楠《論語正義》（北京：中華書局，1998.12三刷），頁41～42。

　　陳偉先生〈從政校讀〉：逐，原釋爲「述」，讀爲「遂」。此字右旁上部當是「豕」，比較同篇 2 號簡以及乙篇 1 號簡中的「家」字所從可知。這樣，此字當釋爲「逐」。簡文可能是說濫用刑罰則會遭致放逐，這與上句「……禮則寡」意境相通而有進一步發展。

　　徐在國先生〈雜考〉：看法同陳偉。《廣韻·屋韻》：「逐，驅也。」「逐」有驅逐義。《玉篇》：「逐，從也。」「逐」又有跟隨義

　　建洲按：𦎪的右旁應是「爻」字，如同《郭店·緇衣》18「教」作𡥈、〈語叢一〉43 作𡥈，〈唐虞之道〉5 作𡥈。《包山》93「駁」作𩢲、234 作𩢲，均可證「※」、「爻」二形可互作。所以△應隸作「諮」，釋爲「教」。〔註35〕另外，《九店》56.20 有字作𧮫，李家浩先生分析爲从「※」从「色」，對前一偏旁亦分析爲从「爻」从「口」。〔註36〕劉國勝先生以爲字是合文，讀作「貌色」，如同《郭店》6.32 作𩠐，簡文下側漫漶，原本應有合文符號。而讀作「貌」的根據是「顏色公（容）佼（貌）」（《郭店·五行》32）𠐊，說皆可參。〔註37〕附帶一提，《集成》2831「九年衛鼎」有字作※、《集成》9559「子(九)鼎」有字作𣏋，二字右上俱與△同形。林澐先生據馬王堆帛書《老子》乙本卷前佚書「卻」字和《足臂十一脈炙經》「腳」字所從「㕣」可寫作「㖃」，所以「九年衛鼎」※應釋爲「㕣」。〔註38〕劉釗、陳漢平、董蓮池諸位先生均從之。〔註39〕黃文傑先生認爲林澐先生所說「谷」訛寫爲「㖃」只見於睡虎地秦簡和馬王堆帛書等秦至漢初簡帛文字中，在甲骨文和西周金文中「谷」字上部均作「父」，沒有作「爻」者，九年衛鼎銘文寫於西周恭王時代，故將該銘的※釋爲「谷」恐不妥當，應分析爲從「爻」聲，讀作「絞」。〔註40〕實際上是他誤將林澐所說的「㕣」（口上阿也）誤以爲是「谷」（泉出通川爲谷），遂有此說。但分析爲從「爻」聲，讀作「絞」由上引楚簡文字來看，似也不能算錯。

　　其次，「述」，《望山》1.151 作𣥆、《郭店·語叢一》42 作𨘵、〈成之聞之〉17 作𨘵，與「△」的確形似，但細辨其上部仍稍有不同。〈乙 1〉「家」作𧱤，底下的「豕」旁放大後作「𧱤」，則的確與「△」同形。這種字形亦見於《望山》117「家」

〔註35〕黃沛榮先生即以爲「教」之聲符是「爻」。

〔註36〕《九店楚簡》，頁 73 注 57。

〔註37〕劉國勝〈楚簡文字雜識〉《奮發荊楚探索文明——湖北省文物考古研究論文集》，頁 217。

〔註38〕林澐〈新版金文編正編部分釋字商榷〉，中國古文字研究會年會論文，江蘇太倉，1990 年。

〔註39〕劉釗〈金文考釋零拾〉《第三屆國際中國古文字學研討會論文集》，頁 455、陳漢平《金文編訂補》，頁 244、董蓮池《金文編校補》，頁 31。

〔註40〕黃文傑〈「谷」及相關諸字考辨〉《古文字研究》24 輯，頁 418。

作![字]，而「豕」本從「豕」作。〔註41〕可見陳偉、徐在國二先生之說可從。陳美蘭先生〈譯釋〉進一步加以詮釋爲：這句話也是承上「其亂」來談，大意是說：當天下無道時，教人刑法，人民就會鑽法律的漏洞而逐利。〔註42〕值得注意的是，1986安徽肥西新倉鎭豐樂河畔發現有楚銅貝作![字]，字形與「△」形近，只是開口左右有別。舊或釋「安」、「禾」、「術」。〔註43〕釋爲「術」者，其誤如同張光裕先生。何琳儀先生則認爲應析爲二字，隸作上從「甲」下從「屮」，釋爲「甲少」，讀作「甲小」。〔註44〕此說有點令人無法想像，今依「△」可知應釋爲「豕」。

〔九〕是呂（以）旻（得）睯（賢）〔![字]〕士一人

　　許文獻先生：「睯」作△，右上所從「爪」形爲飾符。〔註45〕

　　建洲按：△與《包山》193「睯」作![字]相較，似的確加了「爪」旁。

〔十〕誩（譽）〔![字]〕

　　張光裕先生：或讀與「譽」同。（頁218）

　　陳美蘭先生〈譯釋〉：引《郭店・老子丙》1「譽」作![字]來證成其說。（頁63注10）

　　建洲按：字依季師摹作![字]，「△」右旁與![字]同形，所以釋爲「譽」應無問題。

〔十一〕睯（賢）士

　　建洲按：簡3曰「得賢士一人」，簡4曰「失賢士一人」，由文意來看，二者可合讀，只是簡3下有缺字。「士」，字作![字]。字與〈魯邦大旱〉3「珪」作![字]同形，可見「士」、「土」有相混的現象。

〔註41〕湖北省文物考古研究所、北京大學中文系編《望山楚簡》（北京：中華書局，1995.6），頁105。或說戰國時期「豕」、「豕」戰國時期字形無分，見吳振武〈齊國陶文的「鍾」〉，中央研究院歷史語言研究所專題演講，2002.11.28。亦見於白於藍〈包山楚簡考釋（三篇）〉《吉林大學古籍整理研究所建所十五週年紀念文集》（長春：吉林大學出版社，1998.12），頁69。

〔註42〕陳美蘭〈〈從政〉譯釋〉《《上海博物館藏戰國楚竹書（二）》讀本》（台北：萬卷樓，2003.7），頁62。

〔註43〕柯昌建〈楚貝布文新釋〉《安徽錢幣》1999年第2、3期。

〔註44〕何琳儀〈楚幣六考〉《古幣叢考》（合肥：安徽大學出版社，2002.6），頁237～240。

〔註45〕許文獻〈楚簡中幾個特殊關係異文字組釋讀（補證與附表）〉《第四屆國際中國古文字學研討會論文》（香港：香港中文大學，2003.10.15），頁1。

〔十二〕方（謗）亦厚（或後）〔〕是

張光裕先生：隸作「坂」，釋爲「反」，簡文讀作「防亦反是」。（頁218）

劉樂賢先生〈民箚〉：「方亦隨是」，整理者釋爲「方（防）亦坂（反）是」。方，讀「謗」。此句是說，失賢士一人則謗亦隨之而來。

王中江先生〈重校〉：認爲張光裕先生所釋頗爲費解，所以將「△」隸作「坂」讀作「隨」。

楊朝明先生：與王中江意見相同。〔註46〕

建洲按：「反」，楚系文字多見，一般作 （《郭店・老子甲》22）、（《上博（一）・孔子詩論》12）、（《容成氏》簡46）、（《葛陵》乙四：100、零：532、678）；或於「厂」上加飾筆作（《郭店・成之聞之》12）、 （返，《包山》122）；或於「厂」下加飾筆作（板，《郭店・緇衣》7），則與《說文》古文「反」作同形，這種「厂」旁的寫法的確與簡文「△」上部形近。但是「△」所從的「」旁似乎不從「又（寸）」，我們比較形體較接近者，如（《郭店・老子甲》22）、（《郭店・太一生水》1）、（《郭店・老子甲》37）的「又」旁，尤其〈從政〉的「又」形都作，以上皆可看出彼此豎筆的筆勢並不相同。其次，劉樂賢先生釋爲「隨」，可能是考慮到「△」與「反」形不似。但是李守奎先生曾討論楚系文字的「隋（隨）」大約有六種寫法，其基本的偏旁是「又」、「土」。〔註47〕「△」乍看之下雖似具備此二偏旁，但其上尙有一「石」旁（詳下），所以解爲「隨」恐亦須保留。其三，「反」，幫紐元部；「隨」，邪紐歌部，聲紐有段距離，似無法通假，可見王、楊二說亦非。

筆者以爲「△」可能是「厚」字。首先，「△」的上部雖與「厂」形近，但季師旭昇已指出這種形體與「石」旁易混，〔註48〕如「厚」字《汗簡》中之二49引《尚書》、《說文》作〔註49〕、《古文四聲韻》去聲39引《古老子》作、〔註50〕《郭店・老子甲》簡4作、《說文》古文「厚」字作、其上的「石」旁皆是佳證。商承祚先生說：「《玉篇》有至云：古文厚。其字從土上石，厚意也。古文石作，

〔註46〕楊朝明〈上博竹書《從政》篇分章釋文〉，簡帛研究網，03/05/12，
　　　　http://www.bamboosilk.org/Wssf/2003/yangchaoming03.htm。
〔註47〕李守奎〈楚文字考釋（三組）〉《簡帛研究》第三輯（南寧：廣西教育出版社，1998.12），頁24～26。
〔註48〕季旭昇師《說文新證》（臺北：藝文印書館，2002.10），頁192。
〔註49〕《汗簡・古文四聲韻》（北京：中華書局，1983.12），頁25。
〔註50〕《汗簡・古文四聲韻》（北京：中華書局，1983.12），頁69。

省之則爲[字形]，遂與后形同矣。[字形]從石土會意，非從后聲也。」〔註51〕其次，大家知道「石」字可省掉「口」形，如《郭店·五行》45「耳目鼻口手足六者，心之[字形]也」，袁國華師以爲「[字形]」應釋爲「遞」。「度」，應分析爲從又「石」聲。可見其「石」旁省「口」形作[字形]，〔註52〕又如李家浩先生釋《仰天湖》15[字形]右上從「厚」，〔註53〕其「石」旁亦省「口」形。值得注意的是，這樣的字形與本簡「△」形近，不過「△」在「石」與「土」旁之間尚有筆劃可說明如下。

《包山》99有字作作[字形]、170作[字形]，《包簡》整理者隸作「遞」〔註54〕，學者多贊同其說。〔註55〕不過，高智先生根據《汗簡》及金文「庶」字，將上述《包山》二字釋爲「遮」。〔註56〕**建洲按：**「庶」字，子仲匜作[字形]、沈兒鐘作[字形]；《汗簡》引《石經》「庶」作[字形]、引《古孝經》作[字形]。〔註57〕《包山》258作[字形]、《郭店·緇衣》40作[字形]、《九店》56.47作[字形]、《上博二·昔者君老》1作[字形]，均作下從「火」，上從「石」聲。〔註58〕值得注意的是，上舉「庶」字所從「石」旁，其「口」形未省。而上述《包山》二字若釋爲「庶」，則「口」形將變成「▽」形，但是這種寫法少見於楚系簡帛文字的。而且諦審圖版較清楚的[字形]，其下的「X」形筆劃顯然是一筆劃而下，與[字形]先作「口」形，再作左右斜筆並不相同。所以將之釋爲「遮」恐不確。筆者同意李家浩等先生釋爲「遞」。其「厚」旁亦是在「石」、「土」之間多了一些筆劃，這應該是在第三橫筆上再加「X」形筆劃。以此觀點，「△」

〔註51〕商承祚《說文古文考》（上海：上海古籍出版社，1983），頁52。
〔註52〕袁國華師《〈郭店楚墓竹簡·五行〉「遞」字考釋》《中國文字》新26期，頁169～176
〔註53〕李家浩〈楚簡中的裺衣〉《中國古文字研究》第一輯（長春：吉林大學出版社，1999.6），頁99；亦收錄於《著名中年語言學家自選集——李家浩卷》（合肥：安徽教育出版社，2002.12），頁302。此字何琳儀先生釋從「隱」，〈仰天湖竹簡選釋〉《簡帛研究》第三輯，頁105～106。二位元元學者所據字形有所差別，故所得結論不同。暫不論誰是誰非，本引文的目的在於說明李家浩先生亦贊同「厚」字應分析上「石」下「土」。
〔註54〕湖北省荊沙鐵路考古隊《包山楚簡》（北京：文物出版社，1991.10），頁24。
〔註55〕如張光裕、袁國華二先生主編《包山楚簡文字編》（臺北：藝文印書館，1992.11），頁376、顏世鉉《包山楚簡地名研究》（臺北：台灣大學中文所碩士論文，1997.6），頁315、327；湯餘惠主編《戰國文字編》（福州：福建人民出版社，2001.12），頁111；李守奎《楚文字編》（上海：華東師範大學，2003.12），頁115；上引李家浩文亦同意此說。
〔註56〕高智〈《包山楚簡》文字校釋十四則〉《于省吾教授百年誕辰紀念文集》（長春：吉林大學出版社，1996.9），頁184。
〔註57〕《汗簡·古文四聲韻》，頁26。
〔註58〕李家浩〈五六號墓竹簡釋文與考釋〉《九店楚簡》（北京：中華書局，2000.5），頁89注106、頁114注195。

可理解爲在第二橫筆下加上「X」形筆劃，其演變過程如下：

（《包山》170）→ （〈從政甲篇〉「△」）→ （《包山》99）

如同「䢅」，除作（《包山》147），亦作（容成氏）3，亦在本來筆劃之下加了「X」形筆劃。以此觀之，「△」釋爲「厚」是可以的。簡文「失賢士一人，方亦△是」，應讀作「失賢士一人，謗亦厚是」。其中「謗」從劉樂賢先生讀。而「厚」，可以本字讀，有「加重」之意。如《漢書・食貨志下》：「民若匱，王用將有所乏；乏將厚取於民。」顏師古《注》：「厚，猶多也，重也。」文獻有相應思想，如《呂氏春秋・愼行覽・求人》：「身定、國安、天下治，必賢人。……得賢人，國無不安，名無不榮；失賢人，國無不危，名無不辱。」〔註59〕《呂氏春秋・先識覽・先識》：「湯喜而告諸侯曰：『夏王無道，暴虐百姓，窮其父兄，恥其功臣，輕其賢良，棄義聽讒，眾庶咸怨，守法之臣，自歸于商。』」〔註60〕可見倘若「失賢人」、「輕其賢良」，其結果是「名無不辱」、「眾庶咸怨」，正是所謂「謗亦厚是」。或是將「厚」讀作「後」，二者古音同爲匣紐侯部。《戰國策・東周策》：「收周最以爲後行。」《史記・孟嘗君列傳》「後」作「厚」。〔註61〕《廣雅・卷四・釋詁下》：「背、尾、負，後也。」〔註62〕而「隨」，《說文》曰：「隨，從也。」可見「隨」、「後」二者義近。簡文讀作「謗亦後是」，即劉樂賢先生所說「謗亦隨是」，即毀謗亦隨之而來。附帶一提，《馬王堆・陰陽篆書甲篇》127「必醉訶無（舞）至□」），其中□作，似也應釋爲「厚」。〔註63〕

〔十三〕毋 暴

張光裕先生：「弄」，讀同「棄」，《廣韻・上語》：「棄，藏也。又音莒。」字又見《郭店楚墓竹簡・性自命出》第六十四簡「惹（怒）谷（欲）涅（盈）而毋弄」。（頁228）

陳劍先生〈編連一〉：「其中『暴』字前已見於郭店簡《性自命出》第64號簡『怒欲盈而毋暴』，周鳳五先生釋爲『暴』，正確可從。（原注三：〔iii〕周鳳五：《郭店〈性自命出〉「怒欲盈而毋暴」說》，「新出土文獻與古代文明研究」國際學術研討會會議論文，2002年8月，上海。）」

〔註59〕高誘注《呂氏春秋》（臺北：藝文印書館，1974.1 三版），頁647～648。
〔註60〕高誘注《呂氏春秋》（臺北：藝文印書館，1974.1 三版），頁406。
〔註61〕高亨《古字通假會典》，頁325。
〔註62〕王念孫《廣雅疏證》（南京：江蘇古籍，2000.9），頁133
〔註63〕陳松長《馬王堆簡帛文字編》（北京：文物出版社，2001.6 頁609。

建洲按：本簡字形不清晰，依《郭店·性自命出》64「悉（怒）谷（欲）涅（盈）而毋𦤶」，可知張光裕先生隸定作「彝」是有問題的，所以本文直接隸作「暴」。至於本字的形構分析，可惜的是，該大會規定未經作者同意，不得援用。所以進一步的討論尚待來日。

〔十四〕**毋禧（虐）**

張光裕先生：「禧」字從虖，楚簡中多讀為「號」及「呼」，或用作語辭「乎」。……「毋禧」或可讀作「毋號」。（頁228）

陳劍先生〈編連一〉：「虐」字原作從「示」從「虖」之形，「虖」字楚簡文字多用作「虖」，但據《說文》，它是「古文虐」字。郭店簡《緇衣》簡27從「病旁」從「虖」之字，今本作「虐」，可見《說文》之說自有其根據。此處從「示」從「虖」之字用為「虐」，跟《說文》及郭店簡《緇衣》相合。

周鳳五先生〈從甲〉：此字左旁從示，右旁作虎下口形，此形其實就是《說文》「虐」字的古文，可以直接釋「虐」。「毋虐」與毋暴、毋賊、毋貪等「四毋」出自《論語·堯曰》。

建洲按：陳、周二說可從。《郭店·緇衣》簡27「隹（惟）乍（作）五瘧（虐）之苤（刑）曰法」，其中「瘧」作𤻲；上博簡14作「﹝圖﹞」，相同字形又見於〈詩論〉簡12、13（﹝圖﹞）。這些字旗下偏旁與〈魯邦大旱〉簡2「﹝圖﹞」的「示」旁同形，[註64]可見應該隸作「𧇭」，依文義可讀為「乎」，分析作從「示」「虍」聲。又《汗簡》卷上之二虍部引《古論語》「虐」字作𧇨，從「虎」從「止」。《九店》56.20「﹝圖﹞」字，李家浩先生分析作從「屮」從「攵」從「止」，對照《汗簡》字形，將字形分析作從「衣」從「虐」。[註65]以上可見重點在「虍」聲（虍、乎同為曉紐魚部），其下或聲化或訛變。有趣的是，「𧇭」與「虖」在簡文中皆有「乎」、「虐」兩種用法。虖、虍，曉魚。乎，匣魚。瘧、虐，疑藥。聲古同為喉音；韻則魚藥為旁對轉。

〔十五〕**毋惻（賊）**

建洲按：這種通假之例亦見於《郭店·老子甲》1「覜（盜）『惻（賊）』亡又（有）」。〈老子甲〉31「覜（盜）『惻（賊）』多又（有）。」〈語叢二〉27「惻（賊）生於惎（忌）。」惻，莊職；賊，從職，聲紐同為齒音，疊韻，故得通假。

〔註64〕黃德寬〈《戰國楚竹書》（二）釋文補正〉，簡帛研究網，（03/01/21）。

〔註65〕湖北省文物考古研究所、北京大學中文系編《九店楚簡》（北京：中華書局，2000.5），頁73～74注釋57。

〔十六〕毋恰（貪）

周鳳五先生〈從甲〉認爲：何晏說得很清楚，所謂「有司」，是一種譬喻的說法，其實就是貪吝。簡文第四惡作「貪」，較《論語》「有司」的說法直截了當，句法也比較整齊。

陳劍先生〈編連一〉以爲：按上引《論語》「四惡」的最末一項「猶之與人也，出納之吝，謂之有司」文意頗爲晦澀，推測起來，大概正因爲此，後來的著述遂或者去掉這一項，或者以意改之。《韓詩外傳》卷三第二十四章改爲「責」，此處簡文則改爲了「貪」。

建洲按：「恰」、「貪」同從「今」聲，故得通假。

〔十七〕不攸（修）不武

陳劍先生〈編連一〉：對照今本《論語・堯曰》：「不戒視成謂之暴」，以爲是「戒」之形訛。

周鳳五先生〈從甲〉：同上。

劉信芳先生〈四毋〉：若一定要釋爲「不修不戒」，恐不成其辭。此處應理解爲傳本不同，不必據今本而斷言簡本爲「誤字」。經典凡修與武聯言，多以「修」爲修文、修德，「武」謂武備、武功。簡文「不修不武」似可理解爲對《堯曰》「不戒」的解釋性闡發，語義較「不戒」明確。

顏世鉉先生〈散論四〉：文獻中相對應簡文的字，大抵有或用「戒」，或用「教」，均含有告戒、教導之意。以爲「武」非「戒」之誤字，「武」應讀作「誨」，《說文》：「誨，曉教也。」段注：「曉教者，明曉而教之也。訓以柔克，誨以剛克。《周書・無逸》『胥訓告，胥教誨』是也。曉之以破其晦是曰誨。」故簡文「不修不武謂之必成則暴」，其意指：君王不修道，不教導百姓，而要求百姓一定要達到良善的境地，得到良好的事功；否則，就要加以刑罰；這就是暴。其後又補充說明：簡文「不修」，「修」，有警戒之意。《國語・魯語下》：「吾冀而朝夕修我曰：『必無廢先人。』」韋昭注：「修，儆也。」〈周語上〉：「瞽、史教誨，耆、艾修之。」王念孫曰：「修之」，謂修飭之也，其義與「儆」同。《說文》：「儆，戒也。」簡文「不修不武（誨）謂之必成則暴」，「不修」，相當於《論語・堯曰》「不戒視成」之「不戒」；「不武（誨）」相當於《荀子・宥坐》「不教而責成功」之「不教」。〈周語上〉：「瞽、史教誨，耆、艾修之。」「教誨」與「修」並舉，亦可與簡文「不修不武（誨）」互證。此則簡文之意爲，君王不警戒、教誨百姓，而卻要求百姓一定要達到良善的境地，得到良好

的事功，這就是暴。〔註66〕

建洲按：「攸」，圖版不甚清晰，但由偏旁來看，大抵與一般作𣃼（《郭店‧老子乙》16）、𣃼（〈六德〉47）相差不多。首先釋出「攸」字是李家浩先生。〔註67〕「攸」讀作「修」，亦見於〈容成氏〉36「天陸（地）四峕（時）之事不攸（修）」。至於「武」字，出土文獻能有今本對照，的確是可得以正確考釋文字的關鍵之一。「戒」，目前楚系文字似未見，則寫成「武」未必是訛字，況有今本「不修」、「不武」可供對照。其次，顏世鉉先生之說看似成理，但是所舉文獻例證，正好說明「戒」、「教」是不同層次的涵義，比如《韓詩外傳》卷三）孔子曰：「不戒責成，害也；慢令致期，暴也；不教而誅，賊也。君子爲政，避此三者。」「不教而誅謂之虐；不戒責成謂之暴也。」（《說苑‧談叢》）明明白白是不同的準則，否則「不教而誅」僅是「不戒責成」的加倍處罰而已。目前看來，恐怕仍應從劉信芳先生之說。

〔十八〕冐（謂）之必城（成），則暴

建洲按：此處的「暴」可看出其上部同〈甲18〉「𣬛」上部作 形近，亦如同《郭店‧性自命出》64「惹（怒）谷（欲）涅（盈）而毋𣬛」的𣬛。可見舊隸作「葬」似有問題的。

〔十九〕命亡（無）峕（時），事必又（有）𦏌（期），則惻（賊）

張光裕先生：「峕」，或讀爲「時」。「𦏌」，可讀爲「基」。《郭店楚墓竹簡‧尊德義》第二簡：「賞與坙（刑），祟（禍）福之𦏌（基）也。」「惻」，或讀爲「賊」。（頁229）

周鳳五先生〈從甲〉：「命亡時，事必有基則賊」，整理者考釋「時」、「基」二字，但「全句文意待考」。按，「命亡時」指隨時任意發號施令。命，依照上古漢語的習慣，不妨讀爲「令」。亡時，即「無時」，指沒有定時，不依規矩。如《禮記‧內則》：「孺子蚤寢晏起，唯所欲；食無時。」意思是說，兒童倦了就睡，餓了就吃，隨心所欲，可以不遵循成年人作息的規矩。「事必有基」的「基」，簡文從羽下丌，整理者讀爲「基」。按，此字從羽，丌聲，應當讀爲「期」，指限期完成。簡文「命亡時，事必有基則賊」，意思是說，隨時任意發號施令，要求如期完成，就是賊害屬下。《論

〔註66〕顏世鉉〈上博楚竹書補釋二則〉，簡帛研究網，03/04/29，
http://www.bamboosilk.org/Wssf/2003/yuanshixuan03.htm。
〔註67〕李家浩〈包山楚簡中的旌旆及其他〉《第二屆國際中國古文字學研討會論文集續編》
（香港：香港中文大學，1995.9），頁377。

語》作「慢令致期謂之賊。」何晏《集解》：「慢，怠惰也，謂號令不時。致期，刻期告成也。」

劉信芳先生〈四母〉：「毋惻（賊）」，又：命亡時，事必有期則惻（賊）」。《論語・堯曰》：「慢令致期謂之賊。」孔《注》：「與民無信而虛刻期。」劉寶楠《正義》：「致期，如今官府之立限。」以上「期」與「賊」的用法使人想到郭店楚簡《語叢二》簡 27 的句例：「惎生於輾，惻（賊）生於惎。」可知「惎」讀爲「期」，「輾」讀爲「勝」。因其能勝（勝任，取勝），故刻之以期，立之以限，此所謂「期生於勝」。而慢令虛刻，致使受任者不能達於期限而受誅受責，此所謂「賊生於期」。郭店簡《語叢》對相關竹書的釋讀很有幫助，有解經的味道。不過《語叢》之解經不同於經師就句例作解的解經方式，而是將相關用語分類繫聯，在聯係中揭示各用語的區別與內涵，其中的奧妙還有待於學者作更多的努力才能揭示。

建洲按：〈從政〉的「時」寫法讀樹一格，均作 ✦（從「口」），與一般作 ✦（《郭店・太一生水》4），「日」旁有所省簡。而且「又」旁均寫作「攴」，是形旁義近互通的現象。這種情形如同「昌」，作 ✦《璽彙》4922，又作 ✦《璽彙》4998；「辱」作 ✦（《郭店・老子甲》36），又作 ✦（〈老子乙〉5）；「河」作 ✦（《璽彙》124），又作 ✦（《郭店・窮達以時》3）。可見「口」、「日」二旁有形混的現象。〔註68〕

「羿」，字應分析爲从羽亓聲，字亦見於《郭店・成之聞之》30「槁木三年，不必爲邦羿」、〈容成氏〉20「東方之羿日」，「羿」或「羿」皆「旗」字。比較完整的寫法是 ✦（《隨縣》6），上從「㫃」，當作「旗」的義符正合。本簡整理者讀作「基」，陳劍先生〈編連一〉、周鳳五先生〈從甲〉都以爲是「期」，以爲相當於《論語・堯曰》：「慢令致期謂之賊。」可信。其次，上述劉信芳先生之說的確新穎，但是《郭店・尊德義》簡 1「改愼勳，爲人上者之僥（務）也」；「改愼勳」即「改忌勝」，一說「已忌勝」，意思大約是說改正或去除忌惡他人道德才能勝於己的個性，亦即爲人上者不藥忌惡屬下道德才能勝於己。學者均指出這段話正可與〈語叢二〉25-27「惡生於眚（性），忿（怒）生於惡，乘（勝）生於忿（怒），惎（忌）生於輾（勝），惻（賊）生於惎（忌）。」參看。〔註69〕說極有理致，又可與《荀子・成相》：「主忌苟勝，群臣莫諫於必逢災。」楊《注》：「主既猜忌，又苟欲勝人也。」〔註70〕參看。而劉信芳先生之說僅取簡 26 的後半句「惎（忌）生於輾（勝）」，對同簡前一句「乘

〔註68〕何琳儀《戰國文字通論訂補》，頁 236。
〔註69〕顏世鉉〈郭店楚簡淺釋〉《張以仁先生七秩壽慶論文集》（臺北：學生書局，1999.1），頁 393～394、陳偉《郭店竹書別釋》（武漢：湖北教育出版社，2003.1），頁 136～137。
〔註70〕〔清〕王先謙《荀子集解》（北京：中華書局，1997.10 四刷），頁 457～458。

（勝）生於态（怒）」卻隻字未提，恐有斷章取義之害。

〔二十〕爲利桂（枉）事，則賠（貪）

陳劍先生〈編連一〉：而「暴」、「虐」、「賊」三者之後是「貪」，跟《論語》和《韓詩外傳》卷三第二十四章都不相同。按上引《論語》「四惡」的最末一項「猶之與人也，出納之吝，謂之有司」文意頗爲晦澀，推測起來，大概正因爲此，後來的著述遂或者去掉這一項，或者以意改之。《韓詩外傳》卷三第二十四章改爲「責」，此處簡文則改爲了「貪」。

周鳳五先生〈從甲〉：至於「屛四惡」的最後一惡，竹簡下端殘存「爲利枉」三字，這裡參考《論語》稍作討論。首先，《論語》：「猶之與人也，出納之吝，謂之有司。」何晏《集解》：「人君貪，其行爲如有司之吝也。」邢昺《疏》：「財物俱當與人，而人君吝嗇於出納而難惜之，此有司之任耳，非人君之道。」何晏說得很清楚，所謂「有司」，是一種譬喻的說法，其實就是貪吝。簡文第四惡作「貪」，較《論語》「有司」的說法直截了當，句法也比較整齊。其次，據簡十五：「毋暴、毋虐、毋賊、毋貪」以及簡十六的句法，下端殘缺處不妨補作「爲利枉道謂之貪」，意思是說，爲了財利而扭曲正道，就是貪婪。當然，若作「枉法」也未嘗不可。不過「枉道」一詞見《論語·微子》：「枉道而事人，何必去父母之邦。」似乎要妥當些。

何琳儀先生〈滬二〉以爲「枉」，當讀「往」。簡文「爲利往」，參見《史記·貨殖列傳》「天下熙熙，皆爲利來。天下攘攘，皆爲利往。」

劉信芳先生〈四毋〉：簡文「枉」猶今「貪贓枉法」之「枉」。《禮記·月令》：「乃命有司，申嚴百刑，斬殺必當，毋有枉橈。」孔疏：「枉謂違法曲斷。橈謂有理不申。應重乃輕，應輕更重，是其不當也。」

建洲按：何先生之說，若單就簡15應是可以的。但是因簡文須讀作「爲利枉事」，則何先生所說「爲利往」文意不符，茲不從其說。

〔二一〕軎（庸）〔爭〕五惪（德）

張光裕先生：「正」，即「政」。「軎」即「敦」。（頁219-220）

何琳儀先生〈滬二〉：「墉，《考釋》誤釋「敦」。「敦」左下從「羊」，與「墉」有別。按，簡文「墉」當讀「庸」。《說文》「庸，用也。」下文12簡「庸乃不倦，持善不厭。」其中「庸」與「持」對文見義。

黃德寬先生〈補正〉亦認爲：釋文讀敦，誤。字即《說文》「墉」之古文，與「敦」無涉。此簡讀作「庸」，也即「用」也。

　　建洲按：《上博（四）・內禮》附簡有字作「![字]」，整理者李朝遠先生隸作「臺」，並說「『臺』，西周金文多見，或孳乳爲『敦』字，或孳乳爲『錞於』之『錞』。此處爲『錞』字，與『準』通。」〔註71〕曾憲通先生也指出「臺字從亯從羊，即烹羊爲孰會意，義同於鬻，故《說文》云然。……考金文臺字除作器名用外，多孳乳爲敦伐之敦」。〔註72〕類似寫法也見於《郭店》，如《郭店・窮達以時》15「故君子![字]於反己」，李零先生將「![字]」釋爲「敦」〔註73〕。顏世鉉先生讀作「惇」。《說文》：「惇，厚也。」朱駿聲《說文通訓定聲》云：「經傳皆以敦爲之，《左僖廿七傳》：『說禮、樂而敦《詩》、《書》』，……《漢書・鮑宣傳》：『敦外親小童』，注謂『厚重也』。」〔註74〕《說文》分析「惇」爲從心「臺」聲。《郭店・成之聞之》簡4「君子之於教也，其導民也不浸，則其![字]也弗深矣」裘先生〈按語〉說：「![字]或可釋爲『淳』。」〔註75〕而《說文》分析「淳」爲從水「臺」聲。還有《郭店・六德》簡21、22「子也者，會![字]長材以事上，謂之義」，李零先生讀爲「埻」，字同「準」（見《周禮・天官・司裘》）。〔註76〕劉釗先生亦釋爲「埻」，讀爲「敦」或「最」〔註77〕。《說文》分析「埻」爲從土「臺」聲。依此看來，「![字]」釋爲「敦」應該不是問題。《說文》分析「敦」爲從攴「臺」聲。但是《上博（二）・從政》甲5「![字]五德」，整理者張光裕先生釋爲「敦」。〔註78〕何琳儀先生則釋爲「墉」，並認爲《考釋》誤釋『敦』。『敦』左下從『羊』，與『墉』有別。按，簡文『墉』當讀『庸』。《說文》『庸，用也。』下文12簡『庸乃不倦，持善不厭。』其中『庸』與『持』對文見義。」〔註79〕黃德寬先生亦認爲：「釋文讀敦，誤。字即《說文》『墉』之古文，與『敦』無涉。此簡讀作『庸』，也即『用』也。」〔註80〕這樣看來又與上述諸家所說衝突。筆者以爲何、黃二先生之說，就字形來看不能算錯。「臺」，西周金文作![字]（訣鐘），春

〔註71〕馬承源主編《上海博物館藏戰國楚竹書〔四〕》（上海：上海古籍出版社，2004.12），頁229。

〔註72〕曾憲通〈「亯」及相關諸字考辨〉《中央研究院第三屆國際漢學會議——文字學組論文》2000.7.1。又見於《古文字研究》22輯，頁270～271。

〔註73〕李零《郭店楚簡校讀記——增訂本》（北京：北京大學出版社，2002.3），頁86。

〔註74〕顏世鉉〈郭店楚簡淺釋〉《張以仁先生七秩壽慶論文集》（台北：學生書局，1999.1），頁387——388。

〔註75〕荊門市博物館《郭店楚墓竹簡》（北京：文物出版社，1998.5），頁168。

〔註76〕李零《郭店楚簡校讀記——增訂本》（北京：北京大學出版社，2002.3），頁133。

〔註77〕劉釗《郭店楚簡校釋》（福州：福建人民出版社，2003.12），頁114。

〔註78〕馬承源主編《上海博物館藏戰國楚竹書（二）》（上海：上海古籍出版社，2002.12），頁219～220。

〔註79〕何琳儀〈滬簡二冊選釋〉，簡帛研究網，2003.01.14。

〔註80〕黃德寬〈《戰國楚竹書》（二）釋文補正〉，簡帛研究網，2003.01.21。

秋金文作 ▢（齊侯▢）。戰國陳純釜作▢、《璽彙》4033作▢，即「敦」字。《上博（三）‧周易》49「▢（▢）艮」，即「『敦』艮」。可見左下的確從「羊」形，與簡文字形似乎不合。又如《上博（四）‧曹沫之陣》18「城▢」，無疑應讀作「城『郭』」〔註81〕，而非「城『敦』」。還有曾侯乙鐘的「▢」作▢，何琳儀先生分析說是墉或郭之初文。〔註82〕《楚文字編》亦同時歸於「郭」下與「墉」下，〔註83〕又如《上博（一）‧孔子詩論》28「牆」作▢、《郭店‧語叢四》2「牆」作▢，季師旭昇已指出字應分析爲從「▢」（郭、墉）爿聲。〔註84〕「墉」與「郭」，學者一般認爲二者字義關係密切，季師旭昇說郭、墉同字。〔註85〕何琳儀先生亦說：二者義同，讀音甚遠，二者關係待釐清。遂將讀作「墉」隸定作▢，讀作「郭」者隸定作▢。〔註86〕以上▢、▢、▢、▢等字都與〈從政〉▢同形，但沒有學者釋爲「敦」。但因此就否定〈從政〉▢字及上述學者考釋《郭店》諸字釋爲「敦」或從「▢」的結論，這也是太過武斷的。

曾憲通先生已指出戰國時期「▢」、「▢」兩個形體已趨於合流。〔註87〕上引〈曹沫之陣〉的▢（▢，即「郭」）字，李零先生隸作「▢」，不知是否也是這樣的看法？陳劍先生也認爲「當然，戰國文字字形相混的現象比較突出，簡中此字（引者按：指〈從政〉的▢字）到底是『墉』還是『敦』左半，應該根據上下文義來判斷。簡五云：『敦五德、固三制』，敦、固對文，就是古書常見之『敦人倫』、『敦教化』一類的『敦』，怎麼可能改釋呢？」〔註88〕筆者以爲曾、陳二先生所說爲是。楚簡常見的「失」作▢（《郭店‧老子乙》6），趙平安先生指出它與甲骨文的「▢」爲一字。〔註89〕其下部的變化正是一作「▢」形，一作「▢」形，與▢、▢的下部字形變化正同。尤其趙先生文中也特別強調「幸在例中省作▢，而▢有時可以

〔註81〕馬承源主編《上海博物館藏戰國楚竹書〔四〕》（上海：上海古籍出版社，2004.12），頁254。

〔註82〕何琳儀《戰國古文字典》（北京：中華書局，1998.9），頁492。

〔註83〕李守奎《楚文字編》（上海：華東師範大學，2003.12），頁327、775。

〔註84〕季師旭昇〈讀郭店、上博簡五題：舜、河澨、紳而易、牆有茨、宛丘〉《中國文字》新27期，頁120。

〔註85〕季旭昇師《說文新證》上（台北：藝文印書館，2002.10），頁451。

〔註86〕何琳儀《戰國古文字典》（北京：中華書局，1998.9），頁425、492。

〔註87〕曾憲通〈▢及相關諸字考辨〉《中央研究院第三屆國際漢學會議——文字學組論文》2000.7.1。又見於《古文字研究》22輯頁272。

〔註88〕陳劍於2003～3～6在國學網站的「國學論壇」上的意見。

〔註89〕趙平安〈戰國文字的「遊」與甲骨文「▢」爲一字說〉《古文字研究》22輯（北京：中華書局，2000.7），頁275～277。

寫作「」。〔註90〕其次，楚簡「鬲」（從辶旁）字既作「」（《包山》167）、（《包山》192）、（《包山》56），「鬲」下作「」形；又作「」（《郭店·窮達以時》2）、（《包山》簡110，從邑旁），「鬲」下作「」形。其三，「獻」字，《包山》182作，左下從「」形；《包山》79作，左下從「」形。其四，「兩」字，《包山》145反作，下作「」形；《包山》111作、《郭店·語叢四》20作，下作「」形。這些例子均可證明楚簡文字中同樣存在「墉」（郭）、「敦」形混的可能，也就是說《上博（二）·從政》的字並非不能釋爲「敦」，黃、何二先生所提出的字形分別標準恐怕太過絕對。

「五德」，即下文的「寬、恭、惠、仁、敬」，張光裕先生已指出。

〔二二〕巨（固）三折（誓？）

張光裕先生：「巨」，從匚，古聲，可讀作「固」。「巨」於今文中與「簠」相通，古音爲幫母，古韻屬魚部，「固」爲見母，古韻亦屬魚部，二者古韻同部，可以通假。「折」，楚簡中所見「折」字多讀爲「制」，亦可讀爲「誓」，今取後說。……「固三誓」猶言約法三章也。（頁220）

陳偉先生〈從政校讀〉：楚簡中，「折」常常讀爲「制」，如郭店簡書《老子》甲19號簡的「始折有名」即「始制有名」，《六德》2號簡說「折刑法」即「制刑法」，九店《日書》20號簡「利以折衣裳」即「利以制衣裳」。雲夢睡虎地秦簡日書甲種《除》一三正式「折衣裳」亦即「制衣裳」。

朱淵清先生〈三制〉：簡文的「三制」就是《管子·樞言》「凡國有三制」的「三制」，即「有制人者，有爲人之所制者，有不能制人，人亦不能制者。」他引石一參之說，所謂「凡國有『三制』」即「國力有三等。」

建洲按：「巨」字亦見於《郭店·窮達以時》2-3：「匋（陶）笞（拍）於河巨」，學者均分析爲從匚，古聲。或讀作「浦」或讀作「滸」。〔註91〕至於上引朱淵清先生所說《管子》「三制」，陳郁夫先生《管子校注》則解釋爲「三種控制的情形」。〔註

〔註90〕趙平安〈戰國文字的「遊」與甲骨文「」爲一字說〉《古文字研究》22輯（北京：中華書局，2000.7），頁276。

〔註91〕李家浩〈讀《郭店楚墓竹簡》瑣議〉《中國哲學》20輯（瀋陽：遼寧教育出版社，1999.1），頁353、袁國華師〈郭店楚簡文字考釋十一則〉《中國文字》新24期（臺北：藝文印書館，1998.12），頁141，以上讀作「浦」；季旭昇師〈讀郭店、上博簡五題：舜、河滸、紳而易、牆有茨、宛丘〉《中國文字》新廿七期，頁118、李零《郭店楚簡校讀記——增訂本》（北京：北京大學出版社，2002.3），頁87，以上讀作「滸」。

〔註92〕陳麗桂師等校注《新編管子》（臺北：國立編譯館，2002.2），頁303。

92〕但是不管是「三種國力」或「三種控制的情形」似與簡文討論「用五德」、「除十怨」大概偏向所謂「尊五美，屏四惡」一類的思考，不甚相配。今暫從張光裕先生釋爲「誓」，猶言「約法三章」。

〔二三〕敘（除）〔〕十惃（怨）

張光裕先生：讀作「除十怨」。（頁 220）

黃德寬先生〈補正〉：釋「除十怨」甚是。郭店楚簡《尊德義》三：「殺戮，所以除 也。不繇（由）其道，不行」。「除」後一字舊未敢定，由「除十怨」，可以釋《尊德義》簡「除」後一字爲「【下作 J】」，讀作「怨」。「J」之形體見 J 盨銘文，「夗」則見於甲骨文，金文須「夗」讀作「怨」。由「除十怨」，可印證讀「除怨」有據。如此，則楚簡之「怨」又多一異文。釋出《尊德義》「怨」字，則同篇三十四簡「則民，正則民不吝」句中之首字，也可能是「夗」之變形。「夗」，《說文》「夗轉臥也，夗轉即宛轉」。此簡「夗」與「正」相對爲文，意近「曲」。

建洲按：「敘」，其「余」旁的寫法亦見於《郭店・性自命出》19「舍」作 、〈成之聞之〉33「余」作 、「書也缶」作 。何琳儀先生認爲下方多出的撇筆是種「裝飾符號」。〔註93〕但是「余」（余魚）；「少」（書宵），聲紐同爲舌音，韻部則爲旁轉，如《隨縣》簡 42「黃金是戜」，裘錫圭、李家浩二先生注釋說：「『戜』，77 號簡作『鈱』，並從『弋』聲；據文意當讀爲『飾』。『弋』、『飾』古音相近可通。」飾（書職）與弋（余職）的確音近可通。〔註94〕《九店》56.32「表『紈』」，李家浩先生考釋以爲即「服『飾』」，〔註95〕可知聲紐書余確實可通。而《楚辭・大招》以招逃（宵）韻遽（魚），〔註96〕可知韻部宵魚亦可通。所以「余」作 ，似也不能完全排除變形音化的可能。

其次，上述黃德寬先生由本簡的文例推測〈尊德義〉3 的 應讀爲「怨」，但是該字左上似從「舟」形，如 （〈成之聞之〉35）、《包山》277「受」作 的「舟」旁，與一般理解甲金文「夗」字形不甚相似。〔註97〕趙平安先生說「夗」本是象形

〔註93〕何琳儀《戰國文字通論訂補》，頁 258。

〔註94〕中國社會科學院考古研究所編《曾侯乙墓》（北京：文物出版社，1989.7），頁 514 注 98。

〔註95〕湖北省文物考古研究所、北京大學中文系編《九店楚簡》，頁 98～99 注 138。

〔註96〕陳新雄師《古音研究》（臺北：五南出版社，1999.4），頁 456。

〔註97〕參於省吾《甲骨文字釋林》（北京：中華書局，1993.4 三刷），頁 40～42、劉釗〈釋甲骨文中從夗的幾個字〉，《第二屆國際中國古文字學研討會論文集續編》（香港：香港中文大學，1995.10），頁 153～172、陳偉〈包山竹簡所見楚國的宛郡〉《武漢大學

字，後來裂變爲「夕」和「卩」。〔註98〕至於簡 34 ⿰ 字，劉信芳、李零二先生釋爲「咎」之省，〔註99〕似可參。

〔二四〕一曰慢（寬）

張光裕先生：「爰」，匣母，古韻屬元部；「寬」，溪母，古韻亦屬元部，「慢」當讀作「寬」，即寬和、寬厚、乃爲政者需敦行之美德。（頁219）

建洲按：說可信。《左傳・昭公二十年》：「公說，使有司寬政，毀關，去禁，薄斂，已責。」《論語・八佾》：「子曰：『居上不寬，爲禮不敬，臨喪不哀，吾何以觀之哉？』」朱熹《注》曰：「居上主於愛人，故以寬爲本。」〔註100〕此句話正爲簡 5-6「⿱ （君子）不慢（寬）則亡（無）⿰ （以）頌（容）百眚（姓）」的註腳。

〔二五〕三曰惠〔⿱ 〕

建洲按：「惠」作 ⿱ 。《郭店・緇衣》41 作 ⿱ ，中間字形互換的情形值得注意。

〔二六〕三折（誓？）哉（持）行視上卒（衣）⿰（食）

張光裕先生：「三誓持行，見上卒食」。（頁221）

陳偉先生〈從政校讀〉：斷作「持行，視上，卒食……」，並視爲三制之目。他說：「持行」大概也是敦行、篤行一類意思。作爲另一種可能，「持行」也許是講行走的儀態，與下文對「視上」的推測相應。可見古人對視綫的高下很有講究。從正面理解，這裏的「視上」大概是針對「視下」而言，是指既不「下」、也不「傾」的正確作法。「卒食」恐應有後續文字，是說食畢之後的事情。

建洲按：陳偉先生的說法很巧，不過證據實在不強。簡文「用五德」、「固三折」是並列的。前者是指君子若能用五德，則能「容百姓」、「聚民」，顯然是爲君上而發的。則「三折」的適用對象理當也是君王，但依陳偉先生所解，所謂「持行」、「視上」似乎是對「臣下」說的，與簡文並不吻合，茲不取其說。

學報》1998.6 頁 106。

〔註98〕趙平安〈戰國文字中的「宛」及其相關問題研究——以與縣有關的資料爲中心〉《第四屆國際中國古文字學研討會論文》（香港：香港中文大學，2003.10.15），頁532。

〔註99〕劉信芳〈郭店竹簡文字考釋拾遺〉《江漢考古》2000.1，頁 45、李零《郭店楚簡校讀記——增訂本》（北京：北京大學出版社，2002.3），頁 141。

〔註100〕〔宋〕朱熹《四書集註》（臺北：學海出版社，1991.3），頁 69。

〔二七〕曰軋（犯）人之矛

張光裕先生：「軋」即「犯」。「矛」可讀爲「務」。……由下句「十曰口惠而不係」例之，「曰軋人之矛」上或接一「九」字。根據文意，此兩句當與《從政（甲篇）》篇所言『除十怨』攸關。侵犯他人，易招怨尤，故宜戒之。（頁233）

建洲按：此說大抵不錯。而且「除十怨」出現在甲 5，若依張說本句與「除十怨」，則已透露出分成甲、乙二篇是不必要的。「軋」作 ![字] （甲 16），其右旁與《郭店‧忠信之道》05「![字]」右旁同形，只是「![字]」加了一飾筆而已。陳劍先生以爲「肥」字右旁與《郭店‧忠信之道》05「![字]」右旁同形，則「肥」字其右旁恐怕要理解爲「巳」比較好。（參〈容成氏〉簡 16「肸（禽）獸（獸）肥大」注釋）。

〔二八〕十曰口惠而不繇（由）〔![字]〕

張光裕先生：口惠而不係，《禮記‧表記》「口惠而實不至，怨菑及其身，是故君子與其有諾責也，寧有已怨。」《郭店楚墓竹簡、忠信之道》5「口惠而實弗從」的意思相同。這是張光裕先生已經指出，亦與義同。（頁233）

徐在國先生〈雜考〉：「△」以爲字相當於![字]字（《楚系簡帛文字編》889 頁）的簡省，即「繇」之省，也可視爲是「鼬」的象形初文的訛變。

建洲按：此說可信。目前楚系文字似未見「係」字。楚系文字「繇」一般作![字]（《郭店‧六德》36）、![字]（《包山》180），而《隨縣》「繇」字作![字]，其「肉」旁多寫作「人」形，這讓我們聯想到《郭店‧緇衣》簡 8「體」字作![字]，從「骨」；《上博‧緇衣》簡 5 相應字作![字]，卻從「人」，骨頭亦是人體的一部分，是整體替換部分的現象，〔註101〕「職」，通常從「耳」，但曾姬無卹壺作「![字]」，卻從「首」，〔註102〕楚系的「廄」字，除作![字]（《包山》61，從「攴」），亦作![字]（《包山》154，從「人」）。〔註103〕這些皆可看做是整體替換部分的現象。裘錫圭、李家浩二先生認爲是「繇」字的變體。〔註104〕而本簡的「△」顯然是屬於《隨縣》一類的寫法。「△」

〔註101〕陳立〈義近偏旁替換例——試以戰國楚晉二系文字爲例〉《楚簡綜合研究第二次學術研討會——以古文字與古文獻爲議題》（臺北：中央研究院史語所主辦，2002.12.20），頁 20～21

〔註102〕陳立〈義近偏旁替換例——試以戰國楚晉二系文字爲例〉頁 22

〔註103〕朱德熙〈戰國文字中所見有關廄的資料〉《朱德熙古文字論集》，頁 162～163、李家浩〈戰國官印考釋兩篇〉《語言研究》1987.1，亦見於《著名中年語言學家自選集——李家浩卷》144～147。

〔註104〕中國社會科學院考古研究所編《曾侯乙墓》（北京：文物出版社，1989.7），頁 513注82。亦參曾憲通〈說繇〉《古文字研究》第 10 輯，頁 23～34。

在簡文中讀作「由」，訓爲「從」。如:《爾雅・釋詁上》:「由，自也。」郭璞《注》:「自，猶從也。」又如《論語・秦伯》:「民可使由之，不可使知之。」鄭玄《注》:「由，從也。」

〔二九〕興〔〕邦豪（家）

　　建洲按:「興」作△，字已見於《上博（一）・孔子詩論》簡 28「青『蠅』」作、《包山》159「陳」、《郭店・窮達以時》簡 5「而爲天子師」、〈性自命出〉簡 19「禮作於情，或之也。」、《上博（一）・性情論》簡 11 作。「興」，商金文作（興壺），甲骨文作（《乙》5327），字從舁從凡，象四手各執盤之一角而興起之。〔註 105〕《郭店・唐虞之道》簡 8「六帝於古」，讀作「六帝興於古」，加了「口」形繁化。《說文》小篆作「興」，遂誤以爲從「同」。戰國文字「興」也有寫作不從口的，如《璽彙》3290 作、《侯馬》356 作、，上述楚簡等字的寫法皆屬沒有「口」形者。因爲「口」形「凵」，而簡文其下作「呂」是封閉形，應釋爲「邑」，二者形狀昭然可辨，一般是不會相混的。〔註 106〕要說明的是類似「或」作（《上博（二）・從政甲篇》12）、「辟」作（《上博（一）・緇衣》12），這些現在隸作「口」形的，似乎是作「封閉形」的，但我們知道「或」本從「丁」〔註 107〕;「辟」本來是象「璧玉」之形，〔註 108〕均與「口」無關。退一步說，我們之所以能分辨「足」作（《郭店》1.1.2）;「疋」作（《郭店》1.1.28）。「右」作（《郭店》1.3.6）;「客」作（《包山》162）不正是因爲「凵」、「○」二形本不相同嗎。對於△字，魏宜輝先生提出二種說法:其一以爲「興」原先所從的「口」形被「呂」取代了，其二認爲下可能從「厷」。〔註 109〕以筆者前面所述理由，此二說皆不可從。在形中，「呂」是當作「聲符」用。邑（影紐東部）;興（曉紐蒸部），聲紐同爲喉音，韻部東蒸爲旁轉音近，如《爾雅・釋地》:「楚有

〔註 105〕于省吾主編《甲骨文字詁林》冊四（北京:中華書局，1996.5），頁 2851～2852。

〔註 106〕吳振武〈古璽合文考（十八篇）〉《古文字研究》17 輯（北京:中華書局，1989.6），頁 271、張桂光〈沐司徒疑簋及其相關問題〉《古文字研究》22 輯，頁 66、曹錦炎〈楚簡文字中的「兔」及相關諸字〉《新出土文獻與古代文明研究國際學術研討會論文》（上海:上海大學，2002.7），頁 3、蘇建洲〈楚文字考釋九則〉《輔仁國文學報》第 19 期 2003.11　第九則。

〔註 107〕何琳儀《戰國古文字典》，頁 18。

〔註 108〕何琳儀《戰國古文字典》，頁 774、徐在國〈古璽文字八釋〉《吉林大學古籍整理研究所建所十五週年紀念文集》（長春:吉林大學出版社，1998.12），頁 117。

〔註 109〕魏宜輝〈試析上博簡《孔子詩論》中的「蠅」字〉《東南文化》2002.7，頁 76。

雲夢」，《釋文》「夢（蒸）本或作蒙（東）」。〔註110〕宋玉〈登徒子好色賦〉「蓋徒以微詞相感動，精神相依憑」，〔註111〕以「動」（東）韻「憑」（蒸）。王力先生認為「陵」與「隴」是同源字，前者是蒸部，後者是東部。〔註112〕其次，〈性自命出〉簡19「㜜」、〈性情論〉簡11「㜜」與《包山》159「㜜」，字下從一「o」，則是「呂」的省形。比如說「宮」，從「呂」聲，一般作 ▮ （曾侯乙鐘），但也省作「向」（曾樂律鐘574.1）。又如「躬」，《郭店》7.3作 ▮ ，但也省作 ▮ （《包山》232）、 ▮ （《包山》234）。再看「豫」作 ▮ （《包山》11）亦作 ▮ （《上博・孔子詩論》4），其「予（呂）」亦有所省簡。〔註113〕比較麻煩的是上半部，怎麼由 ▮ （《郭店・唐虞之道》8演變為 ▮ 等字形。

楚系文字有在「臼」偏旁內省簡字形的現象，如：

「豐」字。金文作 ▮ （豐鼎）、 ▮ （長由盉）、〔註114〕《包山》124作 ▮ 。《郭店》「豐」字的寫法之一是上面訛成類「臼」形，如 ▮ （〈語叢二〉1）、 ▮ （〈五行〉31），臼旁內前者作肥筆，後者則作一直線。亦見於 ▮ （鄂君啓舟節）、 ▮ （客豐愆鼎，戰國晚期），臼內均作「｜」。

楚簡的「與」除作 ▮ （《郭店》10.2），臼內從「牙」。〔註115〕也作 ▮ （《包山》108）、 ▮ （《郭店》9.28），「牙」旁簡化為「彳」形； ▮ （《郭店》1.1.36），簡化為「▮」； ▮ （《郭店》1.3.4），簡化為「｜」。〔註116〕

「受」字，甲骨文作 ▮ （《鐵》248.1）、西周金文作 ▮ （何尊），二手之間從「舟」。《包山》277作 ▮ ，「舟」形仍在。簡49作 ▮ ，「舟」形左邊筆劃分離出直筆，再作 ▮ （簡124），「舟」形訛成「爪」形，遂使字形上部從「臼」形。《郭店》「受」字常見訛作從「臼」形，臼內作「｜」，如〈語叢三〉5作 ▮ 、〈唐虞之道〉2作 ▮ 。

〔註110〕高亨、董治安編纂《古字通假會典》（濟南：齊魯書社，1997.7 二刷），頁29。

〔註111〕〔梁〕蕭統編《文選》（臺北：藝文印書館，1991.12 十二版），頁275。

〔註112〕王力《同源字典》（北京：商務印書館，1999.9 五刷），頁314。

〔註113〕曹錦炎〈楚簡文字中的「兔」及相關諸字〉《新出土文獻與古代文明研究國際學術研討會論文》，頁3、何琳儀《戰國古文字典》（北京：中華書局，1998.9），頁566。

〔註114〕林澐〈豐豐辨〉《林澐學術文集》（北京：中國大百科全書出版社，1998.12），頁5。本文又見於《古文字研究》12輯。

〔註115〕裘錫圭〈讀《戰國縱橫家書釋文注解》簡記〉《古代文史研究新探》（南京：江蘇古籍出版社，2000.1 二刷），頁84。

〔註116〕此種「與」的字形亦見於「江陵範家坡簡」，見《楚系簡帛文字編》，頁335。原釋為「受」，李零指出應釋為「與」，〈讀《楚系簡帛文字編》〉《出土文獻研究》第五集（北京：科學出版社，1999.8），頁144（55）。

〔註117〕要說明的是雖然「受」字本來就分離出一直筆，但我們要強調的是《郭店》所呈現出「𠬝」形內簡化現象的普遍。

比較值得注意的是楚系文字的「鬲」。「鬲」，甲骨文作 🔖 （《粹》1543），金文作 🔖 （呂王鬲）、🔖 （成伯孫父鬲）。《郭店‧窮達以時》2 有字作🔖，《郭店》釋文作「鬲」即「歷山」。而「鑄」字，甲骨文作 🔖 （《合》29687）、🔖 （《英》2567）。二者辭例皆為「鑄黃呂」。裘錫圭先生以為第二種字形與金文基本相同，第一種字形的下部就是甲骨文的🔖、🔖 及散盤🔖🔖的下部，釋為「注」，並釋這種字形為象注酒於「尊」。〔註118〕郭沫若在 50 年代釋🔖 （德簋）為「益」，釋🔖（師虎簋）為「易」。〔註119〕但學者並非全無它說，除前舉裘錫圭先生外，李孝定先生曾質疑說：「郭氏謂（易）為益之簡體，以所舉🔖之形及音言之，其說或是，然易益二字之義又相去懸遠，了不相涉」，〔註120〕若董作賓、金祥恒、張秉權等先生俱以為是「匜」或一匜一盤。〔註121〕趙平安先生受金氏之說的啟發，認為「易」是「匜」的分化字。〔註122〕但不管如何，可以確定的是「鑄」字本來所從的器形並非是「鬲」。〔註123〕又西周金文作🔖 （王鑄觶）、🔖 （芮公壺），李孝定先生以為「象兩手持倒皿，注金液於範中是也」，〔註124〕何琳儀先生以為會雙手持鬲在火上加熱注入皿中之意，落實器皿之形為「鬲」。〔註125〕由以上可知，甲骨文「鑄」尚從一種「器皿」

〔註117〕張光裕主編《郭店楚簡研究——第一卷——文字編》（臺北：藝文印書館，1999.1），頁 105，字頭 205。

〔註118〕見裘錫圭〈殷墟甲骨文考釋（七篇）——釋「注」〉《湖北大學學報》1990.1 頁 56～57。其他討論者如燕耘〈商代卜辭中的冶鑄史料〉《考古》1973.5，頁 299、於省吾主編《甲骨文字詁林》冊三 （北京：中華書局，1996.5）頁 2674，2690～2691 號。

〔註119〕郭沫若〈由西周德器的考釋談到殷代已在進行漢字的簡化〉《文物》1959.7，頁 1。《甲骨文字詁林》冊三 2659「益」字條下按語亦贊同郭氏之說，頁 2654。

〔註120〕李孝定《甲骨文字集釋》（臺北：中央研究院歷史語言研究所，1982）冊十，頁 3028。

〔註121〕《甲骨文字詁林》冊三 2659「益」字條，頁 2654、金祥恆〈釋盟〉《中國文字》第 12 冊

〔註122〕趙平安《說文小篆研究》（南寧：廣西教育出版社，1999.8）頁 157～161。又本文曾以〈釋易與匜——兼釋史喪尊〉為名，發表於《考古與文物》1991.3

〔註123〕見裘錫圭〈殷墟甲骨文考釋（七篇）——釋「注」〉《湖北大學學報》1990.1 頁 56～57。其他討論者如燕耘〈商代卜辭中的冶鑄史料〉《考古》1973.5，頁 299、於省吾主編《甲骨文字詁林》冊三 （北京：中華書局，1996.5）頁 2674，2690～2691 號、陳昭容〈從古文字材料談古代的盥洗用具及其相關問題〉《中央研究院歷史語言研究所集刊》71 本 4 分 （臺北：中央研究院歷史語言研究所，2000.12），頁 872。

〔註124〕李孝定《讀說文記》（臺北：中央研究院歷史語言研究所，1992.7），頁 77。

〔註125〕何琳儀《戰國古文字典》，頁 205。

（或尊或盤、匜）之形，西周金文以後，字形開始變成類「鬲」形，戰國楚系銅器承襲之，作❖（鑄客鼎）、❖（酓前鼎）、❖（酓忑鼎），與《郭店‧窮達以時》2「鬲」作❖相比較，很明顯楚系銅器其上當從「鬲」。

觀察從「鬲」諸字，其所從「鬲」形的變化如下：「鑄」字作❖（楚公𡥚鐘，西周中晚期）〔註126〕→❖（楚嬴匜，春秋早期）→❖（楚子簠，春秋中期）→「篙」字作❖（荊曆鐘，戰國中期）〔註127〕→「鑄」字作❖（書也缶，戰國中期）〔註128〕→❖（鄂君啓舟節，西元前322年）、❖（鄂君啓車節，西元前322年）→「鄗」字作❖（《包山》簡110，從邑旁，「包山二號墓」主人下葬於西元前三一六年）〔註129〕→「鬲」字作❖（《郭店‧窮達以時》2，戰國中期偏晚，約西元前三〇〇年上下）〔註130〕→「鑄」字作❖（酓前鼎，楚考烈王）→❖（酓忑鼎，楚幽王）、❖（鑄客鼎，楚幽王）。鄂君啓節的「鑄」形，其「鬲」旁整個省掉，其餘「鬲」旁字形演變如下：❖，象鬲形→❖，書也缶，鬲形筆劃分割→人，戰國中晚期竹簡、銅器，「鬲」形上橫筆省略，象「冂」形的上面連成一筆，下部分仍維持本來開口原貌。〔註131〕這與「興」字的演變：❖（《唐虞之道》8，「凡」旁作「凢」）→❖（《語叢四》16，「凡」作「几」，與「凢」形近而稍有變化）→❖（《容成氏》21，「凡」作「几」，中間橫筆省略）→❖（《窮達以時》5，「凡」作「人」，二豎筆上部合為一筆），字形發展軌跡是相吻合的。學者或以為上述「冂」形與「凢」是不同部件，是否可相比附。其實，在「文字類化」的過程中這是很常見的。如「南、兩、備、害、魚」等字，在殷商西周文字都不從「羊」旁，但因它們都含有一個與「羊」字形體相近的部件，到戰國楚文字，那些部件便逐漸類成「羊」。〔註132〕又如陳劍、董珊二先生為論證《三體石經‧春秋‧僖公》「踐」作❖，其上部可演變為燕王職矛「❖」字的雙「口」形，所舉的例證是《璽彙》1834「繟」作❖，亦作《璽彙》3870❖。〔註133〕「踐」

〔註126〕底下銅器斷代依劉彬徽《楚系青銅器研究》（武漢：湖北教育出版社，1995.7），頁380。
〔註127〕荊曆鐘的絕對年代無法確定，暫置於「書也缶」之前。
〔註128〕林清源師〈樂書缶的年代、國別與器主〉《中央研究院歷史語言研究所集刊》73：1（臺北：中央研究院，民91.3）頁13。
〔註129〕《包山楚簡‧序言》（北京：文物出版社，1991.10），頁1。
〔註130〕李學勤〈先秦儒家著作的重大發現〉《中國哲學》（瀋陽：遼寧教育出版社，1999.1）第20輯，頁13。
〔註131〕其他相關字形請見何琳儀《戰國古文字典》，頁205～206、763～764。
〔註132〕林清源師《楚國文字構形演變研究》（台中：東海大學博士論文，民86.12），頁163。
〔註133〕董珊、陳劍〈郾王職壺銘文研究〉《北京大學中國古文獻研究中心集刊》（北京：北京大學出版社，2002.10），頁41～42。

與「繡」所從亦是不同的部件，但是彼此形體相近，是以可用來佐證。上述「鬲」、「豊」、「與」、「受」諸字均有一相同部件「臼」，「臼」中部件基本上均類化成「｜」、「▌」（肥筆）、「彡」形或「人」形。〔註134〕或可推知戰國中晚期的楚系文字流行在「臼」旁中，將文字加以簡化成「｜」或「人」形等形體，但尚未完全取代其他「正常」字形，〔註135〕然而就《郭店楚簡》而言，這種省簡現象仍是較普遍的。〔註136〕寬鬆一點，可以說是一種「集體類化」的現象。或是焦點放在「鬲」、「興」二字，屬於「個別形近類化」。〔註137〕以上說明瞭《郭店》諸字釋爲「興」的文字學上根據。〔註138〕

〔三十〕綌（治）正詧（教）

建洲按：「綌」作𦁐，張光裕先生隸作「綌」。〈乙三〉有二個「綌」字，其中第一個與「△」同形，但張先生隸作「綌」。由字形來看，後一種隸定無疑是對的。李零先生解釋《郭店・語叢四》1 𤔔 字說：「『始』，原釋『司』，讀爲『詞』，案原文此字是合台、司爲一字，簡文此字或從此得聲的字有『辭』、『始』、『治』等用法。」〔註139〕此說可信，詳參〈容成氏〉14「台（始）」注釋。

〔三一〕從命，則正不裠（勞）

張光裕先生：讀「正」爲「政」。（頁233）

陳偉先生〈從政校讀〉：「正」有君長之義。《廣雅・釋詁下》：「正、伯，長也。」郭璞《注》：「正、伯，皆官長。」邢昺《疏》：「正、伯皆官長。《大雅・雲漢》云：『以戾庶正。』《盤庚》云：『邦伯師長。』」《大戴禮記・主言》：「孔子曰：『上敬老則下益孝，上順齒則下益悌，上樂施則下益諒，上親賢則下擇友，上好德則下不隱，上惡貪則下恥爭，上強果則下廉恥。民皆有別則貞，則正亦不勞矣。此謂七教。』」

〔註134〕陳昭容女士曾釋淅川三號墓的「𤔔」、「𤔔」上半部從「與」，其依據是《郭店》的字形。假若贊同此說，則「與」字簡化的字形將提早到春秋晚期，見陳昭容〈從古文字材料談古代的盥洗用具及其相關問題〉《中央研究院歷史語言研究所集刊》71本4分，頁894。

〔註135〕如與《包山》年代相差不遠的《望山楚簡》（楚懷王前期，西元前328年以後，見〈從望山一號墓簡文看昭固的身分與時代〉《望山楚簡》，頁136）其「與」字寫得很「正常」，見《楚系簡帛文字編》，頁209～213。又《楚帛書》乙29.8的「興」也寫的較「正常」，《郭店》亦有從凡從口不省的寫法，皆屬相同現象。

〔註136〕張光裕主編《郭店楚簡研究——文字編》，頁105、175、287～288。

〔註137〕林清源師《楚國文字構形演變研究》，頁159。

〔註138〕以上內容曾刊載于《國文學報》三十四期（台北：台灣師範大學國文學系，2003.12）。

〔註139〕李零《郭店楚簡校讀記——增訂本》，頁45。

王聘珍《解詁》云：「正，政也。」該篇上文說：「是故內修七教而上不勞，外行三至而財不費，此之謂明主之道也。」可見「正」當指君上，王說誤。這與簡文可以參讀。《禮記‧緇衣》：「上人疑則百姓惑，下難知則君長勞。故君民者，章好以示民俗，慎惡以御民之淫，則民不惑矣.臣儀行，不重辭，不援其所不及，不煩其所不知，則君不勞矣。」《荀子‧君道》云「有司不勞而事治」，皆是類似表述。

建洲按：陳說有理。此說正可與〈容成氏〉36「身力**㠯**裻百眚」指「（君上）身力以勞百姓」，義爲「（君上）身體力行來爲百姓辛勞盡力」、《左傳‧僖公二十八年》：「非神敗令尹，令尹其不『勤民』，實自敗也。」〔註 140〕互參。則簡文意思是說「執政者順從天命來做事，那麼自己就不會那麼辛勞。」尤其下句「穽戒先迲（匿），則自异（己）訇（始）」義爲消除「穽戒」要先從自己開始，可見本簡的「正」的確可解作「君上」。

〔三二〕穽（壅）〔〕戒先迲（忒）〔〕，則自异（己）訇（始）

張光裕先生：「穽」，字亦見《郭店楚墓竹簡‧成之聞之》第十五、十六簡：「是以民可敬道（導）也，而不可穽（壅）也。」「壅」，舊讀爲「掩」，然從字形分析，該字乃從公得聲，可讀爲「雍」，而用爲「壅」，取「壅蔽」之義。《詩‧小雅‧無將大車》：「無將大車，維塵雍兮。」鄭玄《箋》：「字又作壅。」一說讀「穽」爲「擁」（楊澤生《戰國竹書研究》）。……「迲」即「匿」。「异」，讀爲「忌」。……「蓋言戒備之心若失，則已先啓微亡之徵，此皆因有猜忌之心故也。」（頁 233）

楊朝明先生〈從政三則〉：今按：壅，同「塞」。戒，簡文像兩手持戈,表示戒備。《說文》：「戒,警也。……持戈以戒不虞。」《詩‧小雅‧采薇》：「豈不日戒。」《莊子‧養生主》：「怵然爲戒。」《國語‧吳語》：「息民不戒。」《禮記‧曾子問》：「以三年之戒。」並同此義。匿，《說文》：「亡也。」有隱藏、隱蔽、消除之義。忌：原《考釋》以爲有猜忌之義，王中江先生讀爲「己」，並指出郭店竹書中的《語叢一》有「知己而後知人」（**建洲按：**簡 26：智（知）忌（己）而句（後）智（知）人），按照字形，其中的「己」應隸定爲「忌」，讀如「己」，字形與之近；《五行》篇有「忌（己）有弗爲而美者也」。王讀是。本句可與《孔子家語‧王言》對讀：「政教定，則本正也。凡上者，民之表也，表正，則何物不正？是故人君先立人於己，然後大夫忠而士信，民敦俗璞，男愨而女貞，六者，教之至也，布諸天下四方而不窕，納諸尋常之室而不塞。」《大戴禮記‧主言》與之意義相同而表述有異，亦可對讀。簡

〔註 140〕《十三經註疏——左傳》，頁 274～275。

文的「壅戒」應該是「壅蔽之警戒」，而不是「警戒受壅蔽」，它不是一個動賓片語。「壅戒先匿」與《孔子家語》的「不窕」、「不塞」義近，意思是被壅蔽的危險就沒有了；「則自己始」就是「就從自己開始」，與《孔子家語》的「先立人於己」義近。

陳美蘭先生〈譯釋〉：「睿戒」為「心中有警戒」；「遳」為「慝」，釋為邪惡。整句譯為「心中保持警戒，在邪惡發生之前就消除它。」（頁 72 注 24）

陳偉武先生〈合證〉：「睿（壅）」從張光裕先生釋讀。「遳」古音當同「慝」，而「慝」、「忒」古字通，故「遳」可讀為「忒」，指差錯。「先忒」猶言「前愆」、「前惡」。「睿（壅）」指阻塞，「戒」指防止，二字義近。「异」從陳劍先生讀「己」。簡文意謂要防止以前之過失，必須從自己做起。簡 6「不遳（忒）」指沒有差錯，如《孫子·形篇》：「故其戰勝不忒，不忒者其所措必勝，勝已敗者也。」（頁 203）

建洲按：陳偉武先生釋義可從。「睿」，除見於〈成之聞之〉16 之外，亦見於 23「孚（勉）之述（遂）也，強之工也，陣（陳？）之睿也，諆（詞）之工也」。另外，〈六德〉31「門內之綹（治）紉（恩）睿宜（義）」，學者將《郭店》這三字歸為一類。〔註 141〕這原因可能是《說文》古文「弇」作圇、《古文四聲韻》上聲 29 作 圇，〔註 142〕的確與上述三字形近。其次，〈六德〉內容可對照今本《禮記·喪服四制》「門內之治恩揜義」，的確應該讀作「揜」。另外，《望山》2.38 亦有 字，朱德熙等先生隸作「睿」，並說：「《說文》『弇』字古文作圇，《汗簡》作圇，與此字形近。」〔註 143〕又《葛陵》甲三：203 作 、244 作 ，與〈從政〉相較，顯然是同一字，賈連敏先生釋為「弇」，〔註 144〕何琳儀、徐在國二先生皆釋為「弇」。〔註 145〕筆者以為以上楚簡諸字，經與文例、傳鈔古文相比較釋為「弇」應該是對的。這些字上部從「容」，如 （《郭店·語叢一》47），所以上述《望山》2.38 的 字，何琳儀先生隸作「睿」是對的。他分析該字從収、從容，會掩蓋

〔註 141〕李零《郭店楚簡校讀記──增訂本》（北京：北京大學出版社，2002.3），頁 122、131；陳偉《郭店竹書別釋》（武漢：湖北教育出版社，2003.1），頁 141、顏世鉉〈郭店楚簡〈六德〉箋釋〉《中央研究院歷史語言研究所集刊》72：2（臺北：中央研究院歷史語言研究所，2001.6），頁 478、徐在國《隸定古文疏證》，頁 61。

〔註 142〕《汗簡·古文四聲韻》總頁 49。

〔註 143〕湖北省文物考古研究所、北京大學中文系編《望山楚簡》（北京：中華書局，1995.6），頁 111、123 注 81。

〔註 144〕賈連敏《新蔡葛陵楚墓出土竹簡釋文》，河南省文物考古研究所編著：《新蔡葛陵楚墓》（河南：大象出版社，2003.10），頁 194、196。

〔註 145〕何琳儀〈新蔡竹簡選釋〉，簡帛研究網，2003/12/07、徐在國〈新蔡葛陵楚簡札記（二）〉，簡帛研究網，2003/12/17。

之意，並讀作「韓」。〔註146〕但是「弇」，影紐談部；「公」，見紐東部；「容」，余紐東部，韻部關係稍遠。裘錫圭先生曾說：「古代同一個字形表示兩個差別很大的語音的現象是相當常見的。甲骨文裡『月』、『夕』一字，甲骨、金文以至更晚的文字裡『豐』、『豊』一字，都是明顯的例子。」〔註147〕林澐先生則稱爲「一形多讀字」，如卜與外；王與士。〔註148〕李家浩先生也說：「古文字中有「一字異讀」的現象，例如古文字『譻』從『單』，故又讀爲『單』。」〔註149〕周鳳五先生稱爲「一字歧讀」，如「罷」可讀代、一、能；「互」，可讀「亟」。〔註150〕換言之，本簡 字上從「公」得聲，故可依張光裕先生所說讀作「壅」。但另一方面，本字經與文獻、傳鈔古文相對照，亦可讀作「弇」。除上舉諸例外，新出《上博（三）·中弓》簡10「夫賢才不可 」，整理者釋文說：「窔，即弇，覆蓋遮蔽之意。……簡文與《汗簡》字形同。」〔註151〕陳劍先生亦讀作「夫賢才不可掩也」，〔註152〕說皆可信。

「遌」，字作 ，其「若」旁作 ，其下作「人」形，與一般作 （《包山》155）、 （《郭店·老子乙》1）、 （《信陽》1.05）稍異。上述陳美蘭先生〈譯釋〉將「遌」爲「愿」，釋爲邪惡。這是對的，可惜將「窔戒」釋爲「心中有警戒」，整句譯爲「心中保持警戒，在邪惡發生之前就消除它。」但是既將「遌」釋爲「愿」，則「消除」之義不知何來？可見「窔」恐仍應釋爲「壅」。

上述楊說讀「异」爲「己」，可從。〈甲18〉「异」亦讀作「己」。可與《荀子·君道》：「牆之外，目不見也；裏之前，耳不聞也；而人主之守司，遠者天下，近者境內，不可不略知也。天下之變，境內之事，有弛易齵差者矣，而人主無由知之，則是拘脅蔽塞之端也。耳目之明，如是其狹也；人主之守司，如是其廣也；其中不

〔註146〕何琳儀《戰國古文字典》，頁1441。
〔註147〕裘錫圭《古文字論集》，頁358。
〔註148〕林澐〈王、士同源及相關問題〉《林澐學術文集》，頁26～27。
〔註149〕李家浩〈包山266號簡所記木器研究〉《著名中年語言學家自選集——李家浩卷》（合肥：安徽教育出版社，2002.12），頁238。亦見裘錫圭於《郭店·成之聞之》22，頁169注22按語。
〔註150〕周鳳五〈讀郭店竹簡《成之聞之》札記〉《古文字與古文獻》試刊號（台北：楚文化研究會，1999.10），頁42～43注2、亦見周鳳五〈郭店楚墓竹簡〈唐虞之道〉新釋〉《中央研究院歷史語言研究所集刊》70：3（台北：中央研究院歷史語言研究所，1999.9），頁754注81。
〔註151〕馬承源主編《上海博物館藏戰國楚竹書（三）》（上海：上海古籍出版社，2003.12），頁271。
〔註152〕陳劍〈上博竹書《仲弓》篇新編釋文（稿）〉，簡帛研究網，2004.4.18，http://www.jianbo.org/admin3/html/chenjian01.htm。

可以不知也，如是其危也。」〔註153〕《晏子春秋・景公問治國何患晏子對以社鼠猛狗第九》：「景公問于晏子曰：「治國何患？」晏子曰：「患夫社鼠。」……內則蔽善惡於君上，外則賣權重于百姓，」〔註154〕《韓非子・備內》：「大臣比周，蔽上為一，陰相善而陽相惡，以示無私，相為耳目，以候主隙，人主掩蔽，無道得聞，有主名而無實，臣專法而行之，周天子是也。」〔註155〕互參。

〔三三〕晃（顯）訧（嘉）懽（勸）信，則憍（偽）不章（彰）

張光裕先生：「晃」即「顯」。「訧」即「杉」之省，讀為「嘉」。《說文・壹部》：「嘉，美也。」《爾雅・釋詁上》：「嘉……善也。」「懽」，讀若「勸」。「憍」讀與「偽」同。《郭店楚墓竹簡・性自命出》第四十八、四十九簡：「凡人憍（偽）為可亞（惡）也。憍（偽）斯哭豆（矣），哭斯慮豆（矣），慮斯莫與之結豆（矣）」此句可與第二簡首二字「不章」連綴，全句讀作「顯嘉懽（勸）信，則偽不章（彰）」，意謂顯揚美善，勸勉誠信，則偽詐行為自可減少。（頁234）

建洲按：張說可信。「晃」，《說文》曰：「㬎，……古文以為顯字。」（七上四）。「顯」金文或從「絲」（聯），如 𦇚（休盤）。「△」作「絲」，二者用作表意偏旁時往往可以通用。〔註156〕「懽」與《郭店・性自命出》52「未賞而民懽（勸）」，「懽」作 𠁥 同形。《說文》曰：「雚，小爵也。從萑吅聲。」（四上十五）而「萑」，《說文》曰：「從隹從艹」（四上十五）。甲骨文「萑」作 𦮃（《鐵》121.2-）亦從「艹」，可見《說文》之說有據。〈性自命出〉52 𠁥、《郭店・語叢一》101「鑵」作 𦮃 皆省作「𠆢」，參 𦮃（蘿（觀），《郭店・六德》24）可知。何琳儀先生以為是「刪簡同形」的現象。〔註157〕「憍」讀與「偽」同，又見於《郭店・老子甲》1「㎞（絕）憍（偽）藁慮」。

〔三四〕毋占民贍（斂），則同

張光裕先生說：「占」，讀為「佔」。「贍」（按：頁234誤植為「阜」旁），讀為「斂」。「民斂」，當指民之積財。「同」，意與「和同」相若。「和則同，同則善。」（《郭店楚墓竹簡・五行》第三十二簡）（頁234）

〔註153〕〔清〕王先謙《荀子集解》（北京：中華書局，1997.10 四刷），頁 243～244
〔註154〕張純一《晏子春秋校注》《新增諸子集成》六（臺北：世界書局，1983.4 新四版），頁 78。
〔註155〕〔清〕王先慎撰《韓非子集解》（北京：中華書局，2003.4 二刷），頁 117。
〔註156〕裘錫圭〈戰國璽印文字考釋三篇〉《古文字論集》，頁 479。
〔註157〕何琳儀《戰國文字通論訂補》，頁 209。

陳美蘭先生〈譯釋〉認爲「同」應釋爲《說文》：「同，和會也」，同有聚合之意。意即不要佔據人民的財貨，人民就會聚合。（頁73注26）

建洲按：二說皆可參。

〔三五〕不膚（虧）灋（法）羸（盈）亞（惡），則民不惊（怨）

張光裕先生說：「膚」讀作「敷」；「敷法盈惡」之「敷法」有貶義，或與「枉法」意近。「羸」，張光裕讀作「盈」。不枉法盈惡，百姓自無怨言。（頁235）

何琳儀先生〈滬二〉：釋「羸」爲「羸」，簡文「羸（羊作角）亞」，當讀「羸惡」，訓「瘦弱」。《論衡・語增》「夫言聖人憂世，念人身體羸惡，不能身體肥澤。」

顏世鉉先生〈散論三〉：「膚」當讀爲「虧」，「膚」、「虧」均從魚部「虍」爲聲。「膚」爲幫紐魚部字，「虧」爲溪紐歌部字。上古魚部、歌部有密切關係，文獻上有通轉、押韻的現象；魚部中有一些字（麻韻系），發展到漢代，與歌部更加密切，甚致轉到歌部中去了。其次，在聲紐方面，「膚」讀爲「虧」，此是屬「喉牙音通脣音」的情況，陸志韋說這可能是喉牙音脣化的緣故，他也舉出「膚」字有喉牙音通脣音的現象，「膚」是「甫無切」，《說文》「臚」字的籀文作「膚」，「臚」從「盧」聲，而「盧」是「從虍，荒烏切」。可見「膚」與「虧」有音近關係，可以通假。所以「膚法」即「虧法」。而「盈惡」即「長惡」之意。簡文「膚（虧）法盈惡」，「虧」與「盈」，相對而言。整句簡文之意爲：不破壞法令，增長罪惡，則百姓就不會有所怨恨。

劉信芳先生〈從政補釋〉：「膚法」讀作「附法」，可能指附益有關聚財的法律條款。「羸惡」讀作「累惡」。《史記・呂不韋傳》：「家累千金。」凡民怨多出於不患寡而患不均，「附法」而使貴族過限，「累惡」而使惡者積財，此所以民怨也。

建洲按：張光裕先生引顏師古《漢書・注》引蘇林曰：「上傳語告下曰臚」，段玉裁說：「此皆讀爲敷奏以言之敷也。」但是《詩・商頌・長發》：「敷奏其勇」，《正義》曰：「陳進也。」〔註158〕《尙書・舜典》：「敷奏以言」，《傳》曰：「敷陳奏進也。」〔註159〕則所謂「敷法」有貶義，或說與「枉法」意近，不知何據？劉信芳先生所說「附法」之說，文獻似未見。筆者贊同顏世鉉先生讀作「虧法」。《韓非子・孤憤》：「重人也者，無令而擅爲，『虧法』以利私，耗國以便家，力能得其君，此所爲重人也。」〔註160〕《商君書・賞刑》：「有善於前，有過於後，不爲『虧法』。」〔註161〕

〔註158〕《十三經註疏——詩經》，頁803。

〔註159〕《十三經註疏——尚書》，頁38。

〔註160〕〔清〕王先愼撰《韓非子集解》（北京：中華書局，2003.4二刷），頁78。

〔註161〕蔣禮鴻《商君書錐指》（北京：中華書局，2001.8三刷），頁100。

其次，本簡的「濿」作 ，其「厂」旁豎筆中間多一斜筆，如同前舉本簡的「民」字，可證明此筆的確是「飾筆」。

〔三六〕七　幾

張光裕先生：「幾」讀爲「機」，事物之關鍵，亦事物變化之所由生。（頁222）

陳劍先生〈編連一〉：簡 8 的「七機」與簡 9 的「凡此七者」相呼應。不過，如果將它們連讀，數下來卻一共只說了「六機」，這是一個難以說明的問題。我們看「七機」之首的「獄則興」，頗難索解，會不會是此處簡文有脫漏呢？謹誌此存疑以待後攷。

周鳳五先生〈從甲〉：整理者的意見頗有可商。第一，整理者指出，簡八、簡九的「簡文前後皆無所承」，且「七機」僅見「獄」、「威」、「□」、「惼」、「罰」五事。按，「獄則興」等五句是一種「因則果」的句法，在「則」前的是原因，「則」後表示結果。簡八的首尾完整，簡末殘泐一字，讀作「好□」，這是因，下接簡九上端殘損處，若補「則」云云以表示結果，句法就完整了。此外，簡九上端原有的「則民作亂」是果，前面也可以補若干字以說明原因。如此則兩簡的內容可以銜接，而「七機」雖不完整，也基本可以理解了。第二，所謂「七機」，整理者以爲「皆爲從政者日常面對，且最易產生變化之關鍵」，此說大抵不錯，但有點不著邊際。其實，簡文「七機」指的是爲政者的七種不當措施以及所招致的七種不良後果。應當指出，簡文列舉的不當措施，如獄、威、罰等都偏重嚴刑峻法，這是儒家所反對的。儒家主張「爲政以德」，主張以身作則，如《論語・爲政》說：「導之以政，齊之以刑，民免而無恥；導之以德，齊之以禮，有恥且格。」郭店《成之聞之》也說：「威服刑罰之屢行也，由上之弗身也。」因此，簡文「七機」的用語與價值判斷應當都是負面的，這是考釋簡文的前提，也是通讀簡文應有的基本認識。

建洲按：此說可信。又陳美蘭先生引用《說文》及季師旭昇的說法，指出「幾」本義爲「危殆」。所以依原字讀作「幾」即可。

〔三七〕獄則興

周鳳五先生〈從甲〉：「興」讀作「營」，營，指營私，意即「爲政者如果以監獄作爲統治的工具，就會造成官員營私舞弊」。

陳美蘭先生〈譯釋〉：本簡五組「因」皆是描述在位者爲政不足之處：「惽（威）」指在上者徒以威嚇人民，而不以引領教導；「滷」指在上位者魯莽行事；「惛（猛）」指在上位者行事剛猛；「罰」指在上者好罰人民。因此，「獄」字應該也要釋爲一

種執政者的不當行爲。而「獄」作爲統治工具，應該是無代無之，即使是儒家也不能廢除吧！所以「獄」應讀爲「桷」，「桷」即「覈」，深刻、刻薄之意。「興」，讀作「乘」、「凌」。則「獄則興」的意思是「在上位者苛刻，則人民就相互欺凌。」（頁 74 注 29）

　　建洲按：周鳳五先生釋「興」爲「營」，指「官員」舞弊，此說有誤。因爲簡文下面所述皆爲「民如何如何」，如「民不道」、「遊（失）眾」、「民逃」皆與人民有關，不太可能在並列的「七幾」中，參雜不同對象的論述。而且解爲講官員可以營私舞弊，前後情境相差太大。至於陳美蘭先生不從周說，足見觀察敏銳，但是將「獄」解爲「桷」即「覈」，有深刻、刻薄之意則是引申太過，似未見相關文獻可供佐證？觀其所引朱駿聲《說文通訓定聲》：「獄之言校也、較也、榷也、角也、斛也，實皆覈也。」也得不出這樣的結果。《說文・木部》：「桷，榱也，椽方曰桷。」《詩・魯頌・閟宮》：「松桷有舄」，毛《傳》：「桷，榱也。」《爾雅・釋宮》：「桷謂之榱」。則「桷」大概是一種方形的木材。而「覈」，《說文》曰：「覈，實也。」暫不從其說。獄政在古代的確需要，但斷獄必須公平，聽兩造之言而辟之才不會民怨叢生。《尚書呂刑》：「閱實其罪」，孔《疏》曰：「檢閱核實其所犯之罪，使與罪名相當，然後收其贖。」〔註162〕又「非佞折獄，惟良折獄」、「民之亂，罔不中聽獄之兩辭；無或私家於獄之兩辭。獄貨非寶，惟府辜功，報以庶尤。」皆爲其證。另外，《左傳・莊公十年》：「小大之獄，雖不能察，必以情。」楊伯峻《注》：「〈魯語上〉作『必以情斷之』。《孟子離婁下》『聲聞過情』，情謂實際狀況，即此情字之義。或曰，情，忠誠也，見《荀子・禮論・注》，義較長。」〔註163〕《左傳・昭公十四年》：「鮒也鬻獄」，所謂「鬻獄」簡單說是指「司法官受賄而不以情理判曲直曰鬻獄。」〔註164〕綜上而論，則本簡「獄」大概是指不依民實來斷獄，如同〈容成氏〉36「豈（當）是峕（時），弜（強）溺（弱）不紿（辭）諆（聽），眾寡不聖（聽）訟」，或是指「鬻獄」一類的事情。但是「興」究何指，恐怕還要其他證據。筆者比較傾向陳劍先生〈編連一〉所說「我們看『七機』之首的『獄則興』，頗難索解，會不會是此處簡文有脫漏呢？謹誌此存疑以待後攷。」

〔三八〕潝〔 〕則遊（失）眾

　　張光裕先生說：「其右旁有異於西，釋暫闕。」（頁 222）

〔註162〕《十三經註疏——尚書》，頁 301。
〔註163〕楊伯峻《春秋左傳注》（臺北：洪葉書局，1993.5），頁 183。
〔註164〕楊伯峻《春秋左傳注》（臺北：洪葉書局，1993.5），頁 1367。

陳劍先生〈編連一〉作「灑（？）」。

周鳳五先生〈從甲〉：右旁從「舟」，見《包山楚簡》簡二七六「受」字所從。此字從水，舟聲，可以讀爲輈張、譸張，訓「誑也」，見《尚書・無逸》。簡文是說，爲政者如果欺誑不實，就會失去民心。

何琳儀先生〈滬二〉：其實此字右旁爲「西」字無疑，隸作「灑」。《禮記・內則》：「屑桂與薑，以灑諸上而鹽之。」灑當訓「散」或「播」，亦作「灑」。《文選・陸機演連珠》：「時風夕灑。」注，「瀚曰，灑，猶散也。」

黃錫全先生〈箚記一〉：戰國文字「西」與「鹵」每每混同，不易區分。如包山楚簡的△（鹽）、鹽等字，所從的「鹵」有的就與「西」字寫法一模一樣。（**建洲按：如 𤬃**）因此，△就是「滷」字，見於《玉篇》、《集韻》。滷即鹵。《爾雅・釋言》：「滷，苦也。」《漢書・溝洫志》注蘇林引作鹵。鹵字已見於金文。《莊子・則陽》記長梧封人問子牢曰：「君爲政焉勿鹵莽，治民焉勿滅裂。」《疏》：「鹵莽，不用心也。滅裂，輕薄也。夫民爲邦本，本固則邦寧，唯當用意養人，亦不可輕爾搔擾。封人有道，故戒子牢。」這段文字可以與簡文相互印證。釋爲鹵當無疑問。

建洲按：上述周鳳五先生所指應是簡 277，276 未見「受」字。周先生所舉《包山》277「受」作 𥄎，其所從「舟」上部與△相似，但下部並不相同，似不可加以等同。至於何先生所舉例證是《戰典》頁 1349-1350 的「西」字，但仔細觀察其所列字形，僅《璽彙》3216 作 𤬃 與△較接近，餘皆與△的右上有一斜筆的差異。筆者過去曾贊同何先生之說，並曾提出一例證，《璽彙》3606「慮」字作 𤭷，字應分析從膚從心。〔註165〕其「田」部件與△完全同形。而「膚」所從「田」形，寫法很多，其中一形便是類似「西」形，學者論之已詳。〔註166〕《璽彙》3606「田」形所繼承的，便是類似△字的寫法。反言之，△釋爲「西」應無疑問。但是「△」隸爲從「灑」，即「灑」，當訓「散」或「播」，這樣的解釋在簡文中卻說不通。現在看來，應從黃錫全先生之說，站在「西」與「鹵」相混的角度，則「△」可解爲「滷」，有「滷莽」的意思。我們在〈容成氏〉簡 3「煮醢尾」注釋中也討論到「西」、「鹵」相混的問題，可以參看。（【洲再按】：陳劍先生指出：「他（洲按：指黃錫全）認爲「𤭷」就是見于《玉篇》、《集韵》的「滷」字，同「鹵」，訓爲「鹵莽」，〔註167〕

〔註165〕吳振武《古璽文編校訂》591 條

〔註166〕湯餘惠〈略論戰國文字形體研究中的幾個問題〉《古文字研究》15 輯，頁 35、吳振武〈釋戰國文字中的從「虍田」和從「朕」之字〉《古文字研究》19 輯，頁 492。亦可參蘇建洲《戰國燕系文字研究》，頁 110～113

〔註167〕黃錫全：《讀上博楚簡（二）札記（壹）》，"簡帛研究"網站，2003 年 2 月 25 日，

却不可信。其所引以爲說的《莊子・則陽》的「君爲政焉勿鹵莽，治民焉勿滅裂」，「鹵莽」、「滅裂」都應該是疊韵連綿詞，〔註168〕我們在古書中，實際上是找不到「鹵」字單用就有「鹵莽」義的例子的。衆所周知，戰國文字中省略偏旁的現象非常多見，〔註169〕「盧（鹽）」形省略「皿」旁，就成爲簡文「滷」字了。「滷」既可釋爲「鹽」，則在簡文中顯然當讀爲「嚴」。見于秦文字并爲後世所延用的「鹽」字，應即在「盧」形基礎上加注聲旁「監」而成（「監」跟「盧」可以看作共用「皿」旁），「監」字本身也就是舌根音見紐字。古書中「嚴」常用爲「威嚴」義，引申爲「嚴厲」、「嚴急」（《說文・吅部》：「嚴，教命急也。」），可跟「寬」相對爲言。如睡虎地秦簡《爲吏之道》：「敬而起之，惠以聚之，寬以治之，有嚴不治。」《鹽鐵論・周秦》：「故政寬則下親其上，政嚴則民謀其主。」而在《論語》中，「寬則得眾」之語兩次出現（《陽貨》、《堯曰》），正跟簡文「嚴則失眾」之語相反相成。」（〈上博從政三題〉，待刊稿。）

〔三九〕愶（猛）則亡新（親）

張光裕先生：釋「愶」爲「怲」。《說文・心部》：「怲，憂也。」（頁223）

陳劍先生〈編連一〉：「愶」讀作「猛」，其中「猛」原作從心從「丙」的繁體（加「口」旁）形，「丙」與「猛」音近可通。「猛」即「威而不猛」之猛，《左傳・昭公二十年》云：「大叔爲政，不忍猛而寬。……仲尼曰：『善哉！政寬則民慢，慢則糾之以猛。猛則民殘，殘則施之以寬。寬以濟猛，猛以濟寬，政是以和。』」可與簡文講「從政」的「猛則無親」參讀。

周鳳五先生〈從甲〉：「愶」讀爲「梗」，意爲「強」，解爲「爲政如果剛猛強悍，人民就不親附。」

徐在國先生〈雜考〉：「愶」以爲「妨」。《說文》：「妨，害也。」《左傳・隱公三年》：「且夫賤妨貴、少陵長、遠間親、新間舊、小加大、淫破義，所謂六逆也。」孔穎達《疏》：「妨，謂有所害。」簡文「妨則亡（無）新（親）」意爲傷害則失去親近。

單周堯先生〈亡新〉：讀作「迫」，解爲「爲政急迫，則人民不願親附。」

建洲按：張光裕先生讀作「憂」，與其他條目「威」、「滷」、「罰」不類。周鳳五

http://www.jianbo.org/Wssf/2003/huangxiquan01.htm。後以《讀上博楚簡（二）札記八則》爲題收入《上博館藏戰國楚竹書研究續編》，第460頁。

〔註168〕朱德熙：《長沙帛書考釋（五篇）》，收入《朱德熙古文字論集》，第206～207頁，北京：中華書局，1995年2月。朱先生指出，"莽字《廣韵》有'莫補切'一讀，先秦時期也常與魚部字葉韵"，"鹵莽的莽也讀如魚部字"。

〔註169〕參看何琳儀：《戰國文字通論（訂補）》，第205～206頁"刪簡偏旁"、"刪簡形符"部分，南京：江蘇教育出版社，2003年1月。

先生讀作「梗」(見)，單周堯先生〈亡新〉已指出:「恆」字古音幫紐陽部,「梗」字見紐陽部,二字韻部雖同,但聲紐相去甚遠。此外,「梗」訓爲「猛」或「強」,在傳世文獻中,從沒有用來形容治道,也從沒有與「人民」並提。因此,讀「恆」爲「梗」,解爲「爲政剛猛強悍」,似缺乏文獻上的證據。至於徐在國先生讀爲「害」,陳美蘭先生已指出與上下文具體提出在上者爲政之失的「七幾」項目不類。單周堯先生釋爲「迫」,引《管子‧正世》:「制民急則民迫,民迫則窘,窘則民失其所葆」爲證。但是這段引文,是君上「控制」人民太嚴,人民會受到「壓迫」,所以將「恆」釋爲「迫」與竹簡上下文不合。筆者以爲陳劍先生之說可從,參《郭店‧老子甲》33「猛」作𤟭,正從「丙」作。

〔四十〕好型(刑)

陳偉先生〈從政校讀〉:「好」後一字,其上部似爲「井」,下部似爲「土」,與同篇3號簡的「型(刑)」字近似。亦可釋爲「型」,讀爲「刑」。古書有「好刑」之說。如《淮南子‧詮言》云:「好刑,則有功者廢,無罪者誅。」本句的「好刑」如何,與上句「罰則民逃」意義上有聯繫。

建洲按:仔細觀察圖版,的確有類似「坙」筆劃,今從其說。

〔四一〕凡(凡)此七者

建洲按:「凡」作𢎜,筆者在容成氏簡3「凡」字作𢎜,已提到李家浩先生認爲這樣的寫法是西周金文「凡」作𢎜(《金文編》八八一頁),𢎜是在𢎜的右側筆畫上加一斜畫而成,𢎜則是在𢎜所加的斜畫上又加一飾畫而成,字形比較特別。[註170] 此說可信。另外,這樣的寫法亦見於《郭店‧性自命出》12作𢎜等。

〔四二〕正(政)斎=(之所)恆(殆)也

張光裕先生:讀作「政之所治」。(頁223)

周鳳五先生〈從甲〉認爲:最後,簡九對於「七機」作了總結,整理者讀作「凡此七者,政之所治也。」按,上文已經指出,「七機」的用語與價值判斷都是負面的,則讀作「政之所治」,意指七機能使政治清明,顯然是不妥的。簡文應當改讀爲「政之所殆」。殆,危也。《論語‧微子》:「已而,已而,今之從政者殆而。」用語與簡文類似,可爲旁證。

〔註170〕湖北省文物考古研究所、北京大學中文系編《九店楚簡》,頁68注40。

建洲按：周說可信從。

〔四三〕志戲（氣）不旨

張光裕先生：「旨」或讀作「稽」，用爲「啓」。（頁223）

周鳳五先生〈從甲〉：按，「志氣不稽」或「志氣不啓」都迂曲難通。此字是「達」字的省體，又見郭店《忠信之道》簡一：「不訛不達，忠之至也」。這兩處簡文都省略了一般「達」字所從的「辶」，但郭店的主要形構不省，這裡卻省改了主要的筆畫，遂不容易辨識。達，通也。「志氣不達」就是「志氣不通」，也就是情志不暢。《呂氏春秋‧重己》說：「理寒則氣不達」，又：「中大鞔而氣不達」；另外，《古樂》也說：「民氣鬱閼而滯者，筋骨瑟縮不達，故作爲舞以宣導之。」簡文雖然殘缺，對照先秦文獻，基本文意還是可以理解的。

楊澤生先生〈箚記〉：原釋「旨」是很對的。雖然此字不能改釋爲「達」，但以「達」釋此簡文在文義上還是比較好。我們認爲「旨」應該讀作「詣」。「詣」是到的意思。《史記‧孝文本紀》：「張武等六人乘傳詣長安。」簡文雖然殘缺，但大概意思還是可以揣摩的，就是如果志氣不到，所做的事則不會順利成功。

建洲按：周先生所指出《郭店‧忠信之道》1作【字形】。類似字形亦見於《容成氏》簡13「缶（陶）於河賓（濱）」，「缶」作【字形】，二者字形完全相同，可知〈忠信之道〉【字形】舊釋爲「缶」可信，不須改釋爲「達」。〔註171〕關於「達」字，我們在〈民之父母〉簡1「必達於豐樂之菑」已討論過，何琳儀先生指出「達」的主體部分應由「辶」旁和「午」形所構成，有時會添加「＝」形或「口」形裝飾偏旁。〔註172〕但是不論【字形】或【字形】，都看不出有這樣的結構，可知二者絕不從「達」。本簡【字形】釋爲「旨」毫無疑問，如《郭店‧緇衣》10作【字形】、〈尊德義〉26作【字形】。

〔四四〕從正（政）所矛（務）三 ■：敬、誂（忠？）、信

張光裕先生以爲：《說文‧言部》：「誂，相呼誘也。」段玉裁《注》：「後人多用挑字。」下文云：「誂則遠戾。」「誂」於此則似有「擇言」、「擇善」之意。（頁224）

〔註171〕陳偉《郭店竹書別釋》（武漢：湖北教育出版社，2003.1），頁75注1亦指出「周鳳五先生將此句讀作『不訛不達』，理解爲不欺騙不知曉的人……雖然釋『達』可商，但對文句的把握則是準確的。」李銳〈郭店楚墓竹簡補釋〉《華學》第六輯，頁89亦隸定作「24」。

〔註172〕何琳儀〈郭店簡古文二考〉《古籍整理研究學刊》2002年9月第5期，頁1～2。此說又見於何琳儀〈淺談楚簡文字考釋方法〉，中央研究院歷史語言研究所專題演講，2002.11.28。當時周鳳五先生曾發言認爲何先生此說很好。

　　陳美蘭先生〈譯釋〉：以音近求之，「誂」似乎可讀爲「謙」。謙，從言、兼聲，上古音屬見紐談部，兼、涉二字爲陽入對轉，韻母沒有問題；只有聲母似乎相去較遠。但是從「兼」得聲的「廉」上古音屬來紐，聲母屬舌頭，看來從「兼」得聲的字，和舌頭音的關係也頗爲密切。……謙，在現在看來是一個爲人所熟知的德行。但是很奇怪的是：這麼一個普通的德行，先秦卻不常見到，……從這些資料看來，「謙」這種德行最早應該見於《周易》，開始普遍則是在戰國時期，因此字形還沒有凝固吧。（頁 77-78）而在另文中又提出或可釋爲「儉」。〔註 173〕

　　建洲按：「誂」，簡文二見，分別作 ![字]、![字]，右旁仍可見從二「止」之形，其「止」旁作「X」形，如同「歳（歲）」作 ![字]（《包山》234），亦作 ![字]（《包山》199）。但是剩下的部件作「![字]」形與一般作 ![字]（覜，《郭店·老子甲》1）、![字]（覜，《郭店·老子甲》31）、![字]（兆，《包山》265）、![字]（画，《郭店·老子甲》25）稍有變化。比較接近格伯簋「涉」作![字]、![字]、![字]、![字]；中山王𪘒兆域圖「逃」作![字]，所以隸作「誂」應無問題。但是如同陳美蘭先生指出所謂「誂，相呼誘也。」能否與「擇言」、「擇善」等同起來？又釋爲「擇言」、「擇善」與另外「敬」、「信」二德性也不甚相配。至於釋爲「謙」，如其陳先生所說…先秦以「謙」爲德性者實在不多，與另兩個所謂常見的德性－「敬」、「信」實不相配。至於讀作「儉」（群談）則與「兆」（定宵）聲紐稍遠。

　　筆者以爲「誂」或可讀作「忠」。首先，「忠」字可分析爲從「心」，「中」聲，「心」、「言」二旁常見相通。〔註 174〕而「中」，古音端紐東部，與「兆」，定紐宵部，聲紐同爲舌頭音，韻部則有旁對轉關係。清儒孔廣森，有宵侵對轉的說法。嚴可均對孔說加以改進，提出了幽侵對轉、宵談對轉的說法。章炳麟再進一步修正嚴說，主張幽部與冬、侵、緝對轉，宵部與談、盍（即葉部）對轉。〔註 175〕沈培先生也指出：「僅就楚方言而言，其蒸冬兩部跟侵部的關係仍然很密切，尤其是冬部及其陰聲幽部跟侵部的關係更加密切。」〔註 176〕此說甚有理，顏世鉉先生也曾撰文舉出大量侵、談二部

〔註 173〕陳美蘭〈上博（二）·從政芻議三則〉《第四屆國際中國古文字學研討會論文》（香港：香港中文大學，2003.10.15），頁 274。

〔註 174〕高明《中國古文字學通論》（北京：北京大學出版社，1997.6 二刷），頁 135、劉釗《古文字構形研究》（長春：吉林大學博士論文，1991），頁 589。

〔註 175〕參陳復華、何九盈《古韻通曉》（北京：中國社會科學出版社，1987.10），頁 26～29、40。裘錫圭〈從殷墟卜辭的「王占曰」說到上古漢語的宵談對轉〉《中國語文》2002.1 頁 71。

〔註 176〕沈培〈上博簡《緇衣》篇「![字]」字解〉《新出楚簡與儒學思想國際學術研討會論文》（北京：清華大學，2002.3）。亦見《華學》第六輯（北京：紫禁城出版社，2003.6），

與東、冬相通的例子。﹝註177﹞加上「在楚簡帛中，幽、宵二部常常相通，明顯反映出楚方言的特徵」，﹝註178﹞可見「宵」、「冬」二部音近相通是可能的。比如說《儀禮‧有司徹》：「二手執桃（或作挑，見校勘記）匕枋」，鄭玄《注》曰：「桃謂之歃，讀如或舂或抗之抗。」﹝註179﹞這條材料很多學者注意到。﹝註180﹞所謂「或舂或抗」實際上是指《詩‧大雅‧生民》：「或舂或揄（音由）」，則「抗」即「揄」。「蠹（冗）」，日紐東部﹝註181﹞；「揄」，余紐侯部，聲紐同爲舌音，韻部對轉，可見是音近互換的現象。楚方言中，東冬不分已是比較普遍的現象。﹝註182﹞如「降」（見東）；「隆」（來冬）常見通假。﹝註183﹞而從「兆」的「桃」既可與「抗」通，而「冗」屬「東」部，又與「冬」部關係密切，則同屬「冬」部的「中」與「兆」音近可通。其次，由文獻來看，「敬」、「忠」、「信」三者常一起出現，或是「敬」、「忠」；「忠」、「信」各自出現。如《左傳‧襄公二十二年》：「君人執信，臣人執共。忠、信、篤、敬，上下同之，天之道也。君自棄也，弗能久矣。」《呂氏春秋‧季冬紀‧誠廉》：「昔者神農氏之有天下也，時祀盡『敬』而不祈福也。其於人也，『忠信』盡治而無求焉。」﹝註184﹞《荀子‧彊國》：「及都邑官府，其百吏肅然，莫不恭儉、『敦敬』、『忠信』而不楛，古之吏也。」﹝註185﹞《荀子‧性惡》：「得良友而友之，則所見者『忠信敬讓』之行也。」﹝註186﹞《荀子‧子道》：「明於從不從之義，而能致『恭敬』、『忠信』、端慤以慎行之，

頁72。

﹝註177﹞ 顏世鉉〈楚簡「流」、「讒」字補釋〉《新出土文獻與古代文明研究國際學術研討會會議論文》2002.7。

﹝註178﹞ 張顯成〈論簡帛文獻的語言研究價值〉《簡帛語言文字研究》第一輯（成都：巴蜀書社，2002.11），頁229。

﹝註179﹞ 《十三經註疏——儀禮》，頁585。

﹝註180﹞ 朱德熙〈信陽楚簡考釋五篇〉《朱德熙古文字論集》（北京：中華書局，1995.2），頁63、史傑鵬〈《儀禮》今古文差異釋例〉《古籍整理研究學刊》1999.3，頁2、劉釗〈讀郭店楚簡字詞劄記〉《郭店楚簡國際學術研討會》（武漢：武漢大學出版社，2000.5），頁76～77。

﹝註181﹞ 郭錫良《漢字古音手冊》（北京：北京大學出版社，1986），頁286。

﹝註182﹞ 曾憲通〈從「蟲」符之音讀再論古韻部東冬之分合〉《第三屆國際中國古文字學研討會論文集》（香港：香港中文大學，1997.10）、沈培〈上博簡《緇衣》篇「恭」字解〉《新出楚簡與儒學思想國際學術研討會論文》（北京：清華大學，2002.3）。亦見《華學》第六輯（北京：紫禁城出版社，2003.6），頁70、張顯成〈論簡帛文獻的語言研究價值〉《簡帛語言文字研究》第一輯（成都：巴蜀書社，2002.11），頁229。

﹝註183﹞ 高亨、董治安編纂《古字通假會典》（濟南：齊魯書社，1997.7二刷，頁13。

﹝註184﹞ 〔漢〕高誘注《呂氏春秋》（臺北：藝文印書館，1974.1三版），頁275。

﹝註185﹞ 〔清〕王先謙《荀子集解》（北京：中華書局，1997.10四刷），頁303。

﹝註186﹞ 〔清〕王先謙《荀子集解》（北京：中華書局，1997.10四刷），頁449。

則可謂大孝矣。」〔註187〕《荀子・修身》：「體『恭敬』而心『忠信』」〔註188〕、《管子・侈靡》：「國雖強，令必『忠』以義，國雖弱，令必『敬』以哀。」〔註189〕《管子・幼官》：「身仁行義、服『忠』用『信』則王。」〔註190〕綜合以上。本簡「誂」釋爲「忠」或不爲無據。至於簡文下一句「忠則遠戾」，《呂氏春秋・孝行覽・義賞》：「賞罰之柄，此上之所以使也。其所以加者義，則『忠信親愛之道彰』。……用賞罰不當亦然。『姦偽賊亂貪戾之道興』，久興而不息……」〔註191〕可見將「忠」、「戾」理解爲相對的行爲大致不差。

〔四五〕不必才（在）近汜（昵）〔従〕。藥（樂）……

張光裕先生：斷句作「不必在近昵樂」。（頁226）

建洲按：我們在〈民之父母〉簡8已討論過本字構形，認爲字應從「亡」聲，所以將本簡**従**隸作「汜」，讀作「昵」。至於斷句從黃德寬先生之說，「《從政》甲『君子之相就也，不必才（在）近**従**樂』，『樂』應屬下讀。『相就』而『不必在近暱』文義順暢。《左傳・僖公二十四年》：『庸勳、親親、暱近、尊賢，德之大者也。』《從政》之『近暱』，與《左傳》『暱近』同。《左傳・成公十三年》：『諸侯備聞此言，斯是用痛心疾首，暱就寡人。』『暱就』連用與《從政》之『君子之相就也，不必才（在）近暱』可相印證。」

〔四六〕又（有）所又（有）舍（餘）而不敢聿（盡）之■，又（有）所不足而不敢弗【勉】……

張光裕先生：《左傳・成公九年》引君子曰：「《詩》曰：『雖有絲麻，無棄菅蒯；雖有姬薑，無棄蕉萃。凡百君子，莫不代匱。』言備之不可以已也。」逸詩所言與本簡文意最爲接近。（頁227）

陳偉先生〈從政校讀〉：《禮記・中庸》：「庸德之行，庸言之謹，有所不足不敢不勉，有餘不敢盡，言顧行，行顧言。」相形之下，可見簡文所載即《中庸》所記這段孔子語中的兩句，「弗」後可補以「勉」字。只是簡書行文略爲繁複，且「有餘」句在前、「不足」句在後，順序有顛倒。

〔註187〕〔清〕王先謙《荀子集解》（北京：中華書局，1997.10四刷），頁529。
〔註188〕〔清〕王先謙《荀子集解》（北京：中華書局，1997.10四刷），頁28。
〔註189〕陳麗桂師等校注《新編管子》（臺北：國立編譯館，2002.2），頁870。
〔註190〕陳麗桂師等校注《新編管子》（臺北：國立編譯館，2002.2），頁177。
〔註191〕〔漢〕高誘注《呂氏春秋》（臺北：藝文印書館，1974.1三版），頁333。

周鳳五先生〈從甲〉：「舍」則通假爲「餘」。「有餘」是「不足」的反義詞。以下缺文可能是「舍」或「予」，意思是說，有所給予而不敢盡取，有所不足也不敢不給，應當也是說封建制度。

建洲按：上述張、陳二說可參。周先生之解釋，前後二句主詞不同。前者是收受者，後者是給予者，似可商。

〔四七〕㠯（以）軋（犯）賡軋（犯）見不訓（順）行㠯（以）出之

楊朝明〈從政三則〉：斷作「以犯庚犯，見不順，行以出之」。他說：賡，繼續。以犯賡犯，後一犯字多一近似於「心」的構件，使之區別於前者，如果前者爲「侵犯」義，後者應該是「惡意」或者「有意」的侵犯。以犯賡犯，當與《禮記・表記》「以怨報怨」意義相近。「不訓」，原《考釋》釋「訓」爲「順」，我們以爲可能讀爲「訓」之本字更妥。「行以出之」，古籍多有「□以□之」的句式。出，表達。行以出之，用行動來表達它。意思可能是：爲了有所懲戒而用侵犯回應惡意侵犯，見有不足爲訓的行爲，就用行動來表達它。

建洲按：楊氏之說前後不太連貫，本簡文意待考。

〔四八〕磊（君子）藥（樂）則緫（治）正■，惥（憂）則【□，怒則□，懼則□，恥則】遉（復）

張光裕先生：讀「緫」爲「治」，並解釋說：「以下闕文，揆諸文意，蓋言由君子之樂與憂，可以察見當時治政之道是否納於正軌。」（頁229）

陳劍先生〈編連一〉：連接本簡與〈乙3〉，並說明：這兩簡相連的理由是其有關部分句式相同、「君子」與「小人」正相對。甲16殘去下段，約可容納十餘字，我們補出的缺文「□，怒則□，懼則□，恥則」只有九字。但考慮到上文云「君子樂則治政」，可見殘去部分每小句的「則」字之後不一定僅爲一字，那麼其總字數完全可能多出幾個，跟殘去部分的字數能夠相合。兩簡相連處講君子「恥則復」，復，反也，謂君子如有可爲恥辱之事，則反求諸己身，跟小人恥則犯他人相對。

建洲按：此說可信。陳美蘭先生指出「正」不宜釋爲「政」，說可從。「藥」，上省作一「中」，本簡借作「樂」。如同《郭店・五行》6「不安則不藥（樂）」。

〔四九〕小人藥（樂）則悇（嘻）

張光裕先生：讀爲「樂則疑」。（頁235）

劉信芳先生〈從政補釋〉：樂則疑，疑，惑也。郭店簡《語叢二》36：「疑生於

溺。」溺猶沈溺於聲色犬馬之樂也。（頁263）

建洲按：「悘」在《郭店》中用法有三：（1）讀作「疑」，如〈緇衣〉4「君不悘（疑）其臣」（2）讀作「矣」，如〈成之聞之〉38「而可以至川（順）天棠（常）悘（矣）」（3）〈魯穆公問子思〉4：「悘，善才（哉），言嗇（乎）！」其中第三例整理者釋爲「噫」，〔註192〕劉樂賢先生則以爲考慮《郭店》喜、矣相通之例，或可讀作「嘻」，古書中亦用作嘆詞。〔註193〕張光裕先生讀本簡爲「樂則疑」不太好理解，受上述劉樂賢先生的啓發，筆者以爲本簡「悘」疑當釋爲「嘻」。《易‧家人》九三爻辭曰：「家人嗃嗃，悔厲吉；婦子嘻嘻，終吝。」〈象傳〉曰：「家人嗃嗃，未失也；婦子嘻嘻，失家節也。」《正義》曰：「嘻嘻，戲笑之貌也。……若縱其婦子慢黷嘻嘻喜笑而無節，則終有恨辱。」〔註194〕針對上述〈象傳〉，尚秉和先生亦指出：「失、佚古通，未佚者，言不敢放逸也；若嘻嘻則淫佚而不中節矣，故曰『失家節』。」〔註195〕《墨子‧號令》：「五日官各上喜戲、居處不莊、好侵侮人者一。」孫詒讓以爲本句有誤，疑當作「日五閱之，各上喜戲、居處不莊、好侵侮人者名。」〔註196〕所謂「喜戲」與《周易》「嘻嘻」意近。則本簡小人「樂則嘻」，大約是說小人歡樂時會失去節制，肆無忌憚，終有艱難，會導致「樂極生悲」的發生。《郭店‧性自命出》29-30「忮（哀）、樂，其眚（性）相近也，是古（故）其心不遠」可爲參照。

〔五十〕憂則䎹（悶）

張光裕先生：「䎹」於楚簡中多讀爲「聞」或「問」，今讀爲「問」。《論語‧述而》：「君子坦蕩蕩，小人長戚戚。」「戚戚」乃「憂」之表現。「憂則問」者，蓋心有戚戚，故時有疑問。（頁235）

程燕〈研讀〉：引黃德寬先生之說，釋爲「憂則悶」或「憂則潛」，又以爲後一種可能更好。

建洲按：《郭店‧性自命出》64「戁（憂）谷（欲）僉（斂）而毋惛」所述內容與本簡相似。其中「斂」是收斂之意；「惛」，劉信芳先生釋爲「悶」。〔註197〕劉昕嵐

〔註192〕荊門市博物館《郭店楚墓竹簡》（北京：文物出版社，1998.5），頁141。
〔註193〕劉樂賢〈讀郭店簡儒家文獻箚記〉《新出楚簡與儒學思想國際學術研討會論文》（北京：清華大學，2002.3）。
〔註194〕《十三經註疏──周易》，頁90。
〔註195〕尚秉和《周易尚氏學》（北京：中華書局，2003.12八刷），頁178。
〔註196〕〔清〕孫詒讓《周禮正義》（北京：中華書局，2000.3二刷），頁550。
〔註197〕劉信芳〈郭店竹簡文字考釋拾遺〉《江漢考古》2000.1，頁45～46。

先生贊同其說，並解釋爲「煩悶不爽，憤怨不平」。〔註198〕李天虹先生亦主此說。〔註199〕此說有理，首先「惛」，曉紐文部；「悶」，明紐文部，疊韻，聲紐關係密切，李方桂、徐莉莉二先生均曾論述「明」、「曉」二紐關係密切，〔註200〕如每（明之）；悔（曉之）、勿（明物）；忽（曉物）。文獻例證如《呂氏春秋・本生》：「上爲天子而不驕，下爲匹夫而不惛。」高誘《注》云：「惛，讀『憂悶』之悶。義亦然也。」又如《晏子春秋・景公問欲如桓公用管仲以成霸業晏子對以不能章內篇問上》云：「荊楚惛憂」，王念孫以《呂氏春秋・本生》高誘《注》爲證云：「惛者，悶之借字也……」〔註201〕《後漢書・張衡傳》：「不見是而不惛，居下位而不憂，允上德之常服焉。」李賢《注》：「惛猶悶也。」綜合以上，可見《郭店・性自命出》64「惷（憂）谷（欲）僉（斂）而毋惛」，「惛」的確可讀作「悶」，〔註202〕意思是憂傷煩惱不知節制的表現。則本簡釋爲「憂則悶」與前一句「樂則嘻」都表示憂樂無度的意思。又「憂悶」一詞亦見於《孔子家語》王肅注。《禮記・儒行》云「儒有不隕穫於貧賤，不充詘於富貴」，此語亦見於《孔子家語・儒行》：「儒有不隕穫於貧賤，不充詘於富貴」，王肅《注》云：「隕穫，『憂悶』不安之貌。」《孔子家語・弟子行》：「國無道，處賤不悶」，王肅《注》云：「悶，憂也。」

〔五一〕妏（怒）則勝

　　張光裕先生：〈語叢二〉簡26「乘（勝）生於忎（怒），惎（忌）生於輮（勝）」意思相同。（頁235）

　　劉信芳先生〈從政補釋〉：「勝」與「不勝」相對而言，郭店簡《成之聞之》簡7：「一宮之人不剩（勝）其敬。」簡9：「一軍之人不剩（勝）其戠（勇）。」《性自命出》簡64：「怒欲盈而毋暴。」「毋暴」猶「不勝」，則簡文「勝」猶「暴」也。「怒則勝」猶怒則暴也。（頁263）

　　建洲按：由簡文句式來看，「某則某」應爲因果關係，意即「怒」是「因」；「勝」

〔註198〕劉昕嵐《郭店楚簡國際學術研討會論文集》（武漢：武漢大學出版社，2000.5），頁352 注 172～173。

〔註199〕李天虹《郭店竹簡《性自命出》研究》（武漢：湖北教育出版社，2003.1），頁194。

〔註200〕李方桂《上古音研究》（北京：商務印書館，2001.3 四刷），頁97～99、徐莉莉〈論中古「明」、「曉」二母在上古的關係〉《語言文字學》1993.1 55～61 或《華東師範大學學報》1992.6。

〔註201〕〔清〕王念孫《讀書雜志・晏子春秋第一》「翌州、惛憂」條。（南京：江蘇古籍出版社，2000。9），頁534。

〔註202〕關於「悶」釋爲「憂」，亦可見陳劍〈郭店簡補釋三篇〉《古墓新知——郭店楚簡出土十週年論文專輯》（國際炎黃文化出版社，2003.11）。

是「果」。〈語叢二〉簡 26「乘（勝）生於忩（怒）」正好符合此條件。

〔五二〕瞿（懼）〔〕則伓（背）

張光裕先生說：「瞿」即「懼」。「伓」，讀爲「背」。《論語‧顏淵》：「子曰：君子不憂不懼。」小人則反是。蓋因小人因憂而生懼，復因懼而致背。《郭店楚墓竹簡‧成之聞之》第三十二簡：「是古（故）小人燮（亂）天棠（常）以逆大道。」（頁 235-236）

劉信芳先生〈從政補釋〉：郭店簡〈語叢二〉簡 32：「瞿（懼）生於眚（性），監生於瞿（懼），望生於監。」「望」是怨恨的意思，句例可作「懼則背」之參考。（頁 263）

建洲按：「瞿」作△，即「懼」。字的上部即《說文》的「朋」，《說文》曰：「朋，左右視也。從二目。凡朋之屬皆從朋。讀若拘。又若良士瞿瞿。」（四上十三）又「懼，恐也。從心瞿聲。」（十下三十二）「瞿，鷹隼之視也。從隹朋，朋亦聲。凡瞿之屬皆從瞿。讀若章句之句，又音衢。」（四上三十七）。

〔五三〕紿（治）巳（已）至

張光裕先生：「巳」應爲「也」字之誤。楚簡「巳」、「也」混用時見。（頁 235）

建洲按：所謂楚簡「巳」、「也」混用時見是對的，如〈孔子詩論〉4「《邦風》氏（是）也」、簡 5「氏（是）也。」二「也」均作 形，即「巳」字。與同簡的「也」作 的確很像。但是由於下文殘缺，則本簡的「巳」若讀作「已」似無不可，古文字無「已」字，均以「巳」代之。巳、已古本一字。〔註203〕如《郭店‧老子甲》31「」，即「起」、〈語叢三〉10「」亦「起」。〔註204〕而且前一句說「不治則……」，後一句說「治已至則……」文意似更恰當。

〔五四〕【君子先】人則啓道之，遆（後）人則奉相之

張光裕先生：以爲「人」上似可補「前」字。「前人」與下句「遆（後）人」對文。（頁 230）

陳劍先生〈編連一〉：甲 17 簡首完整，「……君子先」是據下文補出的、屬於前一支未知簡的內容。簡尾殘去兩字，據上文可補出「後人」；「先人」原作合文，整

〔註203〕李家浩〈九店楚簡「告武夷」研究〉《著名中年語言學家自選集——李家浩卷》（合肥：安徽教育出版社，2002.12），頁 321。

〔註204〕李零〈郭店楚簡中的「敏」字和「文」字〉《古文字研究》24 輯，頁 389。亦見李零《郭店楚簡校讀記——增訂本》，頁 147

理者釋爲「先之」，又在簡首補「前」字而非「先」字，均不妥。甲 12 與乙 5 分別爲上下半段殘簡，應本係一簡之折。……謂君子處於他人之前則爲他人開路、引導他人，處於他人之後則奉承而輔助他人。

建洲按：陳說可從。「奉相」，《大戴禮記‧曾子制言下》：「奉相仁義。」王聘珍《解詁》：「奉，承也。相，助也。」〔註205〕

〔五五〕少（小）人先＝（先人）則弁（絆）〔〕敵之，【後人】則暴〔〕毀之

張光裕先生：「先＝」是「先之」合文，意思是說：「對待小人亦需主領先，以身作則。」（頁230）

陳劍先生〈編連一〉：（彡？）。……小人則反是，處於他人之前則禁敵他人的前進，處於他人之後則憎毀他人。「敵」《說文》訓爲「禁也」，古書多用「御」、「禦」和「圉」字，表示的都是同一個詞，前人言之已詳。

周鳳五先生〈從甲〉：□字從弁聲，古音並紐元部，與幫紐元部的「絆」可以通假。絆，縶也，見《詩‧小雅‧白駒》毛《傳》。「敵」，禁也，見《廣雅‧釋詁》。簡文是說，小人如果領先，就阻礙他人前進，用繩索把人繫絆、套牢。竹簡下端殘缺，據文意與句法，可以補「後之」二字，則與簡十八可以連讀。關疑的字應當釋「暴」，已見上文。「暴毀」，就是急毀，簡文的意思是，小人如果落於人後，就急切的毀謗他人。這是說明小人心胸狹隘，不能容人。

何琳儀先生〈滬二〉：隸定「弁」，讀作「並」，「敵」可讀「御」。簡文「弁敵」當讀「並御」。

楊澤生先生〈補釋〉以爲有二說，其一是讀作「反敵」，整句之意指「小人則反是，處於他人之前則禁敵他人的前進。」二是讀作「慢訑」，有驕慢誇大之意。……「陷」字原文上部作「盇」，下部從「月（肉）」從「戈」，周鳳五先生釋作「暴」，我們認爲該字可能從「盇」得聲，可以讀爲「陷」。簡文「陷毀」即陷害譭謗，如《後漢書‧龐參傳》：「參名忠直，數爲左右所陷毀。」

顏世鉉〈散論（四）〉：「弁敵」當讀爲「慢侮」。故簡文「小人先人則弁敵之」句，讀爲「小人先人則慢侮之」。

黃德寬先生〈補正〉：釋文謂字不識，不識之字，乃「弁」字其形作。本書《容成氏》第五十二簡「冠」二字，釋文讀「冠冕」，第一字讀「冠」是，第二

〔註205〕〔清〕王聘珍撰《大戴禮記解詁》（北京：中華書局，1998.12 四刷），頁95。

字也當讀「弁」，從「元」乃蒙「冠」字而類化訛變。郭店楚簡《性自命出》第三十六簡「弁」作 卓，楚簡或作 孛（包山二四〇），戰國文字中其形多有變化。此字本從人戴弁形，如郭店簡。《說文》：「弁，冕也」，其小篆字形尚存原意。「人」在下部或加一小橫，爲古文字之常例。故此簡不識之字即「弁」字。

陳偉武先生〈合證〉：此簡「弁」字異體爲楚系文字首見。在簡文中或可讀爲「樊」。「樊」本指籬落、籬笆，亦指關禁鳥獸之檻籠。用作動詞，指築籬圍繞，此義與「敔」字相近。「樊敔」義指阻礙禁錮，簡文意謂小人領先他人時就會阻礙壓制人家，而與君子領先他人時啓發引導人家之行爲截然相反。（頁202）

建洲按：〈容成氏〉52「弁」作 與，與本簡的 孛，上部同形，下部一從「人」，一從「壬」，這種變化古文字常見，可以確定「△」確爲「弁」字。「△」與《信陽》2.28完全同形。其次，詩云：「皎皎白駒，食我場苗。縶之維之，以永今朝。」毛《傳》：「縶絆維繫也。」〔註206〕周鳳五先生之說可從。陳偉武先生之說亦可成立。

　　，與前述「暴」字似像非像，下半部所從完全不同，是否一定是「暴」是可以保留的，況且「暴毀」一詞似不好理解。陳劍先生是贊同周先生在〈性自命出〉64 字即〈從政甲〉15二「暴」字的考釋，但是此處卻認爲可能釋爲「彡？」，可見「△」釋爲「暴」的確不能完全讓人信服。陳劍先生所釋應該是根據《包山》41「彡」作 飛，有學者指出字形上半與《郭店‧老子乙》3「員」作 上半相同，下半則從「能」字省形。〔註207〕但是「△」右下與「能」的偏旁又不同。最後，楊澤生之說亦不可從，「△」上部作 大（△1），此形似乎與「大」作 大（《包山》154）形近。但是「大」一般作 大（《包山》23），與「△1」筆勢不甚相似。「△1」似也不能排除是「虍」的寫法，如「虐」作 （《郭店‧魯穆公問子思》8）、「虢」作 （《仰天》39）、「虛」作 （安徽省博物館藏楚璽）。〔註208〕所以「△」上既不從「大」，下不從「皿」，無由從「盍」得聲。本字應該如何解釋，尚待來日。

　　此說對文句意思闡發已明，可信。小人的行爲與〈曾子制言上〉：「是故人之相與也，譬如舟車然，相濟達也。己先則援之，彼先則推之。」〔註209〕所言完全不同。

〔註206〕《十三經註疏——詩經》，頁378。

〔註207〕周鳳五〈楚簡文字瑣記（三則）〉《第一屆簡帛學術研討會》（臺北：中國文化大學史學系主辦，1999.12），頁9、何琳儀《戰國古文字典》，頁872。

〔註208〕何琳儀〈楚官璽雜識〉《南京師範大學文學院學報》2002年3月第1期，頁167。

〔註209〕〔清〕王聘珍撰《大戴禮記解詁》（北京：中華書局，1998.12四刷），頁90。

〔五六〕唯（雖）殜（世）〔🔲〕不戠（識）〔🔲〕

李銳先生〈初箚〉：疑從「戠」，讀爲「識」。」

周鳳五先生〈從甲〉：以爲左旁從人，右旁上從臼、下從戠，應當就是「識」的異構。臼，古音職部；戠，幽部，可能是音近疊加聲符。簡文讀作「雖世不識」。

徐在國先生〈雜考〉：原書隸作從「人」、「臼」、「戈」、「言」，基本可從。考慮到「齒」字戰國文字或從齒，之聲（郭店簡《唐虞之道》5，洲案：作🔲），所從「齒」旁與🔲字上部同。因此，「△」可分析爲從「人」、「齒」、「戠」，「齒」、「戠」均是聲符。上古音齒屬昌紐、之部，戠屬章紐、職部。聲紐均屬舌音，韻部之、職對轉。何琳儀先生釋同。此字當從黃德寬先生讀作「識」。簡文「唯（雖）世不識，必或智（知）之」，義爲即使世人不認識，也一定知道他。

建洲按：「雖」（心微）從「唯」（余微）聲，故得通假。

「殜」原隸作「殜」不確。我們在〈容成氏〉簡5「各旻其宇」、24-25「決九河之滐」說明過了。《上博（二）·從政甲篇》簡12「雖🔲不戠（識），必或知之」，張光裕先生隸△作「殜」，釋爲「世」，並引《郭店·窮達以時》簡2「苟有其殜（世），何難之有才（哉）」爲證。陳劍先生〈編連一〉於其後加「？」。**建洲按**：張先生所舉《郭店·窮達以時》簡2的「殜」作🔲，字形並不清楚。同簡另一個「殜」作🔲，上部從「止」，與△3字形並不相同。與〈容成氏〉字形相較，△右旁明顯從「桀」，應隸作「殜」，依文義讀作「世」。世，書紐月部；桀，群紐月部，韻部疊韻。聲部則「照三」系字與端系字、見系字的聲母應該有一個共同的上古來源，學者多有論之。〔註210〕古籍中從「曷」與從「桀」的字常見通假，如《詩·衛風·碩人》：「庶士有朅」，《釋文》：「朅，《韓詩》作桀」。而《管子·弟子職》：「執其膺揲」，《詩·秦風·小戎》孔《疏》引「揲」作「揭」、《禮記·少儀》作「執箕膺『揭』」。〔註211〕可見從「桀」與從「世」的字是可以相通的。簡文意謂君子庸行不倦，持善不厭，一般人雖不知道，但必定有人瞭解他。〔註212〕

〔註210〕李方桂《上古音研究·幾個上古聲母問題》（北京：商務印書館，1980.7）、梅祖麟〈跟見系字諧聲的照三系字〉《中國語言學報》第1期（北京：商務印書館，1983.4）、楊劍橋〈論端、知、照三系聲母的上古來源〉《語言研究》1986.1（總第10期），頁110、陳劍〈據郭店簡釋讀西周金文一例〉《北京大學中國古文獻研究中心集刊（二）》，頁391～392。

〔註211〕《古字通假會典》，頁616～617。

〔註212〕周鳳五《讀上博楚竹書〈從政（甲篇）箚記〉，簡帛研究網，03/01/10，http://www.bamboosilk.org/Wssf/2003/zhoufengwu01.htm

〔五七〕是古（故）𦣞（君子）弜（強）行

張光裕先生：「強行」即「力行」。（頁 237）

陳劍先生〈編連一〉：連接甲 18、甲 12、乙 5，認爲「『敦行不倦，持善不厭』承上『行在己』，『必或知之』承上『名在人』，啓下『名之至』，爲人所知，乃是成名、『名之至』之始。」

顏世鉉先生〈散論三〉：《老子》第三十三章：「強行者有志。」王弼注：「勤能行之，其志必獲，故曰強行者有志矣。」蔣錫昌《老子校詁》：「四十一章，『上士聞道，勤而行之；』是『有志』乃勤勉行道之意。」簡文「強行」，是勤勉行道之意，亦即〈從政甲〉簡一二所說「敦行不倦，持善不厭」之意。

建洲按：「弜」亦見於侯（《上海博物館藏印選》14.3），〔註213〕分析爲從「蟲」，「弜」聲。「弜」即「強」字，「口」下「＝」乃爲與「弘」（弘）區別的符號。〔註214〕

〔五八〕見善行，內（納）亓（其）㥑（身）女（焉），可胃（謂）學矣

張光裕先生：讀「㥑」爲「仁」。（頁 224）

陳劍先生〈編連一〉：乙 5 與甲 11 連讀後的「君子聞善言，以改其言；見善行，納其㥑（身）焉，可謂學矣。」原釋讀、斷句有誤。「㥑」跟前文討論的《子羔》篇的「念」相類，在楚簡文字裏最習見的用法也是用爲「仁」，此讀爲「身」，也跟《子羔》篇的「念」不用爲「仁」而用爲「年」相類。「見善行，納其身焉」謂見善行則納己身於善行之中，猶言見善行即加入到、投身於這一行爲之中，亦即自己也去這麼做，這跟「聞善言，以改其言」一樣，當然就是所謂「學」了。

徐在國先生〈雜考〉：（學）字作𣁽，此字釋出則 𣁽（N）《楚系簡帛文字編》 457 頁、𣁽（O）《楚系簡帛文字編》 940 頁可分析爲從「木」、「學」聲，字見於《字彙補》「音學。義缺」。《曾侯乙墓》207 簡：「入口此 N 官之中。」文義待考。O 可分析爲從「糸」、「學」聲。《曾侯乙墓》45 簡「O 綏」；125 簡「O 維冑」。「O」疑讀爲「校」。「學」、「校」二字古通。如：《漢書·韓延壽傳》：「文學、校官、諸生。」顏師古《注》：「校亦學也。」「敎」、「效」二字古通。如：《史記·張釋之馮唐列傳》「敎」，《漢書·張釋之傳》作「效」。因此，「O」可讀爲「校」。是顏色

〔註213〕李家浩〈戰國𢂡布考〉《古文字研究》第三輯（北京：中華書局，1980.11），頁 163。亦見於《著名中年語言學家自選集——李家浩卷》（合肥：安徽教育出版社，2002.12），頁 160。

〔註214〕裘錫圭〈釋「弘」、「強」〉《古文字論集》，頁 56。

的一種，似綠。《大戴禮記·夏小正》：「校也者，若綠色，然婦人未嫁者衣之。」

建洲按：陳劍先生之說可信。我們在〈子羔〉「态」讀作「年」注釋中也舉了其他例子，請參看。對於「學」字，作**孚**的字形，〈從政〉非首見，《郭店·老子乙》4作**孚**已有。

〔五九〕**猷**（侃？）〔**誾**〕**愙**（敏？）而共（恭）孫（遜）

　　張光裕先生：讀「愙」為「悔」；讀「共孫」為「恭遜」。（頁236）

　　陳偉先生〈從政校讀〉：「曰」後一字原未釋。從現存筆劃看，右旁上作「欠」，下作「臼」；其左旁所從與「言」類似，亦見于郭店簡《性自命出》62號簡，應是「遣（無辶）」之變體。這種結構的字曾見于曾侯乙墓磬銘。裘錫圭、李家浩先生指出其讀音應與「遣」相近，磬銘中可能是與「遣」音近的「衍」。在本簡中，此字或可釋為「遣」，讀為「愆」。「愆悔」是悔過的意思。

　　劉信芳先生〈從政補釋〉：簡文中「溫良而忠敬」，「溫良」與「忠敬」都是正面用語，因而「猷悔而恭遜」，「猷悔」亦應是正面用語。「猷」應讀為「侃」……《漢書·劉輔傳》：「元首無失道之譽」，「譽」借為「愆」，「愆」之籀文從侃聲，是衍、侃聲符互換之例。〔註215〕《說文》：「侃，剛直也。」引《論語》曰：「子路侃侃如也。」……段注已指出《說文》引《論語》有筆誤。「侃侃」即「衎衎」，《漢書·張敞傳·贊》：「張敞衎衎，履忠進言」，師古注：「衎衎，彊敏之貌也。」「悔」應讀為「敏」……《荀子·修身》「加好學遜敏焉，則有鈞無上，可以為君子者矣。」「遜敏」連言，可以作為簡文「悔（敏）」與「遜」釋讀之參考。（頁263）

　　建洲按：誾，一般隸作「訟」，但許多學者已指出字形左旁本不從言，為了強調這一點，以下將它隸定為「猷」。〔註216〕其次，上引陳偉先生之說大致可信。〔註217〕惟細審圖版，字作**誾**。右下似不從「臼」，參《曾侯·磬下七》作**戲**。〔註218〕比較可能是「欠」字變體，參《郭店·性自命出》62「遣」作**遣**。劉樂賢先生說曾

〔註215〕這方面的材料，筆者以往亦曾論及，參蘇建洲〈楚簡文字考釋九則〉《輔仁國文學報》第19期 2003.11。

〔註216〕參陳劍〈郭店簡補釋三篇〉《古墓新知——郭店楚簡出土十週年論文專輯》（國際炎黃文化出版社，2003.11）

〔註217〕說亦見陳偉〈包山楚司法簡131～139號補釋〉《第一屆簡帛學術討論會》（臺北：中國文化大學史學系主辦，1999.12）。

〔註218〕中國社會科學院考古研究所編《曾侯乙墓》（北京：文物出版社，1989.7），頁554注2。

侯編鐘「遣」字或加注聲符欠，郭店 **字作从言从欠，二者音近通假。〔註219〕周鳳五先生也指出「一遣一來」、「逝，往也」、「衍，水朝宗於海貌」，三者蓋一詞之分化。〔註220〕所以「△」讀作「愆」自然是可以的。但是如同劉信芳先生所說，簡文意思應爲正面，此暫依其說讀作「侃敏而恭遜」。

〔六十〕行隓（險）至（致）命，餡（飢）〔銅〕滄（寒）而毋蔎（會），從事而毋說（訟），君子不以流言蔎（傷）人

張光裕先生：「隓」即「險」。（頁232）

周鳳五先生〈從甲〉：簡文三個疑難字，整理者缺釋，以致文意不明。按，第一個字，左從食，右從日、丌聲，應當讀爲「飢」。「飢滄」就是飢寒。楚人以「滄」爲寒，如《禮記・緇衣》：「資冬祁寒」，郭店《緇衣》簡十作「晉冬旨滄」可證。第二個字，從攴，會聲，可以讀爲從心，介聲的「忦」。會，古音匣紐月部；介，見紐月部，可以通假。《方言》：「忦，恨也。」《廣雅・釋詁》：「忦，憂也。」又：「忦，懼也。」第三個字，從言，兇聲，讀爲「兇」。《說文》：「兇，擾恐也。」簡文是說，君子篤守正道，不怕飢寒，不受驚擾。由此可知，上文「行險致命」的「行險」，指行於險地；「致命」猶如《論語・憲問》「見危授命」的「授命」，必要時「殺身成仁」的意思。左從食，右從日、丌聲，應當讀爲「飢」。「飢滄」就是飢寒。

黃德寬先生〈補正〉：此字應分析爲從食、日、幾聲，即「飢」字。「幾」字寫法，楚文字常見。《說文》：「飢，餓也」。此篇「飢滄」連用，即「飢寒」，先秦典籍「滄熱」、「饑滄」爲常語，不必以「混用」說之。「說」，釋者疑惑不定，即「詢」之異文，見《說文》，又省作「訩」，訓作「訟」。段玉裁：「訟各本訛說，今依《篇》《韻》及《六書故》所據唐本正。《爾雅・釋言》、《小雅・魯頌》傳箋皆云：『訩，訟也』。」訟，《說文》：「爭也」。如此這兩句可讀爲「饑而毋會，從事而毋訩」，意謂「饑寒之歲不要舉行會同，行事之時不要爭訟。」

劉信芳〈從政補釋〉：簡文從攴從會之字，應讀爲「會」，「合也」（《說文》）。《中庸》：「君子素其位而行，不願乎其外……素貧賤行乎貧賤……正己而不求於人」。「飢滄」猶「素貧賤」也，「毋會」猶「不願乎其外」，「正己而不求於人」也。蓋君子固窮，不因飢滄而屈己合人；小人窮斯濫矣，必因飢滄而與人附和。黃德寬先生釋「說」

〔註219〕劉樂賢〈讀上博簡箚記〉《上博館藏戰國楚竹書研究》（上海：上海書店出版社，2002.3），頁387。說亦見黃錫全〈燕破齊史料的重要發現——燕王職壺銘文的再研究〉《古文字研究》第24輯，頁248。
〔註220〕周鳳五〈性情論小箋〉《齊魯學刊》2002.4，頁15 第3。

爲「訟」是也。（頁261）

　　建洲按：楚系文字「曰」（或「甘」）〔註221〕有時可視爲飾符，〔註222〕如「合」作 ![字] （《包山》166）、![字]（《郭店》1.1.34）、![字]（《郭店》1.1.9）；「僉」作 ![字] 〔註223〕（《包山》121）、![字]（《郭店》1.1.5）、![字]（鐱，《仰天湖》10）〔註224〕。

　　《包山》簡23作「台」作 ![字]。李家浩先生指出「丌」、「幾」二字在古代不僅字形相似，而且聲母相同，都是見母，疑「台」應當是「召」字的訛體。〔註225〕何琳儀先生看法相近。〔註226〕所以上述二先生或以爲從「丌」或以爲「幾」，都是可以理解的。但是就字形而言，應從「幾」。

　　「戕」，即「傷」，「人」、「戈」二旁互換。這種情形亦見於《楚帛書》丙11.2「![字]利 ![字] 伐」，「戕」，曾憲通先生以爲「即侵字。侵伐故從戈。」〔註227〕又如《包山》269作「![字]羽一笥」，「侵」用作一種羽毛的名字。〔註228〕又如《慈利楚簡·逸周書·大武》：「武有七制：一曰征，二曰攻，三曰戕」，經與《北堂書鈔》一百十三引《周書·大武》可知「戕」即「侵」。〔註229〕以上所反映的皆是「人」、「戈」二旁互換。

　　觀下文「君子不以流言戕（傷）人」，則所謂「行險致命」云云應該也是對君子說的，恐怕不是從反面或對小人來說的。如同《禮記·表記》：「子曰：『君子』莊敬日強，安肆日偷。『君子不以』一日使其躬儳焉如不終日。」《禮記·表記》：「仁之難成久矣，惟『君子』能之。是故『君子不以』其所能者病人，不以人之所不能者愧人。」則「行險致命」恐應如周鳳五先生所說有「殺身成仁」的意思。但是依照句子來看，「行險致命……從事而毋訟」應該要與「君子不以流言傷人」相關，上述學者所釋則看不出這層關係。整句要如何解釋，還不能確定。

〔註221〕「曰」形或訛成「甘」形。
〔註222〕李家浩〈包山二六六號簡所記木器研究〉《國學研究》第二卷，頁544、何琳儀《戰國古文字典》，頁1460。
〔註223〕何琳儀《戰國古文字典》，頁1460。
〔註224〕史樹青《長沙仰天湖出土楚簡研究》（群聯出版社，1955.6），頁26、郭若愚《戰國楚簡文字編》（上海：上海書畫出版社，1992），頁107。
〔註225〕李家浩〈包山二六六號簡所記木器研究〉《國學研究》第二卷，頁535。
〔註226〕何琳儀《戰國古文字典》，頁1190。
〔註227〕曾憲通《長沙楚帛書文字編》（北京：中華書局，1993.2），頁84，242號。李家浩先生亦有相同意見，見下引文。
〔註228〕李家浩〈包山楚簡的旌旆及其他〉《第二屆國際中國古文字學研討會論文集續編》（香港：香港中文大學，1995.9），頁381；亦收錄於《著名中年語言學家自選集——李家浩卷》（合肥：安徽教育出版社，2002.12），頁264。
〔註229〕張春龍〈湖南省近年出土簡牘文獻資料略論〉《第一屆中國語言文字國際學術研討會論文》（香港：香港大學，2002.3）

第七章 〈昔者君老〉校釋

第一節 前 言

　　本篇是《上海博物館藏戰國楚竹書（二）》的第五篇。簡文原無篇題，以簡一首句「君子曰：昔者君老……」定篇名爲〈昔者君老〉。本篇僅存四枝簡，其中三枝完簡，一枝殘簡，共存一百五十八字，其中重文八，合文一。由於內容殘損嚴重，故學者解讀本篇往往有不同的結論。或以爲內容可以連讀，或以爲彼此是沒有關係的。比說第三簡的釋讀依其對性質的認定，就會有不同的結果。總體來說，本篇內容大概記述國君自衰老至亡故，太子朝見過程中的行爲規範，所以學者以爲本篇或可視爲〈君喪禮〉，或說是《論語·憲問》子張問孔子「高宗諒陰，三年不言」一章的解說，或是認爲簡文講述的不僅是朝見之禮，還包括入宮探視和居喪之禮，以上這些意見大抵是可取的，也增加了我們對儒家禮儀制度的進一步了解。

第二節 竹簡形制及編連

　　〈昔者君老〉各簡上下皆爲平頭，三道編繩。據簡 1 完簡，長 44.2 釐米，其中簡 1 計有五十字，其中重文四。簡 3 共四十五字，其中重文一。根據我們前引胡平生先生的歸納，這大致符合楚竹書「長二尺」，約 45 釐米，的常制。

　　首簡有起首語，末簡有「L」號表示文章結束的符號，餘二、三簡按記載事態進展的前後關係排列，其中缺失多少無法判定。本文編連依整理者陳佩芬先生的順序。

第三節　簡文校釋

【釋　文】

君子曰〔一〕：昔者君老，大（太）子朝君＝（君，君）之毋（母）俤（弟）〔二〕是相〔三〕。大（太）子戻聖（聽）〔四〕，庶醴＝（叩？謁？，叩？謁？）進〔五〕。大（太）子前，之毋（母）＝俤＝（母弟。母弟）送，退。前之大（太）子，再三，戕（然）句（後）竝（並）聖（聽）之〔六〕。大（太）子毋（母）俤（弟）**1**

至（致）命於闍＝（閤門）〔七〕，**㠯**（以）告逹＝人＝（寺人〔八〕，寺人）內（入）告于君＝（君，君）曰：「邵（召）之。」大（太）子內（入）見，女（如）祭祀之事……〔九〕**2**

能事亓（其）慭（親）〔十〕。君子曰：「子甞（省），割（何）？憙（喜）於內，不見於外。憙（喜）於外，不見於內。恩（慍）於外，不見於內＝（內。內）言不**㠯**（以）出，外言不**㠯**（以）內（入）。舉散（美）瀘（廢）亞（惡）〔十一〕**3**

【……各敬】尒司〔十二〕，各共（恭）尒事，變（發）命不夜（戁）。」〔十三〕君萃（卒）。大（太）子乃亡臂（聞）**L**、亡聖（聽）**L**〔十四〕；不臂（問）、不命（令）〔十五〕，唯依（哀）悲是思，唯邦之大受（？吏）是敬**L**〔十六〕。**4**

【校　釋】

〔一〕君子曰

陳佩芬先生：「君子」，太子須遵行的國君老卒之禮的傳授者。古文獻常稱傳授或評述者爲「君子」。《左傳‧隱公元年》載：隱公接受潁考叔建議，與其母武姜「闕地及泉，隧而相見」，「公入而賦，大隧之中其樂也融融。姜出而賦，大隧之外其樂也洩洩。遂爲母子如初。君子曰：潁考叔純孝也」。……本簡的直接傳授者爲君子。（頁242）

周鳳五先生〈從甲〉：《昔者君老》分爲若干小節，記言的形式與《從政》相同，但冠以「君子曰」。按，《荀子‧非十二子》曾經批評子思「略法先王而不知其統，猶然而才劇志大，聞見雜博，案往舊造說，謂之五行，甚僻違而無類，幽隱而無說，閉約而無解。案飾其辭而祇敬之，曰：『此眞先君子之言也。』子思唱之，孟軻和之。」這段話說得很清楚，子思當年代表儒門正宗，標榜孔氏家學，引述孔子的言論，號

稱「先君子之言」。簡文「君子曰」與子思所稱，究竟是單純的巧合，抑或具體反映了這批竹簡的學術淵源與傳承，值得深入探討。最後，上述郭店《忠信之道》與這次同書公布的《從政》、《昔者君老》，凡涉及《論語》或其相關材料的，似乎都與子張有關。眾所周知，《荀子·非十二子》批評當時的儒家，除了前述子思、孟軻之外，還有「子張氏之賤儒」、「子夏氏之賤儒」、「子游氏之賤儒」三派。郭店與上博兩批楚簡，與《論語》相關的論述集中於子張一人，說明「子張」一派曾經流傳於楚國。這是研究先秦學術史的第一手材料，可謂彌足珍貴。

　　邴尚白先生〈君老注釋〉：整理者引《左傳》為例說明並不適切。⋯⋯〈昔者君老〉的兩處「君子曰」，一是朝君禮儀的說明，一似為一些生活規範的記述，而都不是在評議臧否。簡文這種性質的「君子曰」，在古文獻裡，實與《禮記》最為相似。（頁2）

　　建洲按：陳佩芬先生所說「君子」是國君老卒之禮的講授者是對的。就發言性質及發言內容來看，邴尚白先生認為本簡的「君子曰」即《禮記》上的「君子曰」這樣說當然是可以的。如《禮記·禮器》：「君子曰：『祭祀不祈，不麾蚤，不樂葆大，不善嘉事，牲不及肥大，薦不美多品。』」可為證。不過不必然不能與《左傳》「君子曰」合看。林素清先生就說：「『君子曰』又見於《左傳》等書，是先秦儒家經典傳習的紀錄，對於研究先秦儒家經傳的成立有極高的價值。」〔註1〕。

〔二〕母佛（弟）

　　陳佩芬先生：《尚書·牧誓》：「昏棄厥遺王父母弟，不迪。」孔安國傳：「王父，祖之昆弟。母弟，同母弟。」孔穎達疏：「春秋之例，母弟稱弟，凡春秋稱弟皆是母弟也。」（頁242）

　　建洲按：「佛」讀作「弟」，又見於《九店》56.25「生子，無佛（弟），女（如）又（有）佛（弟），必死。」李家浩先生說：「『無佛』，秦簡《日書》甲種楚除結日占辭作『毋弟』。『佛』從『人』從『弟』聲，當為兄弟之『弟』的專字。」〔註2〕《左傳·宣公十七年》：「冬，公弟叔肸卒，公母弟也。凡太子之母弟，公在曰公子，不在曰弟。凡稱弟，皆母弟也。」《公羊·隱公七年》：「母弟稱弟，母兄稱兄」，何休《公羊注》：「母弟，同母弟；母兄，同母兄。不言同母言母弟者，若謂不如為如

〔註1〕林素清〈楚簡文字零釋（一）說粵〉《第一屆簡牘學術研討會論文集》（民雄：國立嘉義大學中國文學研究所，2003.7.12），頁207。

〔註2〕湖北省文物考古研究所、北京大學中文系編《九店楚簡》（北京：中華書局，2000.5），頁79。

矣，齊人語也。」〔註3〕即國君同母的弟弟。

〔三〕相（𤇍）

陳佩芬先生：相，佑導，為太子入宮朝君的佑導者。（頁242）

林素清先生〈君老釋讀〉：「相」字下方多一橫畫作「△」，這是比較罕見的寫法。……一般行禮所見擔任佑導工作者稱為「儐」，我認為「相」字用法近於《尚書·顧命》序：「成王將崩，命召公、畢公率諸侯相康王」及《尚書·君奭》序：「召公為保，周公為師，相成王，為左右。」之「相」字，當作「輔相」解。（頁1）

邴尚白先生〈君老注釋〉：參照《禮記·文王世子》的相關記載，太子向國君請安不需佑導。簡文「相」為「君之母弟」，應指百官之長。（頁3）

季師旭昇〈小議四〉：簡文說：「太子朝君，君之母弟是相。」如果是平時的朝君，似乎不用「君之母弟」為相，顯見得這時國家即將可能有大事發生，《周禮·春官·大宗伯》：「（大宗伯）朝覲會同，則為上相；大喪亦如之；王哭諸侯亦如之。」肯定〈昔者君老〉是有君喪禮的性質，那麼君之母弟是相跟〈大宗伯〉所稱相合，據《周禮》，大宗伯的身分是卿，君之母弟的地位至少也應該是卿以上。二者並無矛盾。

林素清先生〈君老新釋〉：整理者以「相」為佑導，即「太子入宮朝君的佑導者」。按，先秦文獻稱行禮時擔任佑導者為「儐」或「相」，常見於三《禮》，引申為「輔佐」義，如《尚書·顧命》序：「成王將崩，命召公、畢公率諸侯相康王。」《尚書·君奭》序：「召公為保，周公為師，相成王，為左右。」之「相」字，當作「輔相」解。西周金文稱之為「右」。其地位通常較被右者為高。簡文所記內容可能與國君臨終「顧命」的儀節有關，此時此地「君之母弟」既然為相，其地位可能是承受顧命者，也就是新君的監督者，故太子對之表示謙讓。

陳嘉凌先生：陳（佩芬）說是。……《論語·先進》：「（公西華曰）：『非曰能之，願學焉！宗廟之事，如會同，端章甫，願為小相焉。』」何晏《集解》引鄭《注》：「小相，謂相君之禮。」（頁90注4）

彭浩先生：《昔者君老》第一簡：「昔者君老，太子朝君，君之母弟是相」。關於其中的「相」字，整理者云：「國君之母弟為太子入宮朝君的佑導」。此說可商。「相」可解作「送」，也可解作「治」、「助」。《周禮·夏官·大僕》「王燕飲則相其法」注：「左右也」，謂左右贊助。簡文中的「相」似可解作襄助。其例如《禮記·文王世子》：

「成王幼，不能涖阼，周公相，踐阼而治」。「周公相」即周公攝政，代成王治理天下。簡文中的「君」因年老（按《禮記》等書所記，七十歲始得稱老），由其同母之弟輔政，並非充任宮中低級官吏爲導引之事。〔註4〕

　　建洲按：「相」字底下一般加二飾筆，〔註5〕而「△」只加一筆而且長度較長，的確較爲少見。所謂「相」應該與「朝君」之間有某些關係，又所謂「顧命大臣」或「輔相」是臨時的頭銜，平時應該有個官職才對。可能是因爲這樣，所以林素清先生在〈新釋〉中採取了一個折衷的說法，認爲所謂《尙書‧顧命》序：「成王將崩，命召公、畢公率諸侯相康王。」其中當作「輔相」解的「相」是由先秦文獻行禮時擔任佑導者的「儐」或「相」引申而來。如果不是我們的誤讀，則「君之母弟」同時有「行禮佑導者」及「顧命大臣」的身分。這樣的說法似乎比較合理。但是「相」的職務是否是「行禮佑導者」尚可討論。林素清先生在〈君老釋讀〉一文中認爲一般行禮所見擔任佑導工作者稱爲「儐」，不知爲何在〈君老新釋〉中又增添了「相」。《說文》：「儐，導也。從人，賓聲。擯，儐或從手。」（八上五）。《周禮‧春官‧大宗伯》：「王命諸侯，則儐。」鄭玄《注》：「儐，進之也。」孔《疏》：「儐，進之也者以命諸侯。故知儐謂進使前以受策也。」〔註6〕《周禮‧秋官‧司儀》：「司儀：掌九儀之賓客擯相之禮，以詔儀容、辭令、揖讓之節。」鄭玄《注》：「出接賓客曰擯，入贊禮曰相。」〔註7〕《周禮‧春官‧大宗伯》：「朝覲、會同，則爲上相。大喪，亦如之。王哭諸侯，亦如之。」鄭玄《注》：「相，詔王禮也。出接賓客曰擯，入詔禮曰相。」〔註8〕這樣看來「相」的工作與「擯（儐）」是有區別的，應該是在君王身邊贊禮或詔禮的人，意即在內助行禮者。相當於陳嘉凌所引《論語‧先進》中擔任「小相」（相君之禮）的公西華。實則小相乃謙詞，孔子曾說公西華可與賓客言，劉寶楠說與賓客言，是大相之事。〔註9〕但是典籍似未見「行禮佑導者」的「相」可引申爲「輔相」者。倒是《尙書‧顧命》文中有「相被冕服」。孔《疏》引鄭玄曰：「相者，王正服位之臣，謂太僕。」〔註10〕《周禮‧春官‧司几筵》注：「鄭司農云：『……顧命曰：成王將崩，命太保芮伯、畢公等被冕服』」〔註11〕換言之，先鄭

〔註4〕彭浩〈讀上海博物館藏戰國竹簡（二）劄記〉，簡帛研究網，2003～9～13。
〔註5〕何琳儀《戰國古文字典》，頁707。
〔註6〕《十三經注疏——周禮》，頁284。
〔註7〕《十三經注疏——周禮》，頁575。
〔註8〕《十三經注疏——周禮》，頁284。
〔註9〕〔清〕劉寶楠《論語正義》（北京：中華書局，1998.12三刷），頁472。
〔註10〕《十三經注疏——尚書》，頁276。
〔註11〕《十三經注疏——周禮》，頁309。

以為「相被冕服」中「相」是芮伯、畢公等人。孫星衍《尚書今古文注疏》「相被冕服」《疏》亦說「相謂太保、芮伯、畢公等人」，他說：「是先鄭以相為太保也。此或今文說，與後鄭異。……鄭注見《書》疏。云『相者，王正服位之臣，謂太僕。』者，《周禮·夏官·太僕職》云：『掌王之服位』又檀弓云：『扶君，卜人師扶右。』注云：『謂君疾時也。卜當為僕，聲之誤也。僕人、射人皆平生時贊正君服位者。』故以此相為相導之相，為太僕也。……《中論·法象篇》云：『顛沛而不亂者，成王其人也。將崩，體被冕服，然後發顧命。』是說此經之義也。」〔註12〕可見所謂「輔相」可由君王左右負責服位的大臣兼任，與上述彭浩先生所說《周禮·夏官·大僕》「王燕飲則相其法」注：「左右也」，由「左右贊助」引申為「襄助國事」相同。綜上觀之，則簡文的「母弟」可能是王在左右負責被冕服者，同時擔任輔助太子的職責，只有這樣，到最後才有資格與太子並聽君命。

〔四〕戻（𠕀）聖（聽）

陳佩芬先生：「戻」，日西斜時。……「聖」，即「聽」。「聽」，等候。……「戻聽」不能讀為「側聽」，因為「側聽」屬於非禮。（頁242）

林素清先生〈君老釋讀〉：《淮南子·主術》：「側目而視，側耳而聽，延頸舉踵而望也。」《戰國策·秦策一》蘇秦始將連橫章，描寫蘇秦路過家鄉：「父母聞之……郊迎三十里。妻側目而視，傾耳而聽」。無論「側耳而聽」、「傾耳而聽」都是表現專注、恭敬形貌。……因為太子朝君必然恭謹、專注，故言「側聽」。「側聽」與《禮記·孔子閒居》、《孔子家語·論禮》：「傾耳而聽」意同，因此「戻」當讀如「側」，「戻聽」即「側聽」，亦即「傾耳」，形容太子朝君時處處表現凝神語專注貌。（頁1）

建洲按：「△」所從「矢」旁演化為「大」形，如同「吳」，除作𠕀（《包山》169），亦作𠕀（《包山》98）。學界多同意此處的「戻聽」相當於〈民之父母〉6的「奚耳而聽」。

〔五〕庶（𠕀）謡（𠕀）＝進

陳佩芬先生：此句可讀為「庶謡，謡進」，多次叩門而進宮門。「謡」，從酉、從言，口亦聲，讀作「叩」，「口」為基本聲符。口字筆勢與本篇第二簡「君」所從口字相同，亦與本篇第四簡「邦」所從邑字上口相同。《集韻·上厚》：「訓，或作叩。」《說文通訓定聲·需部》：訓，「假借為敂」。「敂」是「叩」的古文。《周禮·地官·

〔註12〕〔清〕孫星衍《尚書今古文注疏》（台北：文津出版社，1987.9），頁481。

司關》：「凡四方之賓客敂關，則爲之告。」鄭玄注：「敂關，猶謁關人也。」「庶」，多次。「庶叩」，叩問多次。「叩進」，最後獲准入宮。或曰「醛」字讀爲「謁」，其義可通，但字形未似。（頁 243）

黃錫全先生〈箚記二〉：全按，此字有可能是從酉，從口，從告，即酷字。告形上部多出一畫，有兩種解釋。一是戰國文字或楚文字的告中豎筆每每向左撇出一畫，多出的一畫可能是代表撇出者。如《古璽彙編》5479 的「窖（從土）」，郭店楚簡《窮達以時》簡 11 的「告」，包山楚簡 137 反的「造」，包山楚簡 124、125 反、150 簡的「酷」等。二是飾筆或羨畫，無義。如包山楚簡 2、278 反、郭店楚簡《成之聞之》5、《語叢》1・2 等簡的「命」下多出「二」。中山方壺「反（左從雙人旁）」字「厂」下「又」上多出「一」。中山圓壺「送」字中間多出「二」等。酷，溪母覺部。叩、口，溪母侯部。三字雙聲。酷從告聲，告或作叫。叫、敂均從丩聲，而敂爲叩古文。

林素清先生〈君老釋讀〉：「庶叩」、「叩進」古籍未見，讀來總覺不妥。……其實若直接視爲謁字異寫，並非完全不可，因爲古文字所見謁字寫法並不固定，例如：中山王壺渴字作 ，《說文》碣字古文作歡等，從這些訛變的字形，不難看出「曷」形之多變，其與「 」右旁頗相似。因此，我以爲與其讀作「叩」不如採取第二種考慮：就是直接釋作「謁」字。「謁＝」可讀爲「謁謁」重文，或「謁言」合文（字右旁與《上博緇衣》「言」作 形似）。讀作「庶謁，謁進」或「庶謁，言進」，也許更合理些。太子希望謁進，透過傳命，得到「謁進」或「言進」的指示，於是就謁見君王，因而有下文「前之」和「並聽君命」的動作。這樣理解應比「庶叩，叩進」更文從字順。（頁 2）

邴尙白先生〈君老注釋〉：簡文「庶」當訓爲「希冀」。《詩・檜風・素冠》：「庶見素冠兮」，毛《傳》：「庶，幸也。」（頁 4）

林素清先生〈君老新釋〉：讀作「庶謁，謁進」；上「謁」字爲官名「謁者」省稱，下「謁」字爲動詞，即通報之意。《漢書・百官公卿表》「郎中令」屬官有「謁者」，其職「掌賓贊受事」。國君臨終，太子入謁。經眾多謁者層層通報，然後得以入宮，這樣理解似比「庶叩，叩進」更能文從字順，而且庶謁傳呼尤其可以想見其場景之莊嚴肅穆。

建洲按：「庶」字所從「石」旁寫法較爲特別，值得注意。至於「庶」的意思，林素清先生〈釋讀〉翻譯作「太子希望謁見」，即與邴先生所釋相同，《爾雅・釋言》：「庶，幸也。」〈新釋〉中又改釋爲「層層（通報）」，可能比較偏向整理者之說，即「多也」、「數也」，這樣的意思應該是由《爾雅・釋詁下》：「庶，眾也。」引申而來。

此二說似皆有理，孰是孰非，一時難以判斷，今並存之。但是林素清先生〈新釋〉說法有一自我矛盾之處，他說「國君臨終，太子入謁。」這裡是同意簡 1（昔者君老）的情境是「國君臨終」；但是上引文又說「〈昔者君老〉的『老』，與其說以『年老』爲死的諱稱，不如說是『告老傳家』來得委婉而精確。」﹝註 13﹞「告老」跟「臨終」二者判若雲泥。

對於「⬚」，上述黃文所說《窮達以時》簡 11 的「告」作⬚，《包山》137 反的「造」作⬚，《包山》125「酷」作⬚。這些豎筆多一斜筆的現象，我們前面屢有述及，這種現象與「△」的右旁「⬚」中間作一橫筆並不相同。至於將此橫筆說成是「飾筆」或有可能，但是最上面的部件如何解釋呢？其次，陳佩芳先生認爲「⬚」上下皆從「口」形。下部與簡 2「君」筆劃類似，本爲「口」字。至於上面作⬚，的確與簡 4「邦」所從「邑」旁作⬚上部形近，但是這並非口形，而是象區域之形。這種情形如同《郭店·窮達以時》簡 6 ⬚字，有學者釋爲「𦥑」，即「誥」字古文，從廾告聲，簡文應讀作「梏」。﹝註 14﹞但是釋爲從「告」，不僅陳武偉先生所指出的上部少一橫筆，更重要的是△並不從「口」形。「告」，《包山》15 作⬚、《集成》9.4694 郟陵君王子申豆作⬚（造）、《郭店》5.11 作⬚可證。﹝註 15﹞第三，林素清先生釋爲「謁」，從字義上說是比較好的，但是與「△」形體相近，舊釋爲從「曷」之字：⬚（《郭店·語叢四》40）、⬚（《郭店·語叢四》41）、⬚（《楚帛書》丙 1.5）；金文作⬚、⬚、⬚、；古印中最常見的「曷」旁之字作⬚；《馬王堆·篆書陰陽五行》作⬚，﹝註 17﹞目前多改釋爲「散」。﹝註 18﹞所以「△」釋爲「謁」似乎可能性低了一點。至於認爲「⬚」與「⬚」形近，所以可能讀作「言進」，乍看之下，二者的確形似，但細作分析，也是有問題的。總之，「△」由文義釋爲「謁」當然比較理想，但是字形方面還需更多證據說明。

〔六〕大（太）子前，之毋（母）＝俤＝（母弟，母弟）送〔⬚〕，退，
　　　前之大（太）子，再三，肰（然）句（後）竝（並）聖（聽）之。

﹝註 13﹞林素清〈楚簡文字零釋（一）說𦥑〉《第一屆簡牘學術研討會論文集論文集》（民雄：國立嘉義大學中國文學研究所，2003.7.12），頁 208。

﹝註 14﹞陳偉武〈楚系簡帛釋讀掇瑣〉《古文字研究》第二十四輯，頁 362～363

﹝註 15﹞蘇建洲〈楚簡文字考釋九則〉《輔仁大學國文學報》2003.8。

﹝註 17﹞朱德熙、李家浩〈長沙帛書考釋（五篇）〉《朱德熙古文字論集》，頁 207～209。

﹝註 18﹞徐在國〈釋楚簡「散」兼及相關字〉《中國南方文明學術研討會論文》（台北：中央研究院歷史語言研究所，2003.12.19）。

陳佩芬先生：（斷句）「大（太）子前之母俤（母弟，母弟）送，退，前之，大（太）子再三，肰（然）句（後）竝（並）聖（聽）之。」

（解釋）（一）「太子前之母弟」：太子趨於母弟之前。（二）「母俤送，退」：「送」，母弟將太子送往寢宮，以聽君命。「退」，母弟送太子達宮然後退，以示其佑導程式完成。（三）「前之」：太子返回見母弟，趨於母弟之前。（四）「太子再三」：太子再三要求與母弟同去見君。（頁243）

李銳先生〈初箚〉：所釋「送」字即爲上博《緇衣》簡13「」字上部，原釋文隸定爲「」，沈培先生據劉國勝說指出「」可讀爲「遜」。說是。此亦當讀爲遜，「太子前之母弟，母弟遜退」，即太子想讓機會給母弟，母弟謙讓。

林素清先生〈昔者釋讀〉：（斷句）「太子前之母＝弟＝（母弟，母弟）遜退；前之；太子再三；然後並聽之。」

（解釋）「母俤送，退」，這是整理者的讀法，……如此固然可備一說，但畢竟得增加「寢宮」來回一段文字才能表足文意，如此增字解經，實不理想。就字形而言，「」字與上博楚竹書（一）《緇衣》簡十三「則民有心」之上部全同，《郭店簡‧緇衣》（**建洲按**：應是「上博簡」之誤植）整理者參照今本《禮記‧緇衣》讀爲「遜」字是十分正確的。因此，本簡「」字不妨讀爲「遜」字，「遜退」應連讀，母弟遜退，表示母弟因謙讓而不肯前之意。這和《儀禮》各篇記載升堂或賓迎禮時，主客「揖讓而升」等之儀節相近。因此，本簡文當讀爲：「太子前之母弟（請母弟前之），母弟遜退；前之（再請母弟前之）；太子再三（第三次請母弟前之，母弟皆不肯前之），然後並聽。」這是具體描述太子朝君時與母弟相互禮讓、恭敬的儀節。本段文字大義爲：太子請母弟前之，而母弟遜讓而退；再請母弟前之，母弟仍遜退，不前；於是太子第三次請母弟前之，而母弟仍然表示遜讓，不肯前之。於是太子、母弟兩人並立而聽君命。「三讓」之儀表示互相尊敬、謙讓，可以參考《禮記‧聘義》：「三讓而后傳命，三讓而后入廟門，三揖而后至階，三讓而后升，所以致尊讓也」，這與前文「太子屖聽」都是特意描寫太子朝君時尊讓、恭謹的態度。（頁3）

季師旭昇〈小議四〉：（斷句）「太子屖聽，庶醢，醢進，太子前，之母弟。母弟送，退。（母弟又〔註19〕）前之太子，再三，然後並聽之。」

（解釋）太子在門外等候召見。等到得到命令，於是太子前，到君之母弟前面

〔註19〕「又」字據季師旭昇〈上博二小議（四）：〈昔者君老〉中的「母弟送退」及君老禮〉《第一屆簡牘學術研討會論文集》（民雄：國立嘉義大學中國文學研究所，2003.7.12），頁214所補。

（本句及下一句的「之」字是「前往」、「到」的意思）。君之母弟是相者，於是引導太子，把太子送進去，然後退下。母弟往前走到太子處，再三請太子上前，然後太子和母弟一同並聽國君的遺命。

首先，從字形來看，本篇此字字形與《上博（一）·緇衣》「∅」字上部的確相同，《上博（一）·緇衣》「∅」字可以讀爲「遜」，沈培先生的文章探討得很詳細，可信。可是本篇此字似不宜讀爲「遜」。本篇此字即「朕」、「勝」等字所從的「火＋廾」（音朕），它的正常讀音是讀成「朕」、「媵」、「滕」等字，其例甚多，陳佩芬先生讀成「送」，合於音理，也合於文義；《上博（一）·緇衣》讀成「遜」是不得已的通假，其例至罕。除非萬不得已，我們沒有必要捨常例而取特例。從內容上來說，本篇寫老君將去世，太子銜悲在側，待命晉謁，這是何等重大的事。從王位繼承法來看，王位應該傳給誰，周代有一定的慣例。左氏家和公羊家的說法看起來稍有不同，但精神其實是一致的。左氏家說見《左傳·襄公三十一年》傳文：「太子死，有母弟則立之；無則長立。年鈞擇賢，義鈞則蔔。」公羊家說見《公羊傳·隱西元年》「立適以長不以賢，立子以貴不以長」句下何休注：「禮：嫡夫人無子立右媵，右媵無子立左媵，左媵無子立嫡姪娣，嫡姪娣無子立右媵嫡姪娣，右媵嫡姪娣無子立左媵嫡姪娣。質家親親，先立娣；文家尊尊，先立姪。嫡子有孫而死，質家親親，先立弟；文家尊尊，先立孫。其雙生也，質家據現在立先生，文家據本意立後生。」這二家的說法其實可以互補，互補後的順位如下：

左氏說	公羊說
1. 太子	1. 嫡夫人子
2. 太子母弟	
3. 無則長立（庶子之年齡長最者） 4. 年鈞擇賢（同爲庶子之年長者，年齡相同則擇其賢者） 5. 義鈞則卜（同爲賢者則以卜筮決定）	2. 右媵子
	3. 左媵子
	4. 嫡姪娣子
	5. 右媵嫡姪娣子
	6. 左媵嫡姪娣子

從這個表可以看出，周代的王位繼承法中，君之母弟——即太子的叔叔是完全沒有資格的。……他只是一位引導禮儀進行的「相」。因此，表現在〈昔者君老〉中的禮儀，叔叔送太子上前之後，要「退」，表示自己謹守本分，不敢逾越。但是，這種「退」是禮儀規定的，不是君之母弟可以自我表示謙遜的，因此不應該會有

「遜」這樣的字眼。其次,從《儀禮》來看,先秦禮儀的規定是很嚴格的,一舉手、一投足,揖讓進退都有一定的規定。《儀禮》中的揖讓,大都是主人與賓之間的動作,似乎沒有看到主人和「相」揖讓遜退的。綜上所論,本篇太子似乎不可能「遜讓」,因此母弟也就沒有什麼「遜退」的可能。陳佩芬先生釋「送」,可信。依李、林之說,〈昔者君老〉此處的主角好像變成君之母弟了。君之母弟把太子送上前,然後退下。接下來的「前之太子再三」一句,也很不好理解。陳佩芬先生讀成「前之,太子再三」,釋義云:「太子返回見母弟,趨(旭昇案:趨是小跑步的意思。在這兒似乎不可能趨)於母弟之前。太子再三要求與母弟同去見君。」其缺點是:「母弟送,退。前之,太子再三。」前兩句的主詞是母弟,第三句「前之」的主詞突然變成「太子」,這是不太合理的。林素清先生讀成「太子前之母弟(請母弟前之),母弟遜退;前之(再請母弟前之);太子再三(第三次請母弟前之,母弟皆不肯前之),然後並聽之。」問題如前述,君之母弟只是一個「相」,我們很難明瞭,為什麼簡文在這裡不提太子如何去晉謁君王,而一再描述太子去敦請叔叔?……比照〈冠義〉、〈昏義〉,我們可以把〈昔者君老〉的禮義解說如下:「『太子前,之母弟』,母弟相也;『母弟送,退』,示不敢有僭心也;『前之太子,再三』,示孝子之躊躇也。」

林素清先生〈昔者新釋〉:(斷句)「昔者君老。太子朝君,君之母弟是相。太子戻(側)聽,庶謁謁進。太子前之母弟;母弟遜退,前之太子;再三,然後並聽之。」

(解釋)前之的「前」為使動詞,「太子前之母弟」就是太子使母弟前之,也就是太子請叔父先行;下文「前之太子」必須與上「母弟遜退」連讀,主詞仍是母弟。本段大意是說:太子請叔父先行;叔父遜讓,請太子先行;太子再請叔父先行,叔父遜讓,再請太子先行;太子第三次請叔父先行,叔父仍表示遜讓,請太子先行;終於太子與叔父一起上前,兩人並立而聽君命。「三讓」一方面表示太子與叔父彼此尊敬,互相謙讓,正如禮記・聘義》:「三讓而后傳命,三讓而后入廟門,三揖而后至階,三讓而后升,所以致尊讓也」。……另一方面,二人孰先孰後,其實正反應太子與叔父的主從之別。國君臨終,太子入宮請謁,叔父禮讓太子先行,此時此地顯然以太子為主體,叔父的角色只是從旁監督或協助了。

袁國華師:在這個地方「兖」釋為「遜」是比較不好的,為什麼呢?因為在《尚書・堯典》以及《史記》的用法,我們看到「遜」字的用法,其實「退讓」意義出現是比較晚的,要到《玉篇》這種字書才有退讓的意思,而在先秦跟漢代的文獻裡面,「遜」一般來講,都跟「遜位」(王位退讓)有關,沒有單獨出現「退

讓」的意義，更加證明季教授說這裡「夋」釋讀爲「遜」是比較不理想的一個有力證據。〔註20〕

　　彭浩先生：該段簡文是講述君之母弟與太子相見之禮。太子至君之母弟之前，君之母弟引其至君前，後退，請太子居前位。太子再三禮讓，最後兩人並立於君前。《禮記・文王世子》：「公族朝於內朝，內親也，雖有貴者以齒，明父子也」。內朝爲同姓之臣見君之處，以輩份、長幼爲序，「父兄雖賤必上，子弟雖貴必居下」（陳澔注《禮記集說》）。君之母弟是太子叔父，太子當以父輩之禮事之。太子地位僅次於君，故君之母弟要請太子居前位。禮讓的結果是兩人並立。這是符合禮的。簡文「太子母弟」以下殘缺，從上文可推知，下文應是太子母弟所居位置，在君之母弟和太子之後。〔註21〕

　　建洲按：上述林素清先生釋「夋」爲「遜」的理由，除字形的因素之外，更重要的是「太子前之母弟」，即先有「太子請叔父先行」這一動，所以接下來才會有「叔父遜讓」這一動。但是「太子前之母弟」之「前」使否讀作「使動詞」呢？不及物動詞若帶賓語，一般是「使動用法」，如《論語・先進》：「求也退，故進之；由也兼人，故退之。」即「使之（求）進」、「使之（求）退」。《左傳・宣公十五年》：「（華元）登子反之床，起之。」即「使之起」。或如《韓非子・外儲說右下》：「王子於期爲宋君爲千里之逐。已駕，察手吻文。且發矣，驅而前之」，〔註22〕即「使之前」。還有一種情形是《墨子・公輸》：「胡不見我於王？」即「使我見」。〔註23〕《左傳・隱公元年》：「莊公寤生，驚姜氏。」即「使姜氏驚」。但是本簡「太子前之母弟」，句法既非第一種，亦非第二類。比較接近《莊子・盜跖》：「孔子下車而前，見謁者曰：『魯人孔丘，聞將軍高義，敬再拜謁者。』」〔註24〕我們可以改作「孔子下車前之謁者」，很明顯是「孔子前往謁者之處」，而非「孔子請謁者往前」。尤其「太子『前之母弟』」句式完全同於《論衡・四諱》：「然而有『甘之更衣之室』不以爲忌」，劉盼遂《集解》標點作「然而有甘之更衣之室，不以爲忌」；黃暉《校釋》標點作「然而有甘之，更衣之室，不以爲忌」，裘錫圭先生說：「這

〔註20〕袁國華師擔任季師旭昇〈上博二小議（四）：〈昔者君老〉中的「母弟送退」及君老禮〉一文的講評人。此引自《第一屆簡牘學術研討會論文集》（民雄：國立嘉義大學中國文學研究所，2003.7.12），頁241。

〔註21〕彭浩〈讀上海博物館藏戰國竹簡（二）箚記〉，簡帛研究網，03/09/13。

〔註22〕〔清〕王先愼撰《韓非子集解》（北京：中華書局，2003.4二刷），頁334～335。

〔註23〕以上參楊伯峻、何樂士《古漢語語法及其發展》（北京：語文出版社，2003.1三刷），頁534。

〔註24〕〔清〕郭慶藩《莊子集釋》（台北：貫雅文化，1991.9），頁991。

句話的意思是說有人願意到廁所聞臭氣。『之』是動詞,當『去到』講。黃氏誤以為代詞,因此把『甘之更衣之室』斷成兩截。集解不誤」。〔註25〕更可說明〈昔者君老〉的「之」只能解為動詞。綜合以上,可知根本不存在所謂「遜讓」的問題。

其次,季師認為正常情況之下「关」應該讀為從「关」偏旁相關的字,這是合理的推斷。值得注意的是,沈培先生文中提到「從『恭』得聲之字的古音分部主要有三:其一屬侵部,如『朕』字,其二屬蒸部,如勝、騰、滕、塍等字。其三屬東部,如送。……但是,可以注意的是,楚方言中從『恭』之字可以讀為文部字,這似乎是別的方言沒有看到的。在兩周金文中,從『恭』之字常常讀為『朕』。在戰國時代的非楚系文字資料中,據上引朱德熙先生文,斛半小量『恭』和秦公簋從手從恭之字都讀為『朕』。『滕』、『朕』皆非文部字。由此可見,同時從『恭』之字,在不同的方言,其用法有別。需要注意的是,我們說從『恭』之字在戰國時代可能已經收－ŋ尾,並不是說當時所有的蒸部和多部字都已收－ŋ尾了。僅就楚方言而言,其蒸多兩部跟侵部的關係仍然很密切,尤其是多部及其陰聲幽部跟侵部的關係更加密切。…裘錫圭先生在最近的一篇文章裡舉出了更多的楚簡材料中所反映的幽侵和宵談對轉的例子。」〔註26〕換言之,沈先生的文章主要在解釋《上博(一)·紂衣》的「恭」讀作「遜」的原因,但是通常的情況之下,從「关」的字,未必一定讀作「文」部的字。比如新出《上博(三)·仲弓》簡13「緩𢝊(施?)而恭放之。」其中「恭」字,陳劍先生根據沈培的說法讀作「遜」,〔註27〕李銳先生則指出「沈培說據《說文》所云『佚』字『古文以為訓字』而考證『恭』讀為『遜』,乃是為與今本《緇衣》相合(今本作『孫』),且『遜』之意即為『順』。簡文此處也可以直接讀為『順』。」〔註28〕暫且不論李銳之說是否正確,他的思考方向與我們是一樣的。而最近看到簡帛網站上,季師旭昇有與李銳完全相同的看法。〔註29〕特別是沈培先生文章中已提到「有人認為此字(**建洲按:指兟**)就是

〔註25〕此例摘自裘錫圭《古代文史研究新探》,頁138,裘先生這篇文章作於1978年,當時所見《校釋》標點如此。但今所見黃暉《論衡校釋》是1990.2新版,其標點錯誤已更正,見頁976。

〔註26〕沈培〈上博簡《緇衣》篇「恭」字解〉《華學》第六輯(北京:紫禁城出版社,2003.6),頁70、72。

〔註27〕陳劍〈上博竹書《仲弓》篇新編釋文(稿)〉,簡帛研究網,2004/04/18,
http://www.jianbo.org/admin3/html/chenjian01.htm。

〔註28〕李銳〈《仲弓》續釋〉,孔子2000網站,2004/04/20,
http://www.confucius2000.com/qhjb/zhonggongxushi.htm。

〔註29〕季師旭昇〈《上博三·仲弓》篇零釋三則〉,簡帛研究網,040423,
http://www.jianbo.org/ADMIN3/HTML/jixusheng02.htm。

『送』字初文，可參考。」可見「㳂」釋爲「送」也許更貼近字形本義。〔註30〕加上袁國華師也由典籍資料證明「遜」釋爲「退讓」不出現在先秦時期，也證明了「㳂」讀作「送」應該比較理想。上引彭浩先生文章將本簡翻譯作「太子至君之母弟之前，君之母弟引其至君前，後退，請太子居前位。太子再三禮讓，最後兩人並立於君前。」〔註31〕其說「君之母弟引其至君前」即「送」之義，以上皆可補充我們的說法。

〔七〕至（致）命於闇＝（闇門）

陳佩芬先生：「命」，讀作「令」。《詩・秦風・車鄰》「未見君子，寺人之令」，鄭玄《箋》：「欲見國君者，必先令寺人。」「闇＝」，合文，讀作「闇門」，闇門是門旁戶也，即大門旁之小門。《說文・門部》：「闇，門旁戶也。」《爾雅・釋宮》：「宮中之門謂之闈，其小者謂之閨，小閨謂之闇。」又《說文》「會」古文作𣌭，以合爲聲符。（頁244）

林素清先生〈君老釋讀〉：讀爲「致命」即可。與《包山》「既禱至命」之用法相同。「至命」即「致命」，傳達言辭之意。《儀禮・士冠禮》：「賓由右致命」。（頁4）

張富海：太子朝君是否一定要走大門旁的小門，值得懷疑；而且，以單音節詞爲主的先秦漢語是否會把「合」說成「合門」，也值得懷疑。我認爲簡文的「闇」當作合文較好。讀作「閽」，宮中守門人之稱。《古研》25頁359

建洲按：此說可從。其他例證如《儀禮・既夕禮》：「賓奉幣，由馬西當前輅，北面致命。」《儀禮・燕禮》：「寡君固曰『不腆』，使某固以請！」「某固辭，不得命，敢不從？」致命曰：「寡君使某，有不腆之酒，以請吾子之與寡君須臾焉！」等等。又整理者說簡1至簡4無法連讀，從文句的聯繫上是對的，若從文意上的連貫，則簡1、簡2的關係還是隱約看得出來的。

〔八〕呂（以）告寺人

陳佩芬先生：「寺人」即「寺人」。《周禮・天官・寺人》：「寺人掌王之內人及女宮之戒令，相導其出入之事而糾之。若有喪紀、賓客、祭祀之事，則帥女宮而致於有司，佐世婦治禮事，掌內人之禁令。凡內人弔臨于外，則帥而往立于其前而詔相之。」（頁244）

〔註30〕沈培〈上博簡《緇衣》篇「㳂」字解〉《華學》第六輯（北京：紫禁城出版社，2003.6），頁73注15。
〔註31〕彭浩〈讀上海博物館藏戰國竹簡（二）箚記〉，簡帛研究網，2003—9—13。

　　彭浩先生：按禮書所記，內朝是路寢門內之庭，外朝是路寢門外之朝，非寢宮之內。外朝由司士掌群臣之位（見《周禮・夏官・司士》）。《昔者君老》第二簡記述太子往寢宮內見君，因爲有寺人導引出入。依《周禮・天官・寺人》，寺人之職屬內宮。君之母弟則不在場。〔註32〕

　　建洲按：上引《詩・秦風・車鄰》「未見君子，寺人之令」，鄭玄《箋》：「欲見國君者，必先令寺人。」亦可參。

〔九〕女（如）祭祀事……

　　陳佩芬先生：此辭下殘，似爲太子見君之前有某種祭祀儀式。（頁 244）

　　林素清先生〈君老釋讀〉：因爲「國之大事惟祀與戎」，「如祭祀事」，表示極爲愼重和恭敬的態度。《論語・顏淵》：「仲弓問『仁』。子曰：『出門如見大賓，使民如承大祭』」。《左傳・僖公三十三年》：「臣聞之：出門如賓，承事如祭，仁之則也。」都是說明無論「使民」或「承事」時，須以祭祀時誠敬心情和態度去從事，才能合乎仁。因此，本段簡文也是敍述太子朝見時處處恭謹貌。（頁 4）

　　建洲按：林先生之說是。《論語・八佾》：「祭如在，祭神如神在。子曰：『吾與祭，如不祭。』」《注》包曰：「孔子或出或病，而不自親祭，使攝者爲之，不致肅敬其心，與不祭同。」〔註33〕朱熹曰：「愚謂此門人記孔子祭祀之誠意。」〔註34〕

〔十〕能事其慇（慇）

　　陳佩芬先生：能恭事其父母。「慇」，讀爲「親」。（頁 244）

　　建洲按：「親」作 辝（《包山》51），或是假「新」爲之，如《郭店・緇衣》25「則民又（有）新（親）」。「△」似乎比較偏向「新」的寫法，果如此，則似乎以「攴」旁代替了「斤」旁，可能如同古文字常見的「攴」、「戈」二旁互換。〔註35〕右下所加「心」旁可能是飾符，〔註36〕而非增添聲符，因爲「心」（心侵）；「親」（清眞），韻部有距離。

〔十一〕舉〔美〕歐（美）瀍（廢）亞（惡）

〔註32〕彭浩〈讀上海博物館藏戰國竹簡（二）箚記〉，簡帛研究網，03/09/13。
〔註33〕《十三經注疏——論語》，頁 28。
〔註34〕〔宋〕朱熹《四書集註》（台北：學海出版社，1991.3），頁 64。
〔註35〕高明《中國古文字學通論》，頁 142～143。
〔註36〕何琳儀《戰國文字通論訂補》（南京：江蘇教育出版社，2003.1），頁 218。

陳佩芬先生：舉用善人，廢除惡人。「譽」字書體與《郭店楚墓竹簡・窮達以時》第五簡「譽而爲天子币（師）」之「譽」字相同，郭店簡釋「舉」，可從。（頁245）

何琳儀先生〈滬二〉：原篆作「△」，《考釋》分析上之所從釋「舉」。按，△爲「興」之訛誤，「興」與「廢」對文見義。

李銳先生〈初箚〉：《昔者君老》簡3亦當釋爲「興」，「興美廢惡」。

邴尚白先生：△字應分析爲從「與」，從「呂」，由文例來看，疑爲「與」或「舉」的異體字，讀作「舉」，「呂」可能是疊加的聲符。（頁7）

建洲按：邴說是。筆者舊亦釋「△」爲「舉」。陳佩芬先生釋爲「舉」是對的，但引用〈窮達以時〉簡五的例子，則不確。 的下半部的確與上述楚簡「興」字作 形近。但上半卻不類，比較接近《郭店・六德》48「譽（舉）」作 ，《包山》108「與」作 、《郭店・成之聞之》28「與」 ，「牙」旁簡化爲「 」形。換言之， 應分析作從「與」，其下應是增添聲符「呂」。「呂」，來紐魚部；「與」，余紐魚部，聲紐同爲舌頭音，韻部疊韻。如《左傳・成公二年》：「君子謂華元樂舉於是乎不臣。」《呂氏春秋・安死》高誘《注》引「樂舉」作「樂呂」。〔註37〕又《上博（三）・仲弓》簡7「舉賢才」，其「舉」亦作「譽」。〔註38〕「舉」、「興」義近如《廣雅・釋詁》：「興，舉也」、《周禮・地官・大司徒》：「以鄉三物教萬民而賓興之」，鄭玄《注》曰：「物，猶事也。興，猶舉也」，皆可爲證。故簡文雖用「舉」字，義仍與「興」近。〔註39〕

〔十二〕【……各敬】尒（ ）司

陳佩芬先生：「尒司」兩字接前句，與第三簡不能連讀，而與以下兩辭文似爲似爲君對太子的臨終囑託。「尒」指太子。（頁246）

陳偉先生〈零釋〉：竹書中用到「各」字，顯然聽者不會是太子一人。

林素清先生〈君老釋讀〉：（整理者）說法基本可信，只是「爾」字是否只指太子一人，可能有待商榷。因爲由緊接著的簡文「各共（恭）尒事」之「各」字來看，其對象當不止一人，且參考《尙書・顧命》記載了成王臨終前對大臣召公、畢公和諸侯多人宣佈遺命一事看來，本篇所記「爾」也不應僅指太子一人，至少也應包括

〔註37〕高亨、董治安編纂《古字通假會典》，頁847。

〔註38〕馬承源主編《上海博物館藏戰國楚竹書（三）》（上海：上海古籍出版社，2003.12），頁268。

〔註39〕引自舊文〈楚簡「興」字及相關字探討〉。

「相太子」之母弟等。（頁5）

季旭昇師〈小議三〉：「（各敬）爾司，各共（恭）爾事」，是告訴百官，國君隨時會去世，國君去世後，太子有一段時間會不問政事，諒闇三年。但是，這一段時間內，你們要「（各敬）尒司，各共（恭）尒事」（各自恭敬專心於自己的職掌事務。「各敬」是我依意補的兩個字）。

陳偉武先生〈合證〉：所謂「司」字觀其字形筆勢，疑爲「句（后）」之寫訛。「后」訓爲君，簡文是老國君告誡眾大臣要忠於新君之遺囑，若依原釋讀，「爾司」與「爾事」語涉複重，似未合理。（頁203）

建洲按：「![字形]」與《郭店・緇衣》3 作 ![字形] 字形稍有變化。可能是由〈六德〉2 作 ![字形]〔註40〕上端的「八」形省簡，豎筆的橫畫則加以延長。又見於《璽彙》3713 作 ![字形]，乃楚璽。至於釋義方面，季師、陳偉、林素清先生之說皆可信。

〔十三〕燹（發）命不夜（赦）

陳佩芬先生：「『燹』爲『發』之俗字。發布命令不待夜。」（頁246）

陳偉先生〈零釋〉：「發」當讀爲「廢」，「夜」當讀爲「赦」。「廢」從「發」得聲，故可假借。高亨先生曾搜集十餘條古書中二字通假之例，可參看。楚簡中「廢」多借「法」字爲之，但在郭店竹書《老子》丙組 3 號簡「大道廢」的「廢」字則是借「發」爲之，與此相同。「廢命」是古人習語。如《左傳》僖公五年：「守官廢命，不敬。」哀公十一年說：「奉爾君事，敬無廢命。」夜、赦二字，爲鐸部疊韻，喻、審旁紐，在上古音中讀法相近，或可通假。「夜」從亦得聲。《說文》「赦」下有「![字]」字，說解云：「赦或從亦。」《古文四聲韻》卷四「赦」字下收錄有出自《汗簡》的「亦」字。在西周金文《賸（從人）匜》和雲夢睡虎地秦簡《法律答問》、《封診式》以及《爲吏之道》中，赦即作「![字]」。這些可以看作夜、赦相通的間接證據。《尚書・盤庚上》云：「自今至於後日，各恭爾事，齊乃位，度乃口。罰及爾身，弗可悔。」《左傳》昭公二十五年云：「若夫宋國之法，死生之度，先君有命矣，群臣以死守之，弗敢失隊。臣之失職，常刑不赦。」與竹書所云近似。……而從「廢命不赦」的語義看，這段話很可能是太子在國君臨終時對群臣的訓誡。

林素清先生〈從政釋讀〉：陳偉讀作「廢命不赦」是正確的。但是陳偉又說「從『廢命不赦』的語義看，這段話很可能是太子在國君臨終時對群臣的訓誡。」則可以修正。我認爲「……爾司，各恭爾事，發命不夜」一段話皆爲君遺命內容。這與

〔註40〕張光裕主編《郭店楚簡研究 第一卷 文字編》，頁 165 字頭411

《尚書‧顧命》：「王曰：『嗚呼，疾大漸，惟幾，病日至，既彌留，恐不獲誓言，嗣茲予審訓命汝……在後之侗，敬迎天威，嗣守文武大訓，無敢昏逾。』」記載十分相似，可以參看。因為王於臨終前群臣倘若不聽從訓命時，所使用「無敢昏逾」，措詞相當強烈，本簡文亦然，君王宣示遺訓之後，加上「廢命不赦」一嚴重警告，以為群臣警惕。（頁6）

季旭昇師〈小議三〉：陳偉先生的解釋，放在全篇中應該相當妥貼合理了。我們惟一的考慮是：「廢命不赦」是很嚴峻的恐嚇語，從反面警告臣下要勤奮不懈。但是，這時候是老國君快要去世，新國君尚未即位，籠絡人心都嫌不夠，用這樣嚴峻的話會不會太重了些？我們可不可以反過來考慮：不管是快去世的老國君也好，尚未登基的準國君也好，這時候殷殷希望臣下「各敬爾司，各恭爾事」，都是從正面勗勉；那麼，「發命不夜」是否也可以從正面解為「發命不斁」？即頒發命令，不要懈怠。《尚書‧顧命》與本節相當的句子是：「今天降疾，殆弗興弗悟。爾尚明時朕言，用敬保元子釗弘濟于艱難，柔遠能邇，安勸小大庶邦，思夫人自亂于威儀，爾無以釗冒貢于非幾。」意思是；「（成王說：）現在上天降重病於我，我已經不能起來、不能說話了。你們要勉力接受我的話，認真保護太子釗努力地渡過艱難，懷柔遠方，善待近鄰，安定、勸誘小、大邦為善，要注意使大家都能以威儀自我要求，不要讓太子釗陷於錯誤和危殆。」從頭到尾殷殷囑託，那有一點嚴峻的口吻？……發命，可解為頒發命令，……夜，讀為斁。《說文》：「斁，解也。《詩》曰：『服之無斁。』斁，厭也。」解，懈也。厭，倦也。《尚書‧洛誥》：「我惟無斁其康事，公勿替刑。」意思是：成王說：我會不懈怠地學習政事，公不要停止示範。」夜、斁二字同音，上古音都屬余紐鐸部，應該可以通假。發命不斁，有點類似《詩經‧鄭風‧羔裘》中的「舍命不渝」：「羔裘如濡，洵直且侯。彼其之子，舍命不渝。」鄭《箋》云：「是子處命不變，謂守死善道，見危授命之等。」……王國維《觀堂集林‧卷二‧與友人論詩書中成語書二》中說：《詩‧羔裘》云：『舍命不渝。』《箋》云：『是子處命不變，謂守死善道，見危授命之等。』案：《克鼎》云：『王使善夫克舍命於成周。』《毛公鼎》云：『厥非先告父瘖，父瘖舍命，毋有敢蠶，　命於外。』是舍命與　命同意。『舍命不渝』如晉解揚之致其君命，非處命之謂也。」吳闓生《吉金文錄》在毛公鼎下說：舍命乃古人恆語，即發號施令之意。……以上資料中的舍命者，地位都相當高（參拙作《詩經古義新證‧《鄭風‧羔裘》「舍命」古義新證》），甚至於是諸侯而在王朝為卿士之類。舍命不是普通的傳令而已，其義應該是「傳達王命」。發命，或許和「舍命」意義相近。不同的是：舍命是用在平常時候，本簡的發命是用在彌留時候。在執政者交班之際，殷殷告訴身邊的大臣要「各敬爾司，各恭爾事，

發命不夜」，這些身邊大臣的地位應該都很高，至少都是部會首長，或地位相等的親信。對於這些人，或許用正面而柔性的「發命不夤」比較合適吧！

林素清先生〈君老新釋〉：陳偉「從『廢命不赦』的語義看，這段話很可能是太子在國君臨終時對群臣的訓誡。」可從。簡文「各恭爾事，廢命不赦」云云，與《尚書·顧命》：「王曰：『嗚呼！……無敢昏逾。』」十分相似，可以參看。簡文「廢命不赦」較《尚書·顧命》：「無敢昏逾」的措詞更加強烈。

建洲按：這段話的性質屬於「君王的遺訓」應該是沒問題的。林素清先生於〈釋讀〉中反對陳偉認爲「廢命不赦」出自太子之口，但於〈新釋〉中卻又改贊成其說。但在〈新釋〉文中注（注十三）卻又說：「『各恭爾事，廢命不赦』云云，可能爲國君遺命的具體內容。」已見前後矛盾。巧的是，林素清先生與季師同樣注意到同一篇文獻的同一段，但前者徵引前半段，所以得出君上對臣下使用「無敢昏逾」、「廢命不赦」的嚴重警告，以爲群臣警惕。季師則引用後一段，所以得出對臣下殷殷囑託，且用正面而柔性的「發命不夤」。筆者以爲當以季師之說爲是。先把《尚書·顧命》該段原文具引如下，以利說明：

> 王曰：「嗚呼！ 疾大漸，惟幾，病日臻。既彌留，恐不獲誓言嗣，茲予審訓命汝。昔君文王、武王宣重光，奠麗陳教，則肄肄不違，用克達殷集大命。在後之侗，敬迓天威，嗣守文、武大訓，無敢昏逾。今天降疾，殆，弗興弗悟。爾尚明時朕言，用敬保元子釗弘濟于艱難，柔遠能邇，安勸小大庶邦。思夫人自亂于威儀，爾無以釗冒貢于非幾。」

我們注意到「無敢昏逾」是接在「在後之侗」之後的。而「在後之侗」，孫星衍《疏》說：「《說文》云：『侗，共也。《周書》曰：在夏后之侗。』則此經文脫『夏』字，『後』當作『后』也。夏者，《說文》云：『中國之人也。』后者，《說文》云：『繼體君也。』言在中夏，皆後君之共職也。」〔註41〕臧克和先生說：「《漢石經》存『在』字，足利本傳文：在文武后之侗稚成王自斥也。《釋文》曰：『侗，馬本作詷云，共也。《說文·言部》曰：『詷，共也。引《周書》作在后之詷。朱氏《古注便讀》云：『侗，僮也；猶言沖人孺子也。』此指成王自稱。』〔註42〕焦循也說：「《論語》侗而不愿，孔曰：『侗，未成器之人，蓋爲僮字之假借。』」〔註43〕上述《論語》是指〈泰伯篇〉：「子曰：『狂而不直，侗而不愿，悾悾而不信，吾不知之矣。』」劉寶楠《正義》曰：

〔註41〕〔清〕孫星衍《尚書今古文注疏》（台北：文津出版社，1987.9），頁484。

〔註42〕臧克和《尚書文字校詁》（上海：上海教育出版社，1999.5），頁504。

〔註43〕引自周秉鈞審校、錢宗武等譯注《尚書》（台北：地球出版社，1994.3，原貴州人民出版社），頁484。

「《書顧命》『在後之侗』，某氏《傳》：『在文王後之侗稚。』焦氏循《補疏》以爲『僮』字之假借。《莊子山木篇》『侗乎其無識』，《釋文》：『侗，無知貌。』……『未成器』者，言人蒙稚，未能成器用也。」〔註44〕可見所謂「無敢昏逾」是指成王謙稱幼稚，遵循文王、武王的教訓，不敢昏亂變更。並非如林素清先生所說針對顧命大臣所說。而對顧命大臣說話最明顯的句子莫過於「爾尚明時朕言」，臧克和先生說：「內野本傳文：汝當庶幾明是我言。王引之《經傳釋詞》卷九：《爾雅》曰：庶，幸也。庶幾，尚也。常語也。《說文》曰：尚，庶幾也。黃侃眉批：庶乃尚之借。明字傳文無釋，當以爲字字讀。時，是。」〔註45〕很明顯，臨終的君王對這些顧命老臣的口氣的確是用希望、殷殷囑託、正面且柔性的，可見季師之說實可從。

〔十四〕亡䎽（聞）L、亡聖（聽）L

陳佩芬先生：太子守喪乃無聞無聽。「亡聞」，不問朝政。「亡聽」，不聽奏事。（頁246）

顏世鉉先生〈散論〉（三）：按，「亡聞、亡聽」的句讀應是正確的，而解釋則有所不確。《說文》：「聽，聆也。」段注：「凡目所及者云視，如視朝、視事是也。凡目不能遍而耳所及者云聽，如聽天下、聽事是也。」《說文》：「聞，知聲也。」（**建洲按**：《大徐本》作「知聞也。」（十二上八），徐鍇《說文繫傳》則釋爲「聞，知聲也。」）段注：「往曰聽，來曰聞。」聽指主動用耳去感受外界的聲音，聞則指外界的東西傳到自己的耳朵裏。聽由主動去瞭解，引申出主動從事，即治理、處理；聞則沒有此意思。故簡文「亡聞」，應是指太子不令政事上達，使其聞知；「亡聽」，則是指太子不主動去瞭解或參與政事。

邴尙白先生〈注釋〉：顏先生援引《說文》及段《注》說明「聽」、「聞」之異，相當準確。但因爲後面還有「不問、不令」，則「無聞、無聽」或許解釋爲無所聞聽也就可以了。「聽」是一般的聽，「聞」是聽見。〈大學〉：「心不在焉，視而不見，聽而不聞。」（頁9）

建洲按：一般認爲「聞」的本義是「聽見」，《辭源》、《辭海》、《漢語大字典》、《漢語大辭典》等辭書皆作如此解釋。而關於「聞」的詞義演變過程，已有多位學者專文論述。于省吾先生曾分析「聞」的甲骨文形體：「本象人之跪坐，以手掩面，傾耳以聽外警，可以想見古人造字之妙。上策特著其耳，亦尤見之從橫目，……」

〔註44〕〔清〕劉寶楠《論語正義》（北京：中華書局，1998.12 三刷），頁306。
〔註45〕臧克和《尚書文字校詁》（上海：上海教育出版社，1999.5），頁505。

〔註46〕所以有學者在此基礎之上分析「聽」、「聞」的不同：前者甲骨文作「𦖕」，從耳從口，口表發聲，耳表聞聲，只是表示口耳間聲的傳遞，而「聞」的甲骨文形體則表示了聽的人注意力高度集中，力圖辨別清楚，〔註47〕說可參。至於顏世鉉先生以「主動」與否來區別「聽」、「聞」，但是這樣的分界有時並不明顯，如《郭店·魯穆公問子思》8：「非子思，虘（吾）亞（惡）昏（聞）之矣。」這句話的前言是：「魯穆公昏（問）於子思曰：『可（何）女（如）而可胃（謂）忠臣？』」可見是魯穆公主動想去了解「忠臣」之道。今從邴氏之說。

〔十五〕不䛵（問）、不命（令）

顏世鉉先生〈散論〉（三）：「不聞不命（令）」句，原整理者並未解釋。按，此句當是說，太子沒有不善之名聲傳播於外。《左傳·宣公九年》：「洩冶諫曰：『公卿宣淫，民無效焉，且聞不令，君其納之。』」「且聞不令」句，于鬯《香草校書》謂此倒句也，猶云「不令且聞」，指不善之聲且外聞於民。

邴尚白先生〈注釋〉：「問」，原作「聞」，此處宜讀為「問」。……這兩句是說太子無所聞聽，也不問朝政、不發命令。（頁9）

建洲按：邴說可從。《孫子·九地》：「不令而信」。〔註48〕又本簡「亡䛵（聞）**L**、亡聖（聽）**L**；不䛵（聞）、不命（令）」，上下兩句的虛詞，由「亡」變到「不」，屬於清俞樾《古書疑義舉例》中的「上下文變換虛字例」，〔註49〕乃為避免行文用字的重複，基本上屬於變文的範疇。

〔十六〕唯邦之大受（？吏）〔𦥑〕是敬**L**

陳佩芳先生：「△」字未詳，待考。（頁246）

李銳先生：原釋文未釋，按此字當讀為『務』，下從『几』（『鳧』所從），李天虹先生已有解說。

何琳儀先生〈滬二〉：《考釋》不識。按，當釋『矛』，此字又見《從政》甲10、《從政》乙1。簡文『大矛』應該『大務』。《漢書·禮樂志》『古之王者，莫不以教

〔註46〕于省吾《雙劍誃殷契駢枝續編》（台北：藝文印書館，1958.6），頁38。

〔註47〕徐時儀、許威漢〈「聞」的詞義衍變遞嬗考論〉《中國文字研究》第2輯（南寧：廣西教育出版社，2001.10），頁422。

〔註48〕李零《吳孫子發微》（北京：中華書局，1997.6），頁107。

〔註49〕楊家駱主編《樸學叢書之一──古書疑義舉例七卷》（台北：世界書局，1956.2），頁41。

化爲大務』。《潛夫論》『凡南面大務，莫急於知賢。』」

黃德寬先生〈補正〉：按：「大 M」，釋文：「M」字未詳，待考。其字作 [字] 乃「更【下作 N】」字，讀作「務」。本書《從政》第十簡：「日：從正（政）所務三」，「務」作 [字]【下作 O】；《從政》乙第一簡「日犯人之務」，「務」作 N；郭店楚簡《老子》丙篇：「其即（次）俖之」，注曰：「簡文從‘矛’從‘人’。《古文四聲韻》引《古孝經》‘俖’即從‘矛’從‘人’與簡文同」；又《尊德義》一：「爲人上者之務也。」《成之聞之》第 13 簡「戎（農）夫務食不強」。「務」字均從矛、從人作。從以上材料可知，郭店竹簡隸作「N」更合乎字形，其字確實讀「務」，郭店《老子》丙篇讀「俖」，《古孝經》之「俖」，均爲借字。「矛」及從「矛」字楚簡及其他戰國文字多次出現，「矛」作 [字]、[字]、[字] 等形，一般不從「人」，楚簡從予從人之字，當是「敄」之省形。金文作 [字]、[字] 等形，從攴從 [字]【下作 P】，P 本象人戴飾物之形，並非「矛」字，只是與「矛」形近，戰國文字漸訛從「矛」。《中山王方壺》「[字]在得賢」，讀爲「務」，「人」上部與「矛」相同，《中山圓壺》「茅」作 [字] 可證。《古文四聲韻》卷四「務」作 h，省「矛」下「人」形。據此，可知楚簡從人的「O」都應釋作「敄」。明晰「O」之形體特點，則此簡「M」字可知即爲「O」省，當讀作「務」。「邦之大務」，即「邦之大事」。「大務」一詞，傳世文獻多次出現。如：《墨子‧耕柱》「爲義孰爲大務」、《韓非子‧難二》「不以小功妨大務」、《管子》卷十五「粟者王之本事也，人主之大務」、《呂氏春秋‧博志》「五曰先王有大務」、《六韜‧國務》「王問太公曰：‘願聞國之大務……’」、《潛夫論‧考績》「凡南面之大務，莫急於知賢」，等等，皆可證讀此簡「大 M」爲「大務」確定無疑。「邦之大務」 同《六韜》「國之大務」 。「唯邦之大務是敬」，表明太子居喪並非完全「無聞無聽」，只是敬守「邦國大事」而已。有相同的看法。

顏世鉉先生〈散論三〉：此字當爲《說文》「巢」部之「叜」字，其下云：「傾覆也，從寸臼覆之，寸、人手也，從巢省。杜林說以爲貶省之貶。」段注標音爲「方斂切」。此字又可見《古文四聲韻》卷三所引《古尚書》「貶」字，其形正與簡文之形相同。「叜」通「貶」，應是假借用法。「貶」可通「辯」、「變」，……簡文所說，『君卒』乃國之大變；對太子而言，此亦人道之大變。

林素清先生〈君老釋讀〉：簡文「大△」應讀與《史墻盤》『大 [字]』同。……西周金文常見，字多從「丂」從二「曲」，……簡文「△」字即「甹」字上部「曲」形稍微脫開之形，這是字體由篆至隸演變過程中常見現象。『甹』，即古籍常見的『屏』字。……『邦之大屏』指國君卒後輔佐嗣君（太子）之重臣，因爲太子居喪時必須

『亡聞亡聽，不問不命』，一切國事只能謹敬地遵從『屏攝重臣』行事。」

建洲按：上述李、何、黃三說的問題是上部並不從「矛」，如《郭店・老子丙》簡1「侮」作 （上從「矛」）。〔註50〕雖然△右上筆劃稍有殘損，但與「矛」右旁作 是顯然不同的，仔細觀察應該是作「⺕」形。而且簡文已經說太子對國事「亡聞、亡聽；不聞、不命」，如果下再接「唯邦之大務是敬」是不合理的。顏世鉉之說，林素清先生〈君老釋讀〉指出「顏說於字形、文義似皆有據，但是，稱君喪爲『邦之大變』，恐怕是缺乏文獻證據支持的。其次，『邦之大變』與簡文上一句『哀悲』的對應關係亦不理想，因君喪一事而特別提出『敬』字，也是難以理解的。」最後，林素清先生釋爲「甹」，但楚系文字已有「甹」作 （《包山》201）、（「甹」，《葛陵》零：416）〔註51〕，其字形與「△」上部差異較大。另外，「貴」字上部作「⺬」或「⺬」形，鍾柏生先生以爲象盛物之編織器，是由金文「甹」作 （班簋）（番生簋）的上部分演變而來。〔註52〕李守奎先生亦以爲「⺬」是某種器物，即「有荷臾而過孔氏之門」之「臾」（即「蕢」）的本字。〔註53〕陳斯鵬先生則分析爲從貝「⺬」聲，「⺬」象以器（蕢）盛土之形。〔註54〕這更可證明「甹」與「△」之間實在不能畫上等號的。第二，「甹」下部的「丂」旁，其上橫筆多作平畫，下斜筆則通常帶有一點弧度，如「丂」作 （同簋）、（鬺鑄）；「甹」作 （班簋）；「考」作 （《上博（一）・孔子詩論》簡8）；「攷」作 （《郭店》11.45），皆與「△」不同，更重要的是「」其下橫筆的寫法是「由右至左」，而「甹」卻是「由左至右」，二者完全不同。以上都證明釋爲「甹」疑點重重。

筆者以爲字應釋爲「受」。上部與「受」《郭店・語叢三》5作 、《上博（二）・子羔》7做 完全同形。〔註55〕下部則與《民之父母》簡6-7「明目而視之，不可得而視也」的「視」字作 、《郭店》9.20「人」作 形近。上引黃德寬先生文章即認爲「△」下從「人」。或曰「在古文字裡，作爲偏旁的人字，通常位於字體的左

〔註50〕李天虹〈郭店楚簡文字雜釋〉《郭店楚簡國際學術研討會論文集》（武漢：湖北人民出版社，2000.5），頁98～99。

〔註51〕亦見《包山》197、199，形體皆相近。參張光裕、袁國華先生主編《包山楚簡文字編》（台北：藝文印書館，1992.11），頁96。其他亦見《秦家嘴》99.15、《集成》15.9516「甹斿子壺」，參林清源師《楚國文字構形演變研究》（台中：東海大學博士論文，1997.12），頁238。

〔註52〕鍾柏生〈釋「⺬」「⺬」及其相關問題〉《中國文字》新24期，頁14。

〔註53〕李守奎〈《說文》古文與楚文字互證三則〉《古文字研究》第廿四輯，頁471。

〔註54〕陳斯鵬〈說「⺬」及其相關諸字〉《中國文字》新28期，頁166。

〔註55〕其他「受」字形，請見張光裕主編《郭店楚簡研究 第一卷 文字編》，頁105字頭205。

邊，鮮見位於下方者」，〔註56〕但是〈從政〉甲10、〈從政〉乙1的「務」字無疑從「人」旁，換言之，說「△」下部從「人」應該是可以的。另外，林素清先生〈君老釋讀〉說：「『△』字下部末筆有明顯往左上勾起之勢，與『人』或『几』形不類」，但是我們細審彩版，似未見所謂「明顯往左上勾起之勢」的現象。筆者以為「△」的構形不過是將「受」下部的「又」旁換成「人」旁，古文字並不少見，如「儐」，《說文》或作「擯」（八上五）；劉釗先生亦提到甲骨文有的從「人」形的字常常有從「手」形的異體，如 ⿰ 又作 ⿰ 。〔註57〕又如楚系文字的「弁」除作 ⿱ （《郭店・老子甲》35），亦作 ⿱ （《天星觀》），〔註58〕更是完全吻合這個現象。還有新出西周亢鼎第五行第一字，字釋為「并」，字形本應從二「人」旁，但是字寫作從二「又」旁，李學勤先生說這種情形自殷墟甲骨文常見，〔註59〕亦是過硬證據。楚系的「廄」字，除作 ⿸ （《包山》61，從「攴」），亦作 ⿸ （《包山》154，從「人」）也是直接的證據。〔註60〕蓋「又」形本是人體的一部分，二者有偏旁互換的現象，此例甚多。《郭店・緇衣》簡8「體」字作 ⿰ ，從「骨」；《上博・緇衣》簡5相應字作 ⿰ ，卻從「人」，骨頭亦是人體的一部分，是整體替換部分的現象，〔註61〕又如「體」本從「骨」，中山王壺從「身」作 ⿰ 。其次，「職」，通常從「耳」，但曾姬無卹壺作「⿰」，卻從「首」，〔註62〕這亦可看做是整體替換部分的現象。上引顏世鉉先生文章認為「△」是「叟」，換言之，亦認為簡文下從「又」，所以將△釋為「受」應該可以成立。

林素清教授認為「△」無論上半或下半都與「受」有很大的差別，〔註63〕此說實不可信。首先，「△」上半與《郭店》「受」字形體相同已如前舉例，陳昭容先生

〔註56〕李天虹〈郭店楚簡文字雜釋〉《郭店楚簡國際學術研討會論文集》，頁98～99。

〔註57〕劉釗《古文字構形研究》，頁67。

〔註58〕李家浩〈釋「弁」〉《古文字研究》第一輯（北京：中華書局，1979.8），頁391、滕壬生《楚系簡帛文字編》（武漢：湖北教育出版社，1995.7），頁363。

〔註59〕李學勤〈亢鼎賜品試說〉《南開學報》（哲學社會科學版）2001年增刊。亦載於氏著《中國古代文明研究》（上海：華東師範大學，2005.4），頁88。

〔註60〕朱德熙〈戰國文字中所見有關廄的資料〉《朱德熙古文字論集》，頁162～163、李家浩〈戰國官印考釋兩篇〉《語言研究》1987.1，亦見於《著名中年語言學家自選集——李家浩卷》144～147。「攴」、「又」二形在古文字中當作義符時，有互換的現象。

〔註61〕陳立〈義近偏旁替換例——試以戰國楚晉二系文字為例〉《楚簡綜合研究第二次學術研討會——以古文字與古文獻為議題》（台北：中央研究院史語所主辦，2002.12.20），頁20～21。

〔註62〕陳立〈義近偏旁替換例——試以戰國楚晉二系文字為例〉，頁22。

〔註63〕林素清〈楚簡文字零釋〉《第一屆簡牘學術研討會》（民雄：嘉義大學中國文學系，2003.7.12），頁2。

亦提到「受」右上有類化作「彐」的現象。〔註64〕其次，林教授對於下半的說法就更奇怪了，「受」的下半從「又」，暫不論此釋是否可成立，文中提到顏世鉉先生認爲「△」當爲《說文》的「叟」。林教授認爲此說「字形似皆有據」（第2頁）。但是「叟」下亦從「又」，倘若釋爲「受」下半有「很大差別」，爲何釋爲「叟」就字形有據呢？

　　此外上面已證明季旭昇師將本簡「發命不夜」讀作「發命不斁」是沒問題的。循者這樣的思路，筆者以爲「受」當讀爲「吏」。「受」，禪紐幽部；「吏」，來紐之部。聲紐同爲舌音，韻部之、幽旁轉音近。經高本漢、董同龢研究，「之」部與「幽」部通押是上古楚方言特色之一，如《楚辭・九章・懷沙》：「眴兮杳杳，孔靜幽默。鬱結紆軫兮，離慜而長鞠。」默（之部入聲）：鞠（幽部入聲）。《楚辭・九章・惜往日》：「自前世之嫉賢兮，謂蕙若其不可佩。妒佳冶之芬芳兮，嫫母姣而自好。」佩（之）：好（幽）。〔註65〕又如《詩・大雅・思齊》：「肆成人之有德，小子有造。古之人無斁，譽髦斯士。」造：士，之幽合韻。〔註66〕《詩・大雅・瞻卬》：「人有土田，女反有之。……此宜無罪，女反收之。」有：收，之幽合韻。〔註67〕「臼」，群紐幽部；而「舊」，群紐之部。《詩・大雅・雲漢》：「疚哉冢宰」，《釋文》：「疚（見之）又作尻（見幽）。」〔註68〕《馬王堆帛書・老子甲》：「友弱勝強」，《乙本》及通行本引「友」（匣之）作「柔」（日幽）〔註69〕均爲其證。「大吏」指地位較高的大臣，如《韓非子・難一》：「故行之而法者，雖巷伯信乎『卿相』；行之而非法者，雖『大吏』詘乎民萌。」可見「大吏」相應於「卿相」。又如《史記・秦始皇本紀》：「群臣諫者以爲誹謗，大吏持祿取容，黔首振恐。」亦可見「大吏」的身分與「群臣」不同。由《韓非子》已見「大吏」地位相當於「卿相」，而上述「伊尹」、「周公」的地位即是「卿相」，可見釋爲「大吏」絕非無據。簡文的「大吏是敬」就是文獻的「聽于冢宰」或「委政於冢宰」。總之，簡文意謂國君去世後，太子有一段時間會不問政事，所謂「高宗諒闇三年」（《禮記・喪服四制》），這時要「聽于冢宰三年」（《禮記・檀弓》）。《論語・憲問》中，孔子亦說：「君薨，百工總己以聽于冢宰三年。」另外，

〔註64〕陳昭容〈從古文字材料談古代的盥洗用具及其相關問題〉《中央研究院歷史語言研究所集刊》71本4分（台北：中央研究院歷史語言研究所，2000.12），頁896注127。

〔註65〕丁邦新編《董同龢先生語言學論文選集》（台北：食貨出版社，1981.9），頁8。

〔註66〕王力《詩經韻讀》（上海：上海古籍出版社，1980.12），頁341。

〔註67〕王力《詩經韻讀》，頁386。亦參向熹《詩經詞典》（成都：四川人民出版社，1997.7二版三刷），頁1077。

〔註68〕《古字通假會典》387頁。

〔註69〕王輝《古文字通假會典》，頁226。

《孔子家語‧正論解》亦曰：

> 子張問曰：「《書》云高宗『三年不言，言乃雍』。有諸？」孔子曰：「胡
> 爲其不然也？古者天子崩，則世子委政於冢宰三年。成湯旣沒，太甲聽于
> 伊尹；武王旣喪，成王聽于周公。其義一也。」

皆可爲證。

第八章 結 論

第一節　前　言

　　中國文化綿延流長，傳世典籍數量之多，素有「浩如煙海」之稱。但歷史上也有許多著作，因爲種種原因而散失湮沒，甚至書名都不爲後人所知。還有不少古書歷經千百年的傳鈔刊刻，內容早非原貌，其中少不了改易脫漏，所以第一步的校釋工作是非常重要的。《上博（二）》自出版以來，經過不少學者的爬羅剔抉，使得簡文的通讀基本上取得了不錯的成績。尤其〈容成氏〉一篇更是在國際之間引起了廣泛的討論，讓我們對所謂「邊角史料」有正視的機會，特別是在楚文字的構形方面，解決了一些以往識不出的生字，也爲以往說不好的奇字補充了證據。尤其簡文內容對我們校勘古書提供了直接的正確，今本《禮記・孔子閒居》作「哀樂相生，是故正明目而視之，……此之謂五至」；《孔子家語・論禮》則作「哀樂相生，是以正明目而視之……此之謂五至矣」，文句不易理解，經與如〈民之父母〉4-5「哀樂相生，君子以正，此之謂五至」相比較，可知不同是由於「錯簡」而造成的。傳本「正明目而視之」中這個莫名其妙的「正」字，顯然正是來源於簡文「君子以正」的「正」。〔註1〕底下筆者就簡文文本復原校勘的問題及文字考釋的成果提出例子或總表作爲結論。

第二節　《上博楚竹書（二）》文本錯誤的類型

　　古籍文獻錯誤的類型，大別有四：訛、脫、衍、倒。〔註2〕這部分的成果，由

〔註1〕參〈民之父母〉注釋〔十三〕。
〔註2〕程千帆、徐有富《校讎廣義──校勘編》（濟南：齊魯書社，1998.4）目次1。

六篇竹簡【釋文】中所列的符號〔註3〕已大致可看出，茲舉例如下：

（一）誤　字

（1）因形近而誤

　　由於文字形體相近，以致抄手書寫時易有誤書，即所謂「魯魚亥豕」的現象。如〈容成氏〉4「邦無飲人」，應爲「邦無飢人」之誤。「飲」、「飢」字形相近致誤。〈容成氏〉30 下接 16「六律六郫」，「郫」應爲「邵」之誤，讀作「呂」。〈容成氏〉22「敼鼓，壅（禹）必速出」，「敼」可能是「嚴」之誤寫，請見頁 232 注釋〔二六〕。

　　〈民之父母〉8「城（成）王不敢康，迺（夙）夜晉（基）命又（宥）窢（密）」，本簡「窢」從「戈」應是與「必」作戈（《包山》127）形近而誤。

　　〈從政〉甲一「而□（終？）取之，民皆吕（以）爲（取？）義」，其中「爲」字字形類似「取」字，遂有學者改釋之。但是這樣的讀法並不通順，筆者以爲「取」作取（《郭店・五行》43）；「爲」作爲（《郭店・老子甲》2）應該是存在形近誤寫的可能。

　　〈魯邦大旱〉3「女（若）天毋愛珪璧」，其中「天」是「夫」之誤，「若夫」是常見詞組。如同《郭店・語叢一》「夫生百物，人爲貴」，「夫」是「天」是之誤，「夫」、「天」應該理解爲「形近通用」的現象。依李零先生的說法，是一種「合法錯字」。與上列因形體相近，偶爾寫錯的情形並不相同。

（2）因音近而誤

　　出土文獻材料常見通假的現象，若不細察，有時會造成理解上的困難，所謂「依借字解之，則以文害辭」，「改本字讀之，則怡然通順」。〔註4〕這種類型，裘錫圭先生稱爲「音近誤字」。〔註5〕此種例子《上博（二）》甚多，茲舉一例：〈民之父母〉9「敗（美）矣！広（宏）矣！大矣！」今本《禮記・孔子閒居》作「大矣！美矣！盛矣！」「敗」爲「美」之音近誤字。

（3）字因上下相涉而致誤

　　有學者稱爲「隨文改字」，此沿清俞樾《古書疑義舉例》的用詞。〔註6〕如《左

〔註3〕各符號所指爲何，請見「凡例」說明。
〔註4〕王引之《經義述聞・通說下・經文假借》卷三十二（南京：江蘇古籍出版社，2000.9），頁 756。
〔註5〕裘錫圭〈論衡札記〉《古代文史研究新探》（南京：江蘇古籍出版社，2000.1 二刷），頁 115。
〔註6〕楊家駱主編《樸學叢書之一——古書疑義舉例七卷》（台北：世界書局，1956.2），頁

傳·僖公十六年》:「隕石於宋五」,《說文》引「隕」作「磒」。〈容成氏〉29「攴（辨）
佥（陰）易（陽）之𩅧（氣）」,「𩅧」從而,蓋涉下文「而」字而誤。〈容成氏〉38
「玉閨」,即「玉門」,「閨」或受「玉」字影響而來。〈民之父母〉8「命」作 ,
字下部從「又」,是受到下面「又」字的影響。

　　上引各例只是「偏旁」之誤,還有一種情形是整個字寫錯,如〈民之父母〉11
~12「亡（無）膬〈服〉之【喪】,屯（純）德同明」。「膬」是「服」之誤字,可能
是受到上面「亡（無）膬（體）之豐（禮）」的影響。又如〈容成氏〉35A「【啓】
王天下十又六『年』」,「年」乃「世」之誤字,這可能是受到簡5「坣（匡）天下之
正（政）十又（有）九年而王天下」文句的影響,抄寫者遂順手寫下【啓】王天下
十又六『年』」。

（4）與史實記載有異之誤

　　〈容成氏〉46-47「乃出文王於虘（夏）鍪（臺）」,就目前所見文獻來看,「夏
臺」乃「羑里」之誤,係抄寫者誤寫。又如〈容成氏〉36「湯乃專（博）爲正（征）
笈（籍）」一段,對照史實來看,「湯」有可能是「桀」之誤寫。不過我們注意到余
嘉錫先生曾說過「古書多造作故事」的現象,所謂「是故諸子之書,百家之說,因
文見意,隨物賦形。或引古以證其言,或設喻以宣其奧。譬如童子成謠,詩人詠物,
興之所至,稱心而談。若必爲之訓詁,誤爲穿鑿,不惟事等刻舟,亦且味同嚼蠟矣。
夫引古不必皆虛,而設喻自難盡實,彼原假此爲波瀾,何須加之以考據。」〔註7〕
又「古人引書,唯于經史特爲謹嚴,至於諸子用事,正如詩人運典,苟有助於文章,
固不問其眞僞。」〔註8〕清俞樾《古書疑義舉例》亦有「古書傳述亦有異同例」一
條。〔註9〕所以我們也不能完全排除〈容成氏〉的抄寫者也是前有所承,只是他所
根據版本的作者引用了錯誤的古史傳說。這種情形如同〈容成氏〉簡12「耂（堯）
又（有）子九人」但《呂氏春秋·孟春紀·去私》:「堯有子十人。」簡17-18「羍
（舜）又（有）子七人」,但《呂氏春秋·孟春紀·去私》:「舜有子九人」等等,則
不能說誰是誰非。比較需要特別提出的是〈容成氏〉30「乃立夒昌（以）爲樂正」,

　　85。
〔註7〕余嘉錫《古書通例·古書多造作故事》《余嘉錫說文獻學》（上海:上海古籍出版社,
　　2001.3）,頁227。
〔註8〕余嘉錫《古書通例·古書多造作故事》《余嘉錫說文獻學》（上海:上海古籍出版社,
　　2001.3）,頁234。
〔註9〕楊家駱主編《樸學叢書之一──古書疑義舉例七卷》（台北:世界書局,1956.2）,頁
　　26。

對於「敊」的身分，目前有二種不同說法，但二種皆言之成理。一是就職掌「樂正」而言，以爲是「質」或「夔」。一是就文例中所呈現出的人物對應而言，以爲應該是「商契」。對這種情形，筆者傾向二說並存。

（5）其他誤字

〈容成氏〉26「墅（禹）乃迵（通）洈（伊）、洛，并里、干（澗）」，其中「里」由文意來看是「廛」的誤字，但致誤原因爲何，尚待研究。

（二）脫　字

（1）因省略重文符而脫

所以這個條例裘錫圭先生曾舉例過：《論衡·語增》：「凡天下之事，不可增損。考察前後，效驗自列。自列，則是非之實有所定矣。」裘先生說：「此文本當作『考察前後，效驗自列。效驗自列，則是非之實有所定矣』。古人於重複之字句皆用重文符號表示。如此文，於漢時必書作『考察前後，效＝驗＝自＝列＝，則是非之實有所定矣。』蓋『效驗』二字後之重文符號因傳寫脫落，遂成今本之文。《論衡》中脫落重文之例頗爲常見，《校釋》、《集解》皆曾屢加舉正，可參閱。」〔註 10〕〈民之父母〉所述「五至」是：物之所至者，志亦至焉；志之所至者，禮亦至焉；禮之所至者，樂亦至焉；樂之所至者，哀亦至焉，哀樂相生。而古書裏常常將志與詩相聯，且《孔子閒居》和《論禮》所記「五至」，都是由志至詩，由詩至禮。對比來看，竹書「五至」的「志」和「禮」之間缺少了「詩」這個環節。所以學者懷疑竹書「志亦至安；志之所至者」下本有重文符，被抄寫者訛脫，此段簡文本或作：「勿之所至者，志＝亦＝至＝安＝；志＝之＝所＝至＝者＝，豊亦至安……」。第一個「志」讀爲本字，重文的「志」通假爲「詩」。

（2）書手疏忽致脫

〈容成氏〉13「昔｛者｝蠢（舜）靜（耕）於醫（歷）丘」，原簡在「昔」與「蠢」間留有一字的空缺，由文意應寫「者」字。估計是書手抄寫時寫錯或其他原因，而忘記再補回。

（3）以墨點標示脫文

〈容成氏〉25「於是虖（乎）夾州、潒（徐）州訇（始）可尻（處）∠」。其他

〔註10〕裘錫圭〈論衡札記〉《古代文史研究新探》（南京：江蘇古籍出版社，2000.1 二刷），頁 125。

相同文例的地方，於其後均有「也」字，如「於是乎競州簡州始可處『也』」，本簡却沒有「也」字，只是在「處」之後加「乚」鈎識號，可見其作用相當於「也」。筆者懷疑簡文此處應是書手漏鈔「也」字，只好在事後校讀時補上一「鈎識號」表示脫文，是一種校讀的符號。這種情形楚簡並不少見，參頁 171 注釋〔三三〕。

（三）衍 文

（1）涉上下文而衍

　　清俞樾《古書疑義舉例》有「涉上下文而衍例」，〔註11〕程千帆先生解釋說：「涉上下文而衍的字皆與上下文中的某個字或某些字相同，這顯然是傳鈔不愼造成的。」〔註12〕〈容成氏〉7「於是虖（乎）方园（圓）千里，〔於是於〕奎（持）板正立（位）」，後一句的「於是於」應該是因爲上句的「於是虖」而衍。

（2）其他衍字

　　〈容成氏〉24「㾣（脛）不生〔之〕毛」，其中「之」爲衍字。其致衍之原因不詳。〔**洲再按：**此條不確，應刪。參見沈培先生〈說上博簡《容成氏》中的「脛不生之毛」〉一文。〕

第三節　本文考釋字詞總表

　　底下將本文所考釋的字或詞中，著墨較多者排列如下：

字　　　詞	出　　　處
軒緩（轅）〔　〕	〈容成氏〉1
〔　〕	《郭店・尊德義》23
〔　〕	《郭店・成之聞之》34
斳（神）戎（農）〔　〕	〈容成氏〉1
㳫（混）〔　〕（沌）	〈容成氏〉1

〔註11〕楊家駱主編《樸學叢書之一——古書疑義舉例七卷》（台北：世界書局，1956.2），頁53。

〔註12〕程千帆、徐有富《校讎廣義——校勘編》（濟南：齊魯書社，1998.4），頁182。

出言又（有）	《郭店・緇衣》17
恖（愛）〔 〕	〈容成氏〉1
寴（寢）	〈容成氏〉2
虖（乎）	〈容成氏〉2
楣（矇）戉（瞽）	〈容成氏〉2
長（或張）者酥尾（宅）	〈容成氏〉2
婁（僂或瘻）〔 〕者坆（事）〔 〕寷（數）	〈容成氏〉2
瘦（瘻）者煮〔 〕蘆〔 〕尾	〈容成氏〉2-3
癳（癰？）〔 〕棄不廮（舉）〔 〕	〈容成氏〉3
思（使）遆（役）〔 〕百官	〈容成氏〉3
厚〔 〕恖（施）〔 〕	〈容成氏〉35B
	《郭店・語叢一》14
	《郭店・語叢三》22
	《郭店・語叢一》82
安（焉）	〈容成氏〉35B
眚（姓）〔 〕	〈容成氏〉35B
	（《璽彙》3536）
	（《璽彙》2553）
各旻（得）其宎（宜）〔 〕	〈容成氏〉5
非倫而民服 此亂矣	《郭店・尊德義》24-25
魚蟲（鼈）〔 〕	〈容成氏〉5
奴（繹？）〔 〕多（終）	〈容成氏〉6

尻（處）	〈容成氏〉6
四向	〈容成氏〉7
【字形】	《九店》56.44
阫（委）禾（和）	〈容成氏〉7
【字形】	《郭店·尊德義》33
官〔字形〕	〈容成氏〉43
戴（戴）〔字形〕天	〈容成氏〉9
周公【字形】然作色	《信陽》1.1
【字形】郢	常見於楚簡
【字形】然以終	《郭店·性自命出》30
【字形】	《信陽》2.3
臤（賢）者〔字形〕	〈容成氏〉10
舜（舜）〔字形〕	〈容成氏〉13
歷（歷）〔字形〕丘	〈容成氏〉13
邦子	〈容成氏〉13
旬（畎）畮（畝）	〈容成氏〉14
台（始）〔字形〕	〈容成氏〉14
孚（免）	〈容成氏〉14
埶（執）幵（錢）	〈容成氏〉14
南面〔字形〕	〈容成氏〉14
敓（悅）柬（簡）【字形】行	〈容成氏〉8
敓（悅）和【字形】長	〈容成氏〉8
敓（悅）啻（博）【字形】不逆	〈容成氏〉8
【字形】	《郭店·成之聞之》32

	《郭店‧性自命出》9-10
	《郭店‧性自命出》11
	《郭店‧性自命出》17
	《郭店‧成之聞之》39
	《郭店‧老子甲》25
不尻（疏）	〈容成氏〉23
不	《子彈庫楚帛書》
效	《上博簡‧周易‧大畜》、《葛陵》甲三380
水㴱（潦）不潜（？）	〈容成氏〉23
司工	〈容成氏〉23
巳（已）	〈容成氏〉23
受命〔〕	〈容成氏〉15
	《郭店‧成之聞之》18
	《楚帛書》殘片
萯（箁）〔〕	〈容成氏〉15
芙蓻	〈容成氏〉15
䕑（乾）〔〕	〈容成氏〉24
凱瀒	〈容成氏〉24
潅（流）〔〕	〈容成氏〉24
祝融〔〕	《葛陵》乙一：22
酓	《包山》217
決〔〕九河之濼（結）〔〕	〈容成氏〉24-25
	《郭店‧成之聞之》30

L（鉤識號）	〈容成氏〉25
𦿎（藕？）州	〈容成氏〉26
里〈廛（瀍）〉	〈容成氏〉26
渭〔□〕	〈容成氏〉27
飤（？飭）〔□〕臥（食）	〈容成氏〉28
㠱為綎（甸或田）	〈容成氏〉28
佰（宿）〔□〕	〈容成氏〉28
民乃賽	〈容成氏〉29
咎（皋）尌（陶）	〈容成氏〉29
㺼（李）〔□〕	〈容成氏〉29
氜（氣）	〈容成氏〉29
𣪊（？質或契）〔□〕	〈容成氏〉30
𤵜（癘）〔□〕遞（疫）	〈容成氏〉16
寀（祅？）〔□〕羕（祥）	〈容成氏〉16
肥〔□〕大	〈容成氏〉16
斬（製）〔□〕革	〈容成氏〉18
田無剏（蔡或藿）〔□〕	〈容成氏〉18
因迡（？量）〔□〕以誓遠	〈容成氏〉19
逮（？近）〔□〕	〈容成氏〉19
肰（然）句（後）	〈容成氏〉20
東方之旂（旗）㠱日，西方之旂（旗）㠱月	〈容成氏〉20
南方之旂（旗）㠱它（蛇）	〈容成氏〉20
宔（中）正之旂（旗）以潷（熊）	〈容成氏〉21
北方之旂（旗）以鳥	〈容成氏〉21
衣不裚（製）媺（美）	〈容成氏〉21

齲（饗）不斬（折）骨	〈容成氏〉21
表皼（皮）專	〈容成氏〉22
聿（建）鼓於廷	〈容成氏〉22
詰（謁）告	〈容成氏〉22
鼾（鼓？）〔 〕	〈容成氏〉22
敂（撞）〈擊？〉〔 〕鼓	〈容成氏〉22
高山陞（登）〔 〕	〈容成氏〉31
攻禹（益）〔 〕自取	〈容成氏〉36
編連簡35〜42	〈容成氏〉35〜42
絧（辭）誢（聽）	〈容成氏〉36
聖（聽）訟	〈容成氏〉36
湯〈桀？〉	〈容成氏〉36
專（博）爲正（征）复（籍）	〈容成氏〉36
民乃宜肖（怨）	〈容成氏〉36
寠（府）	〈容成氏〉37
羕（佯）旻（得）于民	〈容成氏〉37
旵宮	〈容成氏〉38
璠室	〈容成氏〉38
	《楚帛書》甲6.30
	《包山》170
	《包山》82
	《葛陵》乙一：13
玉閨	〈容成氏〉38
陞（徵）〔 〕臤（賢）	〈容成氏〉39
悳（德）惠而不貨（恃）	〈容成氏〉39
祂三十尼（年？）而能之	〈容成氏〉39

女（如）是而不可	〈容成氏〉39
降〔（图）〕自	〈容成氏〉39
迹（遂）逃法（去），之喪（蒼）虔（梧）之埜（野）	〈容成氏〉41
霖（略）〔（图）〕	〈容成氏〉41
眔（亡）〔（图）〕宗	〈容成氏〉41
芑（改）〔（图）〕爲	〈容成氏〉42
埜（黎）	〈容成氏〉46
畲（密）須是（氏）	〈容成氏〉46
虽（夏）臺（臺）〈羑里？〉	〈容成氏〉47
霖（？）〔（图）〕裳	〈容成氏〉47
虔（吾）所智（知）多膺（災）	〈容成氏〉48
肥毳（磽）	〈容成氏〉49
成惪（德）者，虔（吾）敓（說）而弋（代）之	〈容成氏〉50
至（桎或制）紐（約？斂？）	〈容成氏〉50
少（小？宵？）會	〈容成氏〉52
成正（政）	〈容成氏〉52
昃（得）遊（失）行於民之唇（辰？則？）	〈容成氏〉52
或亦记（起）帀（師）（图）逆之	〈容成氏〉52
匽（殷）〔（图）〕蒿（郊）〔（图）〕	〈容成氏〉53 正
皂	〈民之父母〉1
（图）	〈民之父母〉1
（图）	《上博一・紂衣》簡17
（图）	《望山》2.49
畬（答）日	〈民之父母〉1

虎（乎）〔 〕	〈民之父母〉2
達〔 〕	〈民之父母〉2
豊（禮）樂之茞〔 〕	〈民之父母〉2
亡（無）〔 〕	〈民之父母〉2
天〔 〕	〈民之父母〉2
敗〔 〕、〔 〕	〈民之父母〉2、9
不〔 〕	〈民之父母〉6
也〔 〕	〈民之父母〉6
旻（德）既塞於四海（海）	〈民之父母〉7
汇（迡）〔 〕	〈民之父母〉8
商〔 〕	〈民之父母〉8
命〔 〕	〈民之父母〉8
禥（威）〔 〕	〈民之父母〉8
詨（語）	〈民之父母〉9
⼆（日）	〈民之父母〉10
巽（洵）〔 〕	〈民之父母〉11
日逑月相	〈民之父母〉11
屯（純）德同明	〈民之父母〉12
從〔 〕	〈民之父母〉13
邦〔 〕	〈民之父母〉14
又（有）吳（虞）是（氏）	〈子羔〉1
古（瞽）弅（叟）	〈子羔〉1
帝〔 〕	〈子羔〉1

者〔圖〕	〈子羔〉1
殜（世）〔圖〕	〈子羔〉1
受〔圖〕	〈子羔〉1
坪（平）〔圖〕萬邦	〈子羔〉1
貞（使）〔貞〕	〈子羔〉1
麿〔圖〕	〈子羔〉1
城（誠）善壁？	〈子羔〉2
甚〔圖〕昷〔圖〕（或盟，明）	〈子羔〉2
童〔圖〕土	〈子羔〉2
每（敏）〔圖〕	〈子羔〉4
暋（文）〔圖〕而遠	〈子羔〉5
先王之遊	〈子羔〉7
道不奉罌（觶？）〔圖〕	〈子羔〉7
王則亦不大湶（變？）	〈子羔〉7
□〔圖〕而和	〈子羔〉8
采（招）者（諸）	〈子羔〉8
昏（問）於〔圖〕	〈子羔〉9
毆	〈子羔〉9
觀於伊（西？）而旻（得）之	〈子羔〉11上
寏（懷）〔圖〕	〈子羔〉11上
念（年）	〈子羔〉10
畫（劃）〔圖〕	〈子羔〉10
□〔圖〕（契）	〈子羔〉10

央（璜）〔■〕臺（臺）	〈子羔〉11下
取而軸（吞）〔■〕之	〈子羔〉11下
玄〔■〕咎（丘）	〈子羔〉12
句（后）稷〔■〕	〈子羔〉13
魯邦大旱	〈魯邦大旱〉1
我〔■〕	〈魯邦大旱〉1
圄（圖）〔■〕	〈魯邦大旱〉1
泵（庶）〔■〕	〈魯邦大旱〉2
禓（鬼）〔■〕	〈魯邦大旱〉2
女（如或汝）毋恧（愛）〔■〕	〈魯邦大旱〉2
畋	〈魯邦大旱〉3
女天〈夫〉〔■〕	〈魯邦大旱〉3
韶之日	〈從政〉甲1
三弋（代）之明王	〈從政〉甲1
而□（終？）取之，民〔■〕皆吕（以）為（取？）義	〈從政〉甲1
亓（其）■（亂）王	〈從政〉甲2
逐〔■〕	〈從政〉甲3
方（謗）亦厚（或後）〔■〕是	〈從政〉甲4
稾（庸）〔■〕五惪（德）	〈從政〉甲5
興〔■〕邦豪（家）	〈從政〉乙1
穻（雍）〔■〕戒先遉（忒）〔■〕	〈從政〉乙1
膚（虧）灃 （法）贏（盈）亞（惡）	〈從政〉乙2

獄則興	〈從政〉甲 8
滷〔〕則遊（失）眾	〈從政〉甲 8
誂（忠？）	〈從政〉甲 10
迡（昵）〔〕	〈從政〉甲 13
藥（樂）則悔（嘻）	〈從政〉乙 3
憂則𦖞（悶）	〈從政〉乙 3
丐（世）〔〕	〈從政〉甲 12
歆（侃？）〔〕㥾（敏？）	〈從政〉乙 4
相（）	〈昔者君老〉1
庶（）醒（）＝進	〈昔者君老〉1
大（太）子前，之毋（母）＝俤＝（母弟，母弟）送〔〕，退，前之大（太）子，再三，肰（然）句（後）竝（並）聖（聽）之。	〈昔者君老〉1
舉〔〕敚（美）	〈昔者君老〉3
尒（）司	〈昔者君老〉4
燮　（發）命不夜（斁）	〈昔者君老〉4
唯邦之大受（？吏）〔〕是敬	〈昔者君老〉4

第四節　本文後續研究之展望

本論文重點放在對《上博（二）》文字的考釋、簡文的校勘、通讀上。前一節筆者所提的研究成果，未必就是定論。陳偉先生的大作《郭店楚簡別釋》一書中，〈緒言－文本復原是一項長期艱鉅的工作〉是陳偉先生研究郭店竹書經驗和心得的總結，〔註 13〕非常值得一讀。文中曾提到

〔註 13〕顏世鉉〈《郭店竹書別釋》讀後〉《古今論衡》第九期（台北：中央研究院歷史語言

　　然而，雖然有種種便利條件，並且經過專家整理和審訂，郭店楚墓竹簡釋文中有待進一步探討的地方仍然不少。我們看到，任何一批時代較早的出土文獻，都會在原始資料公布之後有一個歷時較長、由較多相關學者參加的討論過程，才能在文本復原和內涵闡釋上，達到較高的水平，形成大致的共識。對於用古文字寫成的先秦竹簡資料來說，由於文字辨識和簡序排定上的難度，尤其如此。那種畢其功于一役的願望或期待，是很不切實際的。〔註14〕

作爲楚簡研究的先驅，陳偉先生的經驗是完全可以採納的。隨著將來新出土材料的公佈，常會出現如同李零先生所說「今日之我與昨日之我戰」、「自己打自己耳光」的情況。〔註15〕底下我們將《上博（二）》尚可探討的問題，只要筆者認爲尚有討論空間者，依編連順序，均予以列出，盼專家時賢共同來解決：

（一）容成氏：

（1）簡1「墉遷氏」是上古哪一位帝王？

（2）簡2「長者」所從事的工作「酥厇」爲何？

（3）簡3「瘦者」所從事的工作是「煮鹽厇」，還是「煮鹽」，將「厇」下讀？

（4）簡3「思（使）遷（役）百官而月青（請）之」主詞是人民或君王？

（5）簡5「各旻（得）其𣥂」，類似 𣥂 的字形，〈容成氏〉出現不少，學者的釋讀有從「世」、「乍」、「桀」三說，是否有標準能辨其相混之處？

（6）簡6「𢔗終」如何釋讀？

（7）簡7「四向阩禾」如何通讀？

（8）簡14「埜（舜）於是虖（乎）㕌（始）孚（免）蓻玕、楰（耨）、菱（鉐）」，其中「蓻」、「玕」如何釋讀？

（9）簡8「敓柬昌行」、「敓和昌長」、「敓敀昌不逆」，三「敓」如何釋讀？

（10）簡23「水榮（潦）不洀」，末字如何釋讀？

（11）簡15「芙蓻□疋□」中「芙蓻」的釋讀？

（12）簡24「卬濼洀溼（流）」如何釋讀？

（13）簡25～27「九州」地理位置的問題？

（14）簡28「乃𤳊𦥑」對照文獻相當於「耕食」，二者是否有關係？

研究所，2003.7），頁145。

〔註14〕陳偉《郭店竹書別釋》（武漢：湖北教育出版社，2003.1），頁3。

〔註15〕李零〈三代考古的歷史斷想——從最近發表的上博楚簡〈容成氏〉、鬚公盨和虞述諸器想到的〉《中國學術》（北京：商務印書館，2003.8），頁188。

（15）簡 29「民乃賽」，「賽」字是解作「賽禱」或是通假爲「塞」，表示安定？

（16）簡 29「乃支（辨）佥（陰）易（陽）之霝（氣），而聖（聽）亓（其）訟獄」有無深義？

（17）簡 30「𤕭」及簡 18「𤕭」的隸定問題，仍無定論？

（18）簡 16「寐（袄？）㥯（祥）不行」，首字是否錯寫？

（19）簡 19「乃因㥯以㬅遠」，如何釋讀？

（20）簡 19「夫是㠯㥯者敓（悅）紿（治）」，這句話文意是清楚的，但是否是錯字？

（21）簡 20～21「南方之槩（旗）㠯它（蛇），宀（中）正之槩（旗）以澳（熊），北方之槩（旗）以鳥。」有無深義？

（22）簡 21「盟（饗）不斬（折）骨」首字的字形結構爲何？

（23）簡 21 之後簡序編排爲何？

（24）簡 22「塁（禹）乃畫（建）鼓於廷，㠯爲民之又（有）訨（謁）告者㪔安（焉）。」其中「㪔」如何解釋呢？

（25）簡 22「敓鼓」，由文意應讀爲「擊鼓」，簡文是否錯寫？

（26）簡 31「孝㞍方爲三佸救聖（聲）之紿東方爲三佸西方爲三佸南方爲三佸北方爲三佸」如何釋讀？與古書「十二牧」有無關係？

（27）簡 32「亦＝迴＝，日㥯速蓑……」如何釋讀？

（28）簡 35A 之後簡序編排爲何？

（29）簡 36「弜溺不紿錫」中「紿錫」如何解釋？

（30）簡 36「湯乃專（博）爲正（征）復（籍）」，「湯」有無可能是錯寫？或是「湯」在〈容成氏〉作者筆下是個「心狠手辣的陰謀家」？

（31）簡 38「妖北迏（去）亓（其）邦」如何釋讀？

（32）簡 39「㥯（德）惠而不買，秖三十尻而能之，女（如）是而不可」如何釋讀？

（33）簡 42「自爲芑爲」可否讀爲「自爲改爲」？

（34）簡 45「九邦」的認定問題？

（35）簡 46～47 中「文王」角色的問題？

（36）簡 47「㥯裳」如何釋讀？

（37）簡 48「虗（吾）所智（知）多鷹」如何釋讀？

（38）簡 50「成㥯（德）者，虗（吾）敓（說）而弋（代）之。亓（其）即（次），

虐（吾）伐而弋（代）之。」是否有深義？

（39）簡50「至[　]者（諸）矦（侯）」文意是清楚的，但是否有錯字？

（40）簡52「受（紂）不智（知）亓（其）未又（有）成正（政），而旻（得）遊（失）行於民之唇也，或亦迉（起）帀（師）㠯逆之。」這恐怕是〈容成氏〉中最難釋讀的部分，目前似乎不見較好的說法？

（二）民之父母：

（1）簡2「[　]曰」，構形如何解釋？

（2）簡2「豊（禮）樂之[　]」，末字是否確釋為「㕛」？

（3）簡文3-4所謂「五至」中缺少「詩」，是否有重文的現象？

（4）簡7-8「可（何）志（詩）是[　]」，末字的分析能否確定？

（5）簡2、9「敗」作（[　][　]）、簡10「[　]」，構形如何解釋？

（三）子　羔

（1）簡1「又（有）吳（虞）是（氏）之樂正宻宊之子也」，以目前資料來看「宻宊」應即「瞽瞍」。但在構形是否有其他說法？

（2）簡7「道不奉[　]」，字形隸定應無問題，但是如何釋讀似乎尚無比較好的說法？

（3）簡7「王則亦不大漊」如何釋讀？

（4）簡9「亓（其）父戔（賤）而不足夒（稱）也與（歟）㱠亦城（成）天子也與（歟）」此處「㱠」如何釋讀？

（5）簡10「[　]」，構形如何說明？

（6）簡10[　]（契）之母，首字劉釗、趙平安二先生皆認為「离」是由「萬」分化出來的一個字。但是楚簡「萬」大概作[　]形體，但本簡作[　]，形體實在頗有差距。但由文意來看，「△」又必須讀作「契」。這中間字形演變關係如何解釋？

（7）簡11「觀於伊而旻（得）之」，如何解釋？

（8）簡11「取而[　]之」目前為止似未見較好的說法？

（四）魯邦大旱

（1）簡3「否㱠吾子女（若）䢔（重）命其與」、簡6「飴（飽）秚（粱）飤（食）肉才（哉）㱠」，其中「㱠」亦見於〈子羔〉，以往多見於秦系文字。在楚系文字中的用法該如何解釋？

（五）從　政

（1）簡甲 1「而□（終？）取之，民皆**吕**（以）爲義」，「爲」字由文意讀出，但由字形似乎是「取」，是否是誤書？

（2）簡甲 2「亓（其）▨（亂）王舍（予）人邦豪（家）土陸（地），而民或弗義」如何斷句？

（3）簡甲 4「方（謗）亦**▨**是」，如何通釋？

（4）簡甲 15「毋暴」，由文意可知應讀爲「暴」，但是構形如何說解呢？

（5）簡甲 8「獄則興」，陳劍先生〈編連一〉指出『七機』之首的『獄則興』，頗難索解，會不會是此處簡文有脫漏呢？

（六）昔者君老

（1）簡 1「庶醧（**▨**）＝進」，如何釋讀？

（2）簡 1「大（太）子前之毋（母）＝佛＝（母弟，母弟）**▨** 退前之大（太）子再三肤（然）句（後）並（並）聖（聽）之。」，如何釋讀？

（3）簡 3「子旹割䜍於內不見於外……」，如何釋讀？

（4）簡 4「唯邦之大**▨**是敬」，如何釋讀？

引用篇目簡稱

◎**依作者姓氏筆劃排列**

1. 王中江（試編）：〈上博館藏戰國楚竹二《從政》試編〉（03／01／11）

2. 王中江（重校）：《《從政》重編校注》（03／01／16）

3. 白於藍（商榷）：〈上博簡釋注商榷〉（02／01／11）

4. 白於藍（玄咎）：〈釋"玄咎"〉（03／01／19）

5. 朱淵清（三制）：〈"三制"解〉（03／01／13）

6. 朱淵清〈禹九〉：〈禹畫九州論〉（03／08／02）

7. 何琳儀（滬二）：〈滬簡二冊選釋〉（03／01／14）

8. 李存山（啓攻益）：〈反思經史關係：從"啓攻益"說起〉（03／01／20）

9. 李銳（初箚）：〈上博館藏楚簡（二）初箚〉（03／01／06）

10. 李銳（子羔箚記a）：〈讀上博簡（二）《子羔》箚記〉（03／01／10）

11. 周鳳五（從甲）：〈讀上博楚竹書《從政（甲篇）》箚記〉（03／01／10）

12. 周鳳五（楚零）：〈楚簡文字零釋〉《第一屆應用出土資料國際學術研討會》（竹南：育達商業技術學院，2003.4.23）

13. 孟蓬生（字詞）：〈上博竹書（二）字詞箚記〉（03／01／14）

14. 季師旭昇（小議一）：〈讀《上博（二）》小議〉（03／01／12）

15. 季師旭昇（小議二）：〈《上博二》小議（二）：《民之父母》「五至」解〉（03／03／19）

16. 季師旭昇（小議三）：〈上博二小議（三）：魯邦大旱、發命不夜〉（03／05／21）

17. 季師旭昇（小議四）：〈上博二小議（四）：〈昔者君老〉中的「母弟送退」及君老禮〉（03／06／16）

18. 季師旭昇〈譯釋1〉：〈民之父母譯釋〉《《上海博物館藏戰國楚竹書（二）》讀本》（台北：萬卷樓，2003.7）

19. 林素清（疑釋）：〈上博（二）《民之父母》幾個疑難字的釋讀〉（03／01／17）

20. 林素清〈君老新釋〉：〈上博楚竹書《昔者君老》新釋〉，2003.6.28台大哲學系研

讀小組公開演講

21. 林素清〈君老釋讀〉：〈上博楚竹書《昔者君老》釋讀〉，《第一屆應用出土資料國際學術研討會》（竹南：育達商業技術學院，2003.4.23）

22. 郎尚白〈君老注釋〉：〈上博〈昔者君老〉注釋〉，《第一屆應用出土資料國際學術研討會》（竹南：育達商業技術學院，2003.4.23）

23. 俞志慧（句讀）：〈《魯邦大旱》句讀獻疑〉（03／01／27）

24. 徐在國（瑣記）：〈上博竹書《子羔》瑣記〉（03／01／11）

25. 徐在國（雜考）：〈上博竹書（二）文字雜考〉（03／01／14）

26. 晏昌貴（九州）：〈上博簡《容成氏》九州柬釋〉（03／04／06）

27. 秦樺林（虛詞）：〈上博簡《魯邦大旱》虛詞箚記〉（03／02／15）

28. 張富海（后稷之母）：〈上博簡《子羔》篇"后稷之母"節考釋〉（03／01／17）

29. 張豐乾（得氣）：〈《民之父母》"得氣"說〉（03／02／25）

30. 曹建國（子羔箚記ｂ）：〈讀上博簡《子羔》箚記〉（03／01／12）

31. 許全勝（容補）：〈《容成氏》補釋〉（03／01／14）

32. 陳偉（從政校讀）：〈上海博物館藏楚竹書《從政》校讀〉（03／01／10）

33. 陳偉（零釋）：〈《上海博物館藏戰國楚竹書（二）》零釋〉（03／03／17）

34. 陳偉（魯邦箚記）：〈讀《魯邦大旱》箚記〉（03／01／27）

35. 陳劍（四海）：〈上博簡《民之父母》"而得既塞於四海矣"句解釋〉（03／01／18）

36. 陳劍（編連一）：〈上博簡《子羔》、《從政》篇的拼合與編連問題小議〉（03／01／08）

37. 陳劍（編連二）：〈上博簡《容成氏》的拼合與編連問題小議〉（03／01／09）

38. 陳麗桂師〈句法〉：〈由上博簡〈民之父母〉的句法形式與義理結構論《禮記・孔子閒居》與《孔子家語・論禮》之誤〉《第一屆應用出土資料國際學術研討會》（竹南：育達商業技術學院，2003.4.23）

39. 陳美蘭〈斷代〉：〈從《從政》"王予人邦家土地"談上博簡的斷代（摘要）〉（03／06／08）

40. 陳美蘭〈譯釋〉：〈〈從政〉譯釋〉《《上海博物館藏戰國楚竹書（二）》讀本》（台北：萬卷樓，2003.7）

41. 單周堯　黎廣基（亡新）：〈讀上博楚竹書《從政》甲篇"惛則亡新"箚記〉（03／01／22）

42. 程燕（研讀）：〈上海楚竹書（二）研讀記〉（03／01／13）

43. 黃德寬（補正）：〈《戰國楚竹書》（二）釋文補正〉（03／01／21）

44. 黃錫全（箚記一）：〈讀上博楚簡（二）箚記（壹）〉（03／02／25）

45. 黃錫全（箚記二）：〈讀上博藏楚竹書（二）箚記（貳）〉（03／03／06）

46. 黃錫全（箚記三）：〈讀上博簡（二）箚記（三）〉（03／03／23）

47. 黃錫全（箚記四）：〈讀上博簡（二）箚記（四）〉（03／05／16）

48. 楊朝明〈從政三則〉：〈《從政》篇釋義三則〉（03／05／04）

49. 楊澤生（補釋）：〈《上海博物館所藏竹書（二）》補釋〉（02／02／15）

50. 廖名春（容箚）：〈讀上博簡《容成氏》箚記（一）〉（02／12／27）

51. 廖名春（郭字）：〈郭店簡從"朱"之字考釋〉（03／03／08）

52. 廖名春（魯邦大旱）：〈《魯邦大旱》的"重命"和"寺乎名"〉（03／06／05）

53. 趙彤（隸定）：〈對楚簡 二字隸定的一點意見〉（03／03／21）

54. 劉信芳（四毋）：〈上博藏楚簡《從政》"四毋"補釋〉（03／02／03）

55. 劉信芳（試讀）：〈上博藏竹書試讀〉（03／01／09）

56. 劉釗（容釋一）：〈《容成氏》釋讀一則〉（03／03／15）

57. 劉釗（容釋二）：〈容成氏釋讀一則（二）〉（03／04／06）

58. 劉樂賢（民箚）：〈讀上博簡《民之父母》等三篇箚記〉（03／01／10）

59. 劉樂賢（容小箚）：〈讀上博簡《容成氏》小箚〉（03／01／13）

60. 劉樂賢〈簡論〉〈上博簡《魯邦大旱》簡論〉《文物》2003.5

61. 龐樸（五至一）：〈喜讀"五至三無"——初讀《上博藏簡（二）》〉（03／01／12）

62. 龐樸（五至二）：〈試說"五至三無"〉（03／01／15）

63. 龐樸（五至三）：〈再說"五至三無"〉（03／03／12）

64. 蘇建洲（上郭）：〈《上博》、《郭店》文字考釋三則〉（03／02／11）

65. 蘇建洲（民1再議）：〈《民之父母》簡1「 」字再議〉（03／02／27）

66. 蘇建洲（民2再議）：〈《上博·民之父母》簡2「 」字再議〉（03／01／20）

67. 蘇建洲（考四）：〈上博楚竹書（二）考釋四則〉（03／01／18）

68. 蘇建洲（紀郢）：〈說楚文字中的「紀郢」〉（03／03／06）

69. 蘇建洲（容昔）：〈上博楚竹書《容成氏》、《昔者君老》考釋四則〉（03／01／15）

70. 顏世鉉（散論三）：上博楚竹書散論（三）（03／01／19）

71. 顏世鉉（散論四）：上博楚竹書散論（四）（03／02／20）

參考書目

一、傳統文獻

1. 〔漢〕揚雄《方言》。收錄於〔明〕程榮纂輯《漢魏叢書》（長春：吉林大學出版社，1992.12）。

2. 〔漢〕劉熙《釋名》。收錄於〔明〕程榮纂輯《漢魏叢書》（長春：吉林大學出版社，1992.12）。

3. 〔漢〕劉向集錄《戰國策》（台北：里仁出版社，1990.9）。

4. 〔漢〕司馬遷《史記》（北京：中華書局，1964.4 四刷）。

5. 〔漢〕班固撰《漢書》（台北：鼎文書局，1976.10 再版）。

6. 〔漢〕許慎〔宋〕徐鉉校定《說文解字》（北京：中華書局，2002.10 第 20 刷）。

7. 〔漢〕高誘注《呂氏春秋》（台北：藝文印書館，1974.1 三版）。

8. 〔漢〕劉熙《釋名》收錄於〔清〕王謨輯《增訂漢魏叢書》（台北：大化書局，1982）。

9. 〔漢〕王逸注〔宋〕洪興祖補注《楚辭章句補注》（長春：吉林人民出版社，1999.9）。

10. 〔魏〕王肅注《孔子家語》《新編諸子集成》二（台北：世界書局，1972.10 新一版）。

11. 〔晉〕皇甫謐《帝王世紀》（瀋陽：遼寧教育出版社，1997.3）。

12. 〔梁〕蕭統編《文選》（台北：藝文印書館，1991.12 十二版）。

13. 〔宋〕郭忠恕、夏竦《汗簡‧古文四聲韻》（北京：中華書局，1983.12）。

14. 〔宋〕徐鍇《說文繫傳》（台北：華文書局，1971.5）。

15. 〔宋〕李昉等奉敕撰《太平御覽》（台北：台灣商務印書館，民 81.1 台一版六刷）。

16. 〔宋〕陳彭年等重修《宋本廣韻》（台北：黎明出版社，1995.3 十五刷）。

17. 〔宋〕陳彭年《大廣益會玉篇》（台北：國立中央圖書館，1992）。

18. 〔宋〕丁度《集韻》（台北：學海出版社，1986.11）。

19. 〔宋〕朱熹《四書集註》（台北：學海出版社，1991.3）。

20. 〔明〕閔齊伋輯 〔清〕畢弘述篆訂《訂正六書通》（上海：上海書店，1996.8 四刷）。

21. 〔明〕馬蒔《黃帝內經靈樞注證發微》（北京：科學技術文獻出版社，2000.12 二刷）。

22. 〔清〕王先慎撰《韓非子集解》（北京：中華書局，2003.4 二刷）。

23. 〔清〕王先謙《荀子集解》（北京：中華書局，1997.10 四刷）。

24. 〔清〕王念孫《廣雅疏證》（南京：江蘇古籍出版社，2000.9）。

25. 〔清〕王念孫《廣雅疏證》（南京：江蘇古籍出版社，2000.9）。

26. 〔清〕王念孫《讀書雜誌》（南京：江蘇古籍出版社，2000.9）。

27. 〔清〕王聘珍撰，王文錦點校《大戴禮記解詁》（北京：中華書局，1998.12 四刷）。

28. 〔清〕王引之《經傳釋詞》（台北：漢京文化 1983.4）。

29. 〔清〕王引之《經義述聞》（南京：江蘇古籍出版社，2000.9）。

30. 〔清〕汪繼培輯《尸子》收錄於《二十二子》（京都：中文出版社，1982.6）。

31. 〔清〕阮元刻本《十三經注疏》（台北：藝文印書館，1997.8 初版十三刷）。

32. 〔清〕段玉裁注《說文解字注》（台北：漢京文化，1985.10）。

33. 〔清〕孫希旦《禮記集解》（中）（北京：中華書局，1998.12 三刷）。

34. 〔清〕孫星衍《尚書今古文注疏》（台北：文津出版社，1987.9）。

35. 〔清〕孫詒讓《周禮正義》（北京：中華書局，2000.3 二刷）。

36. 〔清〕孫詒讓《墨子閒詁》（台北：華正書局，1995.9）。

37. 〔清〕郝懿行《足本爾雅郭注義疏》（台北：鼎文書局，1972.4）。

38. 〔清〕張琦著 王洪圖點校《素問釋義》（北京：科學技術文獻出版社，1998.8）。

39. 〔清〕郭慶藩《莊子集釋》（台北：貫雅文化，1991.9）。

40. 〔清〕陳立《白虎通疏證》（北京：中華書局，1997.10 二刷）。

41. 〔清〕焦循《孟子正義》（北京：中華書局，1998.12 四刷）。

42. 〔清〕劉寶楠《論語正義》（北京：中華書局，1998.12 三刷）。

43. 〔清〕鄭珍《汗簡箋正》（台北：廣文書局，1974.3）。.

44. 〔清〕俞樾《古書疑義舉例》，收於楊家駱主編《樸學叢書之一──古書疑義舉例七卷》（台北：世界書局，1956.2）。

二、近人論著專書（依作者姓氏筆劃排列）

1. 丁邦新編《董同龢先生語言學論文選集》（台北：食貨出版社，1981.9）。

2. 丁啓陣《秦漢方言》（北京：東方出版社，1991.2）。

3. 于省吾《甲骨文字釋林》（北京：中華書局，1993.4 三刷）。

4. 中山大學古文字研究室《戰國楚簡研究》（廣州：中山大學，1977）。

5. 中國社會科學院考古研究所編《信陽楚墓》（北京：文物出版社，1986.3）。

6. 中國社會科學院考古研究所編《殷周金文集成釋文》（香港：香港中文大學，2001.10）。

7. 中國社會科學院考古研究所編《曾侯乙墓》（北京：文物出版社，1989.7）。

8. 中國社會科學院語言研究所古代漢語研究室編《古代漢語虛詞詞典》（北京：商務印書館，2000.1 二刷）。

9. 王力《漢語史稿》（北京：中華書局，2002.7 五刷）。

10. 王力《同源字典》（北京：商務印書館，1999.9 五刷）。

11. 王力《詩經韻讀》（上海：上海古籍出版社，1980.12）。

12. 王力主編《王力古漢語字典》（北京：中華書局，2002.12 三刷）。

13. 王文錦《禮記譯解》（北京：中華書局，2001.9）。

14. 王健文《戰國諸子的古聖王傳說及其思想史意義》（台北：台灣大學文學院，民76.6）。

15. 王國維《古史新證》（北京：清華大學出版社，1997.8 四刷）。

16. 王國維《古本竹書紀年輯校・今本竹書紀年疏證》（台北：世界書局，1977.12 再版）。

17. 王國維《定本觀堂集林》（台北：世界書局，1991.9 六版）。

18. 王輝《古文字通假釋例》（台北：藝文印書館，1993.4）。

19. 王彥坤《古籍異文研究》（台北：萬卷樓出版社，1996.12）。

20. 北京大學考古文博學院等編《吉金鑄國史—周原出土西周青銅器精粹》（北京：文物出版社，2002.6）。

21. 向宗魯《說苑校證》（北京：中華書局，2000.3 三刷）。

22. 向熹《詩經詞典》（成都：四川人民出版社，1997.7 三刷）。

23. 向熹《詩經語文論集》（成都：四川民族出版社，2002.7）。

24. 朱淵清《再現的文明：中國出土文獻與傳統學術》（上海：華東師範大學，2001.5）。

25. 朱德熙《朱德熙古文字論集》（北京：中華書局，1995.2）。

26. 何九盈《音韻叢稿》（北京：商務印書館，2002.3）。

27. 何琳儀《古幣叢考》（台北：文史哲出版社，1996.8）。

28. 何琳儀《戰國古文字典》（北京：中華書局，1998.9）。

29. 何琳儀《古幣叢考》（合肥：安徽大學出版社，2002.6）。

30. 何琳儀《戰國文字通論訂補》（南京：江蘇教育出版社，2003.1）。

31. 余嘉錫《古書通例》（台北：丹青出版社，1986.7）。

32. 余嘉錫《古書通例》，載於《余嘉錫說文獻學》（上海：上海古籍出版社，2001.3）。

33. 余嘉錫《目錄學發微》，載於《余嘉錫說文獻學》（上海：上海古籍出版社，2001.3）。

34. 李天虹《郭店竹簡《性自命出》研究》（武漢：湖北教育出版社，2003.1）。

35. 李方桂《上古音研究》（北京：商務印書館，2001.3 四刷）。

36. 李玉《秦漢簡牘帛書音韻研究》（北京：當代中國出版社，1994.10）。

37. 李守奎《楚文字編》（上海：華東師範大學，2003.12）。

38. 李孝定《讀說文記》（台北：中央研究院歷史語言研究所，1992.7）。

39. 李家浩《著名中年語言學家自選集－李家浩卷》（合肥：安徽教育出版社，2002.12）。

40. 李零《長沙子彈庫戰國楚帛書研究》（北京：中華書局）。1985.7

41. 李零主編《中國方術概觀——雜術卷——祈雨部》（北京：人民中國出版社，1993.5）。

42. 李零《孫子古本研究》（北京：北京大學出版社，1995.7）。

43. 李零《吳孫子發微》（北京：中華書局，1997.6）。

44. 李零《中國方術考》（北京：東方出版社，2000.4）。

45. 李零《中國方術續考》（北京：東方出版社，2000.10）。

46. 李零《郭店楚簡校讀記——增訂本》（北京：北京大學出版社，2002.3）。

47. 李學勤《周易經傳溯源》（長春：長春出版社，1992.8）。

48. 李學勤《走出疑古時代》（瀋陽：遼寧大學出版社，1997.12）。

49. 李學勤《綴古集》（上海：上海古籍出版社，1998.10）。

50. 李學勤《重寫學術史》（石家莊：河北教育出版社，2002.1）。

51. 李學勤《中國古史尋證》（上海：上海科技教育出版社，2002.5）。

52. 李學勤《中國古代文明研究》（上海：華東師範大學，2005.4）。

53. 李運富《楚國簡帛文字構形系統研究》（長沙：岳麓書社，1997.10）。

54. 沈長雲《上古史探研》（北京：中華書局，2002.12）。

55. 汪受寬《諡法研究》（上海：上海古籍出版社，1995.6）。

56. 孟蓬生《上古漢語同源詞語音關係研究》（北京：北京師範大學出版社，2001.6）。

57. 宗福邦等主編《故訓匯纂》（北京：商務印書館，2004.3 初版二刷）。

58. 河南省文物考古研究所編著《新蔡葛陵楚墓》（河南：大象出版社，2003.10）。

59. 季旭昇師《說文新證》（台北：藝文印書館，2002.10）。

60. 季旭昇師主編《上海博物館藏戰國楚竹書（二）。讀本》（台北：萬卷樓出版社，2003.7）。

61. 竺家寧《聲韻學》（台北：五南出版社，2002.10 二版九刷）。

62. 周生春《吳越春秋輯校匯考》（上海：上海古籍出版社，出版年月不詳）。

63. 屈萬里《尚書釋義》（台北：華岡出版部，民 61.4 增訂版）。

64. 屈守元《韓詩外傳箋疏》（成都：巴蜀書社，1996.3）。

65. 周祖謨《語言文史論集》（台北：五南出版社，1992.11）。

66. 林澐《林澐學術文集》（北京：中國大百科全書出版社，1998.12）。

67. 林清源師《簡牘帛書標題格式研究》（台北：藝文印書館，2004.2）。

68. 金景芳、呂紹綱《尚書・虞夏書新解》（瀋陽：遼寧古籍出版社，1996.6）。

69. 胡平生《阜陽漢簡詩經研究》（上海：上海古籍，1988）。

70. 胡文輝《中國早期方術與文獻叢考》（廣州：中山大學出版社，2000.11）。

71. 孫海波編《甲骨文編》（北京：中華書局，1996.9 五刷）。

72. 容庚編著《金文編》（北京：中華書局，1998.11 六刷）。

73. 唐蘭《古文字學導論》（台北：樂天出版社，1973.7）。

74. 徐元誥《國語集解》（北京：中華書局，2002.6）。

75. 徐莉莉、詹鄞鑫著《爾雅——文詞的淵海》（上海：上海古籍出版社，1998.10 二刷）。

76. 徐在國《隸定古文疏證》（合肥：安徽大學出版社，2002.6）。

77. 晁福林《先秦社會形態研究》（北京：北京師範大學出版社，2003.3）。

78. 荊門市博物館《郭店楚墓竹簡》（北京：文物出版社，1998.5）。

79. 時永樂《古籍整理教程》（保定：河北大學出版社，2003.2 二版二刷）。

80. 袁珂譯注《山海經全譯》（貴陽：貴州人民出版社，1995.2 四刷）。

81. 袁珂《山海經校注》（成都：巴蜀書社，1996.10 二刷）。

82. 馬承源《商周青銅器銘文選》（三）（北京：文物出版社，1988.4）。

83. 馬承源主編《上海博物館藏戰國楚竹書（一）》（上海：上海古籍出版社，2001.11）。

84. 馬承源主編《上海博物館藏戰國楚竹書（二）》（上海：上海古籍出版社，2002.12）。

85. 馬承源主編《上海博物館藏戰國楚竹書（三）》（上海：上海古籍出版社，2003.12）。

86. 馬繼興《馬王堆古醫書考釋》（長沙：湖南科學技術出版社，1992.11）。。

87. 高大倫《張家山漢簡〈脈書〉校釋》（成都：成都出版社，1992）。

88. 高亨、董治安編纂《古字通假會典》（濟南：齊魯書社，1997.7 二刷）。

89. 高亨《周易大傳今注》（濟南：齊魯書社，2002.4 三刷）。

90. 汪啟明《先秦兩漢齊語研究》（成都：巴蜀書社，1999.4）。

91. 汪啟明《漢小學文獻語言研究叢稿》（成都：巴蜀書社，2003.4）。

92. 崔樞華《說文解字聲訓研究》（北京：北京師範大學出版社，2000.9）。

93. 商承祚《說文中之古文考》（台北：學海出版社，1979.5）。

94. 商承祚編著《石刻篆文編》（北京：中華書局，1996.10）。

95. 商承祚《戰國楚竹簡匯編》（濟南：齊魯書社，1995.11）。

96. 張玉金《甲骨卜辭語法研究》（廣州：廣東高等教育出版社，2002.6）。

97. 張光裕、袁國華《包山楚簡文字編》（台北：藝文印書館，1992.11）。

98. 張光裕、袁國華《郭店楚簡研究——第一卷——文字編》（台北：藝文印書館，1999.1）。

99. 張光裕、黃錫全、滕壬生《曾侯乙墓竹簡文字編》（台北：藝文印書館，1997.1）。

100. 張守中《包山楚簡文字編》（北京：文物出版社，1996.8）。

101. 張守中《睡虎地秦簡文字編》（北京：文物出版社，1994.2）。

102. 張亞初、劉雨《西周金文官制研究》（北京：中華書局，1986.5）。

103. 張亞初《殷周金文集成引得》（北京：中華書局，2001.7）。

104. 張家山二四七號漢墓竹簡整理小組《張家山漢墓竹簡（二四七號墓）》（北京：文物出版社，2001.11）。

105. 張純一《晏子春秋校注》《新增諸子集成》六（台北：世界書局，1983.4 新四版）。

106. 張雙棣《呂氏春秋譯注》（北京：北京大學出版社，2000.9）。

107. 張雙棣《淮南子校釋》（北京：北京大學出版社，1997.8）。

108. 張顯成《先秦兩漢醫學用語匯釋》（成都：巴蜀書社，2002.10）。

109. 許錟輝師《文字學簡編——基礎篇》（台北：萬卷樓出版社，1999.3）。

110. 郭沫若《石鼓文研究・詛楚文考釋》（北京：科學出版社，1982.10）。

111. 郭沫若《郭沫若全集——歷史編 7——管子集校（三）》（北京：人民出版社，1984.10）。

112. 郭錫良《漢字古音手冊》（北京：北京大學出版社，1986）。

113. 陳奇猷《呂氏春秋校釋》（台北：華正書局，1988.7）。

114. 陳復華、何九盈《古韻通曉》（北京：中國社會科學出版社，1987.10）。

115. 陳松長《馬王堆簡帛文字編》（北京：文物出版社，2001.6）。

116. 陳初生《金文常用字典》（高雄：復文書局，1992.5）。

117. 陳偉《包山楚簡初探》（武漢：武漢大學出版社，1996.8）。

118. 陳偉《郭店竹書別釋》（武漢：湖北教育出版社，2003.1）。

119. 陳啟天《增訂韓非子校釋》（台北：商務印書館，1982.8 四版）。

120. 陳新雄師《古音研究》（台北：五南出版社，1999.4）。

121. 陳鼓應《莊子今注今釋》（北京：中華書局，2001.8 八刷）。

122. 陳夢家《漢簡綴述》（北京：中華書局，1980.12）。

123. 陳漢平《金文編訂補》（北京：中國社會科學出版社，1993.9）。

124. 陳雙新《西周青銅樂器銘辭研究》（保定：河北大學出版社，2002.12）。

125. 陳麗桂師等校注《新編管子》（台北：國立編譯館，2002.2）。

126. 陳泳超《堯舜傳說研究》（江蘇：南京師範大學出版社，2000.8）。

127. 陸志韋《陸志韋語言學著作集》（一）（北京：中華書局，1985.5）。

128. 陸志韋《陸志韋語言學著作集》（二）（北京：中華書局，1999.3）。

129. 陸錫興《急就集──陸錫興文字論集》（北京：中國社會科學出版社，2002.10 二刷）。

130. 曾憲通《長沙楚帛書文字編》（北京：中華書局，1993.2）。

131. 湖北省荊沙鐵路考古隊《包山楚簡》（北京：文物出版社，1991.10）。

132. 湖北省文物考古研究所、北京大學中文系編《望山楚簡》（北京：中華書局，1995.6）。

133. 湖北省文物考古研究所、北京大學中文系編《九店楚簡》（北京：中華書局，2000.5）。

134. 湯餘惠主編《戰國文字編》（福州：福建人民出版社，2001.12）。

135. 程千帆、徐有富《校讎廣義──校勘編》（濟南：齊魯書社，1998.4）。

136. 程發軔《春秋左氏傳地名圖考》（台北：廣文書局，1967.11）。

137. 程發軔《戰國策地名考釋》（台北：國立編譯館，2000.1）。

138. 程樹德《論語集釋》（北京：中華書局，1997.10 四刷）。

139. 華學誠《周秦漢晉方言研究史》（上海：復旦大學出版社，2003.3）。

140. 馮時《中國天文考古學》（北京：社會科學文獻出版社，2001.11）。

141. 黃暉《論衡校釋》（北京：中華書局，1996.11 三刷）。

142. 黃錫全《汗簡注釋》（武昌：武漢大學出版社，1990.8）。

143. 黃錫全《湖北出土商周文字輯證》（武昌：武漢大學出版社，1992.10）。

144. 黃錫全《古文字論叢》（台北：藝文印書館，1999.10）。

145. 黃錫全《先秦貨幣研究》（北京：中華書局，2001.6）。

146. 黃懷信《古文獻與古史考論》（濟南：齊魯書社，2003.6）。

147. 楊伯峻《春秋左傳注》（台北：洪葉書局，1993.5）。

148. 楊伯峻《列子集釋》（北京：中華書局，1997.10 五刷）。

149. 楊伯峻、何樂士《古漢語語法及其發展》（北京：語文出版社，2003.1 三刷）。

150. 楊樹達《積微居小學述林》（北京：中華書局，1983.7）。

151. 楊樹達《積微居金文說》（北京：中華書局，1997.12）。

152. 楊劍橋《實用古漢語知識寶典》（上海：復旦大學出版社，2003.8）。

153. 董蓮池《金文編訂補》（長春：東北師範大學，1995.9）。

154. 裘錫圭《古文字論集》（北京：中華書局，1992.8）。

155. 裘錫圭《文字學概要》（台北：萬卷樓出版社，1999.1 再版二刷）。

156. 裘錫圭《古代文史研究新探》（南京：江蘇古籍出版社，2000.1 二刷）。

157. 廖名春《新出楚簡試論》（台北：台灣古籍出版社，2001.5）。

158. 廖名春《《周易》經傳與易學史新論》（濟南：齊魯書社，2001.8）。

159. 廖名春《郭店楚簡老子校釋》（北京：清華大學出版社，2003.6）。

160. 廖名春《出土簡帛叢考》（武漢：湖北教育出版社，2004.2）。

161. 漢語大字典字形組編《秦漢魏晉篆隸字形表》（成都：四川辭書出版社，1985）。

162. 睡虎地秦墓整理小組《睡虎地秦墓竹簡》（北京：文物出版社，2001.12 二刷）。

163. 臧克和《尚書文字校詁》（上海：上海教育出版社，1999.5）。

164. 趙平安《說文小篆研究》（南寧：廣西教育出版社，1999.8）。

165. 劉文典《淮南鴻烈集解》（北京：中華書局，1997.1 二刷）。

166. 劉信芳《荊門郭店竹簡老子解詁》（台北：藝文印書館，1999.1）。

167. 劉信芳《簡帛五形解詁》（台北：藝文印書館，2000）。

168. 劉信芳《子彈庫楚墓出土文獻研究》（台北：藝文印書館，2002.1）。

169. 劉信芳《包山楚簡解詁》（台北：藝文印書館，2003.1）。

170. 劉信芳《孔子詩論述學》（合肥：安徽大學出版社，2003.1）。

171. 劉起釪《古史續辨》（北京：中國社會科學出版社，1997.4 二刷）。

172. 劉起釪《尚書校釋譯論》（北京：中華書局，2005.4）。

173. 劉彬徽《楚系青銅器研究》（漢口：湖北教育出版社，1995.7）。

174. 劉彬徽《早期文明與楚文化研究》（長沙：岳麓書社，2001.7）。

175. 劉樂賢《睡虎地秦簡日書研究》（台北：文津出版社，1994.7）。

176. 劉樂賢《簡帛數術文獻探論》（武漢：湖北教育出版社，2003.2）。

177. 劉釗《古文字考釋叢稿》（長沙：岳麓書社，2005.7）。

178. 滕壬生《楚系簡帛文字編》（武漢：湖北教育出版社，1995.7）。

179. 蔣禮鴻《商君書錐指》（北京：中華書局，2001.8 三刷）。

180. 錢玄等《三禮辭典》（南京：江蘇古籍，1998.3 二刷）。

181. 錢存訓《書於竹帛》（上海：上海書店，2002.4）。

182. 駢宇騫、段書安《本世紀以來出土簡帛概述》（台北：萬卷樓出版社，1999.4）。

183. 謝紀鋒編纂 《虛詞詁林》（哈爾濱：黑龍江人民出版社，1993.1 三刷）。

184. 簡帛書法選編輯組《尹灣漢簡‧神鳥傳》（北京：文物出版社，2000.12）。

185. 簡帛書法選編輯組《郭店楚墓竹簡‧性自命出》（北京：文物出版社，2002.12）。

186. 譚其驤主編《中國歷史大辭典——歷史地理卷》（上海：上海辭書出版社，1997.7 二刷）。

187. 瀧川資言《史記會注考證》（台北：天工書局，1989.9）。

188. 蘇輿《春秋繁露義證》（北京：中華書局，1996.9 二刷）。

189. 饒宗頤、曾憲通《楚地出土文獻三種研究》（北京：中華書局，1993.8）。

三、近人論著單篇論文（依作者姓氏筆劃排列）

1. 大西克也〈「殹」「也」之交替──六國統一前後書面語言的一個側面〉《簡帛研究二〇〇一》（桂林：廣西師範大學出版社，2001.9）。

2. 大西克也〈論古文字資料中的「害」字及其讀音問題〉《古文字研究》24 輯（北京：中華書局，2002.7）。

3. 大西克也〈試論上博楚簡《緇衣》中的「𦣞」字和相關諸字〉《第四屆國際中國古文字學研討會論文》（香港：香港中文大學，2003.10.15）。

4. 王人聰〈甲骨文𠬝、𧥮釋讀辨析〉《紀念殷墟甲骨文發現一百周年國際學術研討會論文集》（北京：社會科學文獻出版社，2003.3）。

5. 王志平〈《詩論》發微〉《華學》第六輯（北京：紫禁城出版社，2003.6）。

6. 王冠英〈再說金文套語「嚴在上，異在下」〉《中國歷史文物》2003.2

7. 尹夏清、龐博〈夏商周時代的信息風暴──陝西眉縣西周青銅器窖藏出土前後〉《文物天地》2003.5

8. 史杰鵬〈《儀禮》今古文差異釋例〉《古籍整理研究學刊》1999.3

9. 白於藍〈釋包山楚簡中的「巷」字〉《殷都學刊》1997.3

10. 白於藍〈包山楚簡考釋（三篇）。〉《吉林大學古籍整理研究所建所十五週年紀念文集》（長春：吉林大學出版社，1998.12）。

11. 白於藍〈《包山楚簡文字編》校訂〉《中國文字》新 25 期（台北：藝文印書館，1999.12）。

12. 白於藍〈郭店楚簡《老子》「壞」、「賽」、「柰」校釋〉《古籍整理研究學刊》2000.2

13. 白於藍〈郭店楚簡拾遺〉《華南師範大學學報》2000.3

14. 白於藍〈釋「孛」、「輇」〉《古文字研究》22 輯（北京：中華書局，2000.7）。

15. 白於藍〈郭店楚墓竹簡考釋（四篇）。〉《簡帛研究二〇〇一》（桂林：廣西師範大學出版社，2001.9）。

16. 白於藍〈包山楚簡補釋〉《中國文字》新 27 期（台北：藝文印書館，2001.12）。

17. 白於藍〈「孛」字補釋〉《上博館藏戰國楚竹書研究》（上海：上海書店出版社，2002.3）。

18. 古敬恆〈望山楚簡文字考釋三則〉《中國文字研究》第 2 輯（南寧：廣西教育出版社，2001.10）。

19. 曲英杰〈禹畫九州考〉《九州》第三輯（北京：商務印書館，2003.4）。

20. 朱淵清〈馬承源先生談上博簡〉《上博館藏戰國楚竹書研究》（上海：上海書店出版社，2002.3）。

21. 池田知久〈郭店楚簡〈窮達以時〉研究〉（上）。《古今論衡》第四輯（台北：中央研究院歷史語言研究所，2000.6）。

22. 池田知久〈郭店楚簡《五行》研究〉《中國哲學》21 輯（瀋陽：遼寧教育出版社，2000.1）。

23. 竹田健二〈〈容成氏〉中有關身體障害者之論述〉《出土文獻研究方法第二次學術研討會論文》（台北：台灣大學東亞文明研究中心，2004.4.10）。

24. 何琳儀〈長沙帛書通釋校補〉《江漢考古》1989.4

25. 何琳儀〈包山竹簡選釋〉《江漢考古》1993.4

26. 何琳儀〈吳越徐舒金文選釋〉《中國文字》新 19 期（台北：藝文印書館，1994.9）。

27. 何琳儀〈舒方新證〉《安徽史學》1999.4

28. 何琳儀〈莒縣出土東周銅器銘文彙釋〉《文史》50 輯，2000 年 1 輯

29. 何琳儀〈郭店竹簡選釋〉《簡帛研究二〇〇一》（桂林：廣西師範大學出版社，2001.9）。

30. 何琳儀、徐在國〈釋塞〉《中國錢幣》2002.2

31. 何琳儀〈楚官璽雜識〉《南京師範大學文學院學報》2002 年 3 月第 1 期

32. 何琳儀〈滬簡《詩論》選釋〉《上博館藏戰國楚竹書研究》（上海：上海書店出版社，2002.3）。

33. 何琳儀〈郭店簡古文二考〉《古籍整理研究學刊》2002 年 9 月第 5 期

34. 何琳儀〈淺談楚簡文字考釋方法〉，中央研究院歷史語言研究所專題演講，2002.11.28

35. 何琳儀〈上博簡〈性情論〉講疏〉，台灣師大國文系專題演講，2002.12.13

36. 何琳儀〈楚都丹淅說新證〉，簡帛研究網，2003.11.23

37. 何琳儀〈新蔡竹簡選釋〉，簡帛研究網，2004. 12.07

38. 吳振武〈燕國銘刻中的「泉」字〉《華學》第二輯（廣州：中山大學出版社，1996.12）。

39. 吳振武〈試說平山戰國中山王墓銅器銘文中的「旆」字〉《第一屆中國語言文字國際學術研討會論文》，香港：香港大學，2002.3

40. 吳振武〈齊國陶文的「鍾」〉，中央研究院歷史語言研究所專題演講，2002.11.28

41. 吳振武〈新見古兵地名考釋兩則〉《九州》第三輯（北京：商務印書館，2003.4）。

42. 吳振武〈戰國文字中值得注意的一種構形方式〉《姜亮夫、蔣禮鴻、郭在貽紀念文集》（上海：上海教育出版社，2003.5）。

43. 吳振武〈假設之上的假設——金文「𣄚公」的文字學解釋〉《第四屆國際中國古文字學研討會論文》（香港：香港中文大學，2003.10.15）。

44. 吳榮曾〈戰國漢代的操蛇神怪及有關神話迷信的變異〉《文物》1989.10

45. 吳良寶〈漫談先秦時期的標點符號〉《吉林大學古籍整理研究所建所十五週年紀念文集》（長春：吉林大學出版社，1998.12）。

46. 吳良寶〈讀郭店楚簡箚記（三則）。〉《古籍整理研究學刊》2001.5

47. 李天虹〈《包山楚簡》釋文補正〉《江漢考古》1993.2

48. 李天虹〈釋郭店楚簡《成之聞之》篇中的「肘」〉《古文字研究》22 輯（北京：中華書局，2000.7）。

49. 李天虹〈釋楚簡文字「夏」〉《華學》第 4 輯（北京：紫禁城出版社，2000.8）。

50. 李天虹〈上海簡書文字三題〉《上博館藏戰國楚竹書研究》（上海：上海書店，2002.3）。

51. 李天虹〈上博館藏竹書（二）雜識〉，簡帛研究網，2003.09.18

52. 李天虹〈新蔡楚簡補釋四則〉，簡帛研究網，2003.12.17。亦載於《第十五屆中國文字學國際學術研討會論文集》（台北：輔仁大學中國文學系，2004.4.17）。

53. 李守奎〈古文字辨析三組〉《吉林大學古籍整理研究所建所十五週年紀念文集》（長春：吉林大學出版社，1998.12）。

54. 李守奎〈楚文字考釋（三組）〉《簡帛研究》第三輯（南寧：廣西教育出版社，1998.12）。

55. 李守奎〈釋楚簡中的「惡」字——兼釋楚璽中的「弼」〉《簡帛研究》二〇〇一（上）（桂林：廣西師範大學出版社，2001.9）。

56. 李守奎〈九店楚簡相宅篇殘簡補釋〉《新出土文獻與古代文明研究國際學術研討會會議論文》2002.7

57. 李守奎〈出土楚文獻文字研究綜述〉《古籍整理研究學刊》2003.1

58. 李更〈「校勘」的術語化過程及相關問題〉《中國典籍與文化》第 47 期 2003.4

59. 李家浩〈釋「弁」〉《古文字研究》第一輯（北京：中華書局，1979.8）。

60. 李家浩〈戰國貨幣文字中的「𰼊」和「比」〉《中國語文》1980.5

61. 李家浩〈戰國𨹬布考〉《古文字研究》第三輯（北京：中華書局，1980.11）。

62. 李家浩〈從戰國「忠信」印談古文字中的異讀現象〉《北京大學學報》1987.2

63. 李家浩〈戰國官印考釋（六篇）〉《1992 年中國古文字學研討會論文》（1992，南京）。

64. 李家浩〈貴將軍虎節與辟大夫虎節——戰國符節銘文研究之一〉《中國歷史博物館館刊》1993.2

65. 李家浩〈包山二六六號簡所記木器研究〉《國學研究》第二卷（北京：北京大學出版社，1994.7）。

66. 李家浩〈包山楚簡中的旌旆及其他〉《第二屆國際中國古文字學研討會論文集續編》（香港：香港中文大學，1993.10）。

67. 李家浩〈信陽楚簡中的「柿枳」〉《簡帛研究》第 2 輯（北京：法律出版社，1996.6）。

68. 李家浩〈包山竹簡所記楚先祖名及其相關的問題〉《文史》第四十二輯（北京：中華書局，1997.1）。

69. 李家浩〈包山楚簡「籤」字及其相關之字〉《第三屆國際中國古文字學研討會論文集》（香港：香港中文大學，1997.10）。

70. 李家浩〈南越王墓車馹虎節銘文考釋〉《容庚先生百年誕辰紀念文集》（廣東：廣東人民出版社，1998.4）。

71. 李家浩〈傳遽鷹節銘文考釋──戰國符節銘文研究之二〉《海上論叢》第二輯（上海：復旦大學出版社，1998.7）。

72. 李家浩〈應國再簋銘文考釋〉《文物》1999.9

73. 李家浩〈讀《郭店楚墓竹簡》瑣議〉《中國哲學》20 輯（瀋陽：遼寧教育出版社，1999.1）。

74. 李家浩〈楚墓竹簡中的「昆」字及從「昆」之字〉《中國文字》新 25 期（台北：藝文印書館，1999.12）。

75. 李家浩〈讀睡虎地秦簡《日書》「占盜疾等」札記三則〉《北京大學古文獻研究所集刊（一）》（北京：北京燕山出版社，1999.12）。

76. 李家浩〈包山遣冊考釋（四篇）〉《古籍整理研究學刊》2003 年 9 月第 5 期

77. 李家浩〈戰國竹簡〈民之父母〉中的「才辯」〉《第四屆國際中國古文字學研討會論文》（香港：香港中文大學，2003.10.15）。

78. 李運富〈楚國簡帛文字叢考（一）〉《古漢語研究》1996.3

79. 李運富〈楚國簡帛文字叢考（二）〉《古漢語研究》1997.1

80. 李運富《楚國簡帛文字構形系統研究》（長沙：岳麓書社，1997.10）。

81. 李運富〈楚簡“𩰆”字及相關諸字考釋評議〉，簡帛研究網，2003.01.22

82. 李運富〈楚「𩰆」字及相關諸字考辨〉，簡帛研究網，2003.01.24

83. 李零〈古文字雜識（二則）〉《第三屆國際中國古文字學研討會論文集》（香港：香港中文大學，1997.10）。

84. 李零〈出土發現與古書年代的再認識〉《李零自選集》（桂林：廣西師範大學出版社，1998.2）。

85. 李零〈包山楚簡研究（文書類）〉《李零自選集》（桂林：廣西師範大學出版社，1998.2）。

86. 李零〈讀《楚系簡帛文字編》〉《出土文獻研究》第五集（北京：科學出版社，1999.8）。

87. 李零〈郭店楚簡研究中的兩個問題〉《郭店楚簡國際學術研討會論文集》（武漢：武漢大學出版社，2000.5）。

88. 李零〈長台關楚簡《申徒狄》研究〉，（簡帛研究網，2000.08.08）。

89. 李零〈從簡帛發現看古書的體例和分類〉《中國典籍與文化》第 36 期 2001.1

90. 李零〈上博楚簡校讀記（之一）──《子羔》篇「孔子詩論」部分〉，（簡帛研究網，2002.01.04）。

91. 李零〈論燮公盨發現的意義〉(《中國歷史文物》2002.6)。

92. 李零〈重讀史牆盤〉《吉金鑄國史——周原出土西周青銅器精粹》(北京：文物出版社，2002.6)。

93. 李零〈郭店楚簡中的「敏」字和「文」字〉《古文字研究》24 輯 (北京：中華書局，2002.7)。

94. 李零〈簡帛的形制與使用〉(《中國典籍與文化》第 46 期 2003.3)。

95. 李零〈簡帛古書的整理與研究〉(《中國典籍與文化》第 47 期 2003.4)。

96. 李零〈三代考古的歷史斷想——從最近發表的上博楚簡〈容成氏〉、燮公盨和虞逑諸器想到的〉《中國學術》(北京：商務印書館，2003.8)。

97. 李學勤、李零〈平山三器與中山國史的若干問題〉《新出青銅器研究》(北京：文物出版社，1990.6)。

98. 李學勤〈試論長沙子彈庫楚帛書殘片〉(《文物》1992.11)。

99. 李學勤〈長台關竹簡中的《墨子》佚篇〉《簡帛佚籍與學術史》(臺北：時報文化出版社，1994.12)。

100. 李學勤、裘錫圭〈新學問大都由於新發現——考古發現與先秦、秦漢典籍文明〉(《文學遺產》2000.3)。

101. 李學勤〈試說郭店簡〈成之聞之〉兩章〉,《清華簡帛研究》第 1 輯 (北京：清華大學出版社，2000.8)。

102. 李學勤〈春秋鄭器與兵方壺論釋〉(《松遼學刊》2001.10)。

103. 李學勤〈「桓」字與真山楚官璽〉《國學研究》第 8 輯 (北京：北京大學，2001.10)。

104. 李學勤〈郭店簡「君子貴誠之」試解〉(《中國歷史文物》2002.1)。

105. 李學勤〈《語叢》與《論語》〉《清華大學思想文化研究所集刊》第 2 輯 (北京：清華大學出版社，2002.3)。

106. 李學勤〈談《詩論》「詩亡隱志」章〉《清華簡帛研究》第二輯 (北京：清華大學思想文化研究所，2002.3)。

107. 李學勤〈論燮公盨及其重要意義〉(《中國歷史文物》2002.6)。

108. 李學勤〈夏商周與山東〉(《煙台大學學報》2002.7)。

109. 李學勤〈眉縣楊家村新出青銅器研究〉(《文物》2003.6)。

110. 李學勤〈上博楚簡《魯邦大旱》解義〉(《孔子研究》2004.1)。

111. 李銳〈《仲弓》續釋〉(「孔子 2000 網站」2004.04.20)。

112. 沈長雲〈談古官司空之職〉《中華文史論叢》1983 年第 3 輯 (總 27 輯) (上海：上海古籍出版社，1983)。

113. 沈培〈上博簡《緇衣》篇「恭」字解〉《新出楚簡與儒學思想國際學術研討會論文》(北京：清華大學，2002.3)。亦見《華學》第六輯 (北京：紫禁城出版社，2003.6)。

114. 沈培〈郭店楚簡札記四則〉《簡帛語言文字研究》第一輯（成都：巴蜀書社，2002.11）。

115. 沈培〈卜辭「雉眾」補釋〉《語言學論叢》第 26 輯（北京：商務印書館，2002）。

116. 孟蓬生〈上博竹書（三）字詞考釋〉，（簡帛研究網，2004.04.26）。

117. 河南省文物考古研究所等〈河南新蔡平夜君成墓的發掘〉（《文物》2002.8）。

118. 季旭昇師〈讀郭店楚墓竹簡札記：卞、絕偽棄作、民復季子〉《中國文字》新 24 期（台北：藝文印書館，1998.12）。

119. 季旭昇師〈讀郭店、上博簡五題：舜、河滸、紳而易、牆有茨、宛丘〉《中國文字》新 27 期（台北：藝文印書館，2001.12）。

120. 季旭昇師〈由上博詩論「小宛」談楚簡中幾個特殊的從肙的字〉《漢學研究》第 20 卷第 2 期（2002.12）。

121. 季旭昇師〈從《新蔡葛陵》簡談戰國楚簡「挽」字——兼談《周易》「十年貞不字」〉《文字學學術研討會論文集》（台中：東海大學，2004.3.13）。

122. 季師旭昇〈《上博三·仲弓》篇零釋三則〉，（簡帛研究網，2004.04.23）。

123. 周亞〈郘王職壺銘文初釋〉《上海博物館藏集刊》第八輯（上海：上海書畫出版社，2000）。

124. 周鳳五〈包山楚簡文字初考〉《王叔岷先生八十壽慶論文集》（台北：大安出版社，1993.6）。

125. 周鳳五〈子犯編鐘銘文「諸楚荊」的釋讀問題〉（《故宮博物院月刊》16 卷 3 期，總 183 號，1998.6）。

126. 周鳳五〈郭店楚簡識字札記〉《張以仁先生七秩壽慶論文集》（台北：學生書局，1999.1）。

127. 周鳳五〈郭店楚墓竹簡〈唐虞之道〉新釋〉《中央研究院歷史語言研究所集刊》70：3（台北：中央研究院歷史語言研究所，1999.9）。

128. 周鳳五〈讀郭店竹簡《成之聞之》札記〉《古文字與古文獻》試刊號（台北：楚文化研究會，1999.10）。

129. 周鳳五〈楚簡文字瑣記（三則）〉《第一屆簡帛學術研討會》（台北：中國文化大學史學系主辦，1999.12）。

130. 周鳳五〈郭店竹簡的形式特徵及其分類意義〉《郭店楚簡國際學術研討會論文集》（武漢：武漢大學出版社，2000.5）。

131. 周鳳五〈遂公盨銘初探〉《華學》第六輯（北京：紫禁城出版社，2003.6）。

132. 周鳳五〈楚簡文字考釋〉《第一屆簡牘學術研討會論文集》（民雄：國立嘉義大學中國文學研究所，2003.7.12）。

133. 林素清〈簡牘符號試論——從楚簡上的符號談起〉《第一屆簡帛學術討論會》（台北：中國文化大學史學系主辦，1999.12）。

134. 林素清〈郭店竹簡《語叢四》箋釋〉《郭店楚簡國際學術研討會論文集》（武漢：

武漢大學出版社，2000.5）。

135. 林素清〈楚簡文字綜論〉《第三屆國際漢學會議論文集──古文字與商周文明》（台北：中央研究院歷史語言研究所，2002.6）。

136. 林素清〈釋咎──兼釋楚簡的用字特徵〉《中央研究院歷史語言研究所集刊》74：2（台北：中央研究院，民 2003.6）。

137. 林素清〈楚簡文字零釋（一）說粤〉《第一屆簡牘學術研討會論文集》（民雄：國立嘉義大學中國文學研究所，2003.7.12）。

138. 林清源師〈構形類化與同形異字──以楚國簡帛文字爲例〉《中區文字學座談會》（台中：逢甲大學，2002.11.29）。

139. 林清源師〈釋「參」〉《古文字研究》24 輯（北京：中華書局，2002.7）。

140. 林清源師〈樂書缶的年代、國別與器主〉《中央研究院歷史語言研究所集刊》73：1（台北：中央研究院，2002.3）。

141. 林清源師〈睡虎地秦簡標題格式析論〉《中央研究院歷史語言研究所集刊》73：4（臺北：中央研究院歷史語言研究所，2002.6）。

142. 林志鵬〈簡帛〈五行〉篇文本差異析論〉《中國文學研究》第 15 期（台北：台灣大學中國文學研究所，2001.6）。

143. 姜廣輝〈上博藏簡《容成氏》的思想史意義──上海博物館藏戰國楚竹書（二）。《容成氏》初讀印象札記〉，（簡帛研究網，2003.01.09）。

144. 施謝捷〈《古璽彙編》釋文校訂〉《容庚先生百年誕辰紀念文集》（廣東：廣東人民出版社，1998.4）。

145. 施謝捷〈說《子羔》簡中「舜」父之名「瞽叟」之「瞽」〉，（國學研究網，2003.5.14）。

146. 徐在國〈楚簡文字拾零〉（《江漢考古》1997.2）。

147. 徐在國〈釋「咎繇」〉（《古籍整理研究學刊》1999.3）。

148. 徐在國〈古陶文字釋叢〉《古文字研究》23 輯（北京：中華書局，2002.6）。

149. 徐在國〈釋齊官「祈望」〉《第四屆國際中國古文字學研討會論文》（香港：香港中文大學，2003.10.15）。

150. 徐在國〈新蔡葛陵楚簡札記〉，簡帛研究網，2003.12.07

151. 徐在國〈新蔡葛陵楚簡札記（二）〉，簡帛研究網，2003.12.17

152. 徐在國〈釋楚簡「敚」兼及相關字〉《中國南方文明學術研討會論文》（台北：中央研究院歷史語言研究所，2003.12.19）。

153. 徐在國〈上博竹書（三）《周易》釋文補正〉，簡帛研究網，2004.4.24

154. 徐寶貴〈古文字考釋四則〉《考古與文物》2001.1

155. 徐時儀、許威漢〈「聞」的詞義衍變遞嬗考論〉《中國文字研究》第 2 輯（南寧：廣西教育出版社，2001.10）。

156. 袁國華師〈郭店楚簡文字考釋十一則〉《中國文字》新 24 期（台北：藝文印書

館，1998.12）。

157. 袁國華師〈郭店竹簡「夃」（邵）、「其」、「卡」（下）。諸字考釋〉《中國文字》新 25 期（台北：藝文印書館，1999.12）。

158. 袁國華師〈江陵望山楚簡「青帝」考釋〉《第一屆中國語言文字國際學術研討會論文》，亦見《華學》第 5 輯（廣州：中山大學出版社，2001.12）。

159. 商志䚟〈記商承祚教授藏長沙子彈庫楚國殘帛書〉（《文物》1992.11）。

160. 崔永東〈讀郭店楚簡《成之聞之》與《老子》札記〉《簡帛研究二〇〇一》（桂林：廣西師範大學，2001.9）。

161. 張立文〈《郭店楚墓竹簡》的篇題〉《中國哲學》第二十輯（瀋陽：遼寧教育出版社，1999.1）。

162. 張春龍〈湖南省近年出土簡牘文獻資料略論〉《第一屆中國語言文字國際學術研討會論文》（香港：香港大學，2002.3）。

163. 張桂光〈古文字考釋六則〉《于省吾教授百年誕辰紀念文集》（長春：吉林大學出版社，1996.9）。

164. 張桂光〈《郭店楚墓竹簡》釋注續商榷〉《簡帛研究二〇〇一》（桂林：廣西師範大學，2001.9）。

165. 張顯成〈論簡帛文獻的語言研究價值〉《簡帛語言文字研究》第一輯（成都：巴蜀書社，2002.11）。

166. 張玉金〈甲骨金文中的「西」和「囟」字〉《中國文字研究》第二輯（南寧：廣西教育出版社，2001.10）。

167. 張光裕〈讀定州漢墓竹簡《論語》通假字札記〉《龍宇純先生七秩晉五壽慶論文集》（台北：學生書局，2002.11）。

168. 曹錦炎〈楚帛書《月令》篇考釋〉《江漢考古》1985.1

169. 曹錦炎〈釋兔〉《古文字研究》20 輯（北京：中華書局，2000.3）。

170. 曹錦炎〈楚簡文字中的「兔」及相關諸字〉（《新出土文獻與古代文明研究國際學術研討會會議論文》2002.7）。

171. 曹錦炎〈論張家山漢簡《蓋廬》〉（《東南文化》2002.9）。

172. 曹定云〈殷墟卜辭「兌」乃「敦」之初文考〉《紀念殷墟甲骨文發現一百周年國際學術研討會論文集》（北京：社會科學文獻出版社，2003.3）。

173. 許學仁師〈包山楚簡所見之楚先公先王考〉《魯實先先生學術討論會論文集》（台北：萬卷樓出版社，1993.6）。

174. 許學仁師〈戰國楚簡文字研究的幾個問題——試讀戰國楚簡〈語叢四〉所錄〈莊子〉語暨漢墓出土〈莊子〉殘簡瑣記〉（《東華人文學報》第三期 2001.7）

175. 許文獻〈楚簡中幾個特殊關係異文字組釋讀〉《第四屆國際中國古文字學研討會論文》（香港：香港中文大學，2003.10.15）。

176. 郭梨華〈竹簡《五行》的「五行」研究〉《郭店楚簡國際學術研討會論文集》（武

漢：武漢大學出版社，2000.5）。

177. 郭德維〈曾侯乙墓五弦琴上伏羲和女媧圖像考釋〉（《江漢考古》2000.1）

178. 淺野裕一〈上博楚簡《容成氏》中的禪讓與攻伐〉《日本漢學的中國哲學研究與郭店、上海竹簡資料會議論文》（台北：台灣大學哲學系，2003.12.28）。

179. 陳立〈義近偏旁替換例——試以戰國楚晉二系文字為例〉《楚簡綜合研究第二次學術研討會——以古文字與古文獻為議題》（台北：中央研究院史語所主辦，2002.12.20）。

180. 陳立〈段玉裁「之、脂、支」分立說的商榷——試以出土的戰國時期材料為例〉《第一屆應用出土資料國際學術研討會》（竹南：育達商業技術學院，2003.4.23）。

181. 陳松長〈帛書《陰陽五行》甲篇的文字識讀與相關問題〉《簡帛語言文字研究》第一輯（成都：巴蜀書社，2002.11）。

182. 陳松長〈湖南新出戰國楚璽考略（四則）〉《第四屆國際中國古文字學研討會論文》（香港：香港中文大學，2003.10.15）。

183. 陳松長〈湖南歷年出土簡牘概說〉，（台灣師大國文系專題演講，2004.03.18）。

184. 陳昭容〈釋古文字中的「𡉚」及從「𡉚」諸字〉《中國文字》新 22 期（台北：藝文印書館，1996.12）。

185. 陳英杰〈讀《香港中文大學文物館藏簡牘》札記〉，（簡帛研究網）。

186. 陳高志〈《郭店楚墓竹簡‧緇衣篇》部分文字隸定檢討〉《張以仁先生七秩壽慶論文集》（台北：學生書局，1999.1）。

187. 陳偉〈郭店楚簡別釋〉（《江漢考古》1998.4）。

188. 陳偉〈文本復原是一項長期艱鉅的任務〉（《湖北大學學報》1999.2）。

189. 陳偉〈包山楚司法簡 131-139 號補釋〉《第一屆簡帛學術討論會》（台北：中國文化大學史學系主辦，1999.12）。

190. 陳偉〈《語叢》一、三中有關「禮」的幾條簡文〉《郭店楚簡國際學術研討會論文集》（武漢：湖北人民出版社，2000.5）。

191. 陳偉〈上博、郭店二本《緇衣》對讀〉《上博館藏戰國楚竹書研究》（上海：上海書店出版社，2002.3）。

192. 陳偉〈郭店簡書〈性自命出〉校釋〉（《新出土文獻與古代文明研究國際學術研討會會議論文》2002.7）。

193. 陳偉〈新蔡楚簡零釋〉《華學》第六輯（北京：紫禁城出版社，2003.6）。

194. 陳偉〈竹書《容成氏》所見的九州〉（《中國史研究》2003 年 3 期）。

195. 陳偉〈竹書《容成氏》共、滕二地小考〉《文物》2003.12

196. 陳偉〈讀新蔡簡札記（三則）〉，（簡帛研究網，2004.01.30）。

197. 陳偉〈葛陵簡中的縣〉，（簡帛研究網，2004.02.29）。

198. 陳偉武〈舊釋「折」及從「折」之字平議〉《古文字研究》第 22 輯（北京：中華書局，2000.7）。

199. 陳偉武〈新出楚系竹簡中的專用字綜議〉《新出楚簡與儒學思想國際學術研討會論文》（北京：清華大學出版社，2002.3）。

200. 陳斯鵬〈郭店楚簡解讀四則〉《古文字研究》24 輯（北京：中華書局，2002.7）。

201. 陳斯鵬〈說「磏」及其相關諸字〉《中國文字》新 28 期（台北：藝文印書館，2002.12）。

202. 陳斯鵬〈論周原甲骨和楚系簡帛中的「囟」與「思」——兼論卜辭命辭的性質〉《第四屆國際中國古文字學研討會論文》（香港：香港中文大學，2003.10.15）。

203. 陳煒湛〈包山楚簡研究（七篇）〉《容庚先生百年誕辰紀念文集》（廣東：廣東人民出版社，1998.4）。

204. 陳劍〈說慎〉《簡帛研究二○○一》（桂林：廣西師範大學，2001.9）。

205. 陳劍〈據郭店簡釋讀西周金文一例〉《北京大學中國古文獻研究中心集刊》第二輯（北京：北京燕山出版社，2001.12）。

206. 陳劍〈郭店簡《窮達以時》、《語叢四》的幾處簡序調整〉《國際簡帛研究通訊》第二卷第 5 期（2002 年 6 月）。

207. 陳劍〈釋《忠信之道》的「配」字,《國際簡帛研究通訊》第二卷第六期（2002年 12 月）。

208. 陳劍〈子羔〉,「國故新知」欄目,2003-05-08 18:37:39,
http://xinxueyuan.com/forum/read.php?id=46013&bbsid=7007

209. 陳劍〈魯邦大旱〉,「國故新知」欄目,2003-05-09 17:18:31,
http://xinxueyuan.com/forum/read.php?id=46185&bbsid=7007

210. 陳劍〈據戰國竹簡文字校讀古書兩則〉《第四屆國際中國古文字學研討會論文》（香港：香港中文大學，2003.10.15）。

211. 陳劍〈郭店簡補釋三篇〉《古墓新知——郭店楚簡出土十週年論文專輯》（國際炎黃文化出版社，2003.11）。

212. 陳劍〈說「安」字〉（《語言學論叢》第三十輯，待刊稿）。

213. 陳劍〈上博竹書《仲弓》篇新編釋文（稿）〉,簡帛研究網,2004.04.18

214. 陳劍〈釋上博竹書《昭王毀室》的「幸」字〉《漢字研究》（第一輯）（北京：學苑出版社，2005.6）。

215. 陳美蘭〈上博（二）・從政芻議三則〉《第四屆國際中國古文字學研討會論文》（香港：香港中文大學，2003.10.15）。

216. 麥耘〈《帛書老子校注》音韻求疵〉《古文字研究》24 輯（北京：中華書局，2002.7）。

217. 彭裕商〈讀《戰國楚竹書（一）隨記三則》〉《新出楚簡與儒學思想國際學術研討會》（北京：清華大學出版社，2002.3）。

218. 曾憲通〈從曾侯乙編鐘之鐘虡銅人說虡與業〉《楚地出土文獻三種研究》(北京：中華書局，1993.8)。

219. 曾憲通〈楚文字釋叢（五則)〉(《中山大學學報》1996.3)。

220. 曾憲通〈「亯」及相關諸字考辨〉《古文字研究》22輯(北京：中華書局，2000.7)。

221. 曾憲通〈「子」字族群的研究〉《第一屆中國語言文字國際學術研討會論文》(香港：香港大學，2002.3)。

222. 程燕〈《戰國古文字典》訂補〉《古文字研究》23輯(北京：中華書局，2002.6)。

223. 程燕〈望山楚簡考釋六則〉(《江漢考古》2003.3)。

224. 馮勝君〈讀《郭店楚墓竹簡》札記（四則)〉《古文字研究》22輯(北京：中華書局，2000.7)。

225. 馮勝君〈讀上博簡《孔子詩論》札記〉(《古籍整理研究學刊》2002.2)。

226. 馮勝君〈談《老子》中的「孩」字〉《第十三屆全國暨兩岸中國文字學學術研討會論文集》(台北：萬卷樓出版社，2002.4)。

227. 黃文杰〈「谷」及相關諸字考辨〉《古文字研究》24輯(北京：中華書局，2002.7)。

228. 黃文杰〈戰國時期形聲字聲符換用現象考察〉《古文字與漢語史論集》(廣州：中山大學出版社，2002.7)。

229. 黃德寬〈說「也」〉《第三屆國際中國古文字學研討會論文集》(香港：香港中文大學，1997.10)。

230. 黃德寬、徐在國〈郭店楚簡文字考釋〉《吉林大學古籍整理研究所建所十五週年紀念文集》(長春：吉林大學出版社，1998.12)。

231. 黃德寬、徐在國〈郭店楚簡文字續考〉，《江漢考古》1999.2

232. 黃德寬、徐在國〈《上海博物館藏戰國楚竹書（一）孔子詩論》釋文補正〉(《安徽大學學報》2002.2)。

233. 黃德寬、徐在國〈《上海博物館藏戰國楚竹書（一）‧緇衣‧性情論》釋文補正〉(《古籍整理研究學刊》2002.2)。

234. 黃錫全〈楚簡續貂〉《簡帛研究》第三輯(南寧：廣西教育出版社，1998.12)。

235. 黃錫全〈齊「六字刀」銘文釋讀及相關問題〉《吉林大學古籍整理研究所建所十五週年紀念文集》(長春：吉林大學出版社，1998.12)。

236. 黃錫全〈試說楚國黃金貨幣稱量單位「半鎰」〉(《江漢考古》2000.1)。

237. 黃錫全〈讀郭店楚簡《老子》札記三則〉《郭店楚簡國際學術研討會論文集》(武漢：武漢大學出版社，2000.5)。

238. 黃錫全〈讀上博楚簡札記〉《新出楚簡與儒學思想國際學術研討會論文集》(北京：清華大學出版社，2002.3)。

240. 黃錫全〈燕破齊史料的重要發現——燕王職壺銘文的再研究〉《古文字研究》第24輯(北京：中華書局，2002.7)。

241. 黃人二〈讀上博藏簡容成氏書後〉，（簡帛研究網，2003.01.15）。

242. 楊朝明〈上博竹書《魯邦大旱》管見〉（《東岳論叢》2002.5）。

243. 楊澤生〈信陽楚簡第 1 組 38 號和 3 號研究〉《簡帛研究二〇〇一》（桂林：廣西師範大學，2001.9）。

244. 楊澤生〈楚系簡牘中從「肉」從「歹」之字考釋〉（《古漢語研究》2001.3）。

245. 楊澤生〈長臺關竹書的學派性質新探〉《文史》2001.4（北京：中華書局，2001.12）。

246. 楊澤生〈郭店簡幾個字詞的考釋〉《中國文字》新 27 期（台北：藝文印書館，2001.12）。

247. 楊澤生〈關於郭店楚簡《緇衣》篇的兩處異文〉（《孔子研究》2002.1）。

248. 楊澤生〈上博竹書考釋（三篇）〉《第四屆國際中國古文字學研討會論文》（香港：香港中文大學，2003.10.15）。

249. 楊澤生〈孔壁竹書的文字國別〉（《中國典籍與文化》2004.1）。

250. 董珊、陳劍〈郾王職壺銘文研究〉《北京大學中國古文獻研究中心集刊》（北京：北京大學出版社，2002.10）。

251. 董蓮池《釋楚簡中的「辯」字》，《古文字研究》第 22 輯，（北京：中華書局，2000.7）。

252. 裘錫圭〈古璽印考釋四篇〉《文博研究論集》（上海：上海古籍，1992.3）。

253. 裘錫圭〈神烏傳（賦）。初探〉（《文物》1997.1）。

254. 裘錫圭〈古文獻中讀為「設」的「埶」及其與「執」互訛之例〉《東方文化》第 36 卷（香港：香港大學亞洲研究中心，1998 年 1、2 期合刊）。

255. 裘錫圭〈簡帛古籍的用字方法是校讀傳世先秦秦漢古籍的重要根據〉《兩岸古籍整理學術研討會論文集》（南京：江蘇古籍出版社，1998）。

256. 裘錫圭〈釋「妥」〉《容庚先生百年誕辰紀念文集》（廣東：廣東人民出版社，1998.4）。

257. 裘錫圭〈神烏傳（賦）。初探〉《尹灣漢墓簡牘綜論》（北京：科學出版社，1999.2）。

258. 裘錫圭〈郭店《老子》簡初探〉《道家文化研究》17 輯（北京：三聯書局，1999.8）。

259. 裘錫圭〈中國古典學重建中應該注意的問題〉《北京大學中國古文獻研究中心集刊》第二輯（北京：北京燕山出版社，2001.12）。

260. 裘錫圭〈從殷墟卜辭的「王占曰」說到上古漢語的宵談對轉〉（《中國語文》2002.1）。

261. 裘錫圭〈談談上博簡和郭店簡中的錯別字〉《新出楚簡與儒學思想國際學術研討會論文集》（北京：清華大學出版社，2002.3）。

262. 裘錫圭〈關於《孔子詩論》〉《中國哲學》第 24 輯（瀋陽：遼寧教育出版社，2002.4）。

263. 裘錫圭〈欒公盨銘文考釋〉（《中國歷史文物》2002.6）。

264. 裘錫圭〈讀《郭店楚墓竹簡》札記三則〉《上海博物館集刊》第九期（上海：上海書畫出版社，2002.12）。

265. 裘錫圭〈讀逨器銘文札記三則〉（《文物》2003.6）。

266. 裘錫圭〈釋郭店《緇衣》「出言有𦐇，黎民所𧧻」〉《古墓新知——郭店楚簡出土十週年論文專輯》（國際炎黃文化出版社，2003.11）。

267. 葛兆光〈思想史視野中的考古與文物〉（《文物》2000.1）。

268. 詹鄞鑫〈《魚鼎七》考釋〉《中國文字研究》第二輯（南寧：廣西教育出版社，2001.10）。

269. 賈漢清〈論江漢地區二例相關的史前陶文〉（《江漢考古》2003.2）。

270. 廖名春〈荊門郭店楚簡與先秦儒學〉《中國哲學》20 輯（瀋陽：遼寧教育出版社，1999.1）。

271. 廖名春〈上海簡《魯邦大旱》札記〉《清華簡帛研究》第二輯（北京：清華大學思想文化研究所，2002.3）。

272. 廖名春〈上博藏楚簡《魯邦大旱》校補〉（《古籍整理研究學刊》2004.1）。

273. 廖名春〈試論楚簡《魯邦大旱》篇的內容與思想〉（《孔子研究》2004.1）。

274. 趙平安〈釋包山楚簡中的「衕」和「遆」〉（《考古》1998.5）。

275. 趙平安〈戰國文字的「遊」與甲骨文「㞢」爲一字說〉《古文字研究》22 輯（北京：中華書局，2000.7）。

276. 趙平安〈從楚簡「娩」的釋讀談到甲骨文的「娩㚸」——附釋古文字中的「冥」〉《簡帛研究二〇〇一》（桂林：廣西師範大學，2001.9）。

277. 趙平安〈釋郭店簡《成之聞之》中的「𨒋」字〉《簡帛研究二〇〇一》（桂林：廣西師範大學，2001.9）。

278. 趙平安〈「達」字兩系說〉《中國文字》新 27 期（台北：藝文印書館，2001.12）。

279. 趙平安〈楚竹書《容成氏》的篇名及其性質〉《華學》第六輯（北京：紫禁城出版社，2003.6）。

280. 趙平安〈戰國文字中的鹽及相關資料研究〉《華學》第六輯（北京：紫禁城出版社，2003.6）。

281. 趙平安〈戰國文字中的「宛」及其相關問題研究——以與縣有關的資料爲中心〉《第四屆國際中國古文字學研討會論文》（香港：香港中文大學，2003.10.15）。

282. 趙立偉〈《睡虎地秦墓竹簡》通假字研究〉《簡帛語言文字研究》第一輯（成都：巴蜀書社，2002.11）。

283. 劉信芳〈曾侯乙墓衣箱禮俗試探〉（《考古》1992.10）。

284. 劉信芳〈郭店竹簡文字考釋拾遺〉（《江漢考古》2000.1）。

285. 劉信芳〈郭店簡《緇衣》解詁〉《郭店楚簡國際學術研討會》（武漢：武漢大學

出版社，2000.5）。

286. 劉信芳〈一份沉重的歷史文化遺產——關於楚簡帛的幾點認識和思考〉《中國典籍與文化》第 37 期（2001.2）。

287. 劉釗〈說「鹵」「望」二字來源並談楚帛書「萬」「兒」二字的讀法〉（《江漢考古》1992.1）。

288. 劉釗〈《金文編》附錄存疑字考釋（十篇）〉（《人文雜誌》1995.2）。

289. 劉釗〈金文考釋零拾〉《第三屆國際中國古文字學研討會論文集》（香港：香港中文大學，1997.10）。

290. 劉釗〈包山楚簡文字考釋〉《1992 年中國古文字學研討會論文》（1992，南京）。又載於《東方文化》1998 年第一、二期合刊。此引自劉釗《出土簡帛文字叢考》（台北：台灣古籍出版社，2004.3）。

291. 劉釗〈讀郭店楚簡字詞札記〉《郭店楚簡國際學術研討會》（武漢：武漢大學出版社，2000.5）。

292. 劉釗〈讀《上海博物館藏戰國竹書》（一）。箚記〉《上博館藏戰國楚竹書研究》（上海：上海書店出版社，2002.3）。

293. 劉釗〈利用郭店楚簡字形考釋金文一例〉《古文字研究》第 24 輯，（北京：中華書局，2002.7）。

294. 劉釗〈馬王堆漢墓簡帛文字考釋〉《語言學論叢》第二十八輯（北京：商務印書館，2003.10）。

295. 劉桓〈殷契偶札〉《于省吾教授百年誕辰紀念文集》（長春：吉林大學出版社，1996.9）。

296. 劉國勝〈郭店竹簡釋字八則〉（《武漢大學學報》1999.5）。

297. 劉國勝〈楚簡文字雜識〉《奮發荊楚　探索文明——湖北省文物考古研究論文集》（武漢：湖北科學技術出版社，2000.9）。

298. 劉國勝〈信陽長台關楚簡《遣策》編連二題〉（《江漢考古》2001.3）。

299. 劉國勝〈包山二七八號簡釋文及其歸屬問題〉《第十三屆全國暨海峽兩岸中國文字學學術研討會論文集》（台北：萬卷樓出版社，2002.4）。

300. 劉彬徽〈湖北出土兩周金文國別年代考述〉《古文字研究》十三輯（北京：中華書局，1986.6）。

301. 劉樂賢〈讀上博簡箚記〉《上博館藏戰國楚竹書研究》（上海：上海書店出版社，2002.3）。

302. 劉樂賢〈古璽人名考釋六則〉《追尋中華古代文明的蹤迹——李學勤先生學術活動五十年紀念文集》（上海：復旦大學，2002.8）。

303. 劉洪〈從東海尹灣漢墓新出土簡牘看我國古代書籍制度〉《尹灣漢墓簡牘綜論》（北京：科學出版社，1999.2）。

304. 劉樂賢〈上博簡《魯邦大旱》簡論〉《文物》2003.5 館，1998.12）。

305. 濮茅左〈《孔子詩論》簡序解析〉《上博館藏戰國楚竹書研究》（上海：上海書店，2002.3）。

306. 鍾柏生〈釋「𧤲」「𧱦」及其相關問題〉《中國文字》新 24 期（台北：藝文印書駢宇騫〈出土簡帛書籍題記述略〉（《文史》2003 年第 4 輯總 65 輯）。

307. 顏世鉉〈郭店楚墓竹簡儒家典籍文字考釋〉《經學研究論叢》第六輯（台北：台【缺資料】

308. 顏世鉉〈郭店楚簡淺釋〉《張以仁先生七秩壽慶論文集》（台北：學生書局，1999.1）灣學生書局，1999.3）。

309. 顏世鉉〈郭店楚簡散論（一）〉《郭店楚簡國際學術研討會論文集》（武漢：武漢大學出版社，2000.5）。

310. 顏世鉉〈郭店楚簡散論（二）〉（《江漢考古》2000.1）。

311. 顏世鉉〈郭店楚簡〈六德〉箋釋〉《中央研究院歷史語言研究所集刊》72：2（台北：中央研究院歷史語言研究所，2001.6）。

312. 顏世鉉〈考古資料與文字考釋、詞義訓詁之關係舉隅〉《楚簡綜合研究第二次學術研討會》（台北：中央研究院歷史語言研究所，2002.12）。

313. 顏世鉉〈《郭店竹書別釋》讀後〉《古今論衡》第九期（台北：中央研究院歷史語言研究所，2003.7）。

314. 顏世鉉〈郭店竹書校勘與考釋問題舉隅〉《中央研究院歷史語言研究所集刊》74：4（台北：中央研究院歷史語言研究所，2003.12）。

315. 顏世鉉〈讀楚簡札記二則〉，（簡帛研究網，2004.03.21）。

316. 魏宜輝〈試析上博簡《孔子詩論》中的「蠅」字〉（《東南文化》2002.7）。

317. 魏宜輝〈試析楚簡文字中的「顅」「畾」字〉（《江漢考古》2002.2），

318. 蘇建洲〈《上博楚竹書（二）》文字柬釋〉，《第一屆簡牘學術研討會論文集》（民雄：國立嘉義大學中國文學研究所，2003.7.12）。

319. 蘇建洲〈尹灣漢墓〈六甲占雨〉續貂〉（《東方人文》一卷四期 2002.12）。

320. 蘇建洲〈從古文字材料談「柬」、「楝」的文字構形及相關問題〉《中國學術年刊》24 期（台北：台灣師範大學國文研究所，2003.6）。

321. 蘇建洲〈新出柞伯簋研究〉《第十一屆中國文字學全國學術研討會論文集》（台南：台南師範學院，民 2000.10.21）。

322. 蘇建洲〈楚文字考釋九則〉《輔仁國文學報》第十九期（台北：輔仁大學中國文學系，2003.10）。

323. 蘇建洲〈論戰國燕系文字中的「桐」〉《中國學術年刊》22 期（台北：台灣師範大學國文研究所，2001.5）。

324. 蘇建洲〈楚簡文字考釋二則〉《國文學報》三十四期（台北：台灣師範大學國文學系，2003.12）。

325. 蘇建洲〈《郭店》、《上博二》考釋五則〉《中國文字》新廿九期（台北：藝文印

書館，2003.12）。

326. 蘇建洲〈楚簡文字考釋五則〉《文字學學術研討會論文集》（台中：東海大學，2004.3.13）。

327. 饒宗頤〈楚繒書疏證〉《中央研究院歷史語言研究所集刊》第四十冊（上）（台北：中央研究院歷史語言研究所，1968.10）。

328. 饒宗頤〈殷代易卦及有關占卜諸問題〉《文史》20 輯（北京：中華書局，1983.9）。

329. 饒宗頤〈長沙子彈庫殘帛文字小記〉（《文物》1992.11）

330. 饒宗頤〈〈傅老子師〉。容成遺説鉤沉──先老學初探〉《北京大學學報》1998.3

331. 饒宗頤〈黂公盨與夏書佚篇《禹之總德》〉《華學》第六輯（北京：紫禁城出版社，2003.6）。

332. 饒宗頤〈《詩》與古史──從新出土楚簡談玄鳥傳説與早期殷史〉《中國文化研究所學報》2003 年新 12 期（總 43 期）（香港：香港中文大學，2003）。

四、學位論文（依作者姓氏筆劃排列）。

1. 文炳淳《先秦楚璽文字研究》（台北：台灣大學中文所博士論文，2002.6）。

2. 范麗梅《郭店儒家佚籍研究──以心性問題爲開展之主軸》（台北：台灣大學中文所博士論文，2002.1）。

3. 許學仁《先秦楚文字研究》（台北：國立台灣師範大學國文研究所碩士論文，1979.6）。

4. 陳霖慶《郭店〈性自命出〉暨上博〈性情論〉綜合研究》（台北：台灣師範大學國文研究所碩士論文，2003.6）。

5. 曾昱夫《戰國楚地簡帛音韻研究》（台北：台灣大學中文所碩士論文，2001.6）。

6. 馮勝君《二十世紀古文獻新證研究》（長春：吉林大學博士論文，2002）。

7. 黃儒宣《九店楚簡研究》（台北：台灣師範大學國文研究所碩士論文，2003.6）。

8. 楊素姿《先秦楚方言韻系研究》（高雄：中山大學中文研究所碩士論文，1996.6）。

9. 董珊《戰國題銘與工官制度》（北京：北京大學中國語言文學系博士論文，2002.5）。

10. 劉釗《古文字構形研究》（長春：吉林大學博士論文，1991）。

11. 蘇建洲《戰國燕系文字研究》（台北：台灣師大國文研究所碩士論文，2001.6）。